Desinvestitionsentscheidungen auf der Basis Vollständiger Finanzpläne

AF816586

Schriften zu Distribution und Handel

Herausgegeben von Dieter Ahlert

Band 35

PETER LANG
Frankfurt am Main · Berlin · Bern · Bruxelles · New York · Oxford · Wien

Bernhard Jäger

Desinvestitions-entscheidungen auf der Basis Vollständiger Finanzpläne

Ein Modell für mittelständische Unternehmungen – dargestellt am Beispiel der Textil- und Bekleidungsindustrie

PETER LANG
Europäischer Verlag der Wissenschaften

Die Deutsche Bibliothek - CIP-Einheitsaufnahme

Jäger, Bernhard:

Desinvestitionsentscheidungen auf der Basis vollständiger Finanzpläne : ein Modell für mittelständische Unternehmungen – dargestellt am Beispiel der Textil- und Bekleidungsindustrie / Bernhard Jäger. - Frankfurt am Main ; Berlin ; Bern ; Bruxelles ; New York ; Oxford ; Wien : Lang, 2002

(Schriften zu Distribution und Handel ; Bd. 35)
Zugl.: Münster (Westfalen), Univ., Diss., 2000
ISBN 3-631-39272-9

D 6
ISSN 0179-3608
ISBN 3-631-39272-9

© Peter Lang GmbH
Europäischer Verlag der Wissenschaften
Frankfurt am Main 2002
Alle Rechte vorbehalten.

Das Werk einschließlich aller seiner Teile ist urheberrechtlich geschützt. Jede Verwertung außerhalb der engen Grenzen des Urheberrechtsgesetzes ist ohne Zustimmung des Verlages unzulässig und strafbar. Das gilt insbesondere für Vervielfältigungen, Übersetzungen, Mikroverfilmungen und die Einspeicherung und Verarbeitung in elektronischen Systemen.

www.peterlang.de

Vorwort des Herausgebers ...

... zur Schriftenreihe Distribution und Handel

Die „Schriften zu Distribution und Handel" sind den **betriebswirtschaftlichen und rechtlichen Problemen der Warendistribution** gewidmet. In hochentwickelten Volkswirtschaften hat die Distribution der Güter deren Produktion in ihrer **Bedeutung als gesamtwirtschaftlicher Betätigungsbereich** in den meisten Branchen schon längst überflügelt. Dies ist nicht zuletzt daran zu erkennen, daß der Distributionsanteil an den Gesamtkosten bzw. Güterpreisen erheblich höher ist als der Produktionsanteil. Auch aus der Perspektive der einzelnen Unternehmungen haben Distributionsfragen die Produktionsfragen als **Managementproblem** in der Regel weit in den Schatten gestellt.

Der **Aufgabenbereich der Distribution** umschließt sämtliche absatzwirtschaftlichen Aktivitäten, die von den verschiedensten Wirtschaftseinheiten erbracht werden, um die Absatzgüter aus dem Bereich der Herstellung in den Bereich des Verbrauchs zu verbringen. Die Gesamtheit dieser Aktivitäten wird auch **Handel im funktionalen Sinne** genannt. An der Erfüllung der Distributions- bzw. Handelsfunktionen ist in jedem Falle der Hersteller mit seiner Marketing-Organisation beteiligt. Im Rahmen der **Distributionspolitik** nimmt er in mehr oder weniger weitreichendem Maße Einfluß auf die Distributionsprozesse seiner Absatzgüter. Soweit dieses über die verschiedenen Handelsstufen hinweg bis hin zum Verbraucher geschieht, wird auch von **vertikalem Marketing** gesprochen.

Eine immer bedeutender werdende Teilgruppe der an der Distribution teilnehmenden Wirtschaftseinheiten sind die Handelsbetriebe, also der **Handel im institutionellen Sinne**. Mit ihren Beschaffungs- und Absatzaktivitäten **(Handelsmarketing)** leisten sie in der Regel einen wesentlichen Beitrag zur Güterdistribution. Schließlich bietet eine Vielzahl von spezialisierten Unternehmungen **(Distributionshelfer)** ihre Unterstützung bei der Erfüllung der Distributionsfunktionen an.

Die in der vorliegenden Schriftenreihe publizierten Forschungsarbeiten sind überwiegend aus einer **engen Kooperation zwischen Wissenschaft und Praxis** entstanden. Sie erstrecken sich auf fünf Bereiche der betriebswirtschaftlichen Managementpraxis:

I. Methoden und Informationsgrundlagen des Distributions- und Handelsmanagements

Sämtliche Fragen der Handelsbetriebslehre in einzelnen Handelsbetrieben sowie in filialisierenden und kooperierenden Handelssystemen sind Gegenstand dieses Arbeitsbereiches. Im Mittelpunkt stehen die Themen Controlling und Erfolgsforschung.

Zu diesem Bereich sind die Bände 1 (Kurt Ebert: Warenwirtschaftssysteme und Warenwirtschaftscontrolling), 5 (Johannes Günther: Handelscontrolling), 8 (Rainer Olbrich: Informationsmanagement in mehrstufigen Handelssystemen), 10 (Joachim Mohme: Der Einsatz von Kundenkarten im Einzelhandel), 11 (Thomas Fischer: Computergestützte Warenkorbanalyse), 12 (Bernhard Dyckhoff: Diversifikation von Handelsunternehmen in den Finanzdienstleistungsbereich), 13 (Bodo Krönfeld: Erfolgsforschung in kooperierenden Handelssystemen), 15 (Christian Korte: Customer Satisfaction Measurement), 17 (Monika Burg: Der Einfluß des Dezentralisierungsgrades auf die Ausgestaltung des Controlling), 18 (Michael Ottenjann: Lernende Unternehmungen im Handel), 23 (Markus Eickhoff: Erfolgsforschung im Bekleidungseinzelhandel), 24 (Dirk Battenfeld: Kostenmanagement und prozeßorientierte Kostenrechnung im Handel), 26 (Oliver Mihm: Positionierungsmanagement im Retail Banking) sowie Band 27 (Sybille Breitkopf: Externes Controlling) zu rechnen.

II. Handelsmanagement und Handelsmarketing

Zu diesem speziellen Feld des Handelsmanagements zählen die Bände 7 (Heinz Siebenbrock: Abteilungen mit Unternehmersinn im Handel), 21 (Bodo Reinke: Synergiemanagement im Handel), 22 (Rudolf Alves: Integrierte Führung und Imitationsmanagement in Filialsystemen), 28 (Oliver Altenhövel: Nachkaufmarketing im Bekleidungseinzelhandel), 29 (Bernd Becker: Zertifizierung von Qualitätsmanagement-Systemen im Einzelhandel), 30 (Guido Brettschneider: Beschaffung im Handel unter besonderer Berücksichtigung der Auswirkungen von Efficient Consumer Response) sowie Band 33 (Bettina Lehmkühler: Kundenorientierte Anreizsysteme im beratungsintensiven Facheinzelhandel).

III. Distributions- und Netzwerkmanagement

Hier stehen Fragen des Absatzkanalmanagements industrieller Unternehmungen, des vertikalen Marketings in mehrstufigen Distributionssystemen, aber auch der Verkaufs- und Außendienstpolitik (Vertrieb) und der physischen Distribution (Marketinglogistik) im Mittelpunkt. Einen wichtigen Betrachtungsgegenstand bilden dabei auch die vertikalen Verhaltensbeziehungen zwischen Herstellern und Händlern sowie die vielfältigen Formen einer Institutionalisierung der Zusammenarbeit zwischen Industrie- und Handelsbetrieben.

Zu diesem Gebiet zählen die Bände 3 (Günter Buerke: Planung und Durchsetzung von Vertriebsinnovationen), 4 (Gustav Bergmann: Strategisches Absatzkanalmanagement in Märkten mit hoher Nachfragemacht des Handels), 14 (Christoph Grote: Die Großhandelsgestützte Handwerkerkooperation), 16 (Stephan Kollenbach: Positionierungsmanagement in Vertragshändlersystemen), 19 (Beate Wojaczek: Koordinationsorientiertes Logistik-Management in der Textilwirtschaft), 20 (Andreas Thesing: Innovative Logistik-Dienstleistungskonzepte in der Textilwirtschaft), 25 (Susanne Horstmann: Vertikale Vertriebskooperationen in der Bekleidungswirtschaft), 31 (Marc Heußinger: Koordinationsdefizite in der Bekleidungswirtschaft), 32 (Inga Langenhorst: Shop-Logistik in der Bekleidungswirtschaft) sowie Band 34 (Marion Steffen: Strategische Netzwerke für komplexe Konsumgüter).

IV. Marketing-Rechts-Management

Die Managementprobleme der mehrstufigen Warendistribution werden nicht nur aus ökonomischer und verhaltenswissenschaftlicher, sondern auch aus rechtlicher Perspektive beleuchtet. Die rechtlichen, insbesondere die wettbewerbsrechtlichen Probleme des Hersteller- und Handelsmarketings, erlangen zunehmend praktische Bedeutung; ihre Bewältigung stellt hohe Anforderungen an Rechtsexperten und Marketing-Manager in den Unternehmungen. Im Mittelpunkt stehen die materiellen Rechtsgrundlagen des Marketings, die formalen Managementprobleme im Spannungsfeld zwischen Marketing und Recht und rechtspolitische Überlegungen aus betriebswirtschaftlicher Sicht.

Diesem Themengebiet sind die Bände 2 (Julius Schröder: Marketing-Schutzrechts-Management), 6 (Hendrik Schröder: Vertikaler Markenschutz als Problem der Markenartikelindustrie) und Band 9 (Jan-Peter Horst: Das Verbot der vertikalen Preisbindung) zuzurechnen.

V. Übertragung handelswissenschaftlicher Erkenntnisse auf andere Branchen

Diesem auf einzelne Branchen konzentrierten Themengebiet sind für die Automobilbranche die Bände 12 (Bernhard Dyckhoff: Diversifikation von Handelsunternehmen in den Finanzdienstleistungsbereich), 15 (Christian Korte: Customer Satisfaction Measurement) und 16 (Stephan Kollenbach: Positionierungsmanagement in Vertragshändlersystemen), für die Textilwirtschaft die Bände 17 (Monika Burg: Der Einfluß des Dezentralisierungsgrades auf die Ausgestaltung des Controlling), 18 (Michael Ottenjann: Lernende Unternehmungen im Handel), 19 (Beate Wojaczek: Koordinationsorientiertes Logistik-Management in der Textilwirtschaft), 20 (Andreas Thesing: Innovative Logistik-Dienstleistungskonzepte in der Textilwirtschaft), 23 (Markus Eickhoff: Erfolgsforschung im Bekleidungseinzelhandel), 25 (Susanne Horstmann: Vertikale Vertriebskooperationen in der Bekleidungswirtschaft), 27 (Sybille Breitkopf: Externes Controlling), 28 (Oliver Altenhövel: Nachkaufmarketing im Bekleidungseinzelhandel), 31 (Marc Heußinger: Koordinationsdefizite in der Bekleidungswirtschaft), 32 (Inga Langenhorst: Shop-Logistik in der Bekleidungswirtschaft), 34 (Marion Steffen: Strategische Netzwerke für komplexe Konsumgüter) und 35 (Bernhard Jäger: Desinvestitionsentscheidungen auf der Basis Vollständiger Finanzpläne) sowie für die Lebensmittelbranche die Bände 1 (Kurt Ebert: Warenwirtschaftssysteme und Warenwirtschaftscontrolling), 8 (Rainer Olbrich: Informationsmanagement in mehrstufigen Handelssystemen), 10 (Joachim Mohme: Der Einsatz von Kundenkarten im Einzelhandel), 11 (Thomas Fischer: Computergestützte Warenkorbanalyse), 21 (Bodo Reinke: Synergiemanagement im Handel) und 30 (Guido Brettschneider: Beschaffung im Handel unter besonderer Berücksichtigung der Auswirkungen von Efficient Consumer Response) zuzurechnen.

... zum vorliegenden Band 35

In der Bundesrepublik war in der vergangenen Dekade ein erheblicher Rückgang der Zahl der Unternehmungen, Betriebe und Arbeitsplätze zu verzeichnen. So sank in Westdeutschland zwischen 1990 und 1997 im Zuge von Fusionen, Verkäufen und Stillegungen die Zahl der Unternehmungen im Verarbeitenden Gewerbe um annähernd 3.800 auf rund 33.000. Im selben Zeitraum gingen dort nahezu 8.400 Betriebe und 1,3 Mio. Arbeitsplätze verloren. Offensichtlich sind **Desinvestitionen** im Sinne der freiwilligen Aufgabe eines abzugrenzenden Unternehmungsteils durch eine endgültige **Stillegung** oder durch einen teilweisen oder vollständigen **Verkauf** der Eigentumsanteile ein reales marktwirtschaftliches Phänomen.

Dennoch wird das Problem in der betriebswirtschaftlichen Forschung und der unternehmerischen Praxis weitgehend vernachlässigt. Der Schwerpunkt der Desinvestitionsforschung liegt bei deskriptiven Gestaltungsaussagen ohne systematische und eindeutige Präzisierung des Desinvestitionserfolges. Ein wesentliches **Theoriedefizit** ist darin zu sehen, daß die bislang für die Fundierung von Desinvestitionsentscheidungen empfohlenen Methoden in nichtdiversifizierten bzw. nichtbörsennotierten Unternehmungen kaum oder gar nicht genutzt werden können.

Aus unternehmerischer Sicht ergibt sich der Forschungsbedarf aus der strategischen Neuorientierung vieler Unternehmungen: Die mit **Business Process Reengineering, Total Quality Management** oder **Lean Management** einhergehende Konzentration auf Kernkompetenzen, verbunden mit dem Rückzug aus Randaktivitäten, verstärkt die Notwendigkeit zur systematischen Untersuchung von Desinvestitionen. Auch werden aufgrund der Diskussion des **Shareholder-values** die finanziellen Ziele vieler Unternehmungen neu akzentuiert.

Vor diesem Hintergrund besteht das Anliegen von Herrn Jäger darin, Methoden und Kriterien zu entwickeln, anhand derer in **mittelständischen Unternehmungen** ein **Anpassungsbedarf** an veränderte Umwelt- und Rahmenbedingungen rechtzeitig erkannt, potentielle **Desinvestitionsobjekte** bestimmt, die grundsätzlichen **Handlungsalternativen** generiert und am Ende die im Sinne der unternehmerischen Zielsetzung **optimale Alternative** ausgewählt werden kann.

Ausgehend vom Zielsystem der Unternehmung zeigt Herr Jäger zunächst auf, daß rationale Desinvestitionsentscheidungen insbesondere durch die finanzielle Zielplanung und die strategische Entscheidungsfeldplanung einer Unternehmung beeinflußt werden. Diese Überlegungen münden in die Entwicklung eines **kybernetischen Modells**, in dessen Rahmen mit der Initiierungs-, der Such-, der Bewertungs- und Auswahl-, der Realisierungs- sowie der Kontrollphase fünf Phasen des Desinvestitionsprozesses unterschieden werden.

Die volkswirtschaftlichen und betriebswirtschaftlichen Wirkungen von Desinvestitionen werden anhand einer **empirisch-statistischen Analyse** der Entwicklung der westdeutschen Textil- und Bekleidungsindustrie in den Jahren 1980 bis 1998 untersucht. Dabei wird gezeigt, daß das Anpassungs- und Desinvestitionsverhalten beider Branchen als gutes Vorbild für andere anlage- bzw. personalintensive Branchen des sekundären und des tertiären Sektors dienen kann.

Für die **Initiierung** eines Desinvestitionsprozesses kommt finanziellen und strategischen Anregungs- und Abweichungsinformationen eine grundlegende Bedeutung zu. Nur eine rechtzeitig und gut informierte Unternehmungsleitung wird in der Lage sein, potentielle Krisen zu vermeiden, zu mildern oder zu beherrschen. Es wird daher ein Kennzahlensystem vorgestellt, anhand dessen auch in nichtbörsennotierten Unternehmungen die notwendigen Informationen generiert werden können.

Die in der anschließenden **Suchphase** zu erfüllenden Teilprozesse - die Bestimmung von Anpassungsobjekten und -zielen - werden aufgezeigt und Vorschläge zur Lösung der damit jeweils verbundenen Probleme entwickelt. Die Fortführung, der Verkauf und die Stillegung einer (Teil-)Unternehmung werden als grundsätzliche Handlungsalternativen im Rahmen einer Desinvestition vorgestellt.

Die bei einer Desinvestition auftretenden finanziellen, juristischen, strukturellen und personellen **Restriktionen** werden hinsichtlich ihrer Einzel- und Verbundwirkungen detailliert analysiert. Es wird begründet, daß die vielfältigen Wirkungen aufgrund ihrer Entscheidungsrelevanz im Desinvestitionskalkül berücksichtigt werden müssen.

Schließlich wird mit dem **Vollständigen Finanzplan (VOFI)** ein Instrument vorgestellt, welches - unter Berücksichtigung der Restriktionen - die gleichzeitige Bewertung der Handlungsalternativen hinsichtlich ihrer finanziellen und strategischen Beiträge zum Eigentümerwert ermöglicht. Die Teilschritte dieser Methode werden im einzelnen erläutert, wobei auf die diversen Zahlungsarten eingegangen wird. Nachdem dargestellt wurde, wie die jeweiligen Zahlungsfolgen der einzelnen Handlungsalternativen zu bestimmen sind, wird die Anwendung des VOFIs am Beispiel einer Fallstudien-Unternehmung demonstriert.

Aus der Perspektive klein- und mittelständischer, nichtbörsennotierter Unternehmungen, die den Großteil der Unternehmungen in Deutschland darstellen, bietet die Anwendung des VOFIs im Rahmen eines Desinvestitionsprozesses eine Reihe von Vorteilen:

Angesichts der hohen Komplexität und der strategischen Bedeutung von Desinvestitionsentscheidungen erscheint es gerechtfertigt, sich bei der Finalentscheidung nicht ausschließlich auf einen schematischen Algorithmus zu verlassen, der qualitative Faktoren nicht zu berücksichtigen vermag. Dabei kommt dem VOFI bei der Bewältigung der Unsicherheit die Aufgabe zu, durch eine deterministische Simulation unsicherer Datensituationen die Tragweite möglicher Desinvestitionsentscheidungen transparent zu machen. Die optimale Handlungsalternative wird insofern nicht berechnet oder abgeleitet; auch wird die Unsicherheit nicht einfach aufgrund eines Rechenmodells „eliminiert". Statt dessen muß der Entscheidungsträger durch inhaltliche Argumentation und Abwägung jene Handlungsalternativen ausschließen, die in bestimmten Datensituationen zu unerwünschten Ergebnissen führen.

In der aktuellen Diskussion werden Fusionen, Unternehmungsverkäufe und Betriebsstillegungen zunehmend mit der Zielsetzung einer „dauerhaften Steigerung des Unternehmungswertes" begründet. Als Maßstab für den Shareholder-value wird dabei überwiegend der Marktwert des Eigenkapitals einer Unternehmung genannt. Mit Hilfe des VOFIs kann aufgezeigt werden, wie sich die Fortführung, die Stillegung oder der Verkauf eines Unternehmungsteils auf die Ertrags- und Vermögenssituation der Gesamtunternehmung auswirkt.

Anders als bei den klassischen Verfahren der Des-/Investitionsrechnung kann dabei mittels des VOFIs auch die persönliche Einkommens-, Vermögens- und Steuersituation der Eigentümer, also auch deren Shareholder-value, im Desinvestitionskalkül explizit berücksichtigt werden.

Schließlich wird durch die Verwendung des VOFIs im Rahmen eines Desinvestitionsprozesses ein „Management des Gesundschrumpfens" unterstützt, mit dem Ziel, durch den rechtzeitigen Rückzug aus erfolglosen Aktivitäten und die anschließende Umschichtung der Ressourcen in erfolgversprechende Aktivitäten die Existenz und das Wachstum einer Unternehmung und damit auch das Einkommen und Vermögen ihrer Eigentümer langfristig zu sichern.

Insgesamt ist festzuhalten, daß angesichts der gestiegenen Komplexität der Unternehmungsumwelt eine erfolgreich durchgeführte Desinvestition eine durchaus zweckmäßige Anpassungsform an veränderte Rahmenbedingungen darstellt, die zur Existenzsicherung einer Unternehmung beitragen und deren Wert steigern kann.

Münster, im Dezember 2001 Universitätsprofessor Dr. Dieter Ahlert

Vorwort des Verfassers

An dieser Stelle möchte ich all denjenigen danken, die mit ihrer freundschaftlichen Hilfe und fachlichen Unterstützung wesentlich zum Gelingen dieser Dissertation beigetragen haben.

Mein besonderer Dank gilt an erster Stelle Herrn Professor Dr. Dieter Ahlert, der mir die Möglichkeit bot, als externer Mitarbeiter seines Lehrstuhls für Betriebswirtschaftslehre, insb. Distribution und Handel, diese Arbeit zu schreiben. Durch seine kritischen Fragen und konstruktiven Hinweise veranlaßte er mich beständig, die untersuchte Problemstellung hinsichtlich ihrer wissenschaftlichen und praktischen Relevanz zu präzisieren.

Herrn Professor Dr. Heinz Lothar Grob sei für die freundliche Übernahme des Zweitgutachtens gedankt. Sein Interesse an meiner Arbeit hat mich stark motiviert, den einmal eingeschlagenen Lösungsweg konsequent zu verfolgen. Vor allem die wenigen, jedoch intensiven philosophisch-theologischen Gespräche mit ihm werden mir in guter Erinnerung bleiben. Im mit Terminen und Aufgaben dicht gedrängten Alltag von Professoren, Studenten und Assistenten bleibt für solche Momente leider viel zu wenig Zeit. Vielleicht ist diese „Sprachlosigkeit" eine der Ursachen für die von vielen behauptete Krise der Universität.

Bedanken möchte ich mich auch bei dem langjährigen Geschäftsführer der Forschungsstelle für Textilwirtschaft (FATM), Herrn Dipl.-Vw. Friedrich Aumann, sowie unseren Sekretärinnen, Frau Anne Feldhaus und Frau Margret Terlau, für ihre Geduld und vielfältigen Hilfestellungen, u.a. in Form eines eigenen Büros samt EDV sowie des Zugriffs auf die reichhaltige Fachbibliothek.

Danken möchte ich darüber hinaus meinen Kolleginnen und Kollegen am Lehrstuhl sowie an der FATM. Besonders zu nennen sind Frau Dr. Eva-Maria Gust sowie die Herren Dres. Oliver Altenhövel und Heiner Schlüter. Aus den intensiven Diskussionen mit ihnen sowie aus ihrer fachlichen Kritik konnte ich immer wertvolle Anregungen (nicht nur für die Dissertation!) gewinnen. Ohne ihre freundschaftliche und liebevolle Hilfe, die weit über jedes normale Maß hinausging und sich in der Schlußphase sogar über mehrere Tage und Nächte erstreckte, wäre mir die Fertigstellung der Arbeit nicht gelungen. Ihnen gebührt mein herzlicher Dank. An unsere gemeinsame Zeit in Münster werde ich mich stets gerne erinnern.

Meiner Schwägerin, Frau Anne Jäger, danke ich für die orthographischen und grammatikalischen Korrekturen der Arbeit. Wegen der sogenannten Rechtschreibreform waren sie besonders aufwendig; gleichwohl gehen alle noch vorhandenen Fehler natürlich weiterhin zu meinen Lasten.

Mein herzlichster Dank gilt schließlich meiner Mutter und meinem Bruder. Nach dem frühen Tod unseres Vaters verschafften sie mir immer wieder die nötigen Freiräume für das Studium und die anschließende Dissertation. Ihr steter Zuspruch half mir, das anvisierte Ziel nicht aus den Augen zu verlieren.

Buer, im Dezember 2001 Bernhard F. Jäger

Inhaltsverzeichnis

Abkürzungsverzeichnis

Abb.	Abbildung
AbfG	Abfallgesetz
AbfklärV	Abfallklärschlammverordnung
Abs.	Absatz
Abschn.	Abschnitt
AFG	Arbeitsförderungsgesetz
AK/HK	Anschaffungs- und Herstellungskosten
AktG	Aktiengesetz
allg.	allgemein
Anm.	Anmerkung
AO	Abgabenordnung
AÜG	Arbeitnehmerüberlassungsgesetz
B	Bestimmtheitsmaß
b	Regressionskoeffizient
BAG	Bundesarbeitsgericht
BauGB	Baugesetzbuch
BauGB-MaßnahmenG	Maßnahmengesetz zum Baugesetzbuch
BauNVO	Baunutzungsverordnung
BBiG	Berufsbildungsgesetz
BCG	Boston Consulting Group
Bd.	Band
BetrAVG	Gesetz zur Verbesserung der betrieblichen Altersversorgung
BetrVG	Betriebsverfassungsgesetz
BFH	Bundesfinanzhof
BGB	Bürgerliches Gesetzbuch
BGBl.	Bundesgesetzblatt
BImSchG	Bundesimmissionsschutzgesetz
BImSchV	Verordnung zur Durchführung des Bundesimmissionsschutzgesetzes
BKU	Bund Katholischer Unternehmer
BMF	Bundesministerium der Finanzen
BNatSchG	Bundesnaturschutzgesetz
bspw.	beispielsweise
BStBl.	Bundessteuerblatt
BVerfG	Bundesverfassungsgericht
BWL	Betriebswirtschaftslehre
bzgl.	bezüglich
bzw.	beziehungsweise
c.p.	ceteris paribus
CAPM	Capital Asset Pricing Model

ChemG	Chemikaliengesetz
d.h.	das heißt
DAG	Deutsche Angestellten Gewerkschaft, Düsseldorf.
DBW	Die Betriebswirtschaft
DCF	Discounted Cash-Flow
ders.	derselbe
Diss.	Dissertation
DIW	Deutsches Institut für Wirtschaftsforschung
DStR	Deutsches Steuerrecht
d.V.	der Verfasser
EBO	Employee buy-out
EKR	Eigenkapitalrentabilität
EStG	Einkommensteuergesetz
EStR	Einkommensteuerrichtlinien
etc.	et cetera
EW^M	Endwert der Investition
EW^O	Endwert der Opportunität
F&E	Forschung und Entwicklung
f.	folgende
FATM	Forschungsstelle für textile Marktwirtschaft
FAZ	Frankfurter Allgemeine Zeitung
ff.	fortfolgende
FGO	Finanzgerichtsordnung
Fn.	Fußnote
GbR	Gesellschaft bürgerlichen Rechts
gem.	gemäß
GewStG	Gewerbesteuergesetz
ggf.	gegebenenfalls
GmbH	Gesellschaft mit beschränkter Haftung
GTB	Gewerkschaft Textil-Bekleidung
H.	Heft
Habil.	Habilitationsschrift
HdWW	Handwörterbuch der Wirtschaftswissenschaft
HGB	Handelsgesetzbuch
hM	herrschende Meinung
Hrsg.	Herausgeber
HSG	Hochschule St. Gallen
HW	Handwörterbuch
HWB	Handwörterbuch der Betriebswirtschaft
i.d.R.	in der Regel
i.e.S.	im engeren Sinne

i.S.(v.)	im Sinne (von)
i.V.m.	in Verbindung mit
i.w.S.	im weiteren Sinne
insb.	insbesondere
IWD	Zeitschrift Informationsdienst des Instituts der Deutschen Wirtschaft
IfHM	Institut für Handelsmanagement, Münster
insb.	insbesondere
InsO	Insolvenzordnung
Jg.	Jahrgang
Kap.	Kapitel
KG	Kommanditgesellschaft
KGaA	Kommanditgesellschaft auf Aktien
KKV	komparative Konkurrenzvorteile
KMU	kleine und mittelständische Unternehmungen
KonTraG	Gesetz zur Kontrolle und Transparenz
KrW-/AbfG	Kreislaufwirtschafts- und Abfallgesetz
KSchG	Kündigungsschutzgesetz
KStG	Körperschaftsteuergesetz
LBO	Leveraged buy-out
Mass.	US-Staat Massachusetts
MBO	Management buy-out
MOE	Staaten Mittel- und Osteuropas
MuSchG	Mutterschutzgesetz
Nr.	Nummer
NRW	Nordrhein-Westfalen
o.ä.	oder ähnliche(s)
o.g.	oben genannt
o.J.	ohne Jahr
o.S.	ohne Seite
o.V.	ohne Verfasser
oHG	offene Handelsgesellschaft
PIMS	Profit Impact of Market Strategies
PLV	Passive Lohnveredelung im Ausland
PSVaG	Pensionssicherungsverein auf Gegenseitigkeit
PUG	Preisuntergrenze
PV	Passive Veredelung im Ausland
r	Korrelationskoeffizient
Rn.	Randnummer
ROI	Return on Investment
ROS	Return on Sales

S.	Seite
s.	siehe
s.o.	siehe oben
s.u.	siehe unten
SchwbG	Schwerbehindertengesetz
Sp.	Spalte
SPI	Strategic Planning Institute, Cambridge/Mass.
StBA	Statistisches Bundesamt
StGB	Strafgesetzbuch
TA Lärm	Technische Anleitung zur Reinhaltung der Luft
TA Luft	Technische Anleitung zum Schutz gegen Lärm
Tab.	Tabelle
TKG	Textilkennzeichnungsgesetz
u.a.	und andere, unter anderem
UmweltHG	Umwelthaftungsgesetz
Univ.	Universität
UVPG	Gesetz über die Umweltverträglichkeitsprüfung
u.s.w.	und so weiter
v.	vom
v.a.	vor allem
Vgl.	Vergleiche
VOFI	Vollständiger Finanzplan, Vollständige Finanzplanung
WHG	Wasserhaushaltsgesetz
WiSt	Zeitschrift Wirtschaftswissenschaftliches Studium
z.B.	zum Beispiel
z.T.	zum Teil
ZfB	Zeitschrift für Betriebswirtschaft
zfbf	Zeitschrift für betriebswirtschaftliche Forschung
ZFO	Zeitschrift Führung + Organisation
ZVEI	Zentralverband der Elektroindustrie

Abbildungsverzeichnis

Tabellenverzeichnis

1 Desinvestitionen - praktisch bedeutend, theoretisch vernachlässigt

1.1 Problemstellung der Arbeit

Die weltweiten Waren- und Finanzmärkte sind geprägt durch kürzer werdende Produktlebenszyklen und eine wachsende Globalisierung, die beide durch beschleunigte Innovations- und Informationsprozesse gestützt werden. Aufgrund standortbedingter Kostennachteile sehen sich deutsche Unternehmungen darüber hinaus mit einem steigenden Importdruck durch kosten- und preisgünstige Anbieter aus den Schwellen- und Entwicklungsländern, aber auch aus den westlichen Industriestaaten konfrontiert. In der Bundesrepublik führte nicht zuletzt diese Wettbewerbssituation in der jüngsten Vergangenheit zu einem erheblichen Rückgang der Zahl der Unternehmungen, Betriebe und Arbeitsplätze. So sank in Westdeutschland zwischen 1990 und 1997 im Zuge von Fusionen, Verkäufen und Stillegungen die Zahl der Unternehmungen des Verarbeitenden Gewerbes von 36.539 auf 32.727 (-10,4%). Im selben Zeitraum gingen dort 8.399 Betriebe (-18,1%) und annähernd 1,3 Mio. Arbeitsplätze (-26,4%) verloren.[1]

Obwohl also Desinvestitionen offensichtlich ein reales marktwirtschaftliches Phänomen sind, wurde das Thema in der betriebswirtschaftlichen Forschung und der unternehmerischen Praxis lange Zeit vernachlässigt.[2] Ein Grund dafür wird in der ausgeprägten Wachstumsmentalität unserer Wirtschaftsverfassung und unserer Gesellschaft gesehen. Dahinter verbirgt sich das kulturelle Phänomen, daß jegliches Wachstum mit „erfolgreicher“ Unternehmungsführung assoziiert wird, während der Rückgang von Umsatz und Gewinn, die Entlassung von Mitarbeitern, der Verkauf von Betrieben und die Stillegung von Maschinenkapazitäten dagegen als Zeichen einer „erfolglosen, gescheiterten“ Unternehmungsführung betrachtet werden.[3] Infolgedessen wurden Desinvestitionsüberlegungen[4] bei der strategischen und operativen Planung der Unternehmungen lange Zeit nicht berücksichtigt.

Durch die oben skizzierten Entwicklungen wächst die Komplexität der Unternehmungsumwelt, so daß der dauerhafte Erfolg und die Existenz einer Unternehmung vermehrt von deren Fähigkeit zur raschen und effizienten Anpassung an Umweltveränderungen abhängen. Im Gegensatz zu der weit verbreiteten Auffassung, Desinve-

---

[1] Vgl. STATISTISCHES BUNDESAMT, Fachserie 4, Reihen 4.1.1 und 4.2, diverse Jahrgänge; eigene Berechnungen.

[2] Vgl. zu dieser Einschätzung auch RUDHARDT, P.M. (1978), S. 19; MENSCHING, H. (1986), S. 13ff.; NAPP, H. (1990), S. 10ff.

[3] Vgl. MEFFERT, H. (1983), S. 11; BRÜGGERHOFF, J. (1992), S. 1.

Vor allem publizitätspflichtige Kapitalgesellschaften verharren häufig trotz schwacher Wettbewerbsposition zu lange in einem Marktsegment. HARRIGAN führt dieses Phänomen auf die Sorge der Manager zurück, ihre Unternehmung werde nach einer Desinvestition einen schlechteren Zugang zum Kapitalmarkt haben; sie befürchten, daß dadurch die Kapitalkosten steigen und der Shareholder-value sinkt. Vgl. dazu HARRIGAN, K.R. (1989), S. 105ff.

[4] Mit *Desinvestitionsüberlegungen* sind hier nicht nur die Stillegung und der Verkauf einer Unternehmung, sondern auch Maßnahmen zur Fortführung derselben gemeint, um deren momentane Situation zu verbessern.

stitionen seien ein Indiz für schlechte Unternehmungsführung, stellt eine Desinvestition in diesem Kontext eine durchaus zweckmäßige Anpassungsform an veränderte Rahmenbedingungen dar. Dementsprechend wird in dieser Arbeit die These vertreten, daß eine von der Unternehmungsleitung erfolgreich durchgeführte Desinvestition zur Existenzsicherung einer Unternehmung beizutragen und deren Wert zu steigern vermag.

Die überwiegende Zahl der Publikationen über Desinvestitionen bezieht sich bei ihren Untersuchungen und Gestaltungsempfehlungen auf eine oder mehrere Phasen des Führungsprozesses. Der Schwerpunkt der Desinvestitionsforschung liegt bei deskriptiven Gestaltungsaussagen ohne systematische und eindeutige Präzisierung des Desinvestitionserfolges.[5] Die Grundaussagen der wissenschaftlichen Literatur können wie folgt zusammengefaßt werden:
- Rechtzeitige Desinvestitionsentscheidungen können zu positiven Wirkungen für die Gesamtunternehmung führen;[6]
- Desinvestitionsentscheidungen werden im wesentlichen durch Wirtschaftlichkeitsrechnungen fundiert;[7]
- gemessen an der realen Bedeutung von Desinvestitionen ist der Umfang betriebswirtschaflicher Forschung zu dieser Problematik gering.[8]

Ein wesentliches Theoriedefizit ist darin zu sehen, daß die Methoden der strategischen Analyse und der Wirtschaftlichkeitsrechnung, welche für die Fundierung von Desinvestitionsentscheidungen empfohlen bzw. verwendet werden, überwiegend nur in diversifizierten Konzernen oder in börsennotierten Publikumsgesellschaften sinnvoll genutzt werden können. Dieses Defizit verwundert um so mehr, als daß 1997 in Deutschland von den ca. 2,8 Mio. Unternehmungen annähernd 2,0 Mio. (71%) als Einzelunternehmungen firmierten und weitere 754.470 (27%) als GmbH, oHG oder KG geführt wurden. Die Zahl der Aktiengesellschaften war dagegen mit nur 2.723 (0,1%) verschwindend gering.[9] Daher wird als zweite These dieser Arbeit unterstellt, daß die klassischen Methoden und Instrumente der strategischen und finanziellen Analyse ungeeignet sind, um in Unternehmungen, die weder börsennotiert noch diversifiziert sind, Desinvestitionsalternativen zu bewerten und auszuwählen. Aus unternehmerischer Sicht ergibt sich der Forschungsbedarf aus drei Anlässen:

a) Im Zuge der strategischen Neuorientierung vieler Unternehmungen rücken Konzepte wie z.B. *Business Process Reengineering*[10], *Total Quality Management*[11]

---

[5] Vgl. zu dieser Beurteilung auch GEHRKE, I. (1999), S. 22.

[6] Vgl. zu dieser Tendenzaussage z.B. RECHSTEINER, U. (1995), S. 37; GEHRKE, I. (1999), S. 286.

[7] Vgl. zur Verwendung verschiedener Methoden der Des-/Investitionsrechnung z.B. BRÜGGERHOFF, J. (1992), S. 92; GRAML, R. (1996), S. 62.

[8] Vgl. z.B. NAPP, H. (1990), S. 1; SIEGERT, T. (1995), S. 581.

[9] Vgl. o.V. (2000a), S. 2. Da nicht alle Aktiengesellschaften auch börsennotiert sind, ist der Anteil der Unternehmungen, in denen die bislang für die Planung und Durchführung von Desinvestitionen empfohlenen Methoden und Ansätze angewandt werden können, sogar noch kleiner als 0,1%.

[10] Vgl. zum *Business Process Reengineering* ausführlicher HAMMER, M./CHAMPY, J. (1995); AHLERT, D. (1996).

[11] Vgl. zum *Total Quality Management* z.B. KALTENBACH, H. (1995); KRAMER, F./KRAMER, M. (1993). Verglichen mit dem Business Process Reengineering strebt das Total Quality Management eine

und *Lean Management*[12] in den Mittelpunkt des Interesses. Die damit einhergehende Konzentration auf Kernkompetenzen, verbunden mit dem Rückzug aus Randaktivitäten, verstärkt die Notwendigkeit zur systematischen Untersuchung von Desinvestitionen.[13]

b) Anläßlich der Diskussionen um den *Shareholder-value*[14] werden seit Anfang der 90er Jahre die finanziellen Ziele vieler Unternehmungen neu akzentuiert. Die bislang üblichen Umsatz- und Gewinnziele werden nunmehr ergänzt oder sogar abgelöst durch die „dauerhafte Steigerung des Unternehmungswertes" als weitere zentrale Zielgröße.

c) Einen weiteren Anlaß, die Entscheidungsprozesse über Desinvestitionen zu untersuchen, bietet die seit dem 1. Januar 1999 in Kraft getretene Insolvenzordnung (InsO). Diese eröffnet den an einem Insolvenzverfahren Beteiligten die Möglichkeit, die Befriedigung der Gläubiger, die Verwertung und Verteilung der Insolvenzmasse sowie die Haftung des Schuldners nach Beendigung des Verfahrens abweichend von den Vorschriften der InsO in eigener Verantwortung zu regeln. Die Verabschiedung des dafür vorgeschriebenen Insolvenzplans (§§ 217ff. InsO), der u.a. eine Planbilanz, eine Plan-GuV sowie einen Finanzplan (§ 229 InsO) enthalten muß, setzt notwendigerweise die vorherige Prüfung und Auswahl von Fortführungs- und Desinvestitionsalternativen voraus.

Aus diesen Zusammenhängen folgt die dritte These dieser Arbeit: Um eine Desinvestition erfolgreich planen und durchführen zu können und damit den Wert der Unternehmung zu steigern, bedarf es eines „Management des Gesundschrumpfens".

1.2 Gegenstand und Zielsetzung der Untersuchung

Den Objektbezug der Untersuchung bilden Unternehmungen der Textil- und Bekleidungsindustrie. Dieser Objektbezug wurde ausgewählt, weil die Mehrzahl der Textil- und Bekleidungsunternehmungen nicht börsennotiert ist. Auch ist der Diversifikationsgrad auf betrieblicher Ebene in beiden Branchen gering. Darüber hinaus erlaubt dieser Objektbezug, das Desinvestitions- und Stillegungsverhalten sowohl einer anlage- als auch einer personalintensiven Branche zu untersuchen.[15] Die noch existie-

---

kontinuierliche Verbesserung bestehender Prozesse i.S. des japanischen *Kaizen* an. Vgl. IMAI, M. (1992), S. 15ff.

[12] Vgl. zum *Lean Management* exemplarisch WOMACK, J./JONES, D./ROOS, D. (1991); BÖSENBERG, D./METZEN, H. (1992).

[13] Die Restrukturierung des DAIMLER-Konzerns ist ein prominentes Beispiel dafür: Nachdem der Elektrohersteller AEG verkauft und der Flugzeughersteller FOKKER liquidiert worden waren, erfolgte die Fusion mit dem Autohersteller CHRYSLER.

[14] Vgl. zum Shareholder-value in der anglo-amerikanischen Literatur z.B. RAPPAPORT, A. (1986); COPELAND, T.E./KOLLER, T./MURRIN, J. (1995); STEWART, G.B. (1991). In der deutschsprachigen Literatur seien beispielhaft genannt GOMEZ, P. (1990); KLIEN, W. (1993); LEWIS, T.G./STELTER, D. (1994); PAPE, U. (1997); KNORREN, N. (1998); BÜHNER, R./SULZBACH, K. (Hrsg.) (1999).

[15] Die Charakterisierung der Textilindustrie als anlageintensive bzw. der Bekleidungsindustrie als personalintensive Branche ergibt sich aus der Tatsache, daß im Zeitraum 1980 - 1998 die Kapitalin-

renden Unternehmungen beider Branchen sind bereits seit langem an einen harten, weltweiten Standortwettbewerb gewöhnt. Angesichts ihrer erfolgreichen Anpassung an veränderte Rahmenbedingungen und ihrer langjährigen Erfahrungen mit Desinvestitionen sind die Unternehmungen dieser beiden Branchen im Sinne eines evolutionären Managements daher besonders geeignet, anlage- oder personalintensiven Unternehmungen anderer Branchen als Vorbilder bei der Gestaltung von Entscheidungsprozessen und der Durchführung von Desinvestitionen zu dienen.

Den Subjektbezug der Untersuchung bilden die Manager und die Eigentümer der desinvestierenden Textil- und Bekleidungsunternehmungen. Dieser Subjektbezug ist zweckmäßig, weil in diesen beiden mittelständisch[16] geprägten Branchen dem Eigentümerwert traditionell ein hoher Stellenwert eingeräumt wird, da Leitung und Eigentum in der Mehrzahl der Unternehmungen in einer Hand liegen. Ist das nicht der Fall, so bestehen zwischen den Entscheidungsträgern und den Eigenkapitalgebern zumindest sehr enge, jedenfalls keine anonymen Beziehungen wie bei Publikumsgesellschaften.

Mit der vorliegenden Arbeit zur Analyse des Desinvestitionsprozesses soll dazu beigetragen werden, die genannten Theorie- und Praxisdefizite abzubauen. Gleichzeitig sollen Möglichkeiten zur Integration des Desinvestitionsprozesses in den Führungsprozeß der Unternehmung aufgezeigt werden. Angesichts umfangreicher staatlicher Regulierungen in der Bundesrepublik soll dabei auch untersucht werden, wie diese Rechtsnormen sich auf die Auswahl und Durchführung von Desinvestitionen auswirken.

Dementsprechend ist es **Ziel dieser Arbeit**, Methoden und Kriterien zu entwickeln, mit denen im Verlauf des originären Führungsprozesses ein Anpassungsbedarf an veränderte Umwelt- und Rahmenbedingungen rechtzeitig erkannt, potentielle Desinvestitionsobjekte bestimmt, die grundsätzlichen Handlungsalternativen[17] generiert

---

tensität der Arbeit (= Bruttoanlagevermögen in Relation zur Zahl der Erwerbstätigen einer Branche) in der Textilindustrie stets höher, in der Bekleidungsindustrie stets niedriger war als im Durchschnitt des Verarbeitenden Gewerbes. Siehe dazu die statistische Analyse in Kap. 3.5.3.

[16] Im Jahr 1997 überwogen bei den 1.133 Textilunternehmungen in Gesamtdeutschland mit 45% solche mit einem Jahresumsatz von weniger als 10 Mio. DM. Die mittleren Unternehmungen mit 10 - 50 Mio. DM Jahresumsatz stellten insgesamt einen Anteil von 40%. Großunternehmungen, die mehr als 50 Mio. DM Jahresumsatz erzielten, kamen auf einen Anteil von 15%. Von den 733 Unternehmungen der Bekleidungsindustrie waren 55% der kleinsten Umsatzgrößenklasse zuzuordnen. Die Unternehmungen der mittleren Größenklassen kamen zusammen auf einen Anteil in Höhe von 29%. Der Anteil der größten Klasse lag mit 16% auf einem ähnlichen Niveau wie der entsprechende Wert der Textilindustrie. Vgl. dazu STATISTISCHES BUNDESAMT, Fachserie 4, Reihe 4.2.1, Ausgabe 1997.

Eine Klassifizierung der Textil- und Bekleidungsunternehmungen anhand ihrer Beschäftigtenzahlen bestätigt ebenfalls den klein- und mittelständischen Charakter der beiden Branchen: In 1997 hatten im Jahresdurchschnitt sowohl in der Textil- als auch in der Bekleidungsindustrie jeweils 87% der Unternehmungen weniger als 200 Beschäftigte. Für eine genauere Darstellung der Beschäftigtengrößenklassen beider Branchen vgl. JÄGER, B./RECKFORT, J./TÜCKING, E. (1997), S. 47ff., 50ff.

[17] Für die des Lateins kundigen Leser, die als *Alternative* stets nur eine einzige, entgegengesetzte Möglichkeit betrachten, sei bemerkt, daß hier entsprechend dem allgemeinen Sprachgebrauch alle sich gegenseitig ausschließenden Handlungsmöglichkeiten als *Alternativen* bezeichnet werden.

und am Ende die im Sinne der unternehmerischen Zielsetzung optimale Alternative ausgewählt werden kann.

Die genannte Problemstellung wird durch folgende Fragen konkretisiert:

- Welche Motive veranlassen Investoren, einer Unternehmung Eigenkapital zur Verfügung zu stellen? Kann durch eine Desinvestition der Wert einer Unternehmung erhöht werden?
- Mit welchen Strategien begegnet die Textil- und Bekleidungsindustrie dem zunehmenden Wettbewerbsdruck aus den Schwellen- und Entwicklungsländern? Welche Rückschlüsse für die Gestaltung des Desinvestitionsprozesses können aus dem Strukturwandel und dem Desinvestitionsverhalten der Textilwirtschaft gezogen werden?
- Mit welchen Kriterien kann der Erfolg einer Unternehmung im Hinblick auf die Ziele der Eigentümer gemessen werden? Wie kann ein auf Desinvestitionen gerichteter Entscheidungsprozeß in den Führungsprozeß der Unternehmung integriert werden? Welche Kriterien sind geeignet, einen solchen Desinvestitionsprozeß rechtzeitig auszulösen?
- Wie können potentielle Desinvestitionsobjekte identifiziert werden? Welche Fortführungs- und Desinvestitionsalternativen stehen als grundsätzliche Handlungsoptionen zur Verfügung?
- Welche Hemmnisse und Barrieren behindern oder verzögern die rechtzeitige Anpassung einer Unternehmung an veränderte Wettbewerbsbedingungen? Wie wirken sich Nebenbedingungen und Restriktionen auf die Erfolgsbeiträge einzelner Handlungsoptionen aus?
- Mit welchen Methoden können die Erfolgsbeiträge der Handlungsoptionen bewertet werden? Anhand welcher Optimalitätskriterien soll letztlich die Auswahl einer Alternative erfolgen?

1.3 Gang der Untersuchung

Zur Beantwortung dieser Fragestellungen wird in dieser Arbeit davon ausgegangen, daß die Eigentümer einer Unternehmung eine überdurchschnittliche Verzinsung ihres der Unternehmung zur Verfügung gestellten Kapitals erwarten, sei es in Form laufender Entnahmen oder durch die Steigerung des Wertes der Unternehmung. Weiterhin wird angenommen, daß die Kapitalverzinsung der Eigentümer grundsätzlich durch folgende Verhaltensweisen erhöht werden kann:[18]

[18] Angesichts der Besonderheiten des jeweiligen Einzelfalls wird hier auf eine weiter gehende, detaillierte Abgrenzung der Fälle a) - d) verzichtet. Es sei statt dessen auf die Ausführungen über die Generierung von Handlungsalternativen in Kap. 5.4 verwiesen.

- Die Unternehmung expandiert und tätigt Investitionen, die durch die Aufnahme von Fremdkapital oder durch eigenerwirtschaftete Mittel finanziert werden (von der Zuführung zusätzlichen Eigenkapitals wird hier abgesehen).
- Die Unternehmung schrumpft und gibt erfolglose bzw. verlustträchtige Aktivitäten auf.
- Die Unternehmung schrumpft zunächst und expandiert anschließend wieder. Dabei werden finanzielle und personelle Ressourcen aus weniger erfolgreichen Aktivitäten abgezogen und in erfolgversprechendere Aktivitäten umgeschichtet. Die bei der Desinvestition erzielten Mittelrückflüsse dienen dann der Finanzierung anschließender Investitionen.
- Die Eigentümer ziehen ihr Kapital aus der Unternehmung ab und investieren es statt dessen in andere Verwendungen außerhalb der Unternehmung (z.B. in andere Unternehmungen, Immobilien oder Kapitalanlagen; von einer Verwendung der Mittel zu Konsumzwecken wird hier abstrahiert.)

Auf der Grundlage dieser Annahmen ist die Untersuchung wie folgt gegliedert:

Nach der Einführung in die Problemstellung werden in **Kapitel 2** zunächst die der Konzeption des Desinvestitionsprozesses zugrunde liegenden Begriffe geklärt (Kapitel 2.1). Danach wird die Bedeutung des Zielsystems der Unternehmung für eine rationale Desinvestitionsentscheidung dargestellt (Kapital 2.2). Schließlich wird das Grundmodell eines Prozesses entwickelt, dessen Gestaltungsziel die erfolgreiche Desinvestition ist (Kapitel 2.3).

Vor diesem Hintergrund wird in **Kapitel 3** die praktische Relevanz von Desinvestitionen am Beispiel der Entwicklung der Textilwirtschaft in den Jahren 1980 bis 1998 untersucht. Nach einer Vorbemerkung zur Branchenanalyse (Kapitel 3.1) wird, ausgehend von einer Darstellung der Wertschöpfungsprozesse der Textil- und der Bekleidungsindustrie (Kapitel 3.2), der Strukturwandel der Textilwirtschaft aufgezeigt (Kapitel 3.3). Mit Hilfe einer Struktur- und Entwicklungsanalyse des Angebotes (Kapitel 3.4) sowie der Produktionsfaktoren Arbeit und Kapital (Kapitel 3.5) werden anschließend die wesentlichen Variablen einer Desinvestitionsentscheidung untersucht. Inwieweit das Desinvestitionsverhalten der Textil- und Bekleidungsunternehmungen im Hinblick auf den Eigentümerwert erfolgreich war, wird abschließend anhand der Entwicklung der Eigenkapitalrentabilität geprüft (Kapitel 3.6).

Die Initiierungsphase des Desinvestitionsprozesses steht im Mittelpunkt von **Kapitel 4**. Ausgehend von deren Aufgaben und Teilprozessen (Kapitel 4.1) werden anschließend finanzielle (Kapitel 4.2) und strategische Analysemethoden (Kapital 4.3) dahin gehend überprüft, ob sie geeignete Instrumente und Kriterien bereitstellen, um rechtzeitig einen Desinvestitionsprozeß auszulösen.

In **Kapitel 5** wird im Rahmen der Suchphase - erneut aufbauend auf deren Aufgaben und Teilprozessen (Kapitel 5.1) - zunächst eine Methode zur Bestimmung potentieller Desinvestitionsobjekte in nichtdiversifizierten und nichtbörsennotierten Unternehmungen vorgestellt (Kapitel 5.2). Die Ableitung spezifischer Anpassungsziele (Kapitel 5.3) bildet die Grundlage für die darauf folgende Entwicklung eines Prozesses zur Generierung von Anpassungsalternativen (Kapitel 5.4).

Die detaillierte Analyse der Nebenbedingungen, welche die Bewertung und Auswahl einer Desinvestitionsalternative maßgeblich beeinflussen, steht im Fokus von **Kapitel 6**. Nach einem Überblick (Kapitel 6.1) werden an ausgewählten Beispielen die Einzel- und Verbundwirkungen der finanziellen (Kapitel 6.2), juristischen (Kapitel 6.3), strukturellen (Kapitel 6.4) und personellen (Kapitel 6.5) Restriktionen einer Desinvestition analysiert.

In **Kapitel 7** werden zunächst die in der Beurteilungs- und Auswahlphase zu erfüllenden Aufgaben aufgezeigt (Kapitel 7.1). Danach werden die Anforderungen entwickelt, die ein Desinvestitionskalkül erfüllen muß, um den in der Zielsetzung formulierten Zwecken zu genügen (Kapitel 7.2). Anschließend wird mit dem Vollständigen Finanzplan (VOFI) ein Instrument vorgestellt, welches die gleichzeitige Bewertung der Handlungsalternativen hinsichtlich ihrer finanziellen und strategischen Beiträge zum Eigentümerwert ermöglicht (Kapitel 7.3). Nachdem dargestellt wurde, wie die jeweiligen Zahlungsströme der Handlungsoptionen zu bestimmen sind (Kapitel 7.4), wird die Anwendung des VOFIs anhand einer Fallstudie demonstriert (Kapitel 7.5). Schließlich wird gezeigt, wie die Auswahl der optimalen Alternative erfolgt (Kapitel 7.6).

Die Arbeit schließt in **Kapitel 8** mit einer Zusammenfassung der wesentlichen Ergebnisse und einem Ausblick auf den weiteren Forschungsbedarf.

Die folgende Abbildung faßt den Gang der Untersuchung zusammen.

Abb. 1: Gang der Untersuchung

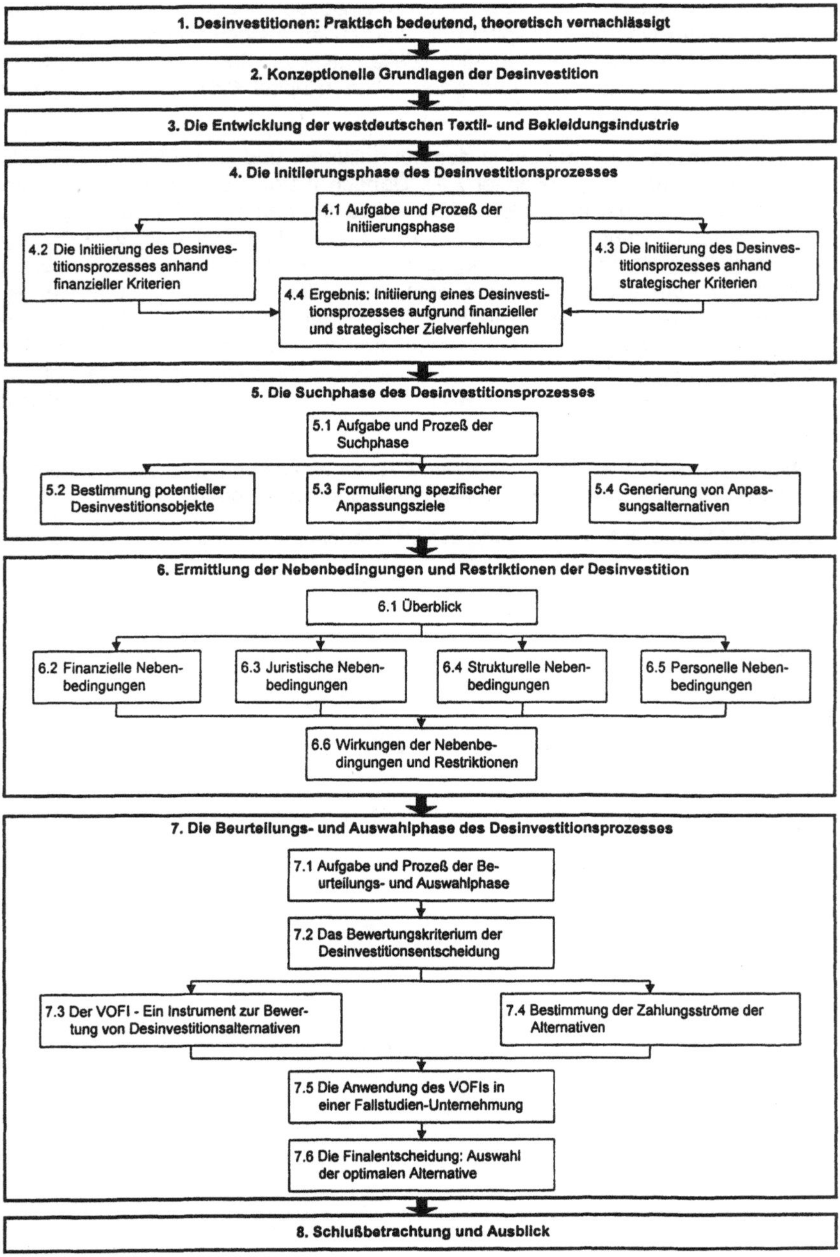

Quelle: Eigene Darstellung.

2 Konzeptionelle Grundlagen der Desinvestition

2.1 Klärung des Desinvestitionsbegriffs

2.1.1 Verschiedene Auffassungen des Desinvestitionsbegriffs

Um die vielfältigen Wirkungen und Konsequenzen einer Desinvestition erfassen zu können, darf die Problematik nicht allein aus einem Blickwinkel heraus betrachtet werden. Vielmehr sind die verschiedenen Auffassungen des Desinvestitionsbegriffs zu berücksichtigen.

- **Desinvestition aus finanzwirtschaftlicher Sicht**

Der Begriff *Investition* bezeichnet allgemein die „Umwandlung von Geld in Betriebsgüter"[1] und damit den Aufbau von Kapitalbindung z.B. in Form materiellen oder immateriellen Vermögens.[2] Versteht man unter einer *Desinvestition* das „ablaufbezogene Komplement zur Investition"[3], so kann sie finanzwirtschaftlich betrachtet als Reduzierung der Kapitalbindung durch Freisetzung investierter Mittel in liquider Form definiert werden. Die Desinvestition ist folglich als Kapitalrückfluß zu kennzeichnen, d.h., es erfolgt eine Beschaffung liquider Mittel zwecks erneuter Verwendung in einer anderen Sach- oder Finanzanlage.[4] Kapitalrückflüsse entstehen sowohl dauerhaft (z.B. durch die fortschreitende Nutzung der Betriebsgüter in Verbindung mit dem Umsatzprozeß) als auch einmalig (z.B. durch die endgültige Aufgabe eines Betriebsgutes zu einem bestimmten Zeitpunkt).[5] Bei einer endgültigen Aufgabe sind neben dem Fall positiver Kapitalrückflüsse (z.B. durch Restverkaufserlöse) auch negative Kapitalrückflüsse denkbar; letztere treten auf, wenn einmalige Desinvestitionseinzahlungen mit höheren Desinvestitionsauszahlungen (z.B. für die Entsorgung von Altlasten) einhergehen.

- **Desinvestition aus bilanzieller Sicht**

Aus bilanzieller Sicht steht bei einer Investition im Zeitpunkt der Beschaffung dem Abgang liquider Mittel im Umlaufvermögen ein Zugang materieller oder immaterieller Werte im Anlagevermögen in gleicher Höhe gegenüber; es handelt sich daher um einen Aktivtausch.[6] Eine Desinvestition kann a) einen Aktivtausch, b) eine Bilanzverlängerung oder c) eine Bilanzverkürzung darstellen. In allen drei Fällen werden materielle oder immaterielle Vermögensgegenstände (Aktiva) von der Unternehmung an Dritte veräußert.[7] Dabei kann es sich um alle Aktiva einer Unternehmung handeln, die einen Wert darstellen, also nicht nur Betriebe, Anlagen, Einrichtungen, Grund-

---

1 SCHNEIDER, D. (1971), S. 136.

2 Für eine Übersicht und Diskussion der diversen Investitionsbegriffe vgl. z.B. JACOB, H. (1978), S. 254ff.; PERRIDON, L./STEINER, M. (1991), S. 25ff.; BLOHM, H./LÜDER, K. (1991), S. 2ff.; ADAM, D. (1996), S. 1ff.

3 WÖHLER, H. (1981), S. 5ff. Vgl. in diesem Sinne auch NASTANSKY, L. (1977), S. 593; SEELBACH, H. (1978), S. 293; RECHSTEINER, U. (1995), S. 17.

4 Vgl. WÖHE, G. (1990), S. 750f.

5 Vgl. MENSCHING, H. (1986), S. 4.

6 Etwas anderes gilt, wenn zur Finanzierung der Investition eine Kapitalerhöhung stattfindet; dann handelt es sich um eine Bilanzverlängerung.

7 Vgl. GEHRKE, I. (1999), S. 13.

stücke oder Vorräte, sondern auch Rechte und Beteiligungen sowie Produktlinien oder Verkaufsbezirke.[8]

Im ersten, allerdings seltenen Fall a) stimmen Buchwert und Desinvestitionserlös überein. Das trifft z.B. zu, wenn ein Unternehmungsteil zunächst ausgelagert, der Buchwert seiner Aktiva in eine Gemeinschaftsunternehmung eingebracht und anschließend von der Obergesellschaft als Finanzbeteiligung (§ 266 Abs. 2 A. III HGB) bilanziert wird.[9] Im Fall b) ist der Desinvestitionserlös höher als der Buchwert der Aktiva und führt über einen außerordentlichen Gewinn zu einer Erhöhung des Eigenkapitals (z.B. beim Verkauf von Anlagegütern). Der Fall c) tritt ein, wenn der Verkehrswert der Aktiva geringer ist als deren Buchwert, so daß das Eigenkapital aufgrund eines außerordentlichen Verlustes verringert wird (z.B. bei einer Liquidation).

Diese bilanzielle Sicht spiegelt sich in jenen Definitionen wider, welche die Desinvestition als „eine vollständige oder bedeutende Reduzierung des wirtschaftlichen Eigentumsanteils an einem aktiven Betrieb oder einer aktiven Tochtergesellschaft, die ... keine Finanzinvestition darstellt, durch den Verkauf an eine nicht verbundene Unternehmung“[10] bezeichnen.

- **Desinvestition aus leistungswirtschaftlicher Sicht**

Leistungswirtschaftlich betrachtet werden durch eine Investition für ein bestimmtes Spektrum von Aktivitäten Leistungsbereitschaft geschaffen und Faktorkapazitäten bereitgestellt.[11] Umgekehrt werden durch eine Desinvestition die leistungswirtschaftlichen Wirkungen der ursprünglichen Investition aufgehoben und Faktorkapazitäten reduziert. Im allgemeinen geht eine so verstandene Desinvestition einher mit der Desintegration des Desinvestitionsobjektes aus dessen originärem unternehmungsspezifischen Verwendungszweck[12] sowie der Einschränkung der Vertriebsaktivitäten in Form des freiwilligen Austritts oder Rückzugs aus einem Markt oder einem Marktsegment.[13] Eine derartige Desinvestition kann sich sowohl auf einzelne Produktionsfaktoren (z.B. bestimmte Anlagen oder Maschinen) als auch auf Produktionsfaktorkombinationen (Einstellung der wirtschaftlichen Aktivitäten einer produktiven oder

---

[8] Vgl. GABLER (1983a), Sp. 1013f. Stellenweise werden auch eine Aktivminderungen und ein Aktivtausch im Bereich des Umlaufvermögens, die mit steigender Liquidität einhergehen, als Desinvestition bezeichnet. Dieser Auffassung wird hier nicht gefolgt, weil derartige Aktionen weniger den Charakter eines Rückzugs haben, sondern eher den „normalen“ Absatz- und Vertriebsaktivitäten einer Unternehmung entsprechen. Auch werden solche Aktionen nicht durch derart gravierende Nebenbedingungen oder Restriktionen behindert, als daß die hier zu entwickelnden Entscheidungsprozesse in diesen Fällen angebracht wären.

[9] Vgl. BAETGE, J. (1994), S. 305.

[10] JANSEN, A. (1986), S. 32. Ähnliche Definitionen formulieren DOHM, L. (1988), S. 2; RECHSTEINER, U. (1995), S. 17.

[11] Vgl. SCHNEIDER, D. (1971), S. 136.

[12] Vgl. WÖHLER, H. (1981), S. 19ff.

[13] Zu den Zusammenhängen von Desinvestition und Marktaustritt vgl. z.B. OHLSEN, G. (1985), S. 87ff.; DOHM, L. (1988), S. 2; MEFFERT, H./MÜLLER, N. (1993), S. 16ff.; SCHMIDT, G. (1994), S. 13ff.; RECHSTEINER, U. (1995), S. 17.

Anders dagegen SCHMIDT, G. (1994), S. 20ff., der den Marktaustritt als die „bewußte Entscheidung einer Unternehmung, die Beziehungen zu Nachfragern ... aufzugeben“ gegenüber Desinvestition, Stillegung und Liquidation abgrenzt.

administrativen Einheit an einem Standort) beziehen.[14] Allerdings kann nach einer Desinvestition u.U. auch ein breiteres Spektrum von Aktivitäten ausgeführt werden, weil z.B. die frei gewordenen Produktions- oder Vertriebskapazitäten in anderer Verwendung vielfältiger genutzt werden können.

- **Desinvestition aus entscheidungstheoretischer Sicht**

Die Strukturierung des entscheidungstheoretischen Modells basiert auf Zielinformationen über das (subjektive) Zielsystem des Entscheidungsträgers[15] und Entscheidungsfeldinformationen über seinen (objektiven) Zustands- und Aktionsraum. Im Entscheidungsfeld wird der Ausgangszustand durch Informationen über den Zustands- und Aktionsraum, der Endzustand durch Informationen über die Ergebnisfunktion abgebildet.[16]

Der Zustandsraum wird gebildet durch die vom Entscheidungsträger nicht zu beeinflussenden Größen (Daten). Dazu zählen auch die (wahrscheinlichen) Zustände bzw. Situationen der Umsysteme, die Einfluß auf die Ergebnisse der Aktionen haben. Der Aktionsraum umfaßt alle vom Entscheidungsträger beeinflußbaren Größen (Aktionsparameter) wie z.B. die Bereitstellung von Eigenkapital für eine Sachinvestition oder den Umfang und Zeitpunkt einer Desinvestition. Eine Wahlentscheidung kann nur vorliegen, wenn der Entscheidungsträger über mindestens eine Handlungsalternative verfügt, er also mehr als eine Aktion ergreifen kann.[17] Aktionsparameter im Sinne dieser Arbeit sind neben der Desinvestition auch die Investitions- sowie die „Unterlassensalternative", d.h. alle Handlungsalternativen, die möglich sind und sich gegenseitig ausschließen.[18]

Die Ergebnisfunktion ordnet formal jeder Kombination von Zustands- und Aktionsraum ein Ergebnis zu. Die Dimensionen dieser Funktion resultieren aus den Ergebnisdefinitionen des Zielsystems. Indem diese durch (subjektive) Präferenzen über die Art, die Höhe, den zeitlichen Anfall und die Sicherheit des Ergebnisses spezifiziert werden, wird rationales Entscheidungsverhalten überhaupt erst möglich.[19] In einer Ergebnismatrix werden die erwarteten Ergebnisse der Aktionen bei Eintritt jedes der betrachteten Umweltzustände zusammengefaßt. Eine Entscheidungsmatrix ist notwendig, wenn die Ergebnisse aufgrund von Strukturdefekten, z.B. unterschiedlicher Präferenzen und Prämissen, nicht miteinander vergleichbar sind. Dabei werden unterschiedliche Ergebnisdimensionen der einzelnen Handlungsalternativen in einheit-

---

[14] Vgl. GEHRKE, I. (1999), S. 14.

[15] Entscheidungsträger können Einzelpersonen oder Personengruppen sein. Ausgangspunkt aller Ziele einer Unternehmung sind die Handlungsmotive der im sozialen System *Unternehmung* tätigen oder daran beteiligten Personen. Deren subjektive Ziele sind nicht notwendigerweise mit den Unternehmungszielen identisch; vgl. CHMIELEWICZ, K. (1970), S. 241; FRESE, E. (1990), S. 139; HEINEN, E. (1990), S. 327f. Zur Darstellung der dynamischen Motivtheorie (MASLOW-Bedürfnispyramide) vgl. MEFFERT, H. (1998), S. 113.

Zur Überbrückung von Zieldivergenzen durch Anreizsysteme, insbesondere in schrumpfenden Unternehmungen, vgl. HÜTTEMANN, H.H. (1993).

[16] Zur Planung als Informationsverarbeitungsprozeß vgl. ADAM, D. (1993a), S. 20ff.

[17] Vgl. HEINEN, E. (1990), S. 323.

[18] Vgl. HEINEN, E. (1990), S. 329; AHLERT, D. (1998a), S. 36.

[19] Zu den Zielbestimmungsgrößen vgl. HEINEN, E. (1990), S. 349ff.

liche Nutzenwerte transformiert. Der Gesamtnutzen einer Alternative wird dann nur noch durch eine Größe dargestellt wird.[20] Die Auswahl einer im Sinne der Zielfunktion optimalen Aktion erfolgt aufgrund einer Entscheidungsregel, die auf der Ergebnisdefinition basiert. Eine rationale Entscheidung liegt dann vor, wenn die Alternative mit dem höchsten Nutzenwert gewählt wird.[21]

- **Desinvestition aus systemisch-kybernetischer Sicht**

Die systemorientierte Betriebswirtschaftslehre betrachtet eine Unternehmung als ein reales, soziales, zielgerichtetes und offenes System. Ein System besteht aus diversen konkreten und abstrakten Elementen, die wiederum Subsysteme niederer Ordnung bilden, und die einzeln sowie in ihrer Gesamtheit durch Transaktionsbeziehungen mit einer Vielzahl von Umsystemen verbunden sind.[22] Folglich handelt es sich bei einer Unternehmung um ein komplexes System. Die Ursachen dieser Komplexität liegen in der großen Zahl der Austausch- und Wirkungsrelationen zwischen den Systemelementen untereinander und gegenüber den Umsystemen. Darüber hinaus entsteht Komplexität durch die nicht vorherzusehenden Änderungen und Änderungsgeschwindigkeiten exogener und endogener Einflüsse.[23]

Solche Änderungen wirken als Störungen, da sie die Stabilität bzw. den Gleichgewichtszustand des Gesamtsystems *Unternehmung - Umwelt* beeinträchtigen.[24] Abweichungen vom Soll-Zustand (Diskrepanzen) setzen Anpassungsprozesse in Gang, um das System wieder in einen Gleichgewichtszustand zu versetzen. Bezogen auf die Problematik dieser Arbeit bedeutet das, als Anpassungsform die Handlungsalternative *Desinvestition* auszuwählen, um durch die „geplante, dauerhafte Herauslösung eines Unternehmungsteils aus dem Gesamtgefüge der Unternehmung"[25] erwartete oder bestehende negative Abweichungen zwischen dem Soll- und dem Ist-Zustand aufzuheben.[26] Zwei grundsätzliche Anpassungsarten sind zu unterscheiden:

---

[20] Eine Transformation ist v.a. dann notwendig, wenn neben quantitativen Zielbeiträgen (z.B. Gewinn, Rendite) auch qualitative Zielbeiträge (z.B. Wettbewerbsstärken, Produktqualität) definiert werden. Zur Planung in strukturdefekten Entscheidungssituationen, insbesondere bei Bewertungsdefekten, vgl. ADAM, D. (1993a), S. 10ff.

[21] Zu den Ausprägungen des Rationalitätsprinzips vgl. HEINEN, E. (1990), S. 324ff.

[22] Zur systemischen Charakterisierung einer Unternehmung und ihrer Umwelt vgl. z.B. MEFFERT, H. (1969), S. 781; FUCHS, H. (1969), Sp. 1620; HABERFELLNER, R. (1975), S. 7f., 16-29; RUDHART, P.M. (1978), S. 42; MÖSSNER, G.-U. (1982), S. 32ff.; RAPOPORT, A. (1988), S. 3.

[23] Der Begriff *Komplexität* darf nicht als Modewort oder Alltagserfahrung i.S. von *kompliziert* oder *undurchschaubar* verstanden werden. Komplexität beschreibt vielmehr die Tatsache, daß reale Systeme sehr viele, im mathematischen Sinne u.U. sogar unendlich viele Ereignisse oder Zustände aufweisen können. Vgl. dazu z.B. FUCHS, H. (1969), Sp. 1621; LUHMANN, N. (1973), S. 157; ASHBY, W.R. (1974), S. 97ff.; MALIK, F. (1989), S. 184f.

[24] Der Begriff *Störung* wird hier wertneutral gebraucht: Eine von der Umwelt ausgehende Störung bewirkt, daß ein System von einem Zustand in einen anderen Zustand wechselt. Wenn sich ein dynamisches System kontinuierlich verändert, so impliziert das, daß ständig kleine Störungen auf dasselbe einwirken. Vgl. dazu FUCHS, H. (1969), Sp. 1626f.; MEFFERT, H. (1969), S. 785; ASHBY, W.R. (1974), S. 119ff., 302; MALIK, F. (1989), S. 81f.

[25] MENSCHING, H. (1986), S. 6.

[26] Mit dem systemorientierten Ansatz wird versucht, Gestaltungsmodelle für zukünftige Wirklichkeiten zu entwickeln. Der Ansatz geht insoweit über den entscheidungsorientierten Ansatz hinaus, der im Prinzip eine logische Struktur von Entscheidungssituationen unterstellt. Die beiden Ansätze verhal-

- Ein System kann sich anpassen, indem es die Elemente und Relationen seines (konkreten) Zielerreichungssystems verändert. Ein System, welches vorgegebene Ziele[27] unter allen Bedingungen verfolgt, wobei es u.U. mit Ausnahme der Ziele sämtliche Aktionsparameter verändert, verhält sich *äquifinal.*[28] Als Beispiel sei die Anpassung der Aktionsparameter der Produktions- und Absatzpolitik an veränderte Abnehmerwünsche genannt, um die ursprünglich gesetzten Umsatz- oder Absatzziele zu erreichen.

- Die Anpassung kann auch erfolgen, indem das System sein (abstraktes) Zielsystem verändert, sobald wichtige Variablen bestimmte Toleranzgrenzen überschreiten. Ein System, welches durch Variation der Elemente und Relationen seines Zielsystems seine Operationsregeln verändert, um so ein neues Gleichgewicht zu erreichen, stellt ein *ultrastabiles* System dar. Ein Beispiel für die Anpassung des Zielsystems ist der Wechsel vom Ziel der Umsatzmaximierung zum Ziel der Maximierung der Eigenkapitalrendite innerhalb eines bestimmten Zeitraums.

Zwischen den fünf genannten Sichtweisen einer Desinvestition bestehen vielfältige Beziehungen und Interdependenzen, die anhand einiger Beispiele kurz erläutert werden sollen:

- Der Zusammenhang der *systemisch-kybernetischen* mit den übrigen Sichtweisen wird deutlich, wenn der *finanzwirtschaftliche*, der *bilanzielle* und der *leistungswirtschaftliche* Bereich einer Unternehmung als Subsysteme derselben betrachtet werden. Diese Subsysteme werden durch eine Desinvestitionsentscheidung sowohl einzeln als auch in ihrer Gesamtheit tangiert, da die Relationen zwischen diesen Subsystemen nach einer Desinvestition andere sind als zuvor.

- Der Abbau von Leistungspotentialen (*leistungswirtschaftlicher* Aspekt) führt zu direkten Auszahlungen, z.B. für die Demontage von Maschinen und Anlagen, und zu Einzahlungen aus dem Verkauf derselben (*finanzwirtschaftlicher* Aspekt). Die beim Verkauf oder der Verschrottung von Vermögensgegenständen zu bilanzierenden Abschreibungen bzw. außerordentlichen Erträge wirken darüber hinaus auf die Höhe der Steuerzahlungen und haben also auch indirekte finanzielle Effekte (*bilanzieller* Aspekt).

- Neben den vom Entscheidungsträger im Zuge einer Desinvestition (wenigstens teilweise) beeinflußbaren Ein- und Auszahlungen existieren weitere Aktionsparameter im bilanziellen und leistungswirtschaftlichen Bereich einer Unternehmung (z.B. in Form von Bewertungswahlrechten oder den Zeitpunkten der Produktionseinstellung). Da diese Parameter einen Teil des Aktionsraums bilden und zugleich

---

ten sich nicht konträr, sondern ergänzen sich bei der Darstellung und Gestaltung von Führungsprozessen. Vgl. ULRICH, H. (1984), S. 44.

[27] Der Begriff *Ziele* bezeichnet Aussagen über vom Entscheidungsträger als erstrebenswert erachtete Zustände oder Verhaltensvorschriften („generelle Imperative"), die den gewünschten Zustand herbeiführen sollen. Bei der entscheidungstheoretischen Analyse von Wahlproblemen dienen Ziele der Bewertung von Alternativen, indem aus ihnen die für die Prognose der Konsequenzen relevanten Kriterien abgeleitet werden. Vgl. SCHNEIDER, D. (1971), S. 50f.; HEINEN, E. (1990), S. 349f.; SCHMIDT, R.-B. (1993), Sp. 4794.

[28] Vgl. FUCHS, H. (1969), Sp. 1626; RAPOPORT, A. (1988), S. 177f.

die Ergebnismatrix determinieren, bestehen auch zwischen der *entscheidungsorientierten* und der *finanzwirtschaftlichen* sowie zwischen der *bilanziellen* und der *leistungswirtschaftlichen* Sichtweise einer Desinvestition enge Relationen.

Die komplexen Zusammenhänge einer Unternehmung erfordern daher auch für Desinvestitionen ein vernetztes, ganzheitliches Denken, ein Denken in Systemen und Zustandsänderungen von Systemen unter Berücksichtigung des Einflusses vieler variabler Parameter.[29] Systemisch-kybernetisch betrachtet kann eine Desinvestition daher zusammenfassend „als zellulare[30] Anpassung eines multistabilen[31] Systems unter Äquifinalitätsbedingungen durch Variation von Aktionen und ggf. auch Potentialen in einem Subsystem"[32] bezeichnet werden. Die Identität des Systems *Unternehmung* bleibt dabei - allerdings bei veränderter Struktur - im wesentlichen erhalten.

Die oben formulierte Annahme, die Eigentümer seien an einer überdurchschnittlichen Verzinsung ihres Kapitals interessiert, legt es nahe, die finanzwirtschaftliche Sichtweise als die „oberste" Perspektive zu betrachten, in die sich die übrigen Sichtweisen einer Desinvestition überführen lassen. Allerdings darf aus einer solchen (grundsätzlich möglichen) Hierarchie nicht gefolgert werden, die Problematik einer Desinvestition könne allein durch die isolierte Betrachtung des finanzwirtschaftlichen Aspektes gelöst werden. Eine derartige Reduktion des Untersuchungsgegenstandes bzw. des Entscheidungsfeldes würde die Bewältigung der mit einer Desinvestition verbundenen Komplexität, die ja gerade durch eine ganzheitliche Sichtweise angestrebt wird, be- oder sogar verhindern.

2.1.2 Der Desinvestitionsbegriff der Untersuchung

Für die weitere Untersuchung muß eine Definition formuliert werden, die zum einen das Phänomen der Desinvestition für die Zwecke der Untersuchung möglichst umfassend umschreibt und zum anderen mit bestehenden Theorien und Begriffsdefinitionen kompatibel ist.[33] In dieser Arbeit wird die Desinvestition wie folgt definiert:

> Eine Desinvestition ist die *freiwillige Aufgabe* eines *abzugrenzenden Unternehmungsteils* durch eine *endgültige Stillegung* oder durch einen *teilweisen oder vollständigen Verkauf der Eigentumsanteile* an eine oder mehrere nicht *verbundene Unternehmungen oder Investoren*, wobei *Kapitalrückflüsse gegebenenfalls reinvestiert werden*, und ein *aktives Rumpfgebilde* erhalten bleibt.

Die wesentlichen Bestandteile dieser Definition sind zu erläutern:

---

[29] Vgl. VESTER, F. (1993), S. 157ff.; ADAM, D. (1993a), S. 4.

[30] Vgl. BUSSE VON COLBE, W. (1964), S. 116ff.

[31] Ein aus mehreren ultrastabilen Subsystemen bestehendes Supersystem, welches der partiellen Anpassung fähig ist, wird *multistabil* genannt. Zu den Begriffen *Ultrastabilität* und *Multistabilität* vgl. BEER, S. (1972), S. 24; ASHBY, W.R. (1974), S. 13. Ähnliche Definitionen verwenden auch RAPOPORT, A. (1988), S. 100 und MALIK, F. (1989), S. 287, 395, die sich beide auf ASHBY beziehen.

[32] RUDHART, P.M. (1978), S. 43.

[33] Vgl. GEHRKE, I. (1999), S. 15.

- **Freiwillige Aufgabe**

Im Rahmen der sozialen Marktwirtschaft muß die Unternehmungsleitung grundsätzlich frei über die Aufgabe eines Unternehmungsteils entscheiden können.[34] Unfreiwillige Desinvestition infolge staatlicher Weisungen (z.B. Enteignungen) oder außerplanmäßiger Ereignisse (z.B. Zerstörung eines Unternehmungsteils durch Katastrophen) bleiben unberücksichtigt, weil in diesen Fällen keine oder andere Planungs- und Entscheidungsprozesse als die hier zu entwickelnden ablaufen.[35]

Entgegen der Meinung einiger Autoren[36] werden Aufgaben aufgrund kartellrechtlicher Auflagen (z.B. des Bundeskartellamtes oder der EU-Wettbewerbskommission) nicht unfreiwillig vollzogen. Da eine beispielsweise eine Fusion i.d.R. freiwillig geschieht, sind kartellrechtlich geforderte Desinvestitionen als quasi freiwillig zu betrachten. Um die qualitativen und quantitativen Wirkungen solcher Desinvestitionen bei Entscheidungen über Fusionen als Nebenbedingungen berücksichtigen zu können, bedarf es ebenfalls umfangreicher Planungs- und Bewertungsaktivitäten.

- **Abzugrenzender Unternehmungsteil**

Unternehmungsteile sind technisch, organisatorisch und/oder wirtschaftlich weitgehend abgeschlossene Subsysteme des Systems *Unternehmung*; diese arbeiten an der Erfüllung von Teilaufgaben, welche sich aus den (Gesamt-)Unternehmungszwecken ergeben (systemisch-kybernertischer Aspekt). Unter der Leitung einer übergeordneten Instanz produzieren diese Subsysteme Leistungen, welche am Markt verkauft oder anderen Subsystemen der Unternehmung zur Verfügung gestellt werden. Dabei be- oder verarbeiten sie Einsatzfaktoren und/oder Vorprodukte, die sie vom Markt oder von anderen Teilsystemen beziehen (leistungswirtschaftlicher Aspekt).[37] Bei diesen Subsystemen kann es sich um Strategische Geschäftseinheiten oder -felder (SGE, SGF)[38], Sparten[39], einzelne Produktionsstufen einer Produkt-

---

[34] Die Definition entspricht damit auch dem von GUTENBERG *Autonomieprinzip* genannten Wesensmerkmal einer marktwirtschaftlichen Unternehmung; vgl. GUTENBERG, E. (1955), S. 379ff. Die Einschränkung *grundsätzlich* ist gerechtfertigt, weil die tatsächliche Durchführung von Desinvestitionen nicht allein dem freien Willen der Unternehmungsleitung bzw. der Anteilseigner unterliegt, sondern u.a. auch von juristischen, insbesondere arbeitsrechtlichen Normen beeinflußt wird.

[35] Zu den Fällen unfreiwilliger Desinvestitionen vgl. z.B. THIELE, W. (1937), S. 7; HASENACK, W. (1956), Sp. 5229; RUDHART, P.M. (1978), S. 2; RECHSTEINER, U. (1995), S. 50ff.; HIBY, T. (1996), S. 66ff., 73ff.

[36] Vgl. Fn. 35.

[37] In der Literatur werden solche Subsysteme auch als *Gliedbetrieb* bezeichnet, vgl. BUSSE VON COLBE, W. (1964), S. 25; RUDHART, P.M. (1978), S. 23ff.

[38] GÄLWEILER, A. (1987), S. 266: „Eine SGE ist daher primär eine gedankliche Konstruktion, ... für die geistige Arbeit, die sich die langfristig bessere Steuerung der Unternehmung zum Ziel setzt." Im Idealfall handelt es sich bei einer SGE um eine Produkt-Markt-Kombination, die durch eigenständige Kunden- und Konkurrentenkonstellationen gekennzeichnet ist und relativ unabhängig von den Entscheidungen anderer SGE einen eigenen Beitrag zum Erfolgspotential der Unternehmung leistet. Vgl. dazu sowie zum Begriff und zur Abgrenzung Strategischer Geschäftseinheiten oder -felder z.B. HINTERHUBER, H.H. (1978), S. 428; HAX, A.C./MAJLUF, N.S. (1988), S. 32f.; BÜHNER, R. (1992), 196ff.; SCHMIDT, G. (1994), S. 26ff.

[39] Zur Sparten-Organisation vgl. MEFFERT, H. (1998), S. 986; NIESCHLAG, R./DICHTL, E./HÖRSCHGEN, H. (1991), S. 949ff.

art- oder -gruppe[40], rechtlich und wirtschaftlich unselbständige Funktionsbereiche, Abteilungen oder Betriebe[41] sowie rechtlich selbständige, aber wirtschaftlich unselbständige Tochterunternehmungen eines Konzerns[42] i.S.v. § 290 Abs. 2 HGB handeln.

In der Literatur wird die Definition des Desinvestitionsbegriffs teilweise auf sogenannte „aktive" Unternehmungsteile beschränkt, an denen die Unternehmung ein „immanentes" Interesse hat. Explizit schließen einige Autoren die Aufgabe reiner Vertriebsniederlassungen, Verkaufsbüros oder nur kurzfristiger Engagements in Form befristeter Unternehmungsverbindungen aus ihren Überlegungen aus. Begründet wird diese Einschränkung mit der Annahme, daß nur größere Desinvestitionen umfangreiche Entscheidungsaktivitäten rechtfertigen.[43]

Aus mehreren Gründen überzeugt diese Argumentation jedoch nicht.[44] Auch relativ geringe Beteiligungen oder vermeintlich unbedeutende Unternehmungsteile sind durchaus aktiv, so daß der Begriff zumindest mißverständlich ist. Des weiteren kann eine „kleine" Verkaufsniederlassung z.B. im Ausland Ursprung eines in Zukunft dort größeren Engagements sein. Daher ist es inkonsequent, die Desinvestition solcher Einheiten von vornherein auszugrenzen.

Darüber hinaus wird eine solche Geringschätzung v.a. ausländischer Vertriebsniederlassungen den stark exportorientierten und -abhängigen deutschen Unternehmungen nicht gerecht.[45] Schließlich werden insbesondere bei der Gründung sogenannter *„Joint-ventures"*[46] in den Gesellschaftsverträgen häufig Normen vereinbart, welche die Abwicklung bzw. die Auflösung des Vertrages von der vorherigen Erfüllung bestimmter Auflagen oder Zielvorgaben abhängig machen. Wenn diese Bedingungen bei einer Desinvestition als Restriktionen wirken, ist der Entscheidungsprozeß keinesfalls trivial, da auch in diesen Fällen umfangreiche Entscheidungsprozesse zumindest unterstellt werden müssen.

- **Endgültige Stillegung**

Unter *Stillegung* wird die teilweise oder vollständige Einstellung der betrieblichen Tätigkeit verstanden, bei der zumindest die Leistungserstellung aufgegeben wird. Falls darüber hinaus eine weitere Nutzung und Verwendung der Potentialfaktoren inner-

---

40 Zur Planung des Produktions- und Absatzprogramms vgl. JACOB, H. (1990a), S. 409ff., 481ff.

41 Eine ausführliche Diskussion des Betriebsbegriffs findet sich z.B. bei NICKLISCH, H. (1932), S. 163ff.; GUTENBERG, E. (1955), S. 381ff.; SEYFFERT, R. (1956), Sp. 736ff.; BUSSE VON COLBE, W. (1964), S. 19ff.

42 Zu den Relationen zwischen Mutter- und Tochterunternehmung und den daraus resultierenden Rechnungslegungspflichten vgl. BAETGE, J. (1995), S. 77ff.

43 So z.B. BRÜGGERHOFF, J. (1992), S. 9; RECHSTEINER, U. (1995), S. 18.

44 Zur folgenden Begründung vgl. auch HIBY, T. (1996), S. 69f.

45 So ist die Erschließung neuer regionaler Absatzmärkte ein wesentliches Motiv der Auslandsengagements der Textilwirtschaft; vgl. RECKFORT, J./RIDDER, J. (1996), 151ff.; JÄGER, B./RECKFORT, J./TÜCKING, E. (1997), S. 96. Zur Entwicklung der Exportquoten der Textil- und Bekleidungsindustrie vgl. Kap. 3 dieser Arbeit.

46 Der Begriff *Joint-venture* beschreibt den vorübergehenden oder dauernden Zusammenschluß von Unternehmungen zum Zweck der gemeinsamen Ausführung von Projekten, die von einer Unternehmung allein nicht realisiert werden könnten.

halb des Unternehmungsteils nicht länger möglich oder gewollt ist, wird auch dessen Betriebsgefüge partiell oder insgesamt aufgelöst.[47] In dieser Arbeit wird ausschließlich die endgültige Stillegung als eine Erscheinungsform der Desinvestition betrachtet. Die geplante, zeitlich befristete Stillegung eines Unternehmungsteils mit der Absicht, dessen Leistungsbereitschaft in Zukunft wieder herzustellen, wird dagegen nicht betrachtet, weil es sich dabei nicht um die Aufhebung einer früheren Investitionsentscheidung handelt.[48]

Im Gegensatz zu dem Verständnis anderer Autoren[49] wird die Stillegung hier nicht gegenüber der Desinvestition abgegrenzt, sondern als eine Form der Desinvestition betrachtet. Häufig bildet nämlich die Stillegung die „ultima ratio"[50] einer Desinvestition, wenn ein Verkauf des Unternehmungsteils nicht möglich ist oder nicht den erforderlichen Erlös erzielt.[51] Im übrigen kommt die temporäre Stillegung angesichts des raschen technologischen Fortschritts häufig technisch und wirtschaftlich einer endgültigen Stillegung gleich, die i.d.R. zu einem Verkauf des Anlage- und Umlaufvermögens, also zu einer Desinvestition, führt.[52]

- **Teilweiser oder vollständiger Verkauf der Eigentumsanteile**
Für eine Desinvestition im Sinne dieser Arbeit ist es unerheblich, ob es sich bei den zu veräußernden Eigentumsanteilen um Gesellschaftsanteile und/oder um materielle und immaterielle Gegenstände des Anlage- und Umlaufvermögens handelt. Die umfangreichste Desinvestition liegt vor, wenn sämtliche Eigentumsanteile an einem Unternehmungsteil veräußert werden, denkbar sind jedoch auch Teilverkäufe von Eigentumsanteilen.[53]

---

[47] Vgl. HASENACK, W. (1956), Sp. 5218, 5221ff.; RUDHART, P.M. (1978), S. 1f.; NAPP, H. (1990), S. 13; SCHMIDT, G. (1994), S. 21.

[48] Von der *Stillegung* zu unterscheiden ist zum einen der *Stillstand*, während dessen die Tätigkeit des Stillstandobjekts kurzfristig geplant (z.B. für Wartungsarbeiten) oder ungeplant (z.B. wegen eines Defektes) unterbrochen wird. Da das Objektgefüge vollständig erhalten bleibt, kann die Leistungsbereitschaft kurzfristig wiederhergestellt werden. I.d.R. fallen nur geringe Aufwendungen für die Außerbetriebnahme, während der Dauer des Stillstands sowie für die erneute Inbetriebnahme an.

Zum anderen ist von der Stillegung die geplante *Stillsetzung* abzugrenzen, bei welcher der Zweck des Stillsetzungobjekts befristet oder unbefristet (jedoch nicht unbegrenzt) außer Kraft gesetzt wird. Da das Objektgefüge teilweise aufgelöst und die Ressourcen freigesetzt werden, kann die Leistungsbereitschaft kurzfristig nicht wiederhergestellt werden. Aufwendungen fallen im allgemeinen für die Außerbetriebnahme, während der Dauer der Stillsetzung und für die erneute Inbetriebnahme an.

Vgl. zu diesen Abgrenzungen HASENACK, W. (1956), Sp. 5225; NAPP, H. (1990), S. 13.

[49] Vgl. z.B. JANSEN, A. (1986), S. 34f.; DOHM, L. (1989), S. 3; RECHSTEINER, U. (1995), S. 23.

[50] CLASEN, J.P. (1992), S. 148.

[51] Vgl. BRÜGGERHOFF, J. (1992), S. 9.

[52] Vgl. HIBY, T. (1996), S. 72. Zum Einfluß des technischen Fortschritts auf das Investitions- bzw. Desinvestitionsverhalten der westdeutschen Textil- und Bekleidungsindustrie vgl. JÄGER, B./RECKFORT, J./TÜCKING, E. (1997), S. 61ff.

[53] Insofern wird die von JANSEN vorgenommene Unterscheidung zwischen *wirtschaftlichen* und *rechtlichen* Eigentumsanteilen verworfen, weil damit sachenrechtliche Zuordnungen aufgeweicht werden; vgl. JANSEN, A. (1986), S. 33, Fn. 1. Vgl. zu diesem Einwand HIBY, T. (1996), S. 62, Fn. 49.

In der Literatur wird die (häufig zwangsweise) *Liquidation*[54] stellenweise gegenüber der Desinvestition abgegrenzt, weil es dabei angeblich im Gegensatz zur Desinvestition zu einer grundlegenden Änderung der Sach- und Formalziele der Unternehmung komme.[55] Diese Differenzierung überzeugt jedoch nicht. Im Zuge einer Desinvestition kann es durchaus sinnvoll sein, einen Unternehmungsteil in die Liquidation gehen zu lassen.[56] So wurden in der Vergangenheit z.B. Textil- und Bekleidungsbetriebe freiwillig liquidiert, um die negativen Folgen des § 613a BGB, die einer erfolgreichen Desinvestition in Form des Verkaufs entgegenstanden, zu umgehen.[57]

Ein weiteres Argument gegen eine Differenzierung von Liquidation und Desinvestition ergibt sich aus der seit dem 1. Januar 1999 gültigen Insolvenzordnung (InsO).[58] Ziel des darin geregelten Insolvenzverfahrens ist es, die Gläubiger eines Schuldners gemeinschaftlich zu befriedigen, indem dessen Vermögen verwertet und der Erlös verteilt wird. Zu diesem Zweck bietet die InsO neuerdings die Möglichkeit, in einem Insolvenzplan eine von den Regeln der InsO abweichende Vereinbarung zur Weiterführung und zum Erhalt der Unternehmung zu treffen (§ 1 Satz 1 InsO). Diese neue Rechtslage spricht ebenfalls dafür, auch die Liquidation als eine Form der Desinvestition zu betrachten.

- **Nicht verbundene Unternehmungen oder Investoren**

Das Desinvestitionsobjekt darf nicht an eine verbundene Unternehmung i.S.v. § 15 AktG und § 271 Abs. 2 HGB verkauft werden, sondern nur an einen Käufer außerhalb des Unternehmungsverbundes. Mit dieser Einschränkung werden solche Fälle ausgeschlossen, in denen der Verkäufer nach der Veräußerung noch indirekt über eine andere Unternehmung die wirtschaftliche Leitung des verkauften Unternehmungsteils ausüben könnte.[59] Mit *Investoren* sind sowohl unternehmungsinterne als

---

Einige Autoren, so z.B. JANSEN, nennen als Kriterium für eine Desinvestition die *bedeutende* Reduzierung des Eigentumsanteils i.H.v. mindestens 25%; vgl. JANSEN, A. (1986), S. 33. HIBY weist zutreffend darauf hin, daß dieser Definitionsansatz ungeeignet ist, weil er solchen Desinvestitionen, bei denen kleine, aber für den Käufer besonders attraktive Aktivitäten aus einer Unternehmung heraus verkauft werden, nicht gerecht wird; vgl. HIBY, T. (1996), S. 69.

[54] Die *Liquidation* einer Unternehmung - ein Synonym für deren Abwicklung - ist die Folge der vorherigen juristischen Auflösung der Unternehmung und als solche von dieser zu unterscheiden; vgl. BACKHAUS, K. (1986), S. 108. Nach BELLINGER, B. (1975), Sp. 2509-2515, dient sie der „Auflösung der Unternehmung unter Zurückzahlung des Fremdkapitals und Auszahlung des übrigbleibenden Eigenkapitals an die Inhaber oder Anfallberechtigten".

[55] Das neue Sachziel sei, die laufenden Geschäfte abzuwickeln und die Vermögenswerte zu liquidieren, um die Gläubiger zu befriedigen; das neue Formalziel bestehe regelmäßig in der Maximierung des verteilungsfähigen Geldbetrages. Vgl. zu dieser Argumentation DEUTSCH, P. (1956), Sp. 53ff.; HAARMEYER, H./WUTZKE, W./FÖRSTER, K. (1997), S. 5. Zu den für die diversen Rechtsformen einer Gesellschaft einschlägigen Rechtsnormen vgl. HEILMANN, H./SMID, S. (1994), S. 22, Rn. 22.

[56] Vgl. GABLER (1983a), Sp. 1013f.; HIBY, T. (1996), S. 71f. und die dort angeführten Literaturhinweise und Praxisbeispiele.

[57] Vgl. zu dieser Problematik JÄGER, B./RECKFORT, J./TÜCKING, E. (1997), S. 100f. sowie Kap. 6.

[58] Durch die am 5.10.1994 verkündete (BGBl. I 1994, 2866ff.) und am 1.1.1999 in Kraft getretene neue InsO wurden wesentliche Elemente des bisherigen *Vergleichsverfahrens* und des bisherigen *Konkursverfahrens* zusammengefaßt, vgl. HAARMEYER, H./WUTZKE, W./FÖRSTER, K. (1997), S. 9, Rn. 3ff.

[59] Vgl. BRÜGGERHOFF, J. (1992), S. 12.

auch -externe Käufer angesprochen, um auch den Erwerb der Unternehmung (bzw. ihrer Teile) durch deren angestellte Manager (MBO) oder andere Mitarbeiter (EBO)[60] als Formen der Desinvestition zu erfassen.

- **Kapitalrückflüsse werden gegebenenfalls reinvestiert**

Die Umschichtung finanzieller Ressourcen innerhalb oder außerhalb der Unternehmung wurde eingangs als ein Mittel zur Steigerung der Verzinsung des Eigenkapitals benannt.[61] Mit der Aufgabe eines Unternehmungsteils werden also Ergebnis- und Liquiditätsziele verfolgt (finanzwirtschaftlicher Aspekt). Entsprechend der Veränderung der Leistungs- und Potentialstruktur kann die Kapitalbindung des betriebsnotwendigen Vermögens sukzessiv (z.B. durch den Verzicht auf Ersatz- und Erhaltungsinvestitionen) oder unmittelbar (z.B. durch den Verkauf von Gegenständen des Anlage- und Umlaufvermögens) reduziert werden. Sofern dabei positive Kapitalrückflüsse erzielt werden, können diese in zwei Richtungen verwandt werden:

- Entweder werden die Kapitalrückflüsse innerhalb der Unternehmung umgeschichtet, indem sie in erfolgversprechende Aktivitäten reinvestiert werden;
- oder die Eigentümer entnehmen ihren Anteil der Kapitalrückflüsse und reinvestieren ihn außerhalb der Unternehmung in solche Anlageformen oder andere Unternehmungen (Opportunitäten), die eine höhere Verzinsung des Kapitals der Eigentümer erwarten lassen.[62]

- **Rumpfgebilde bleibt bestehen**

Die Stillegung oder die Veräußerung der gesamten Unternehmung werden nicht weiter betrachtet. Zum einen ist ein Großteil der hier zu entwickelnden Prozesse im Fall einer vollständigen Übertragung der Eigentumsanteile entbehrlich; zum anderen werden viele Restriktionen einer Desinvestition nicht wirksam, wenn die gesamte Unternehmung stillgelegt oder verkauft wird.[63] Diese Begriffskomponente impliziert zu-

---

[60] Vgl. RECHSTEINER, U. (1995), S. 19. Bei einem *Management-buy-out* (MBO) bzw. einem *Employee-buy-out* (EBO) erwerben bereits angestellte Manager (Mitarbeiter) einer Unternehmung die Kapitalmehrheit an derselben bzw. an einem Unternehmungsteil. Wenn sie selbst nur über geringe eigene Finanzmittel verfügen, geschieht die Finanzierung häufig mit Hilfe von Risikokapitalgesellschaften; vgl. zu den Definitionen und Erscheinungsformen z.B. FORST, M. (1992), S. 5ff.; GRAML, R. (1996), S. 11ff. und die dort jeweils umfangreich angegebene Literatur.

Bei dem im Zusammenhang mit einem MBO häufig genannten *Leveraged-buy-out* (LBO) handelt es sich um eine Finanzierungsform für Unternehmungskäufe. Der Käufer finanziert dabei den Kaufpreis durch außergewöhnlich viel Fremdkapital, dessen Besicherung weitgehend mittels der Vermögensgegenstände der zu übernehmenden Unternehmung selbst erfolgt; vgl. GRAML, R. (1996), S. 16; RECHSTEINER, U. (1995), S. 22. Eine Leverage-Chance, nämlich die mit sinkender Eigenkapitalquote steigende Eigenkapitalrendite, besteht, solange die Gesamtkapitalrentabilität über den Fremdkapitalkosten liegt; andernfalls besteht ein Leverage-Risiko. Zur Herleitung des funktionalen Zusammenhangs vgl. PERRIDON, L./STEINER, M. (1991), S. 462ff. Der LBO gehört damit nicht zu den Desinvestitionsformen.

[61] Siehe Kap. 1.3.

[62] Vgl. GEHRKE, I. (1999), S. 17. Damit wird die Definition dem *erwerbswirtschaftlichen Prinzip* einer marktwirtschaftlichen Unternehmung gerecht; vgl. GUTENBERG, E. (1955), S. 379. Zugleich gewährleistet diese Komponente der Definition die (finanzielle) Vergleichbarkeit der Handlungsalternativen.

[63] Bei einer Gesamtstillegung sind z.B. keine potentiellen Desinvestitionsobjekte abzugrenzen; auch entstehen bei einer unveränderten Fortführung der Gesamtunternehmung durch den Erwerber keine desinvestitionsspezifischen umweltrechtlichen Probleme.

gleich, daß bei der Entscheidungsfindung die fortgesetzte, weitere Existenz der (Rest-)Unternehmung als unabdingbare Nebenbedingung zu beachten ist. Dementsprechend darf die Aufgabe eines Unternehmungsteils nicht zur Illiquidität (finanzwirtschaftlicher Aspekt) oder Überschuldung (bilanzieller Aspekt) der desinvestierenden Unternehmung führen.[64]

Der Desinvestitionsbegriff sowie die relevanten Formen der Desinvestition sind damit für die Zwecke dieser Arbeit bestimmt. Im Folgenden wird dargestellt, daß rationale Desinvestitionsentscheidungen die Kenntnis des Zielsystems der Unternehmung voraussetzen.

2.2 Das Zielsystem der Unternehmung

2.2.1 Bedeutung des Zielsystems für rationale Desinvestitionsentscheidungen

Die Bedeutung des Zielsystems ergibt sich aus dem entscheidungs- und dem systemtheoretischen Verständnis der Desinvestition. Rationale Entscheidungen über Des-/Investitionen setzten die Kenntnis der von der Unternehmung verfolgten Ziele voraus, welche aus systemisch-kybernetischer Sicht die Grundlage der für eine erfolgreiche Lenkung notwendigen Abweichungsanalyse bilden. Aufbauend auf den entscheidungstheoretischen Überlegungen ist zu fragen, ob und wie eine Desinvestitionsentscheidung überhaupt als rational klassifiziert werden kann.

Eine ökonomische Rationalität kann nur als angemessene Anwendung von Zweck-Mittel-Relationen verstanden werden. So mag die Desinvestition eines defizitären Unternehmungsteils zur Verlustminimierung oder Gewinnmaximierung der Gesamtunternehmung beitragen. Sofern aber die Entgelte der Mitarbeiter unabhängig vom Gewinn der Unternehmung ist, wird die Desinvestition in erster Linie nur von den Empfängern der Residualeinkommen, also den Eigentümern, als rational betrachtet. Die übrigen von der Desinvestition Betroffenen (z.B. Mitarbeiter, Lieferanten, Kunden) werden diese nicht unmittelbar als rational begreifen, weil dadurch die Erreichung ihrer eigenen Ziele beeinträchtigt oder sogar verhindert wird. Bei der Beurteilung von Desinvestitionsalternativen kommt es demnach auf die Perspektive der Betroffenen und ihres Zielsystems an. Eine Desinvestitionsentscheidung kann daher nur dann als „rational" charakterisiert werden, wenn zuvor das Zielsystem des Entscheidungsträgers bekannt ist.[65]

Aufgrund der Vielfalt der Motive und Interessen der an der Zielbildung beteiligten Personen verfolgt eine Unternehmung i.d.R. nicht nur ein Ziel, sondern mehrere Zie-

---

[64] Diese Implikation entspricht in der Terminologie GUTENBERGS dem *Prinzip des finanziellen Gleichgewichtes*, welches ein weiteres Merkmal einer marktwirtschaftlichen Unternehmung ist; vgl. auch dazu GUTENBERG, E. (1955), S. 380f.

[65] Nur bei Erreichen eines Pareto-Optimums würde sie von allen Beteiligten bzw. Betroffenen übereinstimmend beurteilt. Allerdings ist die dafür notwendige Gegenüberstellung sämtlicher quantitativer und qualitativer Vor- und Nachteile diverser Handlungsalternativen praktisch nicht durchführbar. Vgl. zu diesen Überlegungen HÜTTEMANN, H.H. (1993), S. 54f.

le, die sich in Inhalt, Ausmaß und Zeitbezug voneinander unterscheiden.[66] Da diese Ziele durch vielfältige Beziehungen miteinander verbunden sind, bilden sie ein mehrdimensionales Zielsystem.[67] Durch Veränderungen der subjektiven Motive der Beteiligten, der objektiven Zwecke des Systems *Unternehmung* für das Umsystem[68] sowie der hierarchischen Zweck-Mittel-Relationen von Ober- und Unterzielen[69] unterliegt das Zielsystem im Zeitablauf einer permanenten Entwicklung. Es kann daher wie die Unternehmung selbst als ein offenes, soziales, dynamisches Subsystem derselben charakterisiert werden.[70] Die folgende Darstellung des Zielsystems einer Unternehmung konzentriert sich auf deren finanzielle und strategische Zielsetzungen, weil diese bei der Identifizierung potentieller Desinvestitionsobjekte und der Bewertung möglicher Handlungsalternativen besonders relevant sind.

2.2.2 Finanzielle Zielplanung der Unternehmung

Empirische Untersuchungen belegen, daß viele Unternehmungen nach wie vor vorrangig Gewinn- und Rentabilitätsziele verfolgen. Als weiteres zentrales Ziel wird die

---

[66] Zum Einfluß der Organisationsteilnehmer auf den Zielbildungsprozeß vgl. HABERFELLNER, R. (1975), S. 35ff.; HEINEN, E. (1990), S. 356, 362ff.; SCHMIDT, R.-B. (1993), Sp. 4796. Zur Messung von Zielen vgl. ADAM, D. (1993a), S. 84ff.

[67] Als Elemente des Zielsystems sind verschiedene Arten von Zielvorschriften zu unterscheiden:

- Zielvorschriften zur *Erfolgsentstehung* formulieren das in einem bestimmten Zeitraum durch die wirtschaftliche Tätigkeit der Unternehmung angestrebte monetäre Ergebnis und dessen Komponenten sowie die angestrebte *klassifikatorische* oder *quantitative* Liquidität. Solche Wertziele bzw. Wertzielkomponenten werden sowohl für die Unternehmung als Ganzes als auch für ihre organisatorischen Subsysteme (Unternehmungsteile, Gliedbetriebe, SGE, Abteilungen) vorgegeben. Vgl. dazu z.B. RUDHART, P.M. (1978), S. 61f.

  (*Klassifikatorische* Liquidität beschreibt die Tatsache, daß die Unternehmung rein qualitativ zahlungsfähig ist; *quantitative* Liquidität beziffert die von der Unternehmung z.B. aus Sicherheitsgründen vorgehaltene Liquiditätsreserve. Vgl. zu diesen beiden Ausprägungen des Liquiditätsziels SCHMIDT, R.-B. (1993), Sp. 4798.)

- *Sach- oder Produktzielvorschriften* beschreiben die Mengen und Qualitäten der Güter und Dienstleistungen, die innerhalb eines bestimmten Zeitraums produziert und abgesetzt werden sollen, sowie die Mengen und Qualitäten der dafür zu beschaffenden und einzusetzenden Material- und Potentialfaktoren. Vgl. RUDHART, P.M. (1978), S. 61.

- *Sozial- oder Personalziele* schließlich formulieren das angestrebte Verhalten der Unternehmung gegenüber ihren Mitarbeitern und ihren (außer-)ökonomischen Umsystemen, d.h. den Kunden, Lieferanten, Konkurrenten und Kapitalgebern sowie der Öffentlichkeit und dem Staat. Die entsprechenden Zielinhalte, wie bspw. ethische und soziale Verantwortung, Prestige- und Machtstreben oder Streben nach Unabhängigkeit und Sicherheit, lassen sich nur schwierig oder gar nicht quantifizieren bzw. in Geldeinheiten messen.

  Da extern und intern nur die Unternehmung als wirtschaftliche Einheit auftritt, werden Sozialziele grundsätzlich für diese als Ganzes formuliert. Falls jedoch Unternehmungsteile in stark voneinander abweichenden Umsystemen tätig sind (z.B. aufgrund einer heterogenen Standort- oder Programmstruktur), können für die Unternehmungsteile individuelle Sozialzielvorschriften notwendig sein. Vgl. dazu z.B. SCHNEIDER, D. (1971), S. 56, 135; HEINEN, E. (1990), S. 356.

[68] Vgl. ULRICH, H. (1984), S. 233; AHLERT, D. (1998b), S. 7.

[69] Zur Struktur, Ableitung und Hierarchie eines Zielsystems vgl. HABERFELLNER, R. (1975), S. 39ff.; HEINEN, E. (1990), S. 359ff.; MEFFERT, H. (1994), S. 74, 79; AHLERT, D. (1998b), S. 5f.

[70] Vgl. HABERFELLNER, R. (1975), S. 34; RUDHART, P.M. (1978), S. 60; ADAM, D. (1993a), S. 118.

Sicherung des Bestandes und der Existenz der Unternehmung genannt. Daher wird die langfristige Gewinn- oder Rentabilitätsmaximierung, welche den Bestand einer Unternehmung durch langfristige Gewinnerzielung sichern soll, allgemein als finanzielles Oberziel angesehen.[71] Gegen diese Zielvorschriften bestehen mehrere Vorbehalte:[72]

- Die Zielvorschrift *langfristige Maximierung* ist bei einem zeitlich offenen Entscheidungsfeld wenig aussagefähig und nicht operational. Da ihr ein konkreter Zeitbezug fehlt, kann damit letztlich jede Handlung oder Unterlassung im Hinblick auf eine zukünftige Gewinnmöglichkeit gerechtfertigt werden, ohne daß eine Kausalität zwischen Aktion und Erfolg sachlogisch nachzuweisen ist. Unternehmerische Ziele sind erst dann eindeutig determiniert, wenn ihre Zeitdimension durch die Bestimmung des Planungshorizontes fixiert ist.

- Der im Jahresabschluß ausgewiesene *Gewinn* ist nur ein unzuverlässiger Indikator für die Wertschöpfung der Eigenkapitalgeber. Unterschiedliche Bewertungswahlrechte und -pflichten im Handels- und Steuerrecht beeinflussen die Höhe des ausgewiesenen Gewinns und lassen ihn zu einer letztlich von der Bilanzpolitik abhängigen Größe werden. Da der buchhalterische Gewinn eine ex post ermittelte Größe ist, fördert er darüber hinaus eine vergangenheitsorientierte Sichtweise.[73] Hinzu kommt, daß die Ergebnisse des Jahresabschlusses regelmäßig zu spät vorliegen, um als Grundlage für unterjährige Entscheidungen und Beurteilungen dienen zu können.[74]

- Im Hinblick auf die später notwendige Bestimmung potentieller Desinvestitionsobjekte und Beurteilung möglicher Handlungsalternativen sind weder absolute noch relative Gewinngrößen geeignete Zielinhalte. Der absolute Gewinn einer Handlungsalternative gibt keine Auskunft über den damit verbundenen Kapitaleinsatz bzw. die zur Erzielung des Gewinns eingegangenen Risiken, so daß die Alternativen nicht unmittelbar miteinander vergleichbar sind. Selbst bei Berücksichtigung des unterschiedlichen Kapitaleinsatzes in Form der *Rentabilität* (als relativer Gewinn) können sich Verzerrungen z.B. durch die unterschiedliche Altersstruktur des Vermögens zweier Unternehmungen bzw. Unternehmungsteile (als potentielle

[71] Vgl. BRÜGGERHOFF, J. (1992), S. 58f. So kommt KALENBERG, F. (1993), S. 131ff., in seiner Untersuchung zu dem Ergebnis, daß mehr als 97% der befragten Textilunternehmungen das Gewinn- bzw. Rentabilitätsziel als „wichtig" oder „sehr wichtig" einstufen.

[72] Vgl. zu den folgenden Kritikpunkten SCHNEIDER, D. (1971), S. 187ff.; HEINEN, E. (1990), S. 352f.; ADAM, D. (1993a), S. 75ff.

[73] Vgl. KALENBERG, F. (1993), S. 274. AHLERT warnt diesbezüglich anschaulich vor einer weitverbreiteten, rückwärts gewandten Kontrolle ökonomischer Erfolgsgrößen i.S. einer „Heckwasserbetrachtung". Diese müsse ersetzt werden, durch eine „Bugwasserüberwachung" vorökonomischer Kontrollindikatoren, um die Überlebensfähigkeit einer Unternehmung trotz unvermeidlicher Fehlplanungen zu gewährleisten. Vgl. AHLERT, D. (1990), S. 43.

[74] Die unterjährige Erfolgskontrolle ist schon deshalb von Bedeutung, weil es auch während eines Geschäftsjahres aussagekräftiger Informationen zur Darstellung der Geschäftstätigkeit bedarf; vgl. dazu WYSOCKI, K.v. (1990), S. 319.

Des-/Investitionsobjekte) ergeben, so daß auch in diesem Fall die Handlungsalternativen nicht vergleichbar sind.[75]

Angesichts dieser Kritikpunkte wurden die Zielvorstellungen der Unternehmungen seit Beginn der 90er Jahre neu akzentuiert. Seitdem rückt neben den üblichen Umsatz- und Gewinnzielen die dauerhafte Steigerung des Unternehmungswertes zunehmend in dem Mittelpunkt der Unternehmungsführung. Eine weite Verbreitung erfuhren derartige Zielvorstellungen durch die Diskussionen über das Shareholder-value-Konzept. Erstmals wurde dieses Konzept 1986 von ALFRED RAPPAPORT unter dem Titel „Creating Shareholder Value: The New Standard for Business Performance" umfassend definiert und ausgearbeitet.[76]

Dem Shareholder-value-Konzept zufolge ist als generelle Ergebnisdefinition im Sinne der obersten Zielsetzung einer marktwirtschaftlichen Unternehmung die Maximierung des Unternehmungswertes (value) bzw. der Kapitalrendite der Eigentümer (shareholder) innerhalb einer von den Eigentümern vorzugebenden Periode anzusehen. Zentrale Bestandteile des Unternehmungswertes sind die zukünftigen Einzahlungsüberschüsse sowie die Diskontierungsrate, mit welcher die erst genannten auf den Entscheidungszeitpunkt abgezinst werden.[77]

Ein Investor betrachtet danach die Investition seines Kapitals in eine Unternehmung bzw. in deren Unternehmungsteile als eine Auszahlung für die Beschaffung von Gütern oder Rechten, deren Verwertung Einzahlungen erwarten läßt, welche die Auszahlungen möglichst deutlich übersteigen.[78] Investitionen werden also unter zwei Aspekten durchgeführt: Sie sollen langfristig das Überleben und die Ertragskraft der Unternehmung sichern sowie dem Investor kontinuierliche Entnahmen ermöglichen bzw. dessen Vermögen mehren. Für eine Unternehmung resultieren daraus zwei Basisziele: Ausgehend von einem gegebenen Niveau verfügbaren Kapitals strebt ein Investor danach, innerhalb eines Planungszeitraums den Strom der jährlichen Dividenden bzw. Ausschüttungen möglichst breit zu gestalten oder durch Wertsteigerun-

---

[75] Vgl. WITTMANN, E. (1998), S. 82. Hinzu kommt, daß absolut formulierte Zielvorschriften zu anderen Handlungsempfehlungen führen können als relativ formulierte; vgl. ADAM, D. (1993a), S. 101ff.; ADAM, D. (1996), S. 33ff.

[76] Vgl. RAPPAPORT, A. (1986). Mittlerweile wurde das Konzept soweit verfeinert, daß dem interessierten Anwender diverse Instrumentarien zur Verfügung stehen, vgl. z.B. STEWART, G.B. (1991); COPELAND, T.E./KOLLER, T./MURRIN, J. (1993); LEWIS, T.G./STELTER, D. (1994). Einen Überblick über die verschiedenen Ansätze gibt BÜHNER, R. (1996b), S. 392ff.

In der deutschsprachigen Literatur werden neben dem englischen Ausdruck synonym verschiedene Umschreibungen verwandt, z.B. Wertorientierte Unternehmungsführung, Schaffung von Mehrwert für die Aktionäre, Wertsteigerungsanalyse, Wertmanagement; vgl. z.B. BÜHNER, R. (1990); GOMEZ, P. (1990); KLIEN, W. (1993); COPELAND, T.E./KOLLER, T./MURRIN, J. (1995); SPREMANN, K. (1996).

[77] Vgl. BÜHNER, R. (1996a), S. 334. Da die Darstellung der Bewertungsmethodik des Shareholder-value-Konzeptes in Kap. 7.2.1 erfolgt, wird hier von der spezifischen Terminologie und den Details des Konzeptes abstrahiert und zur Erklärung auf allgemeine Begriffe der Unternehmungsbewertung bzw. der Investitionsrechnung zurückgegriffen.

[78] Vgl. SCHNEIDER, D. (1971), S. 54ff., 135; HEINEN, E. (1990), S. 350ff.; BLOHM, H./LÜDER, K. (1991), S. 2; ADAM, D. (1996), S. 1; WITTMANN, E. (1998), S. 82.

gen seines Gesellschaftsanteils sein in der Unternehmung gebundenes Vermögen zu maximieren.[79]

Mit dem Shareholder-value-Konzept werden die Interessen der Kapitalgeber, insbesondere der Eigenkapitalgeber, bei der finanziellen Zielplanung einer Unternehmung berücksichtigt. Die Eigentümer fordern eine marktgerechte Verzinsung, berechnet aus der Kurssteigerung (bei börsennotierten Unternehmungen) und Dividende bzw. Ausschüttung je Eigentumsanteil ihres in der Unternehmung gebundenen Kapitals.[80] Wird die generelle Ergebnisdefinition *Maximierung des Eigentümerwertes in einer bestimmten Periode* für Desinvestitionsentscheidungen herangezogen, so wird mit einer Desinvestition implizit das Ziel verfolgt, das in einem Unternehmungsteil gebundene Kapital zunächst freizusetzen, um es anschließend in eine andere Verwendung zu reinvestieren, die dem Des-/Investor einen höheren Wertbeitrag bzw. eine höhere Rendite verspricht. Damit wird der ökonomische Wert (Marktwert) des Eigenkapitals zu einer zentralen Zielgröße der Desinvestitionsplanung.[81] Die *Maximierung des Eigentümerwertes in einer bestimmten Periode* wird in dieser Arbeit als zentrale, oberste Zielsetzung der Unternehmung betrachtet. Da diese Ergebnisdefinition annahmegemäß als unveränderlich betrachtet wird, handelt es sich bei der Unternehmung insoweit um ein äquifinales System.

Im Rahmen der finanziellen Zielplanung orientieren sich die Zielpräferenzen an den Interessen der Eigentümer. Dabei werden
- Zahlungsüberschüsse als Artenpräferenzen,
- risikoadäquate Kapitalkosten als Höhenpräferenzen,
- unterschiedliche Zahlungszeitpunkte als Zeitpräferenzen und
- die Ermittlung diverser Zahlungsreihen bei unterschiedlichen Eintrittswahrscheinlichkeiten als Sicherheitspräferenzen definiert.[82]

In der Beurteilungsphase bilden diese Präferenzen die Grundlage eines Bewertungsmodells, mit dem der jeweilige Erfolgsbeitrag der Handlungsalternativen im Sinne der finanziellen Zielsetzung beurteilt werden kann.

---

[79] Vgl. SCHNEIDER, D. (1971), S. 147ff.; ADAM, D. (1996), S. 29. Einschränkend ist zu bemerken, daß sich bei einem unvollkommenen Kapitalmarkt, von dem in der Realität auszugehen ist, bei der Zielsetzung *Maximierung des Vermögens* andere optimale Entscheidungen ergeben als bei dem Ziel *Maximierung der Breite des Entnahmestroms.* Dieser Zielkonflikt ist nur zu lösen, indem entweder beide Ziele zu einer übergeordneten Nutzenfunktion verdichtet werden, oder eines der Ziele als Restriktion formuliert wird. Vgl. zum Problem der Zielvorschrift *Wohlstandsmaximierung* SCHNEIDER, D. (1971), S. 150; ADAM, D. (1993a), S. 105ff.; GROB, H.L. (1999), S. 200ff.

[80] Vgl. BÜHNER, R. (1996a), S. 334. Der Ausdruck in Parenthese deutet bereits an, daß das Shareholder-value-Konzept für die Bewertung nichtbörsennotierter Unternehmungen nur eingeschränkt geeignet ist. In Kap. 7.3 wird dieses Problem vertieft. Zur Kritik am Shareholder-value-Konzept vgl. STUDER, T. (1998), S. 390; KUNZ, R.M. (1998), S. 405ff.

[81] Vgl. GEHRKE, I. (1999), S. 52.

[82] Vgl. zu diesen vier Präferenzen GEHRKE, I. (1999), S. 53.

2.2.3 Strategische Entscheidungsfeldplanung der Unternehmung

Die Entscheidungsfeldplanung basiert im wesentlichen auf der wettbewerbsstrategischen Planungsmethodik von PORTER. Dabei wird der Zustandsraum durch eine zweistufige Wettbewerbsanalyse erschlossen. Ausgehend von einer Branchenstrukturanalyse wird im zweiten Schritt die Wettbewerbsposition einer Unternehmung (eines Unternehmungsteils) in einer Branche bzw. einem Branchensegment bestimmt.[83]

Die von einer Unternehmung langfristig zu erzielende Eigenkapitalrendite wird v.a. bestimmt durch die Struktur und Wettbewerbsintensität der Branche(n), in der sie tätig ist. Übereinstimmend werden in der Literatur

- das Verhalten und die Verhandlungsstärke der Abnehmer, verbunden mit der Bedrohung durch neue bzw. substituierende Produkte und Dienstleistungen,
- das Verhalten und die Verhandlungsstärke der Lieferanten,
- das Wettbewerbsverhalten der etablierten Konkurrenten,
- das Verhalten und die Verhandlungsstärke der Mitarbeiter und ihrer Organisationen sowie
- der Umfang und die Intensität der (staatlichen) Ein- und Austrittsbarrieren, verbunden mit der Bedrohung durch neue Konkurrenten

als strukturelle Determinanten der Wettbewerbsintensität betrachtet.[84] Da diese fünf Wettbewerbskräfte insgesamt den Investitionsbedarf, die Preise, Mengen und Kosten innerhalb einer Branche determinieren, bestimmen sie die generellen Renditechancen der Unternehmungen dieser Branche. Das Ausmaß der Gesamtwirkung der Wettbewerbskräfte auf eine einzelne Unternehmung entscheidet darüber, ob diese dauerhaft überdurchschnittliche Renditen erzielen kann, und sie damit eine Wertsteigerung des Vermögens ihrer Eigentümer zu erreichen vermag.[85]

In der überwiegenden Zahl der Branchen unterliegen die genannten Wettbewerbskräfte einem (häufig diskontinuierlichen) Wandel, verbunden mit einem großen Maß an Kompliziertheit und Unsicherheit.[86] Die daraus resultierende Komplexität stört das Gleichgewicht zwischen dem Umsystem und dem System *Unternehmung* und führt zu einer latenten Existenzbedrohung des letzteren. Will eine Unternehmung ihre Überlebensfähigkeit und Existenz in einer Branche und damit auch das Vermögen bzw. die Entnahmemöglichkeiten ihrer Eigentümer langfristig sichern, wovon in dieser Arbeit ausgegangen wird, muß sie diese Komplexität bewältigen.[87] Zu diesem

---

[83] Vgl. RAPPAPORT, A. (1986), S. 81ff.

[84] Vgl. stellvertretend für viele z.B. HAX, A.C./MAJLUF, N.S. (1988), S. 283ff.; HINTERHUBER, H.H. (1989a), S. 112.

[85] Vgl. PORTER, M.E. (1999), S. 28ff.

[86] Beispielhaft zu nennen sind die geringe Konjunkturstabilität, die Sättigung und Stagnation vieler Märkte, die zunehmende Markt- und Machtkonzentration des Handels, eine wachsende Konkurrenzintensität, v.a. durch ausländische Anbieter, komplizierte rechtliche Rahmenbedingungen, die Entwicklung neuer Informations- und Kommunikationstechnologien sowie der grundlegende Wandel der Werte und Einstellungen vieler Kunden- und Abnehmergruppen. Vgl. zu diesen Entwicklungen z.B. AHLERT, D./SCHRÖDER, H. (1996), S. 272ff.; AHLERT, D./KOLLENBACH, S./KORTE, C. (1996), S. 185.

[87] Zur Notwendigkeit eines Systems, Komplexität zu bewältigen, vgl. exemplarisch MALIK, F. (1989), S. 184; ULRICH, H. (1984), S. 247.

Zweck muß sie eine relative Wettbewerbsposition erreichen bzw. halten, die es ihr erlaubt, sich im Zeitablauf gegenüber diesen fünf Wettbewerbskräften zu behaupten und ihre Renditechancen gegenüber den Konkurrenten zu verteidigen oder sogar zu verbessern. Im Gegensatz zur Branchenattraktivität, deren Einflußfaktoren die Marktteilnehmer allenfalls mittel- bis langfristig verändern können, kann eine Unternehmung ihre relative Wettbewerbsposition durch die Wahl ihrer Strategie (Aktionsraum) unmittelbar verbessern oder verschlechtern.[88]

Vor diesem Hintergrund kann als unternehmerische Strategie der „an einer strategischen Zielkonzeption orientierte mehrperiodische Handlungsplan" einer Unternehmung[89] bezeichnet werden. Ausgehend von einer Analyse der momentanen Umwelt- und Wettbewerbssituation beschreibt die strategische Zielkonzeption den von der Unternehmung angestrebten „Wunschort" (= starke Wettbewerbsposition), die Strategie hingegen die verfolgte „Route", um mittels strategischer Maßnahmen von der aktuellen Ausgangsposition dorthin zu gelangen.[90]

Eine starke Wettbewerbsposition setzt voraus, daß eine Unternehmung über Erfolgspotentiale (Wettbewerbsvorteile) verfügt. Als solche werden die in einer Unternehmung tatsächlich vorhandenen Voraussetzungen bezeichnet, die es ihr erlauben, langfristig überdurchschnittliche Ergebnisse zu erzielen.[91] Dementsprechend ist es die Aufgabe der strategischen Planung, die in der Zukunft erfolgversprechenden Geschäftsfelder und Branchen zu erkennen, die knappen Ressourcen auf diese Bereiche zu konzentrieren, um später aus diesen Erfolgspotentialen überdurchschnittliche Erfolge zu erzielen und damit den Erhalt und das Wachstum der Unternehmung auch in Zukunft zu sichern.[92] So charakterisiert ANSOFF strategische Entscheidungen als „the ... deciding of what business the firm is in and what kind of business it will

---

88 Vgl. PORTER, M.E. (1999), S. 26.

89 AHLERT, D. (1998b), S. 3.

90 Vgl. zu diesen Begriffen AHLERT, D. (1998b), S. 18f. Aufgrund des inflationären Gebrauchs des Begriffs *Strategie* werden häufig Absichten, Meinungen, Verhaltens- und Vorgehensweisen (Führung, Management, Planung, Entscheidung) oder diverse Arten von Politik (z.B. Marketing- oder Investitionspolitik) mißverständlich als *strategisch* bezeichnet, obwohl sie gar keine strategischen Merkmale aufweisen. Auf diesen Umstand weisen z.B. GÄLWEILER, A. (1987), S. 55; BUZZELL, R.D./GALE, B.T. (1989), S. 17; HINTERHUBER, H.H. (1990), S. 49; KREIKEBAUM, H. (1995), Sp. 2006 hin. AHLERT spricht treffend von einer „babylonischen Begriffsverwirrung"; AHLERT, D. (1998b), S. 16.

91 In der Literatur und Praxis werden für den Begriff *Erfolgspotential* viele Synonyme verwandt (z.B. Spezifische Kompetenz, Strategische Erfolgsposition (SEP), Unverwechselbares Unternehmungsprofil, Unique Selling Proposition (USP) oder Komparativer Konkurrenzvorteil (KKV)). Vgl. stellvertretend für viele PÜMPIN, C. (1983), S. 34; ULRICH, H. (1984), S. 233f.; KIRSCH, W. (1993), Sp. 4096; AHLERT, D. (1998b), S. 18f.; BACKHAUS, K. (1997), S. 21ff.

92 Vgl. BUZZELL, R.D./GALE, B.T. (1989), S. 19; HINTERHUBER, H.H. (1989a), S. 106; AHLERT, D. (1998b), S. 2; AHLERT, D./KOLLENBACH, S./KORTE, C. (1996), S. 15, 185.

Eine detaillierte Darstellung des Prozesses der Erfolgsforschung und Erfolgsgestaltung geben AHLERT, D./KOLLENBACH, S./KORTE, C. (1996), S. 21ff. Zur Analyse der Branchen- und Wettbewerbsstruktur vgl. auch PORTER, M.E. (1983), S. 25ff., 78ff., 173ff.

seek to enter."[93] Daraus folgt im Umkehrschluß, daß auch Entscheidungen über Desinvestitionen als strategische Entscheidungen zu betrachten sind.

Die Entscheidungen über zu bearbeitende oder aufzugebende *Marktsegmente* und *Geschäftsfelder*, über die Richtung, Qualität und Struktur der am Markt anzubietenden *Produkte* und *Leistungen*, über *Personalpolitik*, *Organisationsstruktur* und *Rechtsform*, um nur einige Beispiele zu nennen, beeinflussen aufgrund ihrer langfristigen Wirkungen nachhaltig die Stärke und Dauer des finanziellen und strategischen Erfolges der Unternehmung. Der Erreichungsgrad der finanziellen und strategischen Ziele wird darüber hinaus wesentlich durch Entscheidungen über *Betriebsgröße(n)* und *-standort(e)* sowie über *Kapitalintensität* und *Finanzierung* der Betriebsmittel bestimmt.[94]

PORTER unterscheidet zwei Quellen von Wettbewerbsvorteilen: Eine Unternehmung kann Wettbewerbsvorteile erzielen, wenn sie in der Wahrnehmung ihrer Kunden ihre strategisch relevanten Aktivitäten a) effizienter, d.h. zu niedrigeren Kosten, oder b) besser, also differenzierter, als ihre Konkurrenten erbringt. Aus diesen beiden grundlegenden Wettbewerbsvorteilen - relativ niedrigere Kosten und/oder differenzierteres Leistungsangebot - ergeben sich drei Strategietypen bzw. Normstrategien, um Renditen über dem Branchendurchschnitt zu erzielen:[95] Die *Kosten- bzw. Preisführerschaft*, die *Differenzierung der angebotenen Leistungen* sowie die *Konzentration auf Leistungsschwerpunkte*.[96]

Aus diesen Grundstrategien können systematisch Investitions- und Desinvestitionsstrategien abgeleitet werden. Wenn relative Wettbewerbsvorteile erodieren, fallen die künftigen Renditen einer Aktivität bei deren unveränderter Fortführung unter die ri-

---

[93] ANSOFF, H.I. (1965), S. 18. Im Gegensatz dazu befaßt sich die operative Planung mit Entscheidungen in vorhandenen Betätigungsfeldern und versucht, aus den vorhandenen Erfolgspotentialen im Hinblick auf die wirtschaftliche Zielsetzung einen optimalen Erfolg zu erzielen. Zur Abgrenzung vgl. KREIKEBAUM, H./GRIMM, U. (1983), S. 6f.; GÄLWEILER, A. (1987), S. 28ff.; HINTERHUBER, H.H. (1990), S. 5; AHLERT, D. (1998b), S. 2.

[94] Vgl. ANSOFF, H.I. (1965), S. 19; ADAM, D. (1993a), S. 269f.; AHLERT, D./KOLLENBACH, S./KORTE, C. (1996), S. 189.

[95] Vgl. PORTER, M.E. (1999), S. 37ff.

[96] Vgl. zu diesen drei Normstrategien z.B. PORTER, M.E. (1999), S. 38ff.; AHLERT, D./KOLLENBACH, S./KORTE, C. (1996), S. 29ff.:

Die *Kosten- bzw. Preisführerschaft* zielt darauf ab, durch relative Preisvorteile Wettbewerbserfolge zu erzielen. Durch die Ausnutzung von Kostenvorteilen (z.B. mittels Gemeinkosten-Wertanalyse, Standardisierung, Prozeßinnovation) sollen die Stückkosten unter das Niveau der wichtigsten Wettbewerber gesenkt werden.

Durch eine *Differenzierung* sollen die Ansprüche der Kunden durch die Schaffung von Produkt- oder Leistungsvorteilen (z.B. Produktqualität, Kundendienst, Garantieleistung) im Vergleich zu den Konkurrenten besser erfüllt werden, d.h. durch Marktsegmentierung soll die eigene Wettbewerbsstellung gefestigt und ausgebaut werden.

Die *Konzentration* beruht auf einer Produktdifferenzierung und/oder Kostenführerschaft. Sie erfordert zunächst die Selektion von Marktsegmenten bzw. eine Spezialisierung auf spezifische Zielgruppen.

Für eine nach allen Marktpartnern, d.h. Verbrauchern, Lieferanten, Händlern und Konkurrenten, differenzierte Darstellungen der Normstrategien vgl. AHLERT, D. (1998b), S. 38-71.

sikoadäquaten Kapitalkosten dieser Aktivitäten. Um das zu verhindern, sind die Erfolgsbeiträge von Desinvestitionsstrategien zu prüfen. Desinvestitionsentscheidungen unterscheiden sich insofern von Investitionsentscheidungen (z.B. für eine Akquisition), als daß sie keine unmittelbaren Wettbewerbsvorteile schaffen, sondern auf die im Sinne der unternehmerischen Zielsetzung optimale Nutzung der bestehenden Wettbewerbsvorteile ausgerichtet sind.[97]

Abb. 2: Grundmodell einer rationalen Desinvestitionsentscheidung

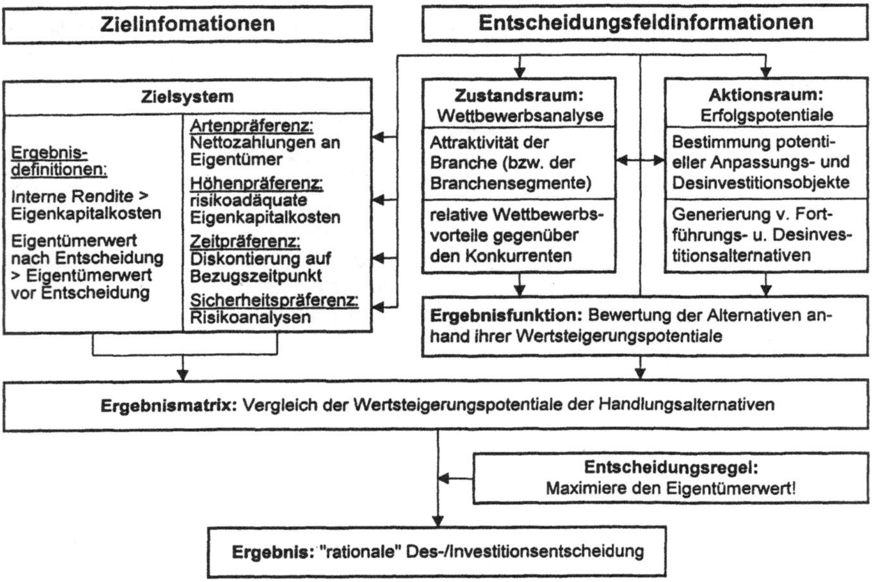

Quelle: Eigene Darstellung in Anlehnung an AHLERT, D. (1998a), S. 39; GEHRKE, I.(1999), S. 53.

Die wettbewerbsorientierte Analyse der Branchenattraktivität und der relativen Wettbewerbsvorteile führt zur Abgrenzung des Zustandsraums. Der Aktionsraum wird beschrieben durch die Generierung möglicher Fortführungs- und Desinvestitionsalternativen, die der Erhaltung bestehender bzw. der Schaffung neuer Wettbewerbsvorteile dienen. Die aus diesen beiden Elementen abgeleitete Ergebnisfunktion dient der Quantifizierung der zukünftig zu erwartenden Zahlungsströme und damit der Bewertung der Handlungsalternativen. Gleichzeitig kann mittels der Ergebnisfunktion, gegebenenfalls ergänzt durch eine Sensitivitätsanalyse, eine Ergebnismatrix abgeleitet werden, um die zukünftigen Wertsteigerungspotentiale der Handlungsalternativen bei unterschiedlichen Eintrittswahrscheinlichkeiten der Umweltzustände vergleichen zu können. Durch die konsequente Anwendung der Entscheidungsregel „Maximiere den Marktwert des Eigenkapitals!“ wird die rationale Auswahl der Strategie gewährleistet. Desinvestitionsentscheidungen sind danach das Ergebnis eines rationa-

[97] Vgl. GEHRKE, I. (1999), S. 55. Dieser Aspekt wird in Kap. 5.4 vertieft.

len Entscheidungsprozesses.[98] In Abb. 2 werden diese Zusammenhänge anhand des entscheidungstheoretischen Grundmodells verdeutlicht.

2.3 Die erfolgreiche Desinvestition als Gestaltungsziel

2.3.1 Desinvestition und Führungsprozeß

Ziel der Untersuchung ist die Entwicklung eines Planungs- und Steuerungssystems, das die für Desinvestitionsentscheidungen notwendige Entscheidungsunterstützung liefert. Das systemisch-kybernetische Verständnis der Desinvestition legt es nahe, bei der Formulierung von Gestaltungsanforderungen und -empfehlungen für einen Desinvestitionsprozeß vom originären Führungsprozeß der Unternehmung auszugehen. Dieser kann in folgende Phasen (inklusive Teilphasen) unterteilt werden:
- Phase der Willensbildung (Planung, Entscheidung), bestehend aus Anregungs-, Such-, Bewertungs- und Auswahlphase,
- Phase der Willensdurchsetzung (Steuerung, Führung),
- Phase der Kontrolle.

Anhand der Phasen des Führungsprozesses lassen sich einzelne Führungsaufgaben charakterisieren und abgrenzen.[99]

Planung ist allgemein gekennzeichnet durch ein „ordnendes Vorausdenken für die zukünftig ablaufenden Betriebsprozesse"[100]. Dazu bedarf es in der Anregungsphase einer Analyse der Ausgangssituation, der Ermittlung und Beachtung der Unternehmungsziele sowie der Präzisierung des Entscheidungsproblems. In der anschließenden Suchphase werden aus den zugrunde liegenden Zielsetzungen Entscheidungskriterien für das zu lösende Problem abgeleitet. Durch die Generierung möglicher Handlungsalternativen und ihrer Konsequenzen angesichts gegebener Umweltbedingungen wird anschließend das Entscheidungsfeld abgegrenzt. In der folgenden Beurteilungsphase werden die während der Suchphase als zulässig ermittelten Alternativen anhand von Beurteilungskriterien in eine Rangordnung gebracht. Das Planungs- bzw. Entscheidungsproblem ist gelöst, wenn durch die Beurteilung und Einengung der Handlungsmöglichkeiten eine Alternative gefunden wird, die hinsichtlich des angestrebten Zielniveaus von keiner anderen übertroffen wird. Die Willensbildung endet mit der Auswahlphase, in der die Finalentscheidung über die durchzuführende Handlungsalternative getroffen wird.

Die anschließende Phase der Willensdurchsetzung umfaßt die Implementierung der getroffenen Entscheidung („Verkauf" des Plans nach innen), deren Transformation in

---

[98] Vgl. GEHRKE, I. (1999), S. 56.

[99] Vgl. zu diesem Phasenschema z.B. AHLERT, D. (1998a), S. 5. Zu berücksichtigen ist, daß sich die genannten Teilphasen, die jeweils mehrere Teilaufgaben umfassen, weder inhaltlich eindeutig trennen lassen, noch zeitlich strikt nacheinander durchlaufen werden. Im Einzelfall können einzelne Phasen übersprungen werden oder müssen aufgrund von Rückkoppelungen mehrfach vollzogen werden; vgl. dazu HEINEN, E. (1990), S. 332ff.; ADAM, D. (1993a), S. 15ff. Zur Vielfalt der in der Literatur vorgeschlagenen Abgrenzungen der Phasen vgl. KORTE, R.-J. (1977), S. 47ff. und die dort angegebene Literatur.

[100] ADAM, D. (1993a), S. 3.

kontrollfähige Führungsgrößen, die Anweisungen zur Durchführung sowie die Zuteilung der notwendigen materiellen und immateriellen Ressourcen.[101]

Die Kontrolle ist strenggenommen keine Phase, sondern überlagert bzw. begleitet den gesamten Prozeß der Willensbildung, -durchsetzung und Realisation. Dabei werden die Ergebnisse und Verhaltensweisen der Realisation (Ist-Werte) mit den Planungsprämissen, Entscheidungsergebnissen und Führungsgrößen (Soll-Werte) verglichen. Im Sinne einer eingriffsorientierten Kontrolle signalisieren Diskrepanzen einen erneuten Anpassungsbedarf; eine lernorientierte Kontrolle soll zugleich einen systematischen Erfahrungs- und Lernprozeß und damit ein evolutionäres Management gewährleisten. Indem Kontrollinformationen als Anregungsinformationen dienen, wird der Führungsprozeß erneut durchlaufen. Er entspricht damit dem Modell eines kybernetischen Regelkreises zur Lenkung eines Systems.[102]

Da Desinvestitionen in der Literatur übereinstimmend als originäre Führungsentscheidungen bezeichnet werden, können die damit verbundenen Teilaufgaben und -prozesse im Grundsatz anhand der Phasen des Führungsprozesses strukturiert werden. Auch die Planung und Kontrolle von Desinvestitionen sind als Regelkreis zu verstehen, in welchem einzelne Führungsaufgaben aufgrund von Rückkoppelungen miteinander verbunden sind. Gestaltungsziel dieser Arbeit ist ein Regelkreis zur Lenkung des Systems *Unternehmung*, der im Hinblick auf eine Desinvestition deren Effektivität, d.h. den „richtigen" Unternehmungsteil zu desinvestieren, und deren Effizienz, also den Unternehmungsteil „richtig" zu desinvestieren, sichert.[103]

2.3.2 Voraussetzungen für den Desinvestitionserfolg

Voraussetzungen für den Desinvestitionserfolg müssen aus bestehenden Erklärungsansätzen abgeleitet werden oder wenigstens einen partiellen Erklärungszusammenhang damit aufweisen. Das Shareholder-value-Konzept liefert eine eindeutige finanzielle Definition des Desinvestitionserfolges. Alleinige Zielgröße für die Durchführung einer Desinvestition ist dabei die ständige, auf den Einzelfall bezogene Beurteilung und Sicherstellung der Wertgenerierung aus Sicht der Eigentümer einer Unternehmung. Eine erfolgreiche Desinvestition setzt voraus, daß die Wertorientierung in die Planung und Steuerung des Desinvestitionsprozesses integriert wird. Da die besondere Bedeutung des finanziellen Aspektes auch in der traditionellen Des-

---

[101] Zwar sind auch in der Realisationsphase Pläne aufzustellen und Entscheidungen zu treffen; da dies jedoch auf einer niedrigeren Abstraktionsebene stattfindet, wird die Realisation hier nicht als Teil des Führungsprozesses betrachtet.

[102] AHLERT charakterisiert das evolutionäre Management als die „Schaffung der internen Voraussetzungen planmäßiger Evolution" der Unternehmung; AHLERT, D. (1998b), S. 19. Zugleich wird durch die Beseitigung struktureller und substantieller Unsicherheit das unternehmungsindividuelle Entscheidungsfeld verbessert; vgl. zu den Arten und Zwecken der Kontrolle AHLERT, D. (1990), S. 32f.

[103] Vgl. GEHRKE, I. (1999), S. 22.

investitionsforschung bestätigt wird, lassen sich aus diesem Ansatz differenzierte Voraussetzungen für den Desinvestitionserfolg ableiten.[104]

Um wertoptimale Desinvestitionsentscheidungen treffen zu können, müssen die quantitativen Rendite- und Wertsteigerungsziele des Investors in das Zielsystem bzw. die Führungsprozesse der Unternehmung integriert werden, indem risikoadäquate Mindestverzinsungsansprüche des Investors vorgegeben werden.[105] Dadurch können Desinvestitionsprozesse bereits frühzeitig aufgrund von Frühwarnsignalen initiiert werden. Außerdem kann der Desinvestitionserfolg in allen späteren Phasen des Prozesses noch beeinflußt werden: Da den Entscheidungsträgern grundsätzlich noch alle Fortführungsalternativen offen stehen, können diese mit den Desinvestitionsalternativen hinsichtlich ihres Beitrages zur möglichen Steigerung des Eigentümerwertes verglichen werden. Stillegungen können u.U. durch Verkaufsalternativen vermieden werden; Verkaufsverhandlungen können bezüglich der Preisgestaltung ohne Zeitdruck am Ziel einer maximalen Wertsteigerung ausgerichtet werden.

Als weitere Voraussetzungen des Desinvestitionserfolges sind zu nennen:[106]

- Eine wertorientierte Analyse und Formulierung von Desinvestitionsalternativen setzt voraus, daß die zuvor als (potentielle) Desinvestitionsobjekte identifizierten oder noch zu identifizierenden Unternehmungsteile hinsichtlich ihrer zukünftigen Geschäftsrisiken auf den relevanten Produkt- und Kapitalmärkten mit und ohne Desinvestition untersucht werden.
- Die Messung der durch eine Desinvestition möglichen Wertsteigerung erfordert vor der Finalentscheidung eine Berücksichtigung aller Determinanten des Eigentümerwertes im finanziellen Bewertungskalkül der Handlungsalternativen.
- Die Messung der tatsächlichen Wertsteigerung setzt voraus, daß auch nach der Finalentscheidung in der Kontrollphase alle Determinanten des Eigentümerwertes im finanziellen Bewertungskalkül berücksichtigt werden.

Anhand dieser Anforderungen und Voraussetzungen ist der Beitrag der Wertsteigerungsanalyse zum Desinvestitionserfolg durch konkrete Gestaltungsvorschläge zu operationalisieren. Zu diesem Zweck wird im folgenden Kapitel das Modell eines idealtypischen Desinvestitionsprozesses entwickelt, welches am Eigentümerwert orientierte Entscheidungen über Fortführung, Stillegung oder Verkauf von Unternehmungsteilen gewährleisten soll.

2.3.3 Grundmodell eines Desinvestitionsprozesses

Mittels der in Abb. 3 dargestellten Idealstruktur eines Desinvestitionsprozesses können der Unternehmungsleitung die jeweiligen Aufgaben der Prozeßphasen zugeordnet werden. Im Einzelfall überlappen sich die Phasen oder werden wiederholt durchlaufen.

---

[104] Vgl. z.B. THIELE, W. (1937); HASENACK, W. (1939, 1956, 1974); RUDHART, P.M. (1978); DOHM, L. (1988); MENSCHING, H. (1986); NAPP, H. (1990); BRÜGGERHOFF, J. (1992); GRAML, R. (1996); BRÜCK, M. (1998).

[105] Vgl. Kap. 2.2.2.

[106] Vgl. zu den zuvor genannten und den folgenden Voraussetzungen GEHRKE, I. (1999), S. 32f.

Abb. 3: Grundmodell eines Desinvestitionsprozesses

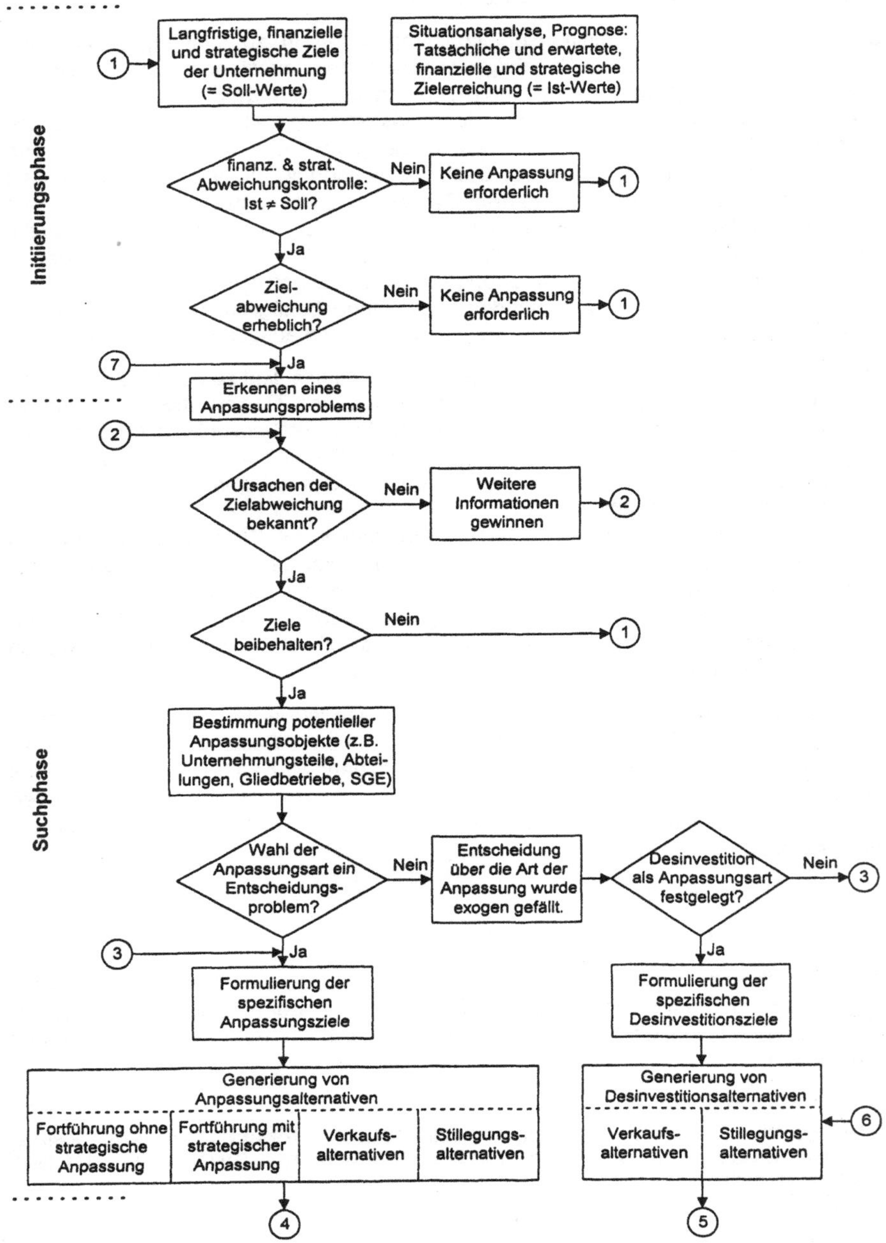

(Fortsetzung der Abbildung auf der folgenden Seite)

(Fortsetzung der Abb. 3)

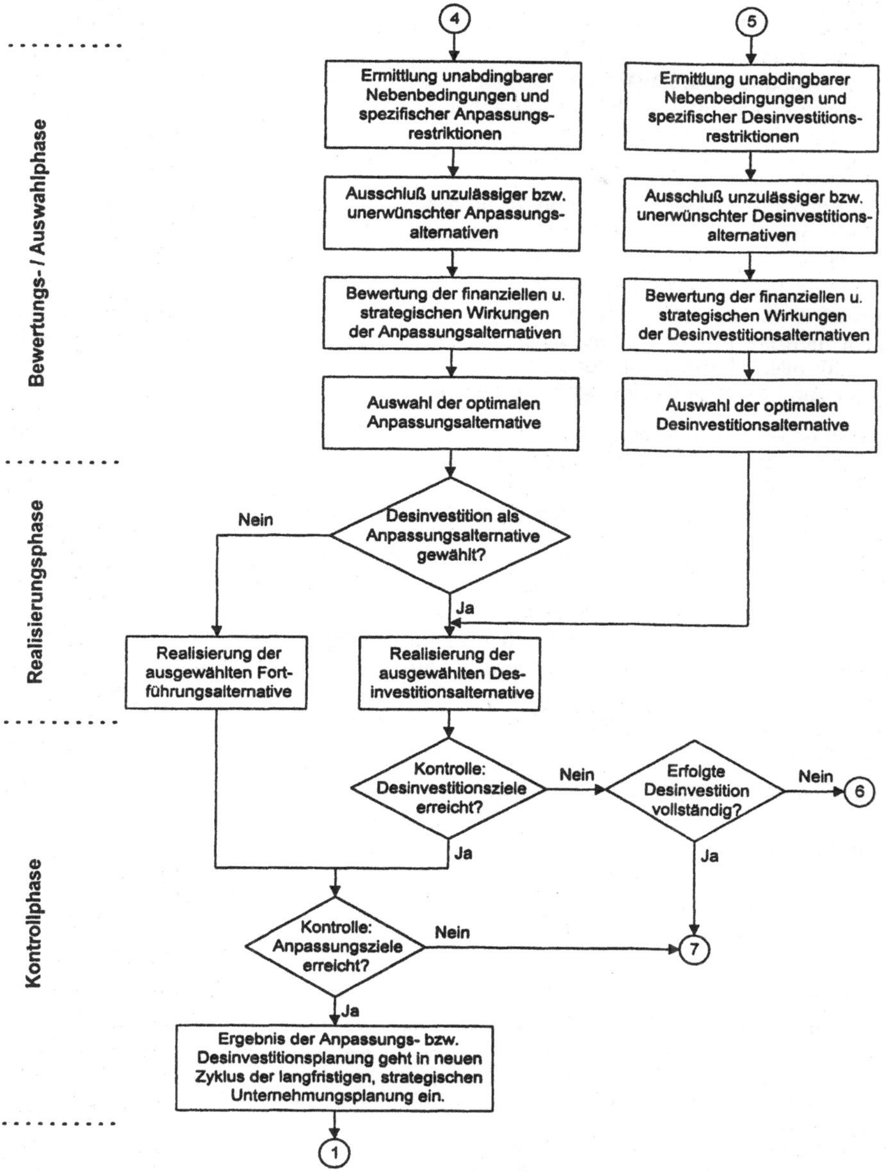

Quelle: Eigene Darstellung.

Ausgangspunkt des Desinvestitionsprozesses ist ein Vergleich der tatsächlich erreichten oder für die Zukunft prognostizierten finanziellen und strategischen Ergebnisgrößen (Ist-Werte) mit den durch die langfristige Unternehmungsplanung formulierten finanziellen und strategischen Zielgrößen (Soll-Werte).[107] Sofern in dieser Anregungsphase festgestellt wird, daß keine oder nur unerhebliche Abweichungen zwischen den Soll- und den Ist-Werten bestehen, ist eine Anpassung nicht erforderlich. Überschreiten die Diskrepanzen jedoch die bei der früheren Willensdurchsetzung festgelegten Toleranzgrenzen, besteht ein Anpassungsproblem.[108]

Die Festlegung einer eindeutigen Toleranzschwelle ist notwendig, damit der Desinvestitionsprozeß unabhängig von den persönlichen Präferenzen und Motiven der Entscheidungsträger ausgelöst wird. Es besteht sonst die Gefahr, daß der Prozeß aufgrund personeller Widerstände gegen Desinvestitionen verspätet oder gar nicht initiiert wird. Die Auslösung muß quasi zwangsläufig erfolgen, ohne daß einzelne oder mehrere Personen dieses be- oder verhindern können. Daher muß allgemein und für alle Mitarbeiter bindend definiert werden, unter welchen Bedingungen Überlegungen über eine Desinvestition angestellt bzw. fortgeführt werden müssen.[109]

Damit eine Zielabweichung nicht durch zufällige Anpassungsmaßnahmen, sondern systematisch und zielgerichtet behoben wird, müssen die Ursachen der Abweichung bekannt sein. Soweit die Ursachen der Zielabweichung unbekannt sind, erfolgt eine Rückkoppelung, um (weitere) Informationen zu gewinnen.

Die angestrebte Übereinstimmung von Soll- und Ist-Werten kann erreicht werden, indem die Soll-Werte verändert werden, also die Ziele angepaßt werden. In diesem Fall wird der Prozeß von seinem Ausgangspunkt her erneut durchlaufen. Damit soll keine bloße Senkung des Anspruchsniveaus propagiert werden, vielmehr geht es darum, durch Veränderungen der Inhalte, Ausmaße und Zeitdimensionen der Ziele ein neues Gleichgewicht zu erreichen. Das System läuft sonst Gefahr, keinen Gleichgewichtszustand mehr erreichen zu können, weil es Ziele verfolgt, die es nicht zu erreichen vermag.[110]

Bei unveränderten Zielsetzungen ist im nächsten Schritt das potentielle Anpassungsobjekt zu bestimmen (z.B. ein Betrieb, eine Strategische Geschäftseinheit oder eine Abteilung). Da eine Problemlösung regelmäßig an den Ursachen der Abweichung ansetzen sollte, ergeben sich die Kriterien, anhand derer das Anpassungsobjekt zu bestimmen ist, aus der o.g. Situations- und Ursachenanalyse der Unternehmung. Die

---

107 Vgl. hierzu die Ausführungen über die finanziellen und strategischen Ziele in Kap. 2.2.

108 Damit nicht jeder (noch so kleine) auf ein System einwirkende Umwelteinfluß von diesem ständig als Störung interpretiert wird, dient die Festlegung kritischer Werte i.S.v. Toleranzschwellen aus systemisch-kybernetischer Sicht der Selektion und Klassifizierung „echter" Störungen, die einen Anpassungsbedarf hervorrufen; vgl. dazu ASHBY, W.R. (1974), S. 285ff.

109 Zu diesem in der Literatur als „Principal-agent"-Konflikt bezeichneten Phänomen vgl. CLASEN, J.P. (1992), S. 169; BRÜGGERHOFF, J. (1992), S. 52f. Zu den Grundlagen der Principal-agent-Theorie vgl. HÜTTEMANN, H.H. (1993), S. 96ff.

110 In der Kybernetik wird die Veränderung der Ziele als gleichwertige Anpassungsform eines Systems betrachtet; vgl. Kap. 2.2.

Bestimmung eines Anpassungsobjektes hängt dabei von der individuellen Systemstruktur einer Unternehmung ab.

Die Wahl der Anpassungsart ist ein eigenes Entscheidungsproblem. Da jedoch Fälle denkbar sind, in denen eine Desinvestition als alleinige Anpassungsart quasi exogen vorgegeben ist, verzweigt sich der Prozeß im nächsten Schritt. Wenn z.B. eine Fusion zweier Unternehmungen vom Kartellamt nur unter der Auflage genehmigt wird, daß einzelne Teilbereiche einer Unternehmung aufgegeben werden, brauchen die Erfolgswirkungen von Fortführungsalternativen für diesen Teilbereich nicht mehr geprüft zu werden. Aus Sicht der Entscheidungsträger des Anpassungsobjektes ist die Anpassungsart dann zwar keine Entscheidungsvariable, dennoch wird der hier geschilderte Prozeß dadurch nicht überflüssig. Die Grundstruktur des Prozesses ist unabhängig von der Hierarchieebene der mehrgliedrigen Unternehmung, auf der über die generelle Anpassungsart entschieden wird. Selbst wenn die Desinvestition als Anpassungsart ein Datum ist, so ist das Entscheidungsproblem damit noch nicht gelöst; denn aus der Vielzahl alternativer Desinvestitionsformen muß die im konkreten Fall zu realisierende erst noch ausgewählt werden.[111]

Falls eine Desinvestition als Anpassungsart bereits festgelegt wurde (= rechter Prozeßzweig), sind anschließend die damit verfolgten Desinvestitionsziele zu formulieren. Da die langfristigen Ziele der Unternehmung annahmegemäß nicht verändert wurden, sind die für das Desinvestitionsobjekt gültigen Subziele so abzuleiten, daß sie mit den Oberzielen der Unternehmung harmonieren.

Im nächsten Schritt müssen Möglichkeiten zur Lösung des Anpassungsproblems, d.h. zur Verbesserung der derzeit unbefriedigenden Situation, gesucht werden (Suchphase). Die Suche nach Desinvestitionsalternativen erstreckt sich auf die verschiedenen Formen des Verkaufs (z.B. ein sofortiger oder ein zeitlich gestreckter Verkauf zu unterschiedlichen Zeitpunkten, ein Verkauf als Ganzes oder in Teilen, ein Verkauf von Anlagegütern oder Beteiligungsrechten, ein Management-buy-out oder -buy-in) und der Stillegung (z.B. mit unterschiedlichen Stillegungszeitpunkten). Darüber hinaus können aus der Kombination von Verkauf und Stillegung auch gemischte Alternativen formuliert werden.

Die Art und die Intensität der unabdingbaren Nebenbedingungen und der spezifischen Desinvestitionsrestriktionen werden v.a. durch die individuelle Situation der Unternehmung bestimmt. In dieser Prozeßphase sind jene Hemmnisse aufzuzeigen, die im konkreten Fall einem Verkauf oder einer Stillegung entgegenstehen. Neben den stets zu erfüllenden Nebenbedingungen wie der „Sicherung ausreichender Liquidität" und dem „Erhalt des bilanziellen Eigenkapitals" sind v.a. strukturelle, personelle und juristische Barrieren zu beachten, die eine Desinvestition hemmen oder sogar verhindern können.

[111] Bei dieser Überlegung wird davon abgesehen, daß die erwarteten positiven Erfolgsbeiträge einer Fusion u.U. durch die negativen Erfolgsbeiträge einer Desinvestition überkompensiert werden können. Entscheidungslogisch müßte dann die Fusion unterbleiben. Vgl. zu diesen Überlegungen RUDHART, P.M. (1978), S. 30.

Alternativen, die unzulässig bzw. nicht durchführbar sind, weil sie Nebenbedingungen und Restriktionen verletzen, werden von der weiteren Betrachtung ebenso ausgeschlossen wie jene Lösungsmöglichkeiten, die im Hinblick auf die gesetzten Desinvestitionsziele offensichtlich suboptimal und daher unerwünscht sind. Diese Vorgehensweise ist sinnvoll, um den folgenden Arbeitsaufwand zu minimieren. Andernfalls wäre eine Erfassung, Bewertung und Optimierung

- (aller möglichen Formen der Fortführung)[112]
- aller möglichen Formen des Verkaufs,
- aller möglichen Formen der Stillegung sowie
- sämtlicher Mischformen,
- jeweils zu unterschiedlichen Zeitpunkten
- bei gleichzeitiger Berücksichtigung aller mit der Realisation verbundenen internen und externen Unsicherheiten

notwendig. Eine solche Betrachtung ist zwar theoretisch einwandfrei, jedoch ist sie praktisch nicht durchzuführen. Sie gleicht einem Totalmodell, welches aufgrund seines Umfangs zu komplex ist, als das es eindeutig gelöst werden könnte.[113]

Mittels der aus den Desinvestitionszielen abgeleiteten Bewertungskriterien[114] sind dann die finanziellen und strategischen Wirkungen der verbleibenden Desinvestitionsalternativen zu prüfen (Beurteilungsphase). Bei dieser Bewertung sind für jede Alternative eine Vielzahl zahlungswirksamer Aspekte zu berücksichtigen, welche den Zielbeitrag einer Alternative beeinflussen können. Zu diesem Zweck sind die strategischen Erfolgsbeiträge in finanzielle Größen zu transformieren. Um den Arbeitsaufwand möglichst gering zu halten, sind auch dabei die Alternativen laufend hinsichtlich einer eventuellen Suboptimalität und der Einhaltung der relevanten Nebenbedingungen zu überprüfen. Alternativen, die sich diesbezüglich als ungeeignet erweisen, brauchen in dieser Phase nicht weiter analysiert zu werden. Im Anschluß an die Bewertung wird schließlich die optimale Alternative anhand eines einheitlichen Zielkriteriums ausgewählt (Auswahlphase).

Der linke Zweig des Prozesses kommt zum Tragen, falls die Entscheidung über die Art der Anpassung noch nicht gefällt wurde. Da die Anpassungsart eine Variable ist, müssen in der Suchphase neben den Desinvestitionsalternativen auch Fortführungsalternativen mit und ohne Anpassung der strategischen Ausrichtung (z.B. Errichtung neuer Gliedbetriebe, Variation der Absatzpreise, der Produktarten, der Kombination der Potentialfaktoren sowie der Kapital-, Organisations-, Rechts- und Standortstruktur der Unternehmung) generiert werden.[115]

---

[112] Die Fortführungsformen werden hier der Vollständigkeit halber erwähnt; sie stehen in Klammern, weil sie eigentlich erst im linken Zweig des Prozesses zu analysieren sind.

[113] Vgl. BRÜGGERHOFF, J. (1992), S. 54. Im Gegensatz dazu argumentiert RUDHART, die optimale Alternative könne nur durch die Beurteilung *aller* Alternativen ermittelt werden; vgl. RUDHART, P.M. (1978), S. 229ff. Bezüglich des Umfangs und der Kompliziertheit sowie der Lösung von Totalmodellen vgl. ADAM, D. (1993a), S. 26, 373ff., 402.

[114] Vgl. Kap. 2.2.

[115] Da die grundsätzlichen Strukturen und Teilprozesse mit jenen des rechten Prozeßzweigs überwiegend identisch sind, wird hier auf eine weiter gehende Beschreibung verzichtet.

Jene Anpassungsalternative, die sich in der Auswahlphase als überlegen erwiesen hat, wird anschließend im Zuge der Willensdurchsetzung zunächst implementiert und dann realisiert. Sofern es sich dabei um eine Desinvestitionsalternative handelt, wird parallel zur bzw. im Anschluß an die Realisation kontrolliert, ob die mit der Desinvestition verfolgten Ziele erreicht wurden. Sollte das nicht der Fall sein, und die Desinvestition nur zeitweilig oder teilweise, sozusagen „halbherzig" vollzogen sein, so ist erneut nach (weiter gehenden) Desinvestitionsalternativen zu suchen. Falls die Desinvestitionsziele jedoch verfehlt wurden, obwohl die Desinvestition endgültig und vollständig durchgeführt wurde, läßt diese Zielabweichung auf ein neues Anpassungsproblem schließen. Der Entscheidungsprozeß wird dann rückgekoppelt bzw. erneut durchlaufen.

Die Kontrolle, ob und inwieweit die Anpassungsziele erreicht wurden, ist sowohl bei der Realisation einer Fortführungsalternative als auch bei Erreichen der spezifischen Desinvestitionsziele durchzuführen. Auch dabei läßt eine Zielabweichung auf ein neues (oder noch bestehendes, weil bislang ungelöstes) Anpassungsproblem schließen, das den Prozeß erneut anstößt. Bei einer erfolgreichen Realisation der Anpassung bzw. der Desinvestition gehen deren Ergebnisse in den neuen Zyklus der langfristigen Unternehmungsplanung ein.

Eine die Realisation begleitende Kontrolle ist schon deshalb notwendig, weil sich häufig erst in der Realisationsphase herausstellt, daß die präferierte Alternative doch nicht durchgeführt werden kann. Treten beispielsweise Restriktionen und Hemmnisse auf, die zuvor nicht abzusehen waren oder deren Wirkungen unterschätzt wurden, muß die Durchführung abgebrochen werden. Es erfolgt eine Rückkoppelung in eine vorgelagerte Prozeßphase. Auf der Basis des verbesserten Informationsstandes sind die Alternativen dann erneut hinsichtlich ihrer Zielbeiträge zu bewerten.

3 Die Entwicklung der westdeutschen Textil- und Bekleidungsindustrie

3.1 Allgemeine Vorbemerkungen zur Branchenanalyse

Im Folgenden werden mittels einer Branchenanalyse der Textil- und der Bekleidungsindustrie sowohl die volkswirtschaftlichen als auch die betriebswirtschaftlichen Wirkungen von Desinvestitionen dargestellt. Die Darstellung orientiert sich am Desinvestitionsbegriff dieser Arbeit. So werden z.B. die finanzwirtschaftlichen Aspekte von Desinvestitionen dargestellt, indem gezeigt wird, daß der Umfang des inländischen Bruttoanlagevermögens reduziert wurde, während gleichzeitig die Auslandsdirektinvestitionen ausgeweitet wurden. Die leistungswirtschaftliche Dimension wird beispielsweise anhand der Entwicklung der Fertigungstiefe und der Zahl der Betriebe verdeutlicht.

Mehrere Gründe sprechen dafür, die Bedeutung der Desinvestitionsproblematik anhand dieser Branchen aufzuzeigen. Bei der Industrialisierung eines Landes übernehmen die Textil- und die Bekleidungsindustrie häufig Vorreiterrollen.[1] Daher treten diese beiden Branchen im allgemeinen vor den übrigen Branchen einer Volkswirtschaft in die Reife- und Schrumpfungsphase. Die westdeutsche Textil- und Bekleidungsindustrie vollzogen in den beiden vergangenen Jahrzehnten einen tiefgreifenden Strukturwandel. Dieser war - und ist es immer noch - durch umfangreiche Desinvestitionen in Form von Stillegungen und Verkäufen (z.T. mit anschließender Stillegung) inländischer Unternehmungen und Betriebe sowie der Verlagerung bislang inländischer Aktivitäten ins Ausland geprägt. Die Unternehmungen der Textilwirtschaft verfügen daher auch über umfangreiche Erfahrungen hinsichtlich der bei Desinvestitionen relevanten Restriktionen.[2]

Eines der klassischen Probleme der Betriebswirtschaftslehre, die Wahl zwischen Eigenfertigung und Fremdbezug, impliziert immer dann ein Desinvestitionsproblem, wenn der Wechsel zum Fremdbezug zu Leerkapazitäten führt, über deren weitere Verwendung, Stillegung oder Verkauf zu entscheiden ist. Die Unternehmungen der Bekleidungsindustrie gaben in der Vergangenheit in hohem Maße eigene Fertigungsaktivitäten und -kapazitäten auf und lassen nunmehr den größten Teil ihrer Produkte von ausländischen Konfektionären fertigen. Daher ist diese Branche besonders geeignet, um die aus einer Reduzierung der Fertigungstiefe resultierenden Desinvestitionsprobleme zu verdeutlichen.

Bei der Abgrenzung potentieller Desinvestitionsobjekte entstehen immer dann besondere Probleme, wenn der Wertschöpfungsprozeß einer Unternehmung weitgehend linear determiniert ist und innerhalb nur eines Betriebes vollzogen wird. Das Beispiel der Bekleidungsindustrie zeigt, wie auch in Unternehmungen mit nur einem

---

[1] Vgl. BREITENACHER, M. (1989), S. 23ff., 32.

[2] Für eine Analyse jener Restriktionen (insbesondere aufgrund staatlicher Rahmenbedingungen), die aus der Sicht der Textilwirtschaft bei Desinvestitionen besonders relevant sind, vgl. JÄGER, B./RECKFORT, J./TÜCKING, E. (1997), S. 83ff.; 151ff. Siehe auch Kap. 6.

Betrieb durch die sinnvolle Abgrenzung von Wertaktivitäten potentielle Desinvestitionsobjekte bestimmt werden können.

Aus systemisch-kybernetischer Sicht müssen die Unternehmungen der Textilwirtschaft mehr noch als andere Unternehmungen ein hohes Maß an Komplexität bewältigen. Diese resultiert aus der Dynamik und Vielfalt der Modeeinflüsse sowie aus dem gegenüber anderen Branchen höheren Konkurrenzdruck auf den internationalen Absatz- und Beschaffungsmärkten.[3] Vor diesem Hintergrund dürfen die erfolgreichen und bewährten Prozesse bei der Planung und Durchführung von Desinvestitionen und Standortverlagerungen als eine der Kernkompetenzen westdeutscher Textil- und Bekleidungsunternehmungen betrachtet werden.

Nach der Darstellung der Wertschöpfungsprozesse der Textilwirtschaft folgt eine qualitative Beschreibung des Strukturwandels der beiden Branchen.[4] Diese wird anschließend durch eine empirisch-statistisch ausgerichtete Analyse untermauert. Mittels wichtiger industrie-statistischer Merkmale (z.B. Nettoproduktion, Umsatz, Zahl der Unternehmungen, Betriebe und Mitarbeiter sowie der Höhe der Investitionen und des Außenhandels) werden die Struktur und die Entwicklung des Angebotes sowie der Produktionsfaktoren der westdeutschen[5] Textil- und Bekleidungsindustrie[6] nachgezeichnet. Dabei dienen die Daten des Verarbeitenden Gewerbes jeweils als Vergleichsmaßstab. Inwieweit das Anpassungsverhalten der Textil- und Bekleidungsunternehmungen im Hinblick auf die Ziele der Eigentümer erfolgreich war, wird abschließend anhand der Entwicklung der Eigenkapitalrentabilitäten untersucht.

Neben der amtlichen Statistik[7] dienen Datenmaterialien des DEUTSCHEN INSTITUTS FÜR WIRTSCHAFTSFORSCHUNG (DIW)[8], des Branchendachverbandes GESAMTTEXTIL[9] sowie der DEUTSCHEN BUNDESBANK[10] als Grundlage der Analyse. Ergänzend werden aktuelle empirische Untersuchungen zur Entwicklung der Textil- und der Beklei-

---

[3] Der Faktor Mode ist nach wie vor eine von mehreren Ursachen für die Schnellebigkeit der Märkte der Textil- und Bekleidungsindustrie. Richtung, Zeitpunkt und Umfang der Mode sowie das Verhalten der Konsumenten können nur mit großen Einschränkungen vorausgesagt werden. Wegen der daraus folgenden Planungsunsicherheiten, kommt der Früherkennung struktureller Umweltveränderungen zentrale Bedeutung zu. Vgl. SCHMEISSER, F. (1986), S. 346ff.; JÄGER, B./RECKFORT, J./TÜCKING, E. (1997), S. 227.

[4] Der Wertschöpfungsprozeß der Textilwirtschaft und dessen Teilprozesse werden dargestellt, weil sich aus den Besonderheiten dieser Prozesse Anhaltspunkte für die später zu entwickelnden Instrumente zur Bewertung und Auswahl von Desinvestitionsalternativen ergeben.

[5] Die Beschränkung auf die *west*deutsche Textil- und Bekleidungsindustrie soll im Rahmen der Struktur- und Entwicklungsanalyse die zeitlich durchgängige Vergleichbarkeit der Daten gewährleisten. Da diese wegen der Wiedervereinigung für die ostdeutsche Textil- und Bekleidungsindustrie nicht gegeben ist, wurden auf deren Analyse verzichtet.

[6] Die Begriffe *Textilindustrie* und *Bekleidungsindustrie* werden im Folgenden synonym mit den Begriffen *Textilgewerbe* und *Bekleidungsgewerbe* verwandt, weil letztere in der amtlichen Statistik gebräuchlich sind.

[7] Vgl. die allgemein zugänglichen Veröffentlichungen des STATISTISCHEN BUNDESAMTES.

[8] Vgl. GÖRZIG, B./SCHINTKE, J./SCHMIDT, M. (1999).

[9] Vgl. insbesondere GESAMTTEXTIL, Jahrbuch der Textilindustrie, diverse Jahrgänge.

[10] Vgl. v.a. DEUTSCHE BUNDESBANK, Jahresabschlüsse westdeutscher Unternehmungen, sowie dieselbe, Kapitalverflechtungen mit dem Ausland, jeweils diverse Jahrgänge.

dungsindustrie herangezogen. Soweit die Jahresdaten verfügbar waren, berücksichtigt die Entwicklungsanalyse den Zeitraum von 1980 bis 1998.[11]

3.2 Die Wertschöpfungsprozesse der Textilwirtschaft

3.2.1 Der Wertschöpfungsprozeß der Textilindustrie

Der Wertschöpfungsprozeß der Textilwirtschaft i.w.S. ist mehrstufig und umfaßt ausgehend von den Vorleistungsstufen sämtliche Ver- und Bearbeitungsschritte sowie Distributionsleistungen von der Natur- oder Chemiefaser bis zum Verkauf des textilen Endproduktes (vgl. Abb. 4).[12] Die Textil- und Bekleidungsindustrie mit ihren Teilbranchen bilden die Textilwirtschaft i.e.S. Deren Unternehmungen arbeiten im Bereich der Vorleistungen (VL-Stufe) eng mit leistungsfähigen und im internationalen Maßstab seit Jahren mit an der Spitze stehenden deutschen Unternehmungen des Textilmaschinenbaus zusammen. Deutsche Textilunternehmungen und (in geringerem Ausmaß) Bekleidungsunternehmungen können aufgrund dieser Zusammenarbeit technische Innovationen häufig zeitlich früher als ihre ausländischen Konkurrenten einsetzen. Dabei lassen sich selbst aus einem Vorsprung von nur sechs Monaten deutliche Wettbewerbsvorteile erzielen.[13]

Eine weitere wichtige Vorleistungsstufe ist die Chemische Industrie, insbesondere die Chemiefaserindustrie, von deren Forschungs- und Entwicklungsabteilungen ebenfalls Innovationsimpulse auf die Textil- und Bekleidungsindustrie ausgehen.[14] Der Wertschöpfungsprozeß der Textilwirtschaft i.e.S. kann vereinfacht in fünf Stufen dargestellt werden:[15]

---

[11] Seit 1995 werden die Wirtschaftszweige in der amtlichen Statistik nach der „Klassifikation der Wirtschaftszweige, Ausgabe 1993 (WZ93)" abgegrenzt, während sie zuvor nach dem „Systematischen Güterverzeichnis für Produktionsstatistiken (SYPRO)" gegliedert waren. Daher sind die statistischen Daten der Jahre 1995 - 1998 z.T. nur eingeschränkt mit den Daten früherer Jahre vergleichbar. Vgl. zu dieser Einschränkung DEUTSCHE BUNDESBANK (1998), S. 5f.

[12] Vgl. BREITENACHER, M. (1989), S. 13f.

[13] Vgl. SCHERF, M. (1987), S. 14ff.; BREITENACHER, M. (1989), S. 19. Die Exporte des deutschen Textilmaschinenbaus stiegen 1997 um 7% auf 7,9 Mrd. DM. Mit einem durchschnittlichen Anteil am Welthandel von 31% lag der deutsche Textilmaschinenbau international auf Rang 1 vor Japan, Italien, der Schweiz, Frankreich und den USA; vgl. O.V. (1998), S. 489.

[14] Vgl. BREITENACHER, M. (1989), S. 19. Chemiefasern machten 1995 mehr als 73% des gesamten Fasereinsatzes der Textilindustrie aus; vgl. GESAMTTEXTIL (1997), Zahlen zur Textilindustrie, Ausgabe 1997, Frankfurt/M.

[15] Die einzelnen Wertschöpfungsstufen werden beschrieben in Anlehnung an HERZOG, K. (1964), S. 19ff.; LÖSCH, H.P. (1969), S. 133ff.; BREITENACHER, M. (1971), S. 24ff.; LINDHORST, H. (1976), S. 2ff.

Zu den absoluten und relativen Mengen der in den Stufen jeweils ver- und bearbeiteten Vorprodukte bzw. Endprodukte vgl. z.B. TVI-VERBAND (1995); INDUSTRIEVERBAND GARNE+GEWEBE (1999). Detaillierte Darstellungen des Mengengerüstes der Textilwirtschaft geben die Arbeiten von DÖNNEBRINK, H. (1996, 1998).

Abb. 4: Der Wertschöpfungsprozeß der Textilwirtschaft*

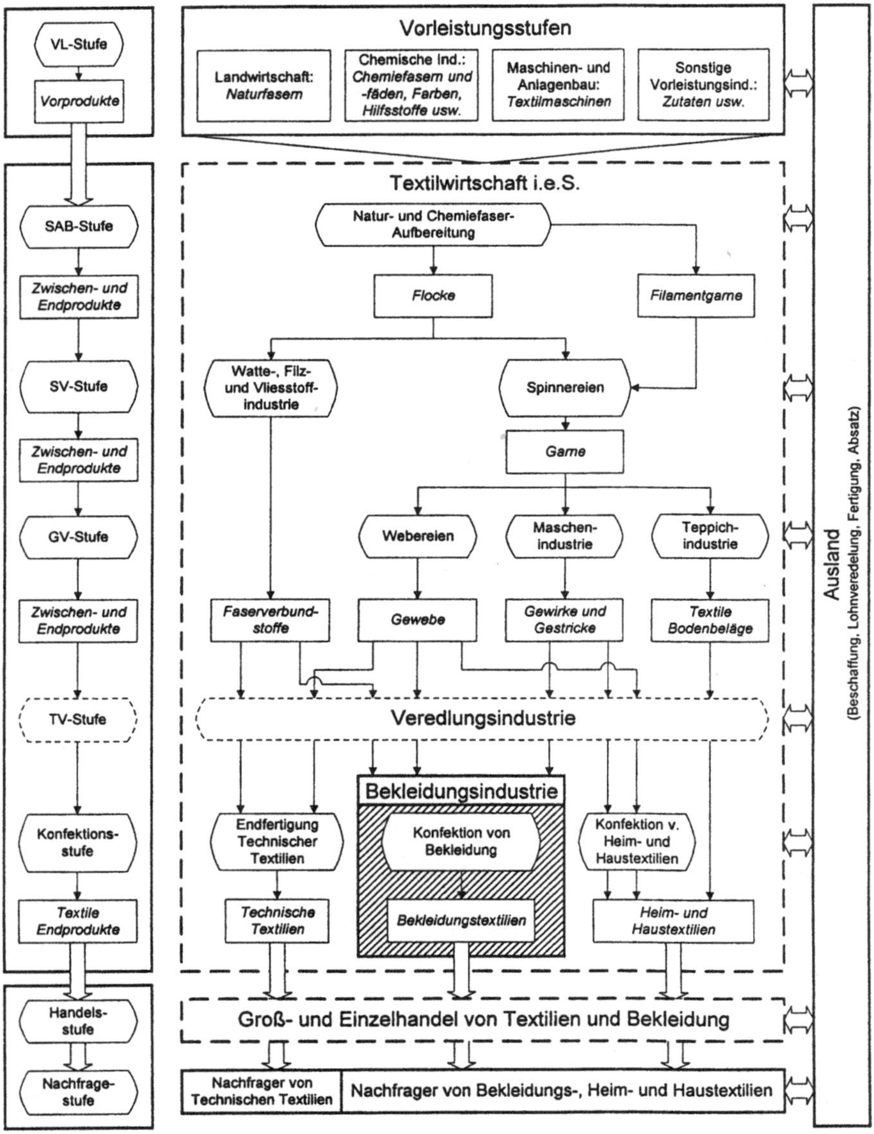

*) Es werden die Hauptlieferverflechtungen dargestellt. Der Vollständigkeit halber und weil sie überwiegend Erzeugnisse der gespinstverarbeitenden Stufe bearbeitet, wurde die Veredlungsindustrie (TV-Stufe) in das Strukturmodell integriert; vgl. dazu LÖSCH, H.P. (1969), S. 134.

Quelle: Eigene Darstellung in Anlehnung an DÖNNEBRINK, H. (1996), S. 25; RECKFORT, J. (1997), S. 3.

1) Die Spinnstoffaufbereitung (SAB-Stufe) steht am Anfang des textilen Wertschöpfungsprozesses. Sie umfaßt die Vor- und Aufbereitung von Naturfasern (Rohwolle, Flachs, Hanf, Sisal usw.) und Reißmaterialien für den anschließenden Spinnereiprozeß. Hauptaufgabe dieser Vorstufe der Garnerzeugung ist das Waschen und Kämmen von Wolle und die Herstellung von Reißspinnstoffen.[16]

2) In der zweiten Produktionsstufe, der Spinnstoffverarbeitung (SV-Stufe), werden die von der Vorstufe oder direkt vom Rohstoffmarkt bezogenen textilen Rohstoffe (Baumwolle, Kunst- oder Synthetikfasern) zu Garnen versponnen. Die wichtigsten Branchen dieser Stufe sind die Baumwoll-, Woll-, Flachs-, Hanf- und Bastspinnereien. Die Watte-, Filz- und Vliesstoffindustrie vereinen die zweite und dritte Verarbeitungsstufe, da sie textile Flächengebilde direkt aus Fasern herstellen.[17]

3) Die gesponnenen Garne werden anschließend in der Gespinstverarbeitung (GV-Stufe) zu Geweben (in den Webereien) und zu Gewirken und Strickwaren (in der Maschenindustrie) verarbeitet. Darüber hinaus werden auf dieser Stufe noch Teppiche, Netze und Bänder hergestellt. Die Herstellung von Zwirnen, Gardinen, Spitzen usw. macht nur einen geringen Teil der Produktion aus.[18]

4) Die Aufgabe der nächsten Stufe, der Textilveredlung (TV-Stufe), besteht darin, die textilen Flächenerzeugnisse mittels chemischer und mechanischer Verfahren für die verschiedenen Verwendungszwecke gebrauchsfähig zu machen. Dazu gehören die Verfahrensschritte *Wasserenthärtung*, *Präparieren* und *Schlichten*, *Vorbehandlung*, *optisches Aufhellen (Bleichen)*, *Färben* und *Bedrucken*, *Rauhen* sowie die *Ausrüstung* textiler Rohstoffe.

   Da es sich bei den zu veredelnden Erzeugnissen überwiegend um Gewebe und Wirkstoffe handelt, kann diese Stufe zu Recht als vierte, der Gespinstverarbeitung nachgelagerte Stufe bezeichnet werden. Allerdings ist insofern eine Einschränkung angebracht, als daß auf dieser Stufe zu geringen Teilen auch Garne und textile Roh- und Spinnstoffe veredelt werden. Teilweise werden auch nichtkonfektionierte Textilerzeugnisse direkt an den Textilgroß- und -einzelhandel geliefert.

5) Im allgemeinen endet der textilindustrielle Produktionsprozeß mit dem veredelten Gewebe als dem qualitativ am weitesten entwickelten Erzeugnis. Dessen weitere Verarbeitung geschieht grundsätzlich in der Bekleidungsindustrie. Auf der Konfektionsstufe werden Ober-, Arbeits- und Sportbekleidung ebenso hergestellt wie Haus-, Bett- und Miederwäsche.[19] Ausnahmen von diesem arbeitsteiligen Prinzip

---

[16] Mit Ausnahme der Baumwolle, deren Aufarbeitung der Spinnverarbeitungsstufe zugerechnet wird, durchlaufen alle natürlichen Faserarten diese Produktionsstufe. Da die Chemiefaserindustrie bereits aufgearbeitete Chemiefasern (auf synthetischer, zellulosischer oder anorganischer Basis) liefert, wird dieser Teilprozeß des Wertschöpfungsprozesses nicht der Textilwirtschaft zugeordnet. Vgl. DÖNNEBRINK, H. (1996), S. 3.

[17] Vgl. TÜCKING, E. (1999), S. 14.

[18] Neben den Fasergarnen der Spinnereien werden auf dieser Stufe auch die in der Chemiefaserindustrie hergestellten Filamentgarne verarbeitet. Dabei handelt es sich um Garne, die aus mehreren endlosen Einzelfäden bestehen; vgl. DÖNNEBRINK, H. (1996), S. 16.

[19] Der Begriff *Konfektion* meint die serienmäßige industrielle Fertigung von Bekleidungs- sowie Heim- und Haustextilien; vgl. DONNER, E. (1965), S. 416; KIEẞLING, A./MATTHES, M. (1993), S. 37, 215.

liegen dort nahe, wo eine enge Beziehung zwischen der Konfektion und der Gewebe- bzw. Wirk- und Strickstoffproduktion bestehen. Das ist beispielsweise in der Wolldecken- und Teppichweberei sowie bei der Herstellung von Bekleidungsartikeln als Stapelware (Kittel, Hemden, Schlafanzüge) der Fall.[20]

Die fertigen Textil- und Bekleidungsprodukte gelangen schließlich über die Distributionsstufen des Groß- und Einzelhandels an den Endverbraucher. Allerdings können diese Distributionsstufen durch Direktverkäufe der Industrie an den Endverbraucher umgangen werden.[21]

3.2.2 Der Wertschöpfungsprozeß der Bekleidungsindustrie

Der Wertschöpfungsprozeß der Bekleidungsindustrie, die in Abb. 4 als gestreifte Fläche dargestellt ist, unterscheidet sich von dem der Textilindustrie insbesondere dadurch, daß er nach wie vor nur an wenigen Stellen automatisiert werden kann und aufgrund dessen deutlich personalintensiver ist.[22] Da das Automatisierungspotential und die Personalintensität einer Unternehmung oder eines Betriebes wichtige Determinanten der Planung und Durchführung von Desinvestitionen sind, wird im Folgenden der Wertschöpfungsprozeß der Bekleidungsindustrie dargestellt (vgl. Abb. 5).[23]

Der Prozeß beginnt mit der Kollektionsentwicklung. Ausgehend von der Definition der Käuferzielgruppe werden die Preis- und Themenkonzepte einer Saison festgelegt. Dabei werden die Gestaltungsparameter Faser, Farbe, Dessin, Schnitt und Accessoires aufeinander abgestimmt. Anschließend werden die Modelle entworfen und geschnitten, die Oberstoffe und die notwendigen Zutaten ausgewählt und bestellt. Für jedes Musterteil wird eine Vorkalkulation erstellt. Nur wenn ein Teil in das zuvor festgelegte Preiskonzept paßt, wird es in die Kollektion aufgenommen, andernfalls wird es verworfen. Der Teilprozeß der Kollektionsentwicklung wird mit neuen Entwürfen solange wiederholt, bis die endgültige Kollektion vollständig ist.

Aufgrund der Vielschichtigkeit der Bekleidungsindustrie ist eine klare Abgrenzung der Artikelgruppen schwierig; vgl. LÖSCH, J. (1975), S. 47.

20 Vgl. LÖSCH, H.P. (1969), S. 134; BREITENACHER, M. (1971), S. 27. Zur näheren Erläuterung des Wertschöpfungsprozesses der Bekleidungsindustrie vgl. Kap. 3.2.2.

21 Zum Direktvertrieb z.B. in Form von Factory Outlets, Direct Mailings, Tele-Shopping oder Internet-Shopping vgl. AHLERT, D./HORSTMANN, S. (1994), S. 97ff.; HORSTMANN, S. (1997).

Zum Umsatzvolumen des Groß- und Einzelhandels mit Textilien und Bekleidung vgl. STATISTISCHES BUNDESAMT, Fachserie 6, Reihen 1.2 und 3.2.

22 Wegen der unterschiedlichen Biegeschlaffheiten der zu verarbeitenden Stoffe sind Nähprozesse, bestehend aus dem Greifen, zielgenauen Anlegen, Abpassen, Heranreichen und Weitergeben einzelner Stofflagen, nur schwierig oder gar nicht zu automatisieren; vgl. dazu DAHMEN, M. (1993), S. 3.

23 Die folgende Prozeßbeschreibung orientiert sich an DAHMEN, M. (1993), S. 17ff.; TÜCKING, E. (1999), S. 15ff.

Abb. 5: Der Wertschöpfungsprozeß der Bekleidungsindustrie

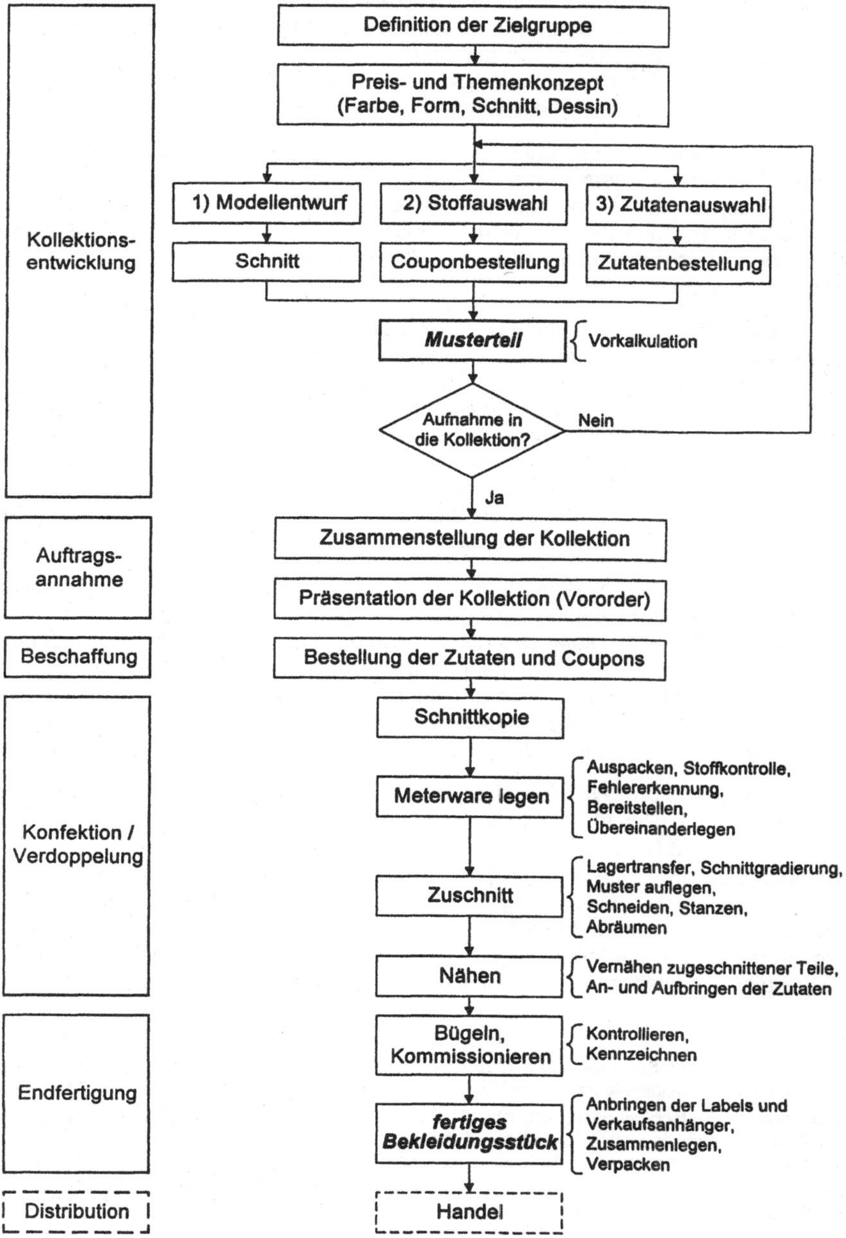

Quelle: Eigene Darstellung in Anlehnung an Tücking, E. (1999), S. 16.

Im allgemeinen werden dem Handel die Verkaufsmuster einer Kollektion ungefähr vier bis acht Monate vor Auslieferung der Bekleidung vorgelegt. Die Zeiträume, innerhalb derer der Handel ordern kann, richten sich nach der Anzahl der jährlichen Kollektionen. Je mehr Kollektionen angeboten werden, desto kürzer sind die Orderperioden. Unmittelbar nach der Auftragsannahme werden die Oberstoffe (als Meterware) und Zutaten bestellt und die Schnittmuster kopiert.

Die eigentliche Konfektion besteht in der Vervielfältigung der Musterteile (sog. „Verdoppelung"). Dabei werden die von den Vorstufen, insbesondere von den Webereien und der Maschenindustrie (ggf. auch der Veredlungsindustrie), gelieferten Stoffrollen bei gleichzeitiger Qualitätskontrolle und Fehlererkennung ausgerollt und gestapelt. Entsprechend der aufgelegten oder aufgebrachten Schnittmuster wird danach geschnitten oder gestanzt.[24]

Der mit Abstand zeitaufwendigste Teilprozeß der Bekleidungsproduktion ist das Nähen, wobei die zugeschnittenen Teile vernäht und die Zutaten an- oder aufgebracht werden. Von der Konfektionsstufe gelangt die Ware als verkaufs*fähige* Bekleidung in die Endfertigung.[25] Dort werden die Etiketten angenäht und die Ware nach dem Textilkennzeichnungsgesetz (TKG) ausgezeichnet. Im letzten Prozeßschritt wird die Bekleidung gebügelt, kommissioniert und einer Qualitätskontrolle unterzogen. Bei der Kommissionierung können auch bereits im Auftrag des Handels Verkaufsanhänger angebracht werden. Die Ware verläßt die Bekleidungsunternehmung schließlich als versand- und verkaufs*fertige* Bekleidung.

Die Darstellung des Materialflusses vom Rohstoff bis zum Endprodukt der Textilwirtschaft hat gezeigt, daß dieser mehrstufige Wertschöpfungsprozeß sowohl in den Stufen der Textilindustrie als auch in den Stufen der Bekleidungsindustrie durch eine streng linear determinierte Verarbeitungsfolge gekennzeichnet ist. Aufgrund ihrer seriellen Abhängigkeit können die Verarbeitungsschritte überwiegend nur nacheinander und nicht parallel ausgeführt werden. Innerhalb des Gesamtprozesses gibt es daher nur wenige Teilprozesse, die gleichzeitig ablaufen können.[26]

Insofern entspricht der Wertschöpfungsprozeß der Textilwirtschaft annähernd der Idealform des von PORTER entwickelten Wertketten-Konzeptes.[27] Daraus ergeben sich im Hinblick auf Desinvestitionen zwei konträre Konsequenzen:

- Einerseits erschwert diese Prozeßstruktur die Abgrenzung potentieller Desinvestitionsobjekte, da die Auslagerung eines Teilprozesses grundsätzlich den Koordinationsbedarf einer Unternehmung erhöht.
- Andererseits führt die Mehrstufigkeit dazu, daß einzelne Produktionsschritte oder sogar eine komplette Stufe organisatorisch relativ einfach separiert und ins Aus-

---

[24] Mit der Technik des Stanzens ist bei größeren Losen eine höhere Produktivität möglich, während automatische Schneideanlagen (Cutter) flexibler einzusetzen sind.

[25] Der gesamte Wertschöpfungsprozeß von der Definition der Zielgruppen bis zur Distribution dauert i.d.R. ca. 50 Wochen, davon entfallen auf die eigentliche Konfektion ungefähr 24 Wochen; vgl. WEIDNER-BOHNENBERGER, ST. (1994), S. 1; TÜCKING, E. (1999), S. 17.

[26] Vgl. DIEKMANN, A. (1992), S. 13. Daher wird in diesem Zusammenhang auch von der „textilen Kette" oder „Textil-Pipeline" gesprochen; vgl. LINDHORST, H. (1976), S. 4.

[27] Vgl. PORTER, M.E. (1986), S. 59ff.

land verlagert werden können. Die Unternehmungen der Textilwirtschaft i.e.S. können daher für die jeweiligen Wertschöpfungsstufen individuelle Standortentscheidungen treffen und sich sogar stufenweise lediglich auf die Koordination der Fertigung beschränken.[28]

3.3 Der Strukturwandel der Textilwirtschaft

Unter dem Druck der asiatischen Schwellenländer und - seit Anfang der 90er Jahre - der mittel- und osteuropäischen Transformationsländer ist in der Textilwirtschaft ein Prozeß in Gang geraten, der viele nicht mehr wettbewerbsfähige deutsche Unternehmungen und Betriebe zu Marktaustritten und Desinvestitionen zwang und weiterhin zwingen wird. Dieser Prozeß wird begleitet von einer permanent sinkenden Beschäftigung und damit von einer ständig sinkenden Zahl an Arbeitsplätzen. Die verbliebenen Unternehmungen sahen und sehen sich veranlaßt, inländische Kapazitäten stillzulegen und zugleich neue Produkt-, Produktions-, Beschaffungs- und Vertriebsstrategien zu entwickeln, um im Wettbewerb mit den neuen Konkurrenten bestehen zu können.[29]

Die anlageintensiven Unternehmungen der Textilindustrie reagierten auf den zunehmenden Anpassungsdruck durch arbeitssparenden technischen Fortschritt, indem sie in erster Linie Rationalisierungsinvestitionen durchführten. In der Folge ist es in den 80er Jahren bei nahezu unverändertem Produktionsniveau zu umfangreichen Entlassungen im Bereich der weniger qualifizierten Beschäftigten gekommen. Mit dem Rückgang der Produktionsvolumina zu Anfang der 90er Jahre wurde der Abbau von Arbeitsplätzen sogar noch beschleunigt.

In den personalintensiven Unternehmungen der Bekleidungsindustrie mußte ein anderer Weg gefunden werden. Angesichts der vergleichsweise leichten Teilbarkeit des technischen Produktionsprozesses wurden die personalintensiven Bereiche der Produktion zunehmend vom Inland ins Ausland verlagert, hauptsächlich in Form der Passiven Veredelung (PV).[30] Die Folge dieser Produktionsverlagerungen, die immerhin gleichbleibende oder sogar steigende Umsätze ermöglichten, war ein Rückgang der Inlandsproduktion, verbunden mit einer stark rückläufigen Zahl der gewerblichen Arbeitnehmer. Dispositive Tätigkeiten zur Abwicklung der organisations- und kontrollintensiven Auslandsfertigung wurden demgegenüber im Inland aufgewertet und ausgedehnt.[31]

---

[28] Auf dieses Dilemma wird später im Zusammenhang mit der Auslösung eines Desinvestitionsprozesses sowie der Abgrenzung potentieller Desinvestitionsobjekte noch näher eingegangen; siehe Kap. 5.2.1.

[29] Vgl. JÄGER, B./RECKFORT, J./TÜCKING, E. (1997), S. 3ff.

[30] „Mit einem Container voller Nähmaschinen und einem Ordner voller Schnittmuster" lassen sich in einem Niedriglohnland schnell Kapazitäten aufbauen; ROTH, M. (1997), S. 24.

[31] Vgl. JÄGER, B./RECKFORT, J./TÜCKING, E. (1997), S. 33. Vgl. dazu auch die in Kap. 3.5.2 dargestellte Entwicklung des Verhältnisses der Zahl der Angestellten im Verhältnis zur Zahl der Arbeiter.

Als Konsequenz der veränderten internationalen Arbeitsteilung und des damit einhergehenden Standortwettbewerbs lassen sich mit Blick auf die Beschäftigung in der deutschen TBI insgesamt drei kumulativ wirkende Effekte anführen:

- Beschäftigungsverluste im Zuge der Marktbereinigung;
- Beschäftigungsverluste durch Rationalisierungsinvestitionen;
- Beschäftigungsverluste durch Produktionsverlagerungen, v.a. im Bereich der gewerblichen Arbeitnehmer.

Dabei gilt es zu berücksichtigen, daß die beschriebenen Freisetzungseffekte im Bereich der Beschäftigung durchweg *angebotsseitig* verursacht sind, da die neuen Konkurrenten in die angestammten Märkte etablierter Hersteller eindringen und ihnen darin Marktanteile streitig machen.[32] In dem Maße, in dem die neuen Konkurrenten erfolgreich in die existierenden Märkte eindringen, schrumpft auf diesen Märkten der Marktanteil der etablierten Anbieter. Aus Sicht der deutschen Textil- und Bekleidungsunternehmungen ist die gegenwärtige Marktsituation also weniger durch schrumpfende Marktvolumina als vielmehr durch schrumpfende Markt*anteile* in angestammten Märkten gekennzeichnet.[33]

Bekleidungstextilien als solche sind nicht substituierbar; ihr Konsum zählt zu den menschlichen Grundbedürfnissen. Daher besteht eine hohe positive Korrelation zwischen der Entwicklung des weltweiten Textil- bzw. Bekleidungskonsums und der Entwicklung der Weltbevölkerung. Letztere wird nach Aussage vieler Institutionen auch in Zukunft noch wachsen. Daraus wird auf der einen Seite unmittelbar ersichtlich, daß *nachfrageseitig* zumindest im weltweiten Maßstab von stagnierenden oder schrumpfenden Textil- und Bekleidungsmärkten nicht die Rede sein kann.[34] Allenfalls in bezug auf die für die etablierten Hersteller besonders wichtigen regionalen Absatzmärkte (Industrieländer, insbesondere Westeuropa) lassen sich Tendenzen zur Marktsättigung auf anhaltend hohem Verbrauchsniveau feststellen und zwar hauptsächlich im Bereich der Bekleidungstextilien.

Auf der anderen Seite gibt es nach wie vor Wachstumsmärkte. Zu nennen sind insbesondere die Märkte für technische Textilien, unter denen man nach dem Endverwendungszweck sämtliche Textilien zusammenfaßt, die nicht den Bekleidungs- oder Heim- und Haustextilien zuzurechnen sind (z.B. Sitzbezüge, Hutablagen für Kfz; Geotextilien für Tunnel-, Straßen- oder Deponiebauten). Die Herstellung dieser Textilien erfordert hochspezialisierte Anlagen und Prozesse, die weltweit nur wenige Unternehmungen, v.a. deutsche, beherrschen.[35]

Die abnehmende Bedeutung der Herstellung von Bekleidung für die inländische textile Wertschöpfung bei zugleich zunehmender Bedeutung der technischen Textilien ist Ausdruck des seit geraumer Zeit in Gang befindlichen strukturellen Anpassungs-

---

[32] Vgl. NUNNENKAMP, P. (1995), S. 545.

[33] Vgl. JÄGER, B./RECKFORT, J./TÜCKING, E. (1997), S. 4.

[34] GESAMTTEXTIL rechnete im Jahr 1996 mit einer Zunahme des weltweiten Textilverbrauchs um rund ein Fünftel bis zum Jahr 2006; vgl. HASSELMANN, S. (1996), S. 68.

[35] Zu den Einsatzbereichen und Verbrauchsmengen technischer Textilien, insbesondere in der Automobilindustrie, im Krankenhauswesen und im Hotelgewerbe sowie im Straßen- und Deponiebau, vgl. ALTENHÖVEL, O. (1997); SCHOELLER, P. (1996), S. 50f.

prozesses der deutschen Textil- und Bekleidungsindustrie. Zugleich handelt es sich hier um ein positives Beispiel dafür, wie Unternehmungen einer hochentwickelten Volkswirtschaft wie der Bundesrepublik Deutschland durch offensive, d.h. auf neue Produkte und Märkte ausgerichtete Strategien dem wachsenden Konkurrenzdruck seitens der Niedriglohnländer erfolgreich begegnen und sich im internationalen Wettbewerb behaupten.[36]

3.4 Struktur und Entwicklung des Angebotes

3.4.1 Entwicklung von Produktion und Umsatz

Im Gegensatz zum Verarbeitenden Gewerbe, dessen Nettoproduktion nach dem rezessionsbedingten Rückgang in den Jahren 1981 und 1982 anschließend bis 1991 um jahresdurchschnittlich +3,2% zunahm, stieg mit Überwindung des konjunkturellen Tiefpunktes die Nettoproduktion in der Textilindustrie von 1983 bis 1991 im Jahresdurchschnitt um lediglich +0,6%. In der Bekleidungsindustrie dagegen nahm die Nettoproduktion im selben Zeitraum sogar um -1,6% p.a. ab (vgl. Abb. 6).

Abb. 6: Entwicklung der nominalen Nettoproduktion im westdeutschen Verarbeitenden Gewerbe, Textil- und Bekleidungsgewerbe 1980-1998

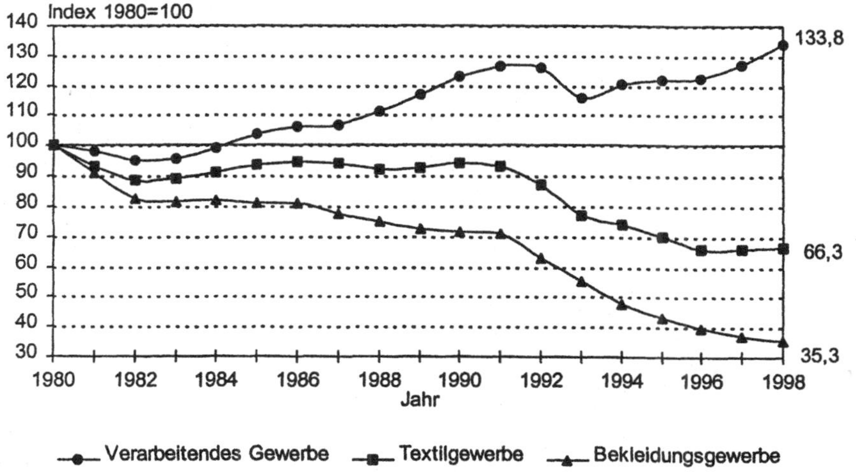

Quelle: Eigene Berechnung; Datenmaterial: STATISTISCHES Bundesamt, Statistisches Jahrbuch für die Bundesrepublik Deutschland, diverse Jahrgänge.

Mit dem erneuten Einbruch in der ersten Hälfte der 90er Jahre war für die Textilindustrie ein deutlicher Rückgang der Produktion festzustellen; auch in der Bekleidungsindustrie beschleunigte sich der Schrumpfungsprozeß. Bei einer von 1991 bis 1996 durchschnittlichen Veränderungsrate von -4,8% in der Textil- und von -9,5% in der

[36] Vgl. DIW (1996), S. 702.

Bekleidungsindustrie machte die Textilproduktion 1998 nur noch zwei Drittel (66,3%) und die Bekleidungsproduktion sogar nur noch wenig mehr als ein Drittel (35,3%) der Produktion des Jahres 1980 aus. Dagegen lag die Produktion des Verarbeitenden Gewerbes um ein Drittel *über* dem Wert von 1980.

Die Entwicklung des nominalen Gesamtumsatzes des Verarbeitenden Gewerbes kann im Zeitraum von 1980 bis 1998 grob in zwei Entwicklungsphasen unterteilt werden (vgl. Abb. 7). Seit 1980 wuchs der Umsatz - mit Ausnahme des Jahres 1986 - kontinuierlich mit einer jahresdurchschnittlichen Rate von +4,3%. Der vorläufige und im Zusammenhang mit dem Wiedervereinigungsboom zu sehende Höhepunkt dieser Entwicklung lag im Jahr 1992. Nach einem gravierenden Rückgang von -6,9% in nur 12 Monaten erreichte der Umsatz erst 1996 wieder das 92er Niveau. Seitdem wuchs er mit einer jahresdurchschnittlichen Zuwachsrate von +4,2% und lag 1998 mit 2,05 Mrd. DM um 80% über dem Niveau von 1980.

Abb. 7: Entwicklung des nominalen Gesamtumsatzes im westdeutschen Verarbeitenden Gewerbe, Textil- und Bekleidungsgewerbe 1980-1998

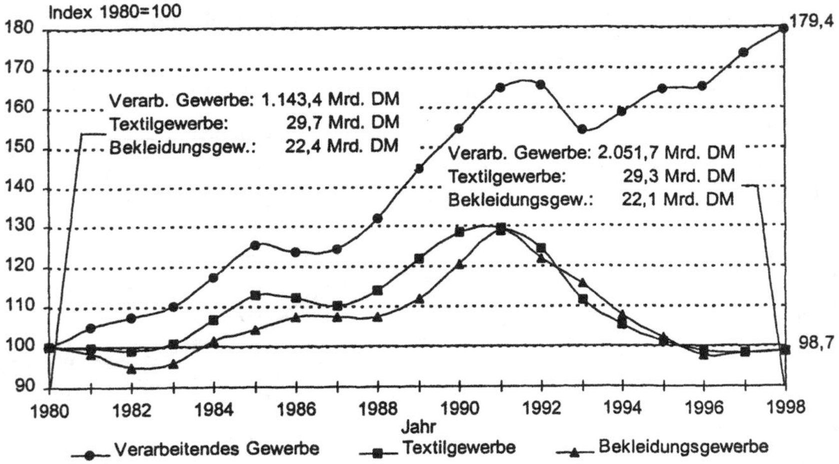

Quelle: Eigene Berechnung; Datenmaterial: Statistisches Bundesamt, Fachserie 4, Reihe 4.1.1, diverse Jahrgänge.

Abgesehen von dem deutlichen Einbruch in 1993 waren diese beiden Entwicklungsphasen des nominalen Gesamtumsatzes auch in der Textil- und der Bekleidungsindustrie zu beobachten, allerdings auf einem niedrigeren Niveau. Im Zuge der konjunkturellen Erholung zu Beginn der 80er Jahre wiesen beide Branchen ab 1982 ein deutliches Umsatzwachstum auf. Diese Entwicklung fand erst 1991 ihr Ende. Bis 1996 war die Umsatzentwicklung in beiden Branchen stark rückläufig. Seitdem haben sich die (nominalen) Umsätze annähernd auf dem Niveau von 1980 stabilisiert.

In der jüngsten Entwicklung spiegelt sich der konjunkturelle Einbruch in der ersten Hälfte der 90er Jahre wider, von dem die meisten westeuropäischen Länder und damit zugleich die wichtigsten Bestimmungsländer deutscher Textil- und Bekleidungsexporte betroffen waren. Im Zuge des Transformationsprozesses der ehemals sozialistischen Länder Mittel- und Osteuropas treten auf den dortigen Absatzmärkten zusätzliche Wettbewerber auf. Daher sind neben konjunkturellen Gründen auch strukturelle Anpassungsprozesse an die veränderten Rahmenbedingungen in Europa Ursachen der negativen Umsatzentwicklungen der letzten Jahre.

Im einzelnen ist für die Textilindustrie festzustellen, daß sich der Gesamtumsatz nach einer zunächst rückläufigen Entwicklung Anfang der 80er Jahre von 1982 bis 1991 um jahresdurchschnittlich +3,0% erhöht hat. Im Spitzenjahr 1991 betrug der Umsatz 38,5 Mrd. DM. Der jahresdurchschnittliche Umsatzrückgang belief sich zwischen 1991 und 1996 auf -5,3%; seit 1996 stagnieren die Umsätze auf einem Niveau, welches sogar noch *unter* (98,7%) dem des Jahres 1980 liegt.

Die nominale Umsatzentwicklung in der Bekleidungsindustrie folgte dem Verlauf nach weitgehend der Entwicklung in der Textilindustrie. Auffällig ist allerdings das im Vergleich zur Textilindustrie wesentlich höhere Umsatzwachstum in den Jahren 1989 und 1990. Aus diesem Grund fiel die jahresdurchschnittliche Veränderungsrate der Jahre 1982 bis 1991 mit +3,5% auch höher aus als in der Textilindustrie. In der Spitze des Jahres 1991 realisierte die Bekleidungsindustrie einen Umsatz in Höhe von 28,9 Mrd. DM. Bis 1996 war der Umsatz in der Bekleidungsindustrie mit einer jahresdurchschnittlichen Veränderungsrate von -5,4% ebenso stark rückläufig wie in der Textilindustrie. Der 98er Umsatz liegt mit 22,1 Mrd. DM wie der Textilumsatz ebenfalls ungefähr auf dem Niveau des Jahres 1980 (98,7%).

Bei der Beurteilung der nominalen Umsatzentwicklung ist zu berücksichtigen, daß die Erzeugerpreise des Verarbeitenden Gewerbes von 1980 bis Mitte der 80er Jahre um +3,4% p.a. stiegen und dieses Niveau bis 1988 annähernd beibehielten. Seit 1988 stiegen die Preise im Verarbeitenden Gewerbe jahresdurchschnittlich um +1,2% und lagen 1998 um 32,2% über dem Niveau des Jahres 1980 (vgl. Abb. 8).

Abb. 8: Entwicklung der Erzeugerpreise im westdeutschen Verarbeitenden Gewerbe, Textil- und Bekleidungsgewerbe 1980-1998

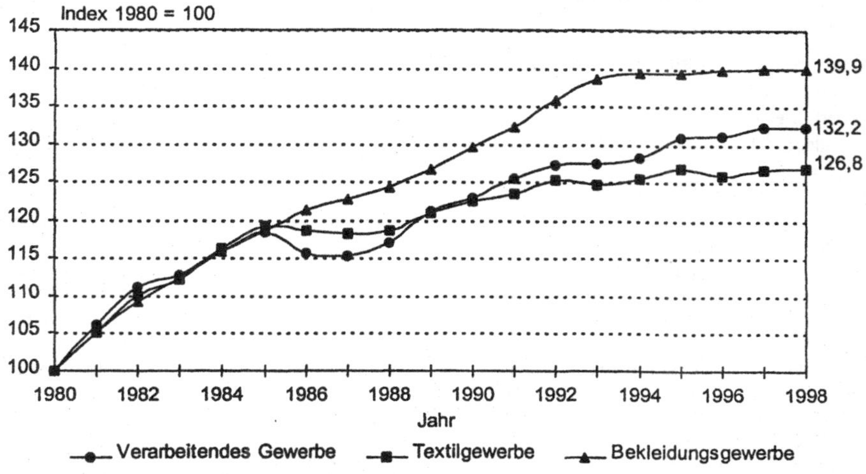

Quelle: Eigene Berechnung; Datenmaterial: STATISTISCHES BUNDESAMT, Fachserie 17, Reihe 2, diverse Jahrgänge.

Die Erzeugerpreise für Textilien stiegen zwischen 1980 und 1985 im Jahresdurchschnitt um +3,6% und verharrten anschließend bis 1988 auf einem nahezu gleichbleibenden Niveau. Ein weiterer, wenn auch nicht so hoher Preisanstieg um durchschnittlich +1,4% war bis 1992 zu verzeichnen. In den darauffolgenden Jahren blieb das Preisniveau nahezu unverändert und lag 1998 um 26,8% *über* dem Niveau von 1980.

Die Preisentwicklung für Bekleidungserzeugnisse verlief im Vergleich dazu dynamischer. In der ersten Hälfte der 80er Jahre stiegen die Erzeugerpreise für Bekleidung und konfektionierte Textilien im gleichen Umfang wie die Erzeugerpreise der Gütergruppe Textilien. Im darauffolgenden Zeitraum 1985 bis 1998 erhöhten sich die Erzeugerpreise für Bekleidung dagegen kontinuierlich mit +1,3% p.a. erheblich stärker als jene für Textilien (+0,5% p.a.); sie lagen 1998 sogar um fast 40% *über* dem Preisniveau des Jahres 1980.

Folglich wurden die Steigerungen der nominalen Jahresumsätze sowohl in der Textil- als auch in der Bekleidungsindustrie v.a. in der ersten Hälfte der 80er Jahre und in den Jahren 1988 bis 1992 maßgeblich durch die Erhöhung der Erzeugerpreise determiniert.[37] Setzt man die um den Preisanstieg bereinigte Umsatzentwicklung in Beziehung zu der zuvor bereits dargestellten Entwicklung der Nettoproduktion, so zeigt sich ein wesentlicher Unterschied zwischen dem Verarbeitenden Gewerbe und der Textilindustrie einerseits und der Bekleidungsindustrie andererseits (vgl. Abb. 9).

Im Zeitraum 1980 bis 1998 folgte die reale Umsatzentwicklung des Verarbeitenden Gewerbes in Westdeutschland tendenziell der Entwicklung der Nettoproduktion. Es bestand also eine stark positive Korrelation zwischen der Umsatz- und Produktionsentwicklung.[38] In der Textilindustrie entsprach die Entwicklung des realen Umsatzes mit Ausnahme der Jahre 1987/88 und 1990/91 ebenfalls über den gesamten Berichtszeitraum hinweg der tendenziellen Entwicklung der Nettoproduktion, so daß auch dort Umsatz und Produktion im Zeitablauf stark positiv miteinander korreliert waren.[39]

In der Bekleidungsindustrie dagegen koppelte sich die Umsatzentwicklung nicht nur nominal, sondern auch real von der Produktionsentwicklung ab. Anders ausgedrückt waren die Umsatz- und die Produktionsentwicklung zwischenzeitlich stark negativ korreliert.[40] Mit Blick auf die Abb. 9 kann man im Fall der Bekleidungsindustrie zumin-

---

[37] Eine Ausweitung der Absatzmengen konnte nicht beobachtet werden, was als ein Indiz für gesättigte Märkte gewertet werden kann.

[38] Die über den Zeitraum 1980 - 1998 durchgeführte statistische Analyse der Korrelation zwischen dem Nettoproduktionsindex und dem Index des realen Umsatzes ergab für das Verarbeitende Gewerbe einen (PEARSONschen) Korrelationskoeffizienten von r = 0,9968 (Bestimmtheitsmaß B = 0,9936).

[39] Für die Textilindustrie ergaben die über die Zeiträume 1980 - 1987 bzw. 1991 - 1998 durchgeführten statistischen Analysen der Korrelationen zwischen dem Nettoproduktionsindex und dem Index des realen Umsatzes (PEARSONschen) Korrelationskoeffizienten von r = 0,9768 (B = 0,9541) bzw. r = 0,9953 (B = 0,9906).

[40] Die Korrelationsanalyse ergab für die Bekleidungsindustrie im Zeitraum 1982 - 1991 einen zwar nicht signifikanten, jedoch negativen (PEARSONschen) Korrelationskoeffizienten von r = -0,6975 (B = 0,4865).

dest für den Zeitraum von 1982 bis 1991 von einer „scherenartigen“ Entwicklung von Umsatz und Produktion sprechen.

Abb. 9: Entwicklung des realen Umsatzes und der Nettoproduktion im westdeutschen Verarbeitenden Gewerbe, Textil- und Bekleidungsgewerbe 1980-1998

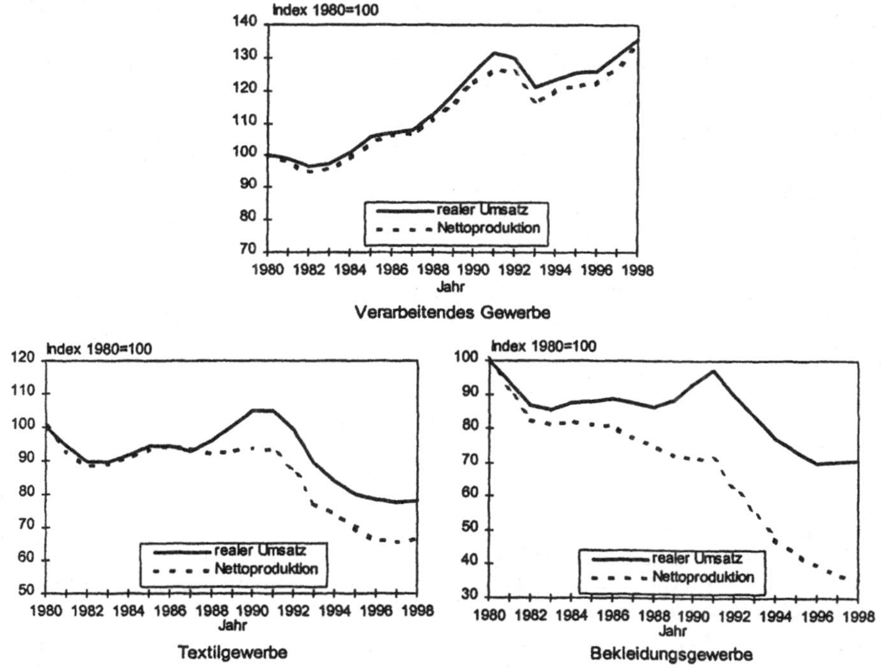

Quelle: Eigene Berechnung; Datenmaterial: STATISTISCHES BUNDESAMT, Fachserie 4, Reihe 4.1.1, diverse Jahrgänge; Statistisches Jahrbuch für die Bundesrepublik Deutschland, diverse Jahrgänge.

Die Ursache für die dargestellte Entwicklung liegt darin, daß die Unternehmungen der Bekleidungsindustrie in zunehmendem Umfang ihre Inlandsumsätze auch mit nicht im Inland erstellten Leistungen erzielen. Grund hierfür ist der seit den 80er Jahren steigende Wettbewerbsdruck von seiten der Niedriglohnländer, allen voran der ostasiatischen Länder. Wie ADLER/BREITENACHER betonen, hat die lohnintensive Bekleidungsindustrie auf diesen Wettbewerbsdruck in der Form reagiert, „daß die Möglichkeiten alternativer Bezugsquellen und Produktionsstandorte zur Erhaltung der Wettbewerbsfähigkeit voll ausgeschöpft werden.“[41] Unter den verschiedenen Produktions- und Beschaffungsalternativen hat dabei v.a. die Passive Veredelung (PV) im Ausland an Bedeutung gewonnen.[42] Die Eigenfertigung bzw. vollstufige Auftrags-

[41] ADLER, U./BREITENACHER, M. (1995), S. 32.

[42] Auf der Basis einer entsprechenden Unternehmungsumfrage kamen ADLER/BREITENACHER für die Bekleidungs- und die Maschenindustrie insgesamt zu dem Ergebnis, daß im Jahr 1993 der Anteil

fertigung im Ausland sowie der Zukauf ausländischer Handelsware sind dagegen von vergleichsweise untergeordneter Bedeutung.[43]

In bezug auf die Passive Veredelung konstatieren ADLER/BREITENACHER darüber hinaus einen engen Zusammenhang zwischen der Entwicklung des preisbereinigten Gesamtumsatzes und der Veränderung des PV-Umsatzanteils. Die bereits seit 1970 negative Umsatzentwicklung der deutschen Bekleidungsindustrie kehrte sich Anfang der 80er Jahre zu einem Zeitpunkt um, als der Passive Veredelungsverkehr bereits 15% zum Gesamtumsatz beitrug.[44]

Für die nächste Zukunft wird auf der Grundlage einer entsprechenden Unternehmungsumfrage prognostiziert, daß der Passive Veredelungsverkehr weiter an Bedeutung gewinnen wird, allein schon aufgrund der besonderen Chancen, die sich den heimischen Unternehmungen an den neuen Produktionsstandorten in Mittel- und Osteuropa eröffnen. Neben dem Passiven Veredelungsverkehr wird aber auch die Bedeutung der übrigen auslandsorientierten Produktions- und Beschaffungsalternativen zunehmen. Entsprechend abnehmen wird dagegen die Bedeutung der Eigen- und Lohnfertigung im Inland.[45] Angesichts dieser Prognose ist zu erwarten, daß auch in Zukunft weitere Desinvestitionen von Unternehmungen und Betrieben, verbunden mit Entlassungen von Mitarbeitern und dem Verlust inländischer Arbeitsplätze, notwendig sein werden.

3.4.2 Entwicklung des Außenhandels und der Exportquote

Die zuvor diskutierte Entwicklung des Gesamtumsatzes wird sowohl in der Textil- als auch in der Bekleidungsindustrie weniger durch die Entwicklung des Inlands- als vielmehr durch die Entwicklung des Auslandsumsatzes bestimmt. Der *Inlands*umsatz der Textilindustrie, der bis 1987 mit durchschnittlich 23,9 Mrd. DM p.a. nominal nahezu konstant blieb, zog lediglich zwischen 1988 und 1991 mit +4,3% p.a. auf 28,8 Mrd. DM p.a. an. In der Folgezeit war er mit einer durchschnittlichen Rate von -5,2% deutlich rückläufig. 1998 belief sich der Inlandsumsatz der Textilindustrie auf 19,9 Mrd. DM und betrug nur 82,3% des Umsatzes des Jahres 1980 (vgl. Abb. 10).

---

der Auslands-PV am Umsatz 34,6% ausmachte. Der Vergleich mit einer früheren Erhebung zeigt, daß sich allein im Bereich der Herstellung von Webbekleidung der Anteil der Auslands-PV am Umsatz von 9,5% in 1982 auf 40,4% in 1993 erhöhte; vgl. ADLER, U./BREITENACHER, M. (1995), S. 34.

43 Der Umsatzanteil der Eigenfertigung im Ausland belief sich 1993 auf 6,3%, der Anteil der vollstufigen Auftragsfertigung im Ausland auf 12,2% und der Anteil des Zukaufs ausländischer Handelsware auf 15,5%; vgl. ADLER, U./BREITENACHER, M. (1995), S. 34.

44 Vgl. ADLER, U./BREITENACHER, M. (1995), S. 4.

45 Für das Jahr 1993 wird der Anteil der inländischen Eigenfertigung am Umsatz auf nur noch 25,6% beziffert; vgl. ADLER, U./BREITENACHER, M. (1995), S. 37f. Die Autoren weisen darauf hin, daß sich nach einer Schätzung des BUNDESVERBANDES BEKLEIDUNGSINDUSTRIE der Umsatz aus 50% PV-Artikeln, 30% Fertigwaren und nur 20% Inlandsfertigung zusammensetzt. Als wenig plausibel werden Berechnungen von GESAMTTEXTIL angesehen, denen zufolge der Anteil an Eigenfertigung auf über 50% beziffert wird; vgl. dazu VIERECK, H. (1994), S. 30.

Abb. 10: Entwicklung des Inlands- und Auslandsumsatzes (nominal)[46] und der Exportquote* im westdeutschen Textilgewerbe 1980-1998

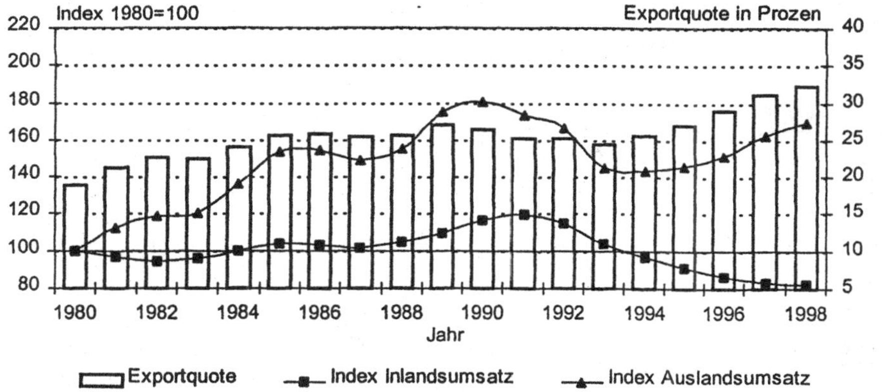

*) Auslandsumsatz im Verhältnis zum Gesamtumsatz.

Quelle: Eigene Berechnung; Datenmaterial: STATISTISCHES BUNDESAMT, Fachserie 4, Reihe 4.1.1, diverse Jahrgänge.

Im Unterschied dazu stieg der *Auslands*umsatz der Textilindustrie in den 80er Jahren stark an, jahresdurchschnittlich um +6,1% von 5,6 Mrd. DM im Jahr 1980 auf 10,1 Mrd. DM im Spitzenjahr 1990. Lediglich in 1987 war er leicht rückläufig. Zwischen 1990 und 1994 sank der Auslandsumsatz dann mit einer durchschnittlichen Rate von -5,6% p.a. noch unter das Niveau des Jahres 1985. Seit 1994 ist ein stetiges Wachstum des Auslandsumsatzes zu verzeichnen, welches im Jahresdurchschnitt ca. +4,3% beträgt.

Die Exportquote betrug in der Textilindustrie in den Jahren 1980 bis 1998 im Durchschnitt 24,1%. Sie erhöhte sich zwischen 1980 und 1990 von 18,8% auf 26,3%. Nach einem leichten Rückgang in den nachfolgenden Jahren lag sie im Jahr 1998 mit 32,2% deutlich über dem Niveau von 1990.

Da die nominalen Inlandsumsätze der Textilindustrie seit 1991 sanken, obwohl das Niveau der Erzeugerpreise seitdem stagnierte oder sogar stieg, kann daraus geschlossen werden, daß die Branche in den letzten Jahren im Inland mit stetig sinkenden Absatzmengen konfrontiert war. Weiterhin zeigt die Analyse, daß die Unternehmungen der Textilindustrie durch verstärkte Exportaktivitäten einen Teil der im Inland verlorenen Umsätze kompensieren konnten.

Wie in der Textilindustrie sind auch in der Bekleidungsindustrie beim *Inlands*umsatz in den 80er Jahren keine nennenswerten Veränderungen festzustellen. Im Durchschnitt der Jahre 1980 bis 1988 belief er sich auf 19,1 Mrd. DM. Von 1989 bis 1991

---

[46] Die vielfältigen Wirkungen, die von den Änderungen der Wechselkurse und der Absatzpreise im Ausland ausgehen, sind nur mit großem Erhebungs- und Rechenaufwand zu isolieren. Daher wird hier auf eine Darstellung der realen Inlands- und Auslandsumsätze verzichtet.

zog der Inlandsumsatz etwas stärker an als in der Textilindustrie (+5,6% p.a.), fiel in den Jahren bis 1998 aber mit jahresdurchschnittlichen -4,8% auf 16,2 Mrd. DM noch *unter* das Ausgangsniveau des Jahres 1980 zurück (vgl. Abb. 11).

Abb. 11: Entwicklung des Inlands- und Auslandsumsatzes (nominal) und der Exportquote* im westdeutschen Bekleidungsgewerbe 1980-1998

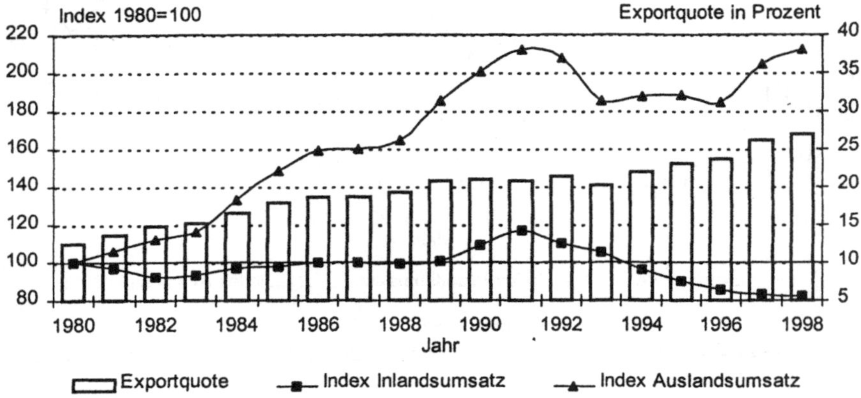

*) Auslandsumsatz im Verhältnis zum Gesamtumsatz.

Quelle: Eigene Berechnung; Datenmaterial: STATISTISCHES BUNDESAMT, Fachserie 4, Reihe 4.1.1, diverse Jahrgänge.

Der *Auslands*umsatz der Bekleidungsindustrie stieg von 1980 bis zum Spitzenjahr 1991 nahezu kontinuierlich mit einer Steigerungsrate von durchschnittlich +7,1% von 2,8 Mrd. DM auf 6,0 Mrd. DM, er hat sich also in 11 Jahren mehr als verdoppelt. Nach einem starken Rückgang in den Jahren 1992 bis 1993 (-6,5% p.a.) stabilisierte er sich in den folgenden drei Jahren auf einem Niveau von 5,3 Mrd. DM. Aufgrund der deutlichen Zuwachsraten seit 1996 (+7,3% p.a.) lag der Auslandsumsatz 1998 mit beinahe 6,0 Mrd. DM wieder auf dem 91er Niveau.

Die Exportquote der Bekleidungsindustrie betrug im Durchschnitt aller hier betrachteten Jahre 19,2%. Sie fiel damit niedriger aus als die durchschnittliche Exportquote der Textilindustrie (24,1%). Von 1980 bis 1990 erhöhte sich die Exportquote nahezu kontinuierlich von 12,5% auf 20,9%. Im Zeitraum von 1990 bis 1993 blieb sie in etwa gleich. Erst seit 1994 ist ein erneuter Anstieg auf 27,0% im Jahr 1998 festzustellen.

Zusammenfassend gilt auch für die Bekleidungsunternehmungen, daß sie im Inland sinkende Absatzmengen und Umsätze realisierten.[47] Zum Teil konnten sie diese Einbußen durch die massive Ausdehnung ihrer Exportaktivitäten auffangen, indem sie ihren nominalen Auslandsumsatz in nur 18 Jahren verdoppelten.

[47] Auch in der Bekleidungsindustrie sanken seit 1991 die nominalen Inlandsumsätze, obwohl die Erzeugerpreise stiegen oder zumindest stagnierten.

3.4.3 Entwicklung der Fertigungstiefe

In der unternehmerischen Praxis wird die Entwicklung der Fertigungstiefe[48] seit Anfang der 90er Jahre intensiv diskutiert.[49] Die Planung der Fertigungstiefe einer Unternehmung ist eng verbunden mit der klassischen betriebswirtschaftlichen Frage der Eigenfertigung oder des Fremdbezugs von Produktionsteilleistungen. Die dabei zu treffenden Entscheidungen über die Ein- bzw. Ausgliederung von Wertaktivitäten implizieren insbesondere dann zugleich ein Desinvestitionsproblem, wenn der zukünftige Fremdbezug von Teilleistungen zu nicht genutzten (Leer-)kapazitäten innerhalb der Unternehmung führt. In solchen Fällen sind neben der sog. „Make-or-buy"-Entscheidung auch Entscheidungen über die weitere Verwendung, die Stillegung oder den Verkauf von Unternehmungsteilen oder Wirtschaftsgütern zu treffen.

Abb. 12: Entwicklung der sektoralen Fertigungstiefe* im westdeutschen Verarbeitenden Gewerbe, Textil- und Bekleidungsgewerbe 1980-1998

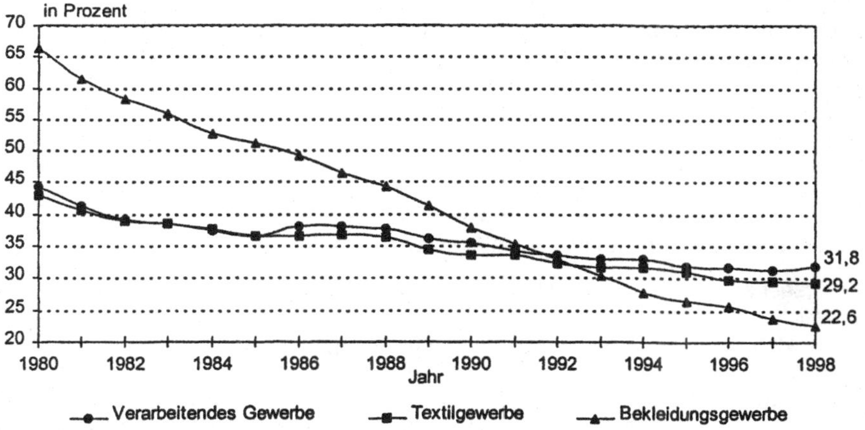

*) in Preisen von 1995.

Quelle: Eigene Berechnung; Datenmaterial: STATISTISCHES BUNDESAMT, Fachserie 4, Reihen 2.1 und S.15, diverse Jahrgänge; Berechnungen des DIW, vgl. GÖRZIG, B./SCHINTKE, J./SCHMIDT, M. (1999), S. 1, 10.

Die Abb. 12 zeigt die Entwicklung der sektoralen Fertigungstiefe in den hier untersuchten Branchen.[50] Anders als erwartet zeigt sich im westdeutschen Verarbeiten-

[48] Die Fertigungstiefe läßt sich als Verhältnis der Wertschöpfung, die eine Unternehmung durch die eigene Fertigung ihrer Leistungen erbringt, zum Umsatz der Unternehmung definieren; vgl. ADAM, D. (1993b), S. 91ff.

[49] Auslöser dieser Diskussion war eine amerikanische Studie über die Automobilindustrie, die den Erfolg japanischer Automobilhersteller u.a. auf die dortige Verringerung der Fertigungstiefe verbunden mit einer effizienteren Steuerung der Zulieferer zurückführte; vgl. WOMACK, J.P./JONES, D.T./ROOS, D. (1991).

[50] Die *sektorale Fertigungstiefe* ist definiert als effektives Bruttowertschöpfungsvolumen in Prozent des Gesamtumsatzes des analysierten Sektors. Das *effektive Bruttowertschöpfungsvolumen* ist definiert als Bruttowertschöpfung zu Faktorkosten des Basisjahres, fortgeschrieben mit den Verän-

den Gewerbe im Betrachtungszeitraum eine vergleichsweise geringe Tendenz zur Verringerung der Fertigungstiefe. Die jahresdurchschnittliche Änderungsrate liegt bei -0,70 Prozentpunkten. Sofern Unternehmungen des Verarbeitenden Gewerbes ihre Fertigungstiefe reduzieren, d.h. Wertaktivitäten in andere Unternehmungen auslagern, verbleiben diese Teilleistungsprozesse offensichtlich zum überwiegenden Teil in den inländischen Sektoren des Verarbeitenden Gewerbes.[51]

Die sektoralen Fertigungstiefen der Textil- und der Bekleidungsindustrie zeigen unterschiedliche Entwicklungen. Im Zeitraum von 1980 bis 1988 entsprach die Entwicklung der Fertigungstiefe der westdeutschen Textilindustrie im wesentlichen jener des Verarbeitenden Gewerbes. Seit 1988 ist in der Textilindustrie ein Rückgang der Fertigungstiefe zu verzeichnen, der bis 1998 mit einer jahresdurchschnittlichen Änderungsrate von -0,71 Prozentpunkten nur wenig stärker verlief als im Verarbeitenden Gewerbe (1988 bis 1998: -0,58 Prozentpunkte p.a.). 1998 betrug der Anteil der Wertschöpfung am Umsatz im Verarbeitenden Gewerbe 32%, in der Textilindustrie 29%.

Im Gegensatz dazu entwickelte sich die sektorale Fertigungstiefe der westdeutschen Bekleidungsindustrie sehr viel dynamischer. Ausgehend von einem überdurchschnittlichen Niveau von mehr als 66% im Jahr 1980 wurde die Fertigungstiefe bis 1992 halbiert und entsprach mit 33% jener des Verarbeitenden Gewerbes. In der Folgezeit wurde sie weiter reduziert und lag 1998 bei nur 23%. Während 1980 die inländische Wertschöpfung 14,9 Mrd. DM zum Gesamtumsatz von 22,4 Mrd. DM beitrug, lag 1998 bei gleichem realen Umsatz der Anteil nur noch bei 5,0 Mrd. DM. Die Bekleidungsunternehmungen haben also innerhalb von 18 Jahren den Anteil der inländischen Wertschöpfung am Umsatz um zwei Drittel reduziert.

Die Ursachen dieses divergierenden Desintegrationsverhaltens der beiden textilwirtschaftlichen Sektoren liegen v.a. in deren unterschiedlichen Anlage- bzw. Personalintensitäten sowie den Preis- und Kostenentwicklungen auf den internationalen Kapital- und Arbeitsmärkten. In der personal- und lohnintensiven Bekleidungsindustrie werden Entscheidungen über die Auslagerung produktiver Wertaktivitäten ins Ausland fast ausschließlich durch die gravierenden Unterschiede der Lohnstückkosten der Konfektion bestimmt. Diese Determinante ist derart dominant, daß die Planung der Fertigungstiefe von anderen externen Faktoren kaum beeinflußt wird.[52]

---

definiert als Bruttowertschöpfung zu Faktorkosten des Basisjahres, fortgeschrieben mit den Veränderungsraten der Jahreswerte des vierteljährlichen Produktionsindexes. Die *Bruttowertschöpfung* ergibt sich, indem vom *Bruttoproduktionswert* der Materialverbrauch, der Einsatz von Handelsware, der Wert der vergebenen Lohnarbeiten und sonstigen Vorleistungen sowie die indirekten Steuern nach Abzug der Subventionen subtrahiert werden. Vgl. zu diesen Definitionen GÖRZIG, B./SCHINTKE, J./SCHMIDT, M. (1999), S. A6ff.

51 Sofern externe Dienstleister derartige Teilleistungen erbringen, werden die damit verbundenen Bruttowertschöpfungsvolumina vom Statistischen Bundesamt nicht dem Verarbeitenden Gewerbe zugerechnet, so daß dessen Fertigungstiefe c.p. sinkt. Vor dem Hintergrund, daß viele Unternehmungen in den 90er Jahren dazu übergingen, bisher selbsterstellte Teilleistungen (z.B. Reinigungs- oder Logistikleistungen) externen Dienstleistern zu übertragen, wäre daher eine größere Reduzierung der Fertigungstiefe plausibel. Vgl. zu diesen Überlegungen TÜCKING, E. (1999), S. 192.

52 Zum Einfluß der (direkten) Entgelte und (indirekten) Personalzusatzkosten auf Organisations- und Standortentscheidungen vgl. ausführlich JÄGER, B./RECKFORT, J./TÜCKING, E. (1997), S. 93ff., 166ff.

In diesem Zusammenhang weist TÜCKING nach, daß Veränderungen der außenwirtschaftlichen Rahmenbedingungen zwar weitreichende Anpassungsprozesse der deutschen Bekleidungsindustrie auslösen, daß diese Prozesse jedoch längst außerhalb Deutschlands stattfinden, und die Entscheidungen, insbesondere primäre Wertaktivitäten ins Ausland zu verlagern, von diesen Änderungen weitgehend unabhängig sind.[53]

Dagegen sind die Anreize bzw. Notwendigkeiten der anlageintensiven Textilindustrie, primäre Wertaktivitäten ins Ausland zu verlagern, weniger ausgeprägt. Da Kapital weltweit mobil ist, die Mittelbeschaffung also räumlich unabhängig von der Mittelverwendung ist, haben die direkten Kapitalkosten (insb. Fremdkapitalzinsen) wenig oder gar keinen Einfluß auf die Standortentscheidungen. Zwar weichen auf den internationalen Kapitalmärkten die Ausprägungen der Determinanten der indirekten Kapitalkosten (Maschinenlaufzeiten, Umweltauflagen, Steuergesetze) voneinander ab; diese relativen Differenzen sind jedoch weniger gravierend als jene der Lohnstückkosten. Die möglichen Kostenvorteile einer Verlagerung primärer Aktivitäten ins Ausland werden in anlageintensiven Branchen daher u.U. rasch durch die einmaligen und laufenden Transaktionskosten der dann notwendigen Logistik- und Überwachungsaktivitäten überkompensiert.[54]

Zusammenfassend ist festzustellen, daß in der personalintensiven Bekleidungsindustrie die Verlagerung von Wertaktivitäten durch weltweite Unterschiede der Lohnstückkosten determiniert werden, während in der anlageintensiven Textilindustrie die indirekten Kapitalkosten das Ausmaß der Verlagerung bestimmen. Die oben dargestellten Entwicklungen der Angebotsseite der Textil- und Bekleidungsindustrie blieben nicht ohne Auswirkungen auf die Struktur der beiden Branchen. Im Folgenden wird daher untersucht, wie sich die Zahl der Unternehmungen, Betriebe und Mitarbeiter während des hier betrachteten Zeitraums 1980 bis 1998 entwickelte.

3.5 Struktur und Entwicklung der Produktionsfaktoren Arbeit und Kapital

3.5.1 Zahl der Unternehmungen und Betriebe

Im Zuge der Rezession in der ersten Hälfte der 80er Jahre sank die Zahl der Unternehmungen im Verarbeitenden Gewerbe um ca. 10% (vgl. Abb. 13). Während jedoch die Zahl der Unternehmungen im Verarbeitenden Gewerbe sich zwischen 1985 und 1988 auf einem Niveau von ca. 33.500 Einheiten stabilisierte, hielt der Schrumpfungsprozeß in der Textil- und der Bekleidungsindustrie unverändert an. Selbst der 1988 einsetzende und bis 1991 anhaltende Aufschwung im Verarbeitenden Gewerbe, der die Zahl der Unternehmungen sogar über das Niveau von 1980 steigen ließ, vermochte diese Entwicklungen nicht zu brechen. Im Gegenteil ist seit Beginn des

---

[53] Vgl. TÜCKING, E. (1999), S. 193.

[54] Zum Einfluß der nationalen Betriebs- und Maschinenlaufzeiten, der Energiekosten sowie des Umwelt- und Steuerrechts auf Organisations- und Standortentscheidungen vgl. ausführlich JÄGER, B./RECKFORT, J./TÜCKING, E. (1997), S. 88ff., 102ff., 160ff.

erneuten Abschwungs im Jahr 1991 in der Bekleidungsindustrie sogar ein beschleunigter Rückgang der Zahl der Unternehmungen zu verzeichnen. Während im Verarbeitenden Gewerbe die Zahl der Unternehmungen zwischen 1980 und 1997 um insgesamt 10% (-3.818 Unternehmungen) zurückging, wurden bis 1997 im Vergleich zu 1980 in der Textilindustrie 41% (-672), in der Bekleidungsindustrie sogar 74% (-1.797) der Unternehmungen aufgegeben.[55]

Abb.13: Entwicklung der Anzahl der Unternehmungen im westdeutschen Verarbeitenden Gewerbe, Textil- und Bekleidungsgewerbe 1980-1997

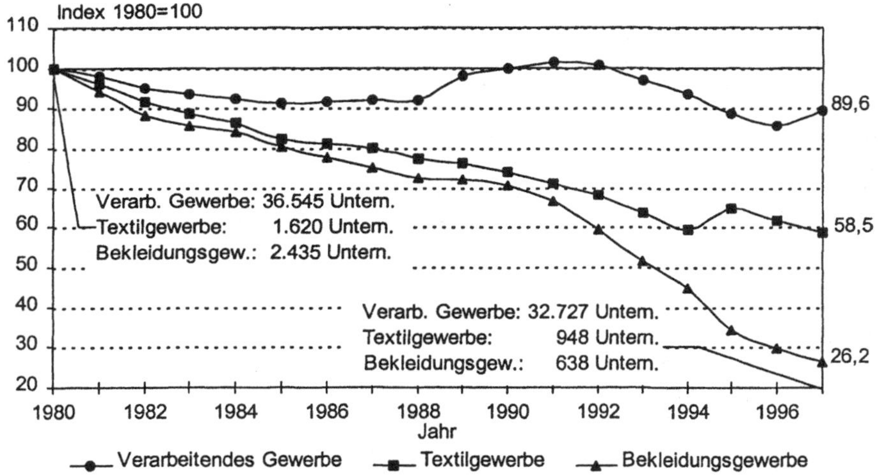

Quelle: Eigene Berechnung; Datenmaterial: STATISTISCHES BUNDESAMT, Fachserie 4, Reihe 4.2.1, diverse Jahrgänge.

Die Zahl der Betriebe entwickelte sich im wesentlichen parallel zum Rückgang der Zahl der Unternehmungen (vgl. Abb. 14). Im Durchschnitt des Jahres 1998 betrug die Zahl der Betriebe der westdeutschen Textilindustrie 1.030; gegenüber 1980 ging sie um 54% zurück. In der Bekleidungsindustrie waren 1998 noch 749 Betriebe verzeichnet. Der Rückgang gegenüber 1980 fällt hier sowohl in absoluter (-2.461 Betriebe) als auch in relativer Hinsicht (-77%) deutlich stärker aus als in der Textilindustrie. Er lag auch weit über dem Rückgang im Verarbeitenden Gewerbe, dessen Betriebszahl 1998 nur ca. 18% unter dem Niveau von 1980 lag.[56]

[55] Die 1995 gestiegene Zahl der Textilunternehmungen ist möglicherweise auf die geänderte Erfassungssystematik der amtlichen Statistik zurückzuführen. Siehe dazu Kap. 3.1, Fn. 11.

[56] Bei der Bewertung dieser Daten ist einschränkend zu beachten, daß einerseits die Zahl der Unternehmungen durch Fusionen sinkt, ohne daß damit automatisch stets Desinvestitionen in Form von Stillegungen oder Konkursen verbunden sind. Da aber andererseits im Textil- und Bekleidungsgewerbe nur selten Fusionen vollzogen werden, darf für diese beiden Branchen dennoch vermutet werden, daß die gesunkene Anzahl der Unternehmungen und Betriebe tatsächlich auf Desinvestitionen zurückzuführen sind, und diese Einheiten zum überwiegenden Teil nicht mehr existieren.

Abb. 14: Entwicklung der Anzahl der Betriebe im westdeutschen Verarbeitenden Gewerbe, Textil- und Bekleidungsgewerbe 1980-1998

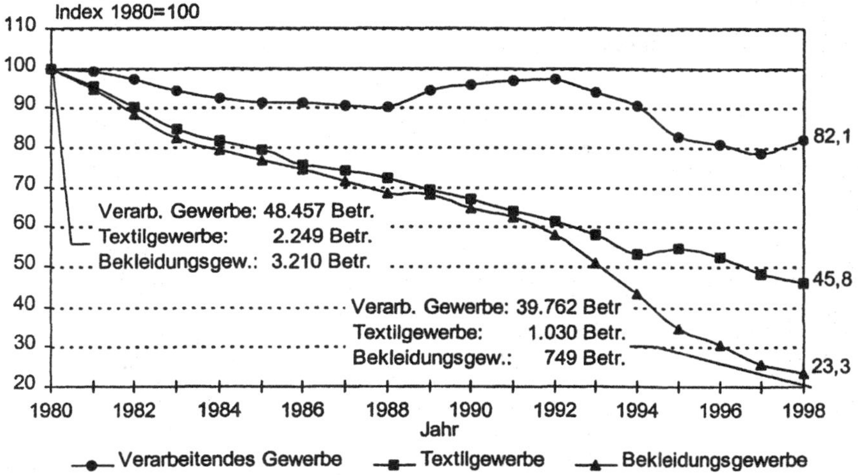

Quelle: Eigene Berechnung; Datenmaterial: STATISTISCHES BUNDESAMT, Statistisches Jahrbuch für die Bundesrepublik Deutschland, diverse Jahrgänge.

Analysiert man schließlich die Zahlen der Unternehmungen und der Betriebe in Westdeutschland dahin gehend, wieviel Unternehmungen mehr als einen Betrieb hatten, so zeigt sich im Vergleich der Jahre 1980 und 1997 eine interessante Entwicklung. Während 1980 in den drei hier betrachteten Branchen jeweils ca. ein Drittel der Unternehmungen mehr als einen Betrieb unterhielt, traf dies 1997 im Verarbeitenden Gewerbe nur noch für höchstens 16% (5.274 Unternehmungen), in der Textilindustrie sogar nur für maximal 14% (132) der Unternehmungen zu. Dagegen sank in der Bekleidungsindustrie der Anteil solcher Unternehmungen nur geringfügig von 32% auf 29%.[57]

Wie später noch ausführlich gezeigt wird, sind angesichts dieser Entwicklung zumindest in Unternehmungen des Verarbeitenden Gewerbes die bei der strategischen Planung vielfach genutzten Portfolio-Konzepte nicht geeignet, Entscheidungen über Desinvestitionen von Unternehmungsteilen auszulösen oder gar zu fundieren.[58]

3.5.2 Zahl der Mitarbeiter

Stillegungen, aber auch Verkäufe von Unternehmungen und Betrieben sind im allgemeinen mit dem Abbau von Arbeitsplätzen und der Entlassung von Mitarbeitern ver-

[57] Berücksichtigt man, daß einige Unternehmungen mehr als zwei Betriebe unterhalten, so sind die relativen Anteile der Unternehmungen mit mehr als einem Betrieb sogar noch kleiner.

[58] Vgl. Kap. 4.3.1.2.2.

bunden. Auch unter diesem Aspekt sind die Textil- und die Bekleidungsindustrie sehr viel stärker von Desinvestitionen betroffen als die übrigen Branchen des Verarbeitenden Gewerbes (vgl. Abb. 15).

Abb. 15: Entwicklung der Zahl der Mitarbeiter im westdeutschen Verarbeitenden Gewerbe, Textil- und Bekleidungsgewerbe 1980-1998

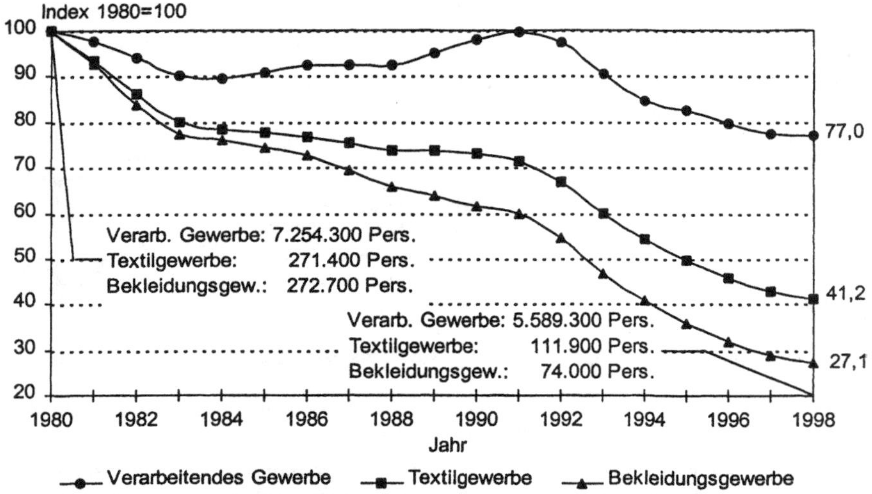

Quelle: Eigene Berechnung; Datenmaterial: STATISTISCHES BUNDESAMT, Fachserie 4, Reihe 4.1.1, diverse Jahrgänge; Berechnungen des DIW, vgl. GÖRZIG, B./SCHINTKE, J./SCHMIDT, M. (1999), S. 18.

Im Verlauf der Rezession Anfang der 80 Jahre sank die Zahl der Mitarbeiter im Verarbeitenden Gewerbe von 7,3 Mio. in 1980 mit einer jährlichen Rate von -2,8% auf 6,5 Mio. Personen im Jahr 1984. Danach stieg sie wieder an, jedoch wurde das Ausgangsniveau von 1980 erst wieder 1991 - bedingt durch den Wiedervereinigungsboom - erreicht. Seitdem war die Zahl der Mitarbeiter mit einer Rate von -3,5% p.a. stark rückläufig. 1998 lag sie mit 5,6 Mio. Personen um fast ein Viertel (77%) *unter* dem Niveau des Jahres 1980.

In der Textil- und Bekleidungsindustrie vermochte selbst der Wiedervereinigungsboom nicht, den permanenten Verlust der Arbeitsplätze aufzuhalten. Die Mitarbeiterzahl ging in der westdeutschen Textilindustrie von 1980 bis 1998 von 271.400 auf 111.900 Personen zurück, das entspricht einem Rückgang um 59%. Für die Bekleidungsindustrie ergab sich im Vergleich der Jahre 1980 und 1998 ein Beschäftigungsverlust von 198.700 Mitarbeitern, wobei der relative Rückgang mit 73% sogar noch höher als in der Textilindustrie ausfiel. 1998 waren in der westdeutschen Bekleidungsindustrie noch 74.000 Personen tätig.

Nach Beschäftigungsgruppen differenziert zeigt sich, daß in beiden Branchen die Gruppe der Arbeiter von dem Beschäftigungsrückgang stärker betroffen war als die Gruppe der Angestellten: In der Textilindustrie ist die Zahl der Arbeiter von 1980 bis 1998 um 63% auf 77.500 zurückgegangen, wohingegen die Zahl der Angestellten

„nur" um 46% auf 34.400 gesunken ist. Noch deutlicher ist der Unterschied in der Bekleidungsindustrie. Im gleichen Zeitraum ist dort die Zahl der Arbeiter um 79% auf 46.400, die Zahl der Angestellten dagegen um 45% auf 27.600 Personen zurückgegangen. Setzt man die beiden Beschäftigungsgruppen zueinander in Beziehung, so ergibt sich für 1998 in der Textilindustrie ein Arbeiter-Angestellten-Verhältnis von 2,3 : 1 und in der Bekleidungsindustrie von 1,7 : 1 (1980: 3,2 : 1 in der Textilindustrie und 4,5 : 1 in der Bekleidungsindustrie). Die gegenüber 1980 veränderte Beschäftigtenstruktur ist in der Textilindustrie in erster Linie auf rationalisierungsbedingte Freisetzungseffekte im Bereich der weniger qualifizierten Tätigkeiten zurückzuführen. Die Entlassungen in der Bekleidungsindustrie resultieren dagegen v.a. aus der Verlagerung von Produktionsaktivitäten ins Ausland, verbunden mit einer gleichzeitig wachsenden Bedeutung der dispositiven Tätigkeiten.[59]

3.5.3 Bruttoanlagevermögen und Kapitalintensität

Im Verarbeitenden Gewerbes ist für die Jahre 1980 bis 1993 ein Anstieg des realen Bruttoanlagevermögens um +1,5% p.a. festzustellen; seitdem stagniert das Bruttoanlagevermögen bei einem Wert von ca. 1.597,9 Mrd. DM (vgl. Abb. 16).

Abb. 16: Entwicklung des realen Bruttoanlagevermögens* im westdeutschen Verarbeitenden Gewerbe, Textil- und Bekleidungsgewerbe 1980-1998

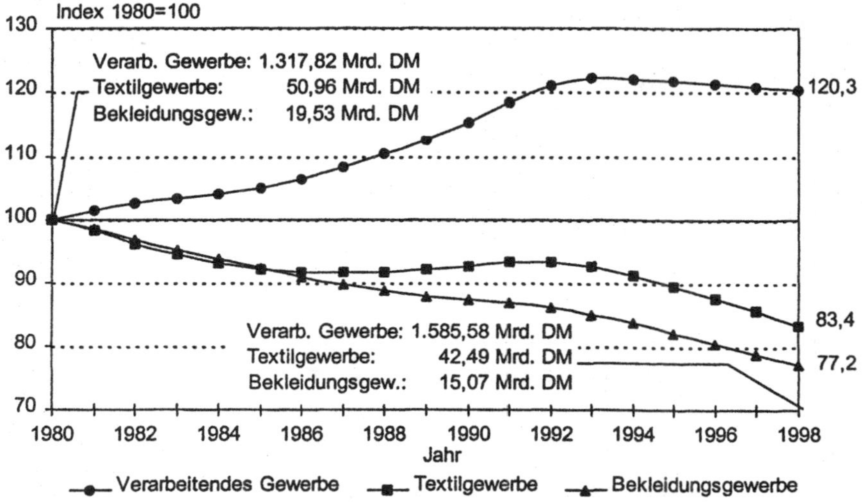

*) In Preisen von 1995.

Quelle: Eigene Berechnung; Datenmaterial: Berechnungen des DIW, vgl. GÖRZIG, B./SCHINTKE, J./SCHMIDT, M. (1999), S. 41.

[59] Vgl. dazu die detaillierte Strukturanalyse der Beschäftigten bei JÄGER, B./RECKFORT, J./TÜCKING, E. (1997), S. 32ff., die u.a. auch auf die beruflichen Qualifikationen der Beschäftigten eingeht.

Dagegen entwickelte sich das reale Bruttoanlagevermögen der Textilindustrie zumindest im Trend der Jahre 1980 bis 1986 mit durchschnittlichen -1,4% p.a. rückläufig. In der Folgezeit blieb es bis 1989 auf einem nahezu unveränderten Niveau von ca. 46,8 Mrd. DM. Seit 1989 war ein leichter Anstieg zu verzeichnen, der mit einer Rate von +0,5% p.a. bis 1992 anhielt. Seitdem sank das Bruttoanlagevermögen erneut mit einer Rate von -1,9% p.a. und lag 1998 mit 42,5 Mrd. DM um 16,6% unter dem Niveau von 1980. In der Bekleidungsindustrie sank das Bruttoanlagevermögen im Zeitraum 1980 bis 1998 von 19,5 Mrd. DM kontinuierlich mit einer jahresdurchschnittlichen Rate von -1,4% und war 1998 auf 15,1 Mrd. DM geschrumpft.

Entsprechend gesunken ist der Anteil des Bruttoanlagevermögens der Textilindustrie am Bruttoanlagevermögen des gesamten Verarbeitenden Gewerbes. Betrug dieser Anteil 1980 noch 3,9%, so belief er sich 1998 auf nur noch 2,7%. Der auf die Bekleidungsindustrie entfallende Anteil sank von 1,5% in 1980 auf 1,0% in 1998.

Das Investitionsverhalten der Unternehmungen läßt sich auch anhand der Veränderungsraten der Kapitalintensität beurteilen. Wird das Bruttoanlagevermögen auf die Zahl der Erwerbstätigen bezogen, zeigt die so definierte Kapitalintensität in den drei Sektoren sowohl in der absoluten Höhe als auch in der zeitlichen Entwicklung deutliche Unterschiede. Dabei sind drei Phasen zu unterscheiden. (vgl. Abb. 17).

Abb. 17: Entwicklung der Kapitalintensität der Arbeit* im westdeutschen Verarbeitenden Gewerbe, Textil- und Bekleidungsgewerbe 1980-1998

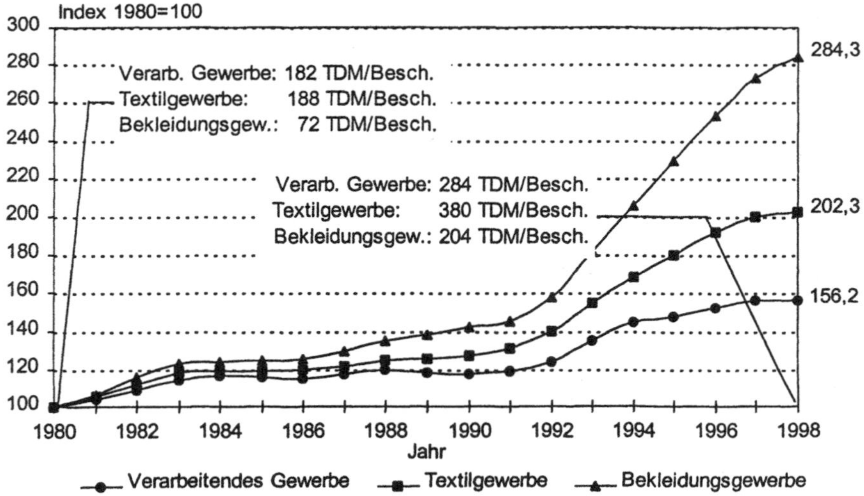

*) Bruttoanlagevermögen je Beschäftigter in Preisen von 1995.

Quelle: Eigene Berechnung; Datenmaterial: Berechnungen des DIW, vgl. GÖRZIG, B./SCHINTKE, J./SCHMIDT, M. (1999), S. 131.

Anfang der 80er Jahre wurde die Kapitalintensität in den drei Sektoren stetig erhöht, die jahresdurchschnittlichen Veränderungsraten betrugen im Verarbeitenden Gewerbe +4,6%, in der Textilindustrie +5,7% und in der Bekleidungsindustrie +7,2%. Im Folgezeitraum bis 1986 blieb sie jeweils fast unverändert.

Zwischen 1986 und 1991 wurde die Kapitalintensität in den beiden textilwirtschaftlichen Branchen mit jahresdurchschnittlichen Zuwachsraten von +1,5% (Textilindustrie) bzw. +2,5% (Bekleidungsindustrie) ständig erhöht, während sie im Verarbeitenden Gewerbe mit +0,6% p.a. nahezu stagnierte.

Im Jahr 1991 setzte schließlich eine Entwicklung ein, in deren Verlauf die Kapitalintensität der Textil- und Bekleidungsindustrie erheblich schneller wuchs als im Verarbeitenden Gewerbe. Während die Kapitalintensität im Verarbeitenden Gewerbe bis 1998 nur um 31,6% anstieg, erhöhten die Textilunternehmungen sie um 54,8%. In der Bekleidungsindustrie wurde die Kapitalintensität mit +10,1% p.a. innerhalb von nur sieben Jahren sogar annähernd verdoppelt.[60]

3.5.4 Investitionen im In- und Ausland

Die Textilindustrie tätigte in Westdeutschland im Zeitraum 1980 bis 1998 jahresdurchschnittliche Bruttoanlageinvestitionen in Höhe von 1,6 Mrd. DM, die Bekleidungsindustrie solche in Höhe von 424 Mio. DM. Allerdings ist die Entwicklung des jährlichen Investitionsvolumens in der Textilindustrie deutlich volatiler als in der Bekleidungsindustrie. Je Beschäftigter ergibt sich eine jahresdurchschnittliche Investitionsintensität von 8.334 DM/Besch. für die Textil- und von 2.715 DM/Besch. für die Bekleidungsindustrie (Verarbeitendes Gewerbe: 79.159 Mio. DM p.a. und 12.065 DM/Besch. p.a.; vgl. Abb. 18).

Nach der Rezession Anfang der 80er Jahre ist das jährliche nominale Investitionsvolumen der Textilindustrie im Trend der Jahre 1982 bis 1990 jahresdurchschnittlich um +6,9% angestiegen; in den Jahren bis 1996 fiel es dagegen mit einer Rate von -11,0% p.a. Der Blick auf die Investitionsintensität zeigt allerdings, daß 1998 je Beschäftigter ca. 20% mehr investiert wurde als im Ausgangsjahr 1980.

Eine ähnliche, wenn auch im Vergleich zur Textilindustrie weniger stark ausgeprägte Entwicklung ist für die Bruttoanlageinvestitionen der Bekleidungsindustrie festzustellen. Vom Tiefstand des Jahres 1982 bis zum Höchststand in 1989 stiegen die Bruttoanlageinvestitionen auch hier zunächst an und zwar um jahresdurchschnittliche +3,6%. Seit 1990 war das Investitionsvolumen dann bis 1998 ebenfalls rückläufig, in diesem Fall mit einer durchschnittlichen Veränderungsrate von -6,5% p.a. Anders als die Textilindustrie wies die Bekleidungsindustrie aber eine über den gesamten Zeitraum im Trend zunehmende Investitionsintensität auf: Von 1981 bis 1998 stiegen die Investitionen je Beschäftigter jahresdurchschnittlich um +5,0%. Dementsprechend lag die Investitionsintensität des Jahres 1998 um das 2,3-fache über dem Ausgangswert des Jahres 1980.

---

[60] Aus diesen Ergebnissen kann jedoch nicht geschlossen werden, daß die Textil- und Bekleidungsunternehmungen überdurchschnittlich viel Kapital in die Maschinen- und Anlagenausstattung der verbliebenen Arbeitsplätze investiert hätten. Der Anstieg der Kapitalintensität ist vielmehr dadurch zu erklären, daß die negativen Veränderungsraten der Zahl der Mitarbeiter noch größer waren als die negativen Veränderungsraten des Bruttoanlagevermögens.

Von besonderem Interesse ist die Tatsache, daß in beiden Branchen seit 1993/94 eine gegenläufige Entwicklung der absoluten und der relativen Anlageinvestitionen zu verzeichnen ist. Während das absolute Investitionsvolumen jeweils sinkt, wächst die Investitionsintensität pro Mitarbeiter. Offensichtlich wird in beiden Branchen seit Beginn der 90er Jahre der Einsatz des Faktors Arbeit relativ betrachtet deutlich stärker reduziert als der Einsatz des Faktors Kapital.

Abb. 18: Entwicklung der Bruttoanlageinvestitionen (nominal) im westdeutschen Textil- und Bekleidungsgewerbe 1980-1998

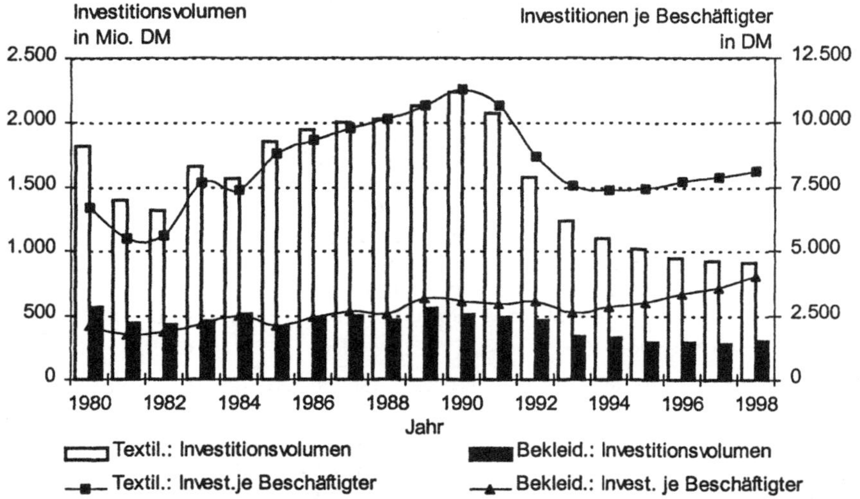

Quelle: Eigene Berechnung; Datenmaterial: STATISTISCHES BUNDESAMT, Fachserie 4, Reihen 4.1.1 und 4.2.1; Investitionsmodell des DIW, vgl. GÖRZIG, B./SCHINTKE, J./SCHMIDT, M. (1999), S. 79, 128.

Speziell für die Textilindustrie ist zu betonen, daß die seit Anfang der 90er Jahre rückläufigen Investitionen im Inland gleichzeitig gekoppelt waren mit einer Zunahme der Auslandsinvestitionen. So stieg beispielsweise zwischen 1990 und 1997 der Bestandswert der Kapitalanlagen deutscher Investoren in ausländischen Textilunternehmungen von 1,4 Mrd. DM auf 2,9 Mrd. DM (+108%) und in ausländischen Bekleidungsunternehmungen von 384 Mio. DM auf 678 Mio. DM (+77%).[61]

Die Direktinvestitionen der deutschen Textilindustrie in ausländische Kapitalanlagen erhöhten sich in dieser Zeit von 958 Mio. DM auf 1,5 Mrd. DM (+61%), die der Bekleidungsindustrie haben sich sogar mehr als versechsfacht, von 451 Mio. DM auf 2,9 Mrd. DM. Von den in 1996 von beiden Branchen investierten 3,05 Mrd. DM entfielen in der Summe allein ein Fünftel auf die USA, gefolgt von Frankreich, den Nie-

[61] Der Begriff *Investoren* bezieht sich nicht nur auf Textil- und Bekleidungsunternehmer, sondern auch auf Eigenkapitalgeber aus anderen Branchen; vgl. zu diesen Daten DEUTSCHE BUNDESBANK (1999), S. 27.

derlanden, Spanien, Großbritannien und der Schweiz. Der Wert der in den ehemaligen Ostblockländern getätigten Investitionen fiel dagegen mit 341 Mio. DM (11,2%) vergleichsweise gering aus (vgl. Abb. 19).[62]

Abb. 19: Direktinvestitionen des westdeutschen Textil- und Bekleidungsgewerbes nach ausgewählten Zielländern (Stand: Ende 1996)

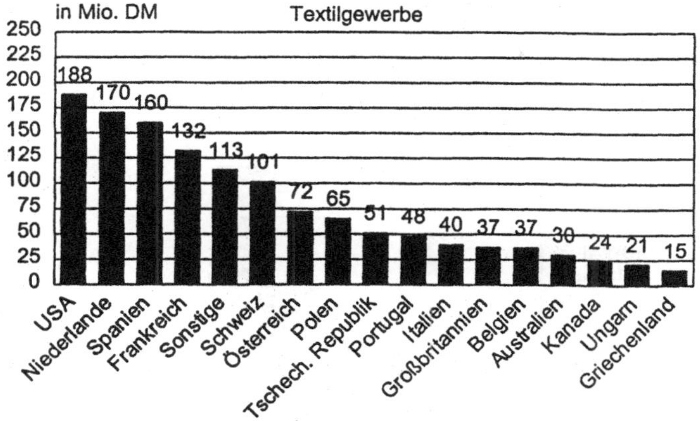

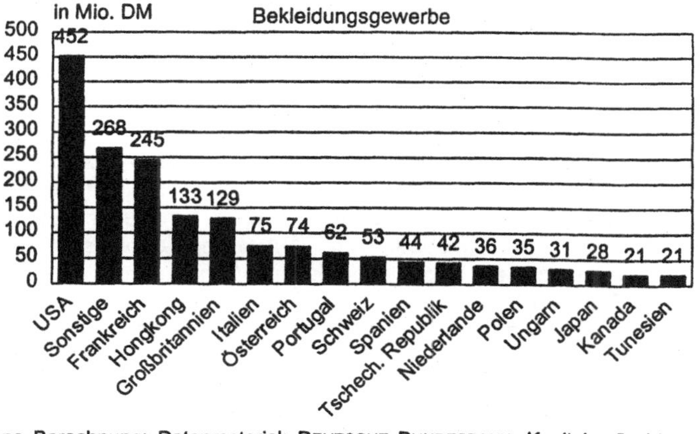

Quelle: Eigene Berechnung; Datenmaterial: DEUTSCHE BUNDESBANK, Kapitalverflechtungen mit dem Ausland, diverse Jahrgänge.

In einer im Frühjahr 1996 vorgelegten Studie führte GESAMTTEXTIL diesen geringen Wert darauf zurück, daß die ehemaligen Ostblockländer damals erst seit kurzer Zeit das Ziel verstärkter deutscher Investitionen waren. Die Studie lieferte indes auch Hinweise darauf, daß in Zukunft die Investitionen im Textilbereich der ehemaligen

[62] Unter den Begriff *Kapitalanlagen* fallen nicht nur Textil- und Bekleidungsunternehmungen, sondern auch Investitionsobjekte in anderen Branchen; vgl. zu diesen Daten DEUTSCHE BUNDESBANK (1999), S. 27.

Ostblockländer deutlich zunehmen werden. Bevorzugte Verlagerungsstandorte für die 128 zum Zeitpunkt der Erhebung bereits realisierten Auslandsvorhaben waren Mittel- und Osteuropa (36%) und die EU (31%); der Anteil Ostasiens betrug 13%; Amerika und der Mittelmeerraum kamen auf jeweils 10%. Nach einzelnen Ländern differenziert, führte beim bisherigen Engagement die Tschechische Republik, gefolgt von Portugal, Polen, den USA und Frankreich (vgl. Abb. 20).[63]

Abb. 20: Bisherige und zukünftig geplante Auslandsvorhaben westdeutscher Textilunternehmungen nach den wichtigsten Zielländern (Zahl der Nennungen)

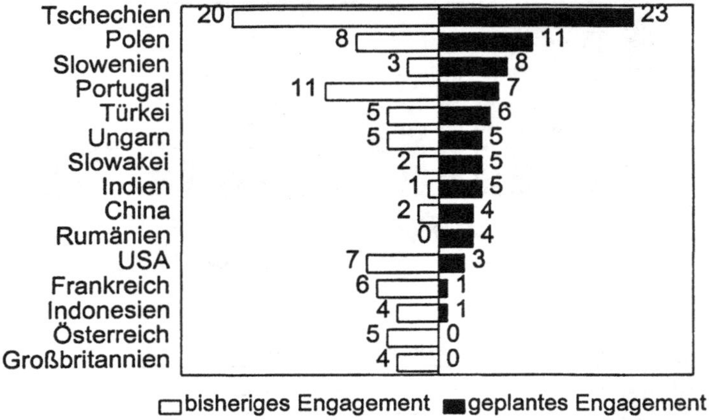

Quelle: GESAMTTEXTIL (1996), S. 12.

Gemessen an den geplanten Vorhaben zeigte sich, daß das Auslandsengagement sich in Zukunft weiter in Richtung Mittel- und Osteuropa verschieben wird. Auf diese Region entfielen zum Zeitpunkt der Befragung 74 der 121 insgesamt geplanten Vorhaben (61%). In allen übrigen Regionen ist mit Ausnahme der ostasiatischen Länder (hier: 15% der Nennungen) die Zahl der geplanten Vorhaben rückläufig. Besonders groß ist der Bedeutungsverlust der EU-Länder, auf die nur noch 12% der geplanten Vorhaben entfallen. Aus länderbezogener Sicht wird zukünftig weiterhin die Tschechische Republik bevorzugt, gefolgt von Polen, Slowenien, Portugal und der Türkei. An Bedeutung verlieren werden dagegen die USA, Frankreich, Österreich und Großbritannien.[64]

In der Textilindustrie sind die steigenden internationalen Direktinvestitionen und der wachsende Anteil der Eigenfertigung im Ausland darauf zurückzuführen, daß der Wettbewerbsvorteil der deutschen bzw. EU-ansässigen Textilindustrie mit dem Wegfall der PV-Regelungen schwindet. Ohne diese Regelungen ist die Bekleidungsindu-

---

[63] Vgl. GESAMTTEXTIL (1996).

[64] Die Studie kommt zu dem Schluß, daß das wachsende Auslandsengagement der deutschen Textilindustrie v.a. in Richtung Mittel- und Osteuropa Ausdruck einer gesunkenen Qualität des Industriestandortes Deutschland ist, woraus eine Reihe dringender wirtschaftspolitischer Maßnahmen im Bereich der Kosten- und Steuerentlastungen abgeleitet werden kann; vgl. GESAMTTEXTIL (1996).

strie als nachgelagerte Wertschöpfungsstufe nicht länger gezwungen, für die zollfreie Fertigung in Osteuropa Vormaterialien aus der EU einzusetzen. Die deutschen Textilunternehmungen müssen daher ihre eigenen Produktions- und Beschaffungsstrategien überdenken und den Bekleidungsunternehmungen an die osteuropäischen PV-Standorte folgen.[65] Um als Zulieferer europäischer Bekleidungsunternehmungen keine Marktanteile an Hersteller aus den MOE-Staaten zu verlieren, werden daher zahlreiche Textilhersteller ihr Engagement an diesen Standorten verstärken.[66]

3.6 Marktergebnis: Entwicklung der Eigenkapitalrentabilität

Nach der Struktur- und Entwicklungsanalyse des Angebotes und der Produktionsfaktoren der deutschen Textilwirtschaft soll nun abschließend geprüft werden, inwieweit das Anpassungs- und Desinvestitionsverhalten der Textil- und Bekleidungsunternehmungen im Hinblick auf den Eigentümerwert erfolgreich war. Zu diesem Zweck wird die Entwicklung der Eigenkapitalrentabilitäten der Textil- und der Bekleidungsindustrie untersucht (vgl. Abb. 21).[67]

Über den gesamten betrachteten Zeitraum hinweg lag die Eigenkapitalrentabilität der Bekleidungsindustrie auf einem deutlich höheren Niveau als die Verzinsung des Eigenkapitals der Textilindustrie und des Verarbeitenden Gewerbes;[68] sie war aber auch sehr viel volatiler.[69] Aus betriebswirtschaftlicher Perspektive steht die relativ hohe Verzinsung des Eigenkapitals in der Bekleidungsindustrie im Kontrast zur wirtschaftlichen Entwicklung der Branche. Der untersuchte Zeitraum war von einem starken Rückgang der Inlandsproduktion und hohen Beschäftigungsverlusten geprägt. Zur Erklärung der dennoch hohen Eigenkapitalrentabilität liefert die Analyse der Marktstruktur und des Marktverhaltens wichtige Hinweise. Da sowohl das Bruttoanlagevermögen je Beschäftigter als auch die Eigenkapitalquoten deutscher Beklei-

---

65 Osteuropäische Bekleidungsunternehmungen werden ihre ohnehin dominante Position als PLV-Lieferanten in Zukunft weiter ausbauen; vgl. dazu SCHMIDT, H. (1996), S. 80.

66 Vgl. ERN, D./SCHILD, G. (1994), S. 33. Zu den Fertigungs- und Beschaffungsalternativen der Textil- und Bekleidungsindustrie vgl. ausführlich HURCKS, K. (1994), S. 21ff.; DAHMEN, M. (1993), S. 92ff.; TÜCKING, E. (1999), S. 181ff.

67 Für die folgende Analyse wird die Summe des bilanziellen Eigenkapitals und der Rücklagen als *Eigenkapital* definiert. Zwar wurden in Kap. 2.2.2 Rentabilitätskennzahlen als Erfolgsindikator kritisiert, da sie bei unterschiedlicher Altersstruktur zweier Vermögensbestände u.U. ein verzerrtes Bild zeigen; für die hier interessierende statistisch fundierte Branchenanalyse ist die Eigenkapitalrentabilität dennoch geeignet, weil angesichts der großen Grundgesamtheit die Altersstrukturen der Vermögensbestände der drei betrachteten Branchen als gleich unterstellt werden dürfen.

68 Bei der Interpretation der Daten ist zu berücksichtigen, daß in der von der Deutschen Bundesbank geführten Statistik nur solche Unternehmungen erfaßt werden, deren Wechsel zur Rediskontierung eingereicht wurden. Folglich sind Unternehmungen mit einer relativ günstigen Finanzierungsstruktur und guten Bonität (auch aufgrund ihrer Ertragslage) überrepräsentiert

69 Im Betrachtungszeitraum betrug die Standardabweichung der Eigenkapitalrentabilität in der Bekleidungsindustrie 10,2 gegenüber 5,8 in der Textilindustrie und nur 3,2 im Verarbeitenden Gewerbe.

dungsunternehmungen außerordentlich gering sind, ist eine höhere Verzinsung zu erwarten als in der Textilindustrie, die wesentlich anlage- und kapitalintensiver ist.[70]

Abb. 21: Entwicklung der Eigenkapitalrentabilität* im westdeutschen Verarbeitenden Gewerbe, Textil- und Bekleidungsgewerbe 1980-1996

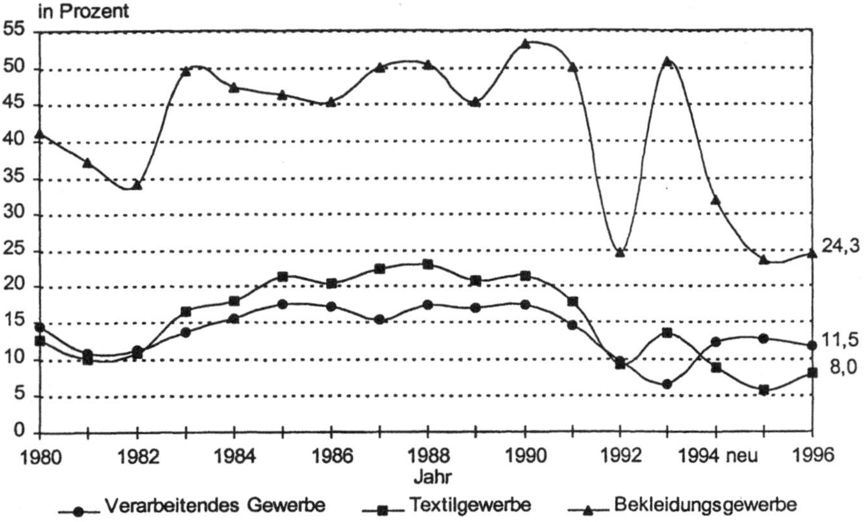

*) Jahresüberschuß nach Steuern im Verhältnis zu den Eigenmitteln (= Eigenkapital + Rücklagen).

Quelle: Eigene Berechnung; Datenmaterial: DEUTSCHE BUNDESBANK (1999), Jahresabschlüsse westdeutscher Unternehmungen 1971 - 1996, Sonderdruck Nr. 5.

Allerdings ist im Betrachtungszeitraum die Kapitalintensität in der Bekleidungsindustrie mit dem Faktor 2,8 relativ stärker gestiegen als in der Textilindustrie, wo die Kapitalintensität nur um den Faktor 2,0 wuchs (Verarbeitendes Gewerbe: Faktor 1,6).[71] Diese Entwicklung ist durch die sinkende sektorale Fertigungstiefe zu erklären: Parallel zur Auslagerung wertschöpfungsintensiver Leistungsprozesse wurde die Kapitalausstattung der in Deutschland verbleibenden Aktivitäten erhöht. Die Erfolgswirkungen dieses Anpassungsverhaltens spiegeln sich in der Entwicklung der überdurchschnittlichen Eigenkapitalrentabilität wider.[72]

---

[70] In den Jahren 1980 - 1996 betrug die durchschnittliche Eigenkapitalquote im Verarbeitenden Gewerbe 23% und in der Textilindustrie 20%. Dagegen belief sie sich in der Bekleidungsindustrie nur auf 13%, was nicht nur dem Entnahmeverhalten der Eigentümer zuzuschreiben ist. Zur Analyse und Erklärung der Eigenkapitalquoten vgl. JÄGER, B./RECKFORT, J./TÜCKING, E. (1997), S. 176ff.

[71] Siehe dazu Kap. 3.5.3.

[72] Diese Entwicklung ist dadurch zu erklären, daß vermehrt in unterstützende Aktivitäten wie z.B. aufwendige Logistiksysteme investiert wurde. Ein weiterer Grund liegt darin, daß trotz der Produktionsverlagerungen ins Ausland teilweise (automatisierte) Kapazitäten in Deutschland aufrecht erhalten wurden, um auf Produktionsausfälle oder Nachfragespitzen reagieren zu können. Vgl. zu diesen Erklärungen auch TÜCKING, E. (1999), S. 197; siehe dazu auch Kap. 3.4.3.

Die in der Bekleidungsindustrie höhere Volatilität der Eigenkapitalrentabilität erscheint auf den ersten Blick ungewöhnlich. Eine aufgrund der Auslagerung von Leistungsprozessen sinkende Fertigungstiefe führt c.p. zu geringeren Fixkosten und damit zu einer erhöhten Anpassungsfähigkeit an kurzfristige Umsatz- und Ertragsschwankungen. Insofern wäre im Zeitablauf eigentlich eine geringere Volatilität zu erwarten gewesen.[73] Daß trotz sinkender Fertigungstiefe keine Stabilisierung der Eigenkapitalrentabilität eintrat, ist u.a. durch die hohen Mode- und Saisonrisiken der Branche zu erklären. Da die Erträge eines Jahres wesentlich durch die Absatzerfolge der jeweiligen Jahreskollektion(en) determiniert werden, kann es kurzfristig zu Ertragseinbrüchen kommen. Zwar sind die Belastungen durch kurzfristig nicht disponible (fixe) Aufwendungen in der Bekleidungsindustrie vergleichsweise gering, jedoch lassen sich Ertragseinbrüche nicht ohne weiteres durch eine Reduktion betrieblicher Aufwendungen kompensieren. Eine vertikale Desintegration vergrößert also die Anpassungsfähigkeit nicht in dem Maße, daß auf kurzfristige kollektionsbedingte Ertragseinbrüche flexibler reagiert werden kann.[74]

Die Entwicklung der Eigenkapitalrentabilität der Textilunternehmungen verlief tendenziell parallel zu jener der Bekleidungsindustrie, allerdings mit jahresdurchschnittlich 15% auf einem um 26 Prozentpunkte niedrigeren Niveau. Die parallele Entwicklung der Rentabilitäten ist dadurch zu erklären, daß die Erfolge der Textilunternehmungen, die v.a. als Vorstufenlieferanten agieren, stark von der Nachfrage und den Erfolgen der nachgelagerten Bekleidungsunternehmungen abhängen.[75]

In den Jahren 1982 bis 1992 war in der Textilindustrie eine ständig wachsende Investitionstätigkeit im In- und Ausland, verbunden mit einer Reduzierung der Zahl inländischer Mitarbeiter zu beobachten. Das führte zu einer wachsenden Kapitalintensität je Beschäftigter im Inland.[76] Insbesondere in solchen Leistungsprozessen, die automatisiert werden können, fand eine Substitution des Faktors Arbeit durch den Faktor Kapital statt. Die Erfolge dieses kombinierten Investitions- und Desinvestitionsverhaltens zeigen sich darin, daß in den Jahren 1983 bis 1991 die Eigenkapitalrentabilität der Textilindustrie mit 20% um jahresdurchschnittlich vier Prozentpunkte über dem Mittelwert der Eigenkapitalrentabilität des Verarbeitenden Gewerbes (16%) lag.

Insgesamt zeigen die Entwicklungen der Eigenkapitalrentabilitäten in der Textilwirtschaft, daß die Unternehmungen den Strukturwandel und die damit verbundenen Anpassungsprozesse erfolgreich bewältigten. Insbesondere die deutsche Bekleidungsindustrie kann immer weniger als Branche des sekundären, produzierenden Sektors betrachtet werden. Geringer Kapitaleinsatz, flexible Fertigung im Rahmen des PVs und der weltweite Zukauf von Handelsware lassen die Bekleidungsunter-

[73] Zu den ökonomischen Wirkungen einer reduzierten Fertigungstiefe vgl. ADAM, D. (1993b), S. 93ff.; PORTER, M.E. (1999), S. 149f.

[74] TÜCKING nennt als Begründung die über mehrere Salsons reichenden Laufzeiten der PV-Verträge und die fehlende Möglichkeit, bereits bestellte Ware zu stornieren; vgl. TÜCKING, E. (1999), S. 198.

[75] Die statistische Analyse der Eigenkapitalrentabilitäten beider Branchen ergab für den Zeitraum 1980 - 1996 einen (PEARSONschen) Korrelationskoeffizienten von r = 0,8629 (B = 0,7445). Vgl. zu den Verbundeffekten innerhalb der Wertschöpfungskette einer Branche PORTER, M.E. (1999), S. 70ff. sowie die Ausführungen in Kap. 5.2.2.

[76] Vgl. dazu auch Kap. 3.5.3.

nehmungen zunehmend als „dienstleistende" Unternehmungen erscheinen. Als solche beschränken sie sich - offensichtlich erfolgreich - darauf, den Wertschöpfungsprozeß zu organisieren und dessen Teilprozesse zu koordinieren. Auch die Erwartung der Investoren, eine überdurchschnittliche Verzinsung ihres Kapital zu erreichen, wurde erfüllt. Insofern kann das Desinvestitionsverhalten dieser beiden Branchen, die seit zwei Jahrzehnten in einem harten internationalen Standortwettbewerb stehen, als gutes Vorbild für andere Branchen des sekundären und des tertiären Sektors dienen.

4 Die Initiierungsphase des Desinvestitionsprozesses

4.1 Aufgabe und Prozeß der Initiierungsphase

Die Aufgabe der Initiierungsphase[1] besteht darin, durch eine eingriffsorientierte Kontrolle finanzielle und strategische Anregungs- und Abweichungsinformationen zu gewinnen, damit die Unternehmungsleitung notwendige und mögliche Lenkungseingriffe frühzeitig erkennen kann.[2] Die grundlegende Bedeutung dieser Phase für das Erkennen eines Anpassungsbedarfs resultiert aus der Überlegung, daß eine Unternehmung sich um so erfolgversprechender veränderten Wettbewerbsbedingungen und neuen Produktionsverhältnissen oder Technologien anpassen kann, je früher sie solche Veränderungen der Umsysteme erkennt.

Wenn Störungen nicht oder zu spät erkannt werden, werden der Unternehmung Möglichkeiten genommen, bei sich anbahnenden Veränderungen der Umsysteme rechtzeitig Vorsorge zu treffen. Verbleiben der Unternehmung, nachdem bestimmte Entwicklungen der Umsysteme bereits eingetreten sind, nur noch Möglichkeiten für improvisierende Maßnahmen, kann die Unternehmung Schaden nehmen und in ihrer Existenz gefährdet werden.[3] Eine rechtzeitig und gut informierte Unternehmungsleitung wird eher in der Lage sein, aus Systemstörungen resultierende, potentielle Krisen zu vermeiden, zu mildern oder zu beherrschen, indem sie das System *Unternehmung* in ein neues Gleichgewicht führt.[4]

Damit Störungen und Zielverfehlungen nicht bloß zufällig erkannt,[5] sondern gezielt identifiziert werden, benötigt die Unternehmungsleitung Indikatoren, die einen Anpassungsbedarf signalisieren. Solche können innerhalb der Unternehmung (z.B. durch das Rechnungswesen) oder außerhalb derselben (z.B. durch Marktforschung) in Form von Kennzahlen generiert werden.[6] Dabei handelt es sich um „quantitative Daten, die als bewußte Verdichtung der komplexen Realität in konzentrierter Form über quantifizierbare betriebswirtschaftliche Sachverhalte informieren sollen."[7] Um den zeitlichen, personellen und finanziellen Aufwand der Informationsbeschaffung und -verarbeitung möglichst gering zu halten, sollten solche Indikatoren relativ ein-

---

[1] Vgl. zu diesem Begriff DOHM, L. (1988), S. 80ff. Synonym werden die Begriffe *Problemerkennungs-*, *Anregungs-* oder *Diagnosephase* verwandt; vgl. z.B. KORTE, R.-J. (1977), S. 54ff.; HEINEN, E. (1990), S. 334; ADAM, D. (1993a), S. 16ff.; AHLERT, D. (1998b), S. 11.

[2] Vgl. AHLERT, D. (1990), S. 32; AHLERT, D. (1999), S. 20.

[3] Vgl. ADAM, D. (1993a), S. 21; AHLERT, D./SCHRÖDER, H. (1998), S. 55.

[4] Vgl. MOCK, A. (1983), S. 37; NAPP, H. (1990), S. 64; CLASEN, J.P. (1992), S. 168. Kybernetisch betrachtet kann ein System (eine Unternehmung) ohne Informationen über seine Systemumwelt, die externen Faktoren sowie die internen Zustände weder sein externes noch sein internes Gleichgewicht erhalten; vgl. dazu ASHBY, W.R. (1974), S. 285ff., 302; MALIK, F. (1989), S. 90f.

[5] Vgl. ANSOFF, H.I. (1976), S. 130; KRAMPE, G./MÜLLER, G. (1981), S. 396.

[6] Vgl. ADAM, D. (1993a), S. 21. Im Folgenden werden die Begriffe *Indikator* und *Kennzahl* synonym verwandt.

[7] MÄNNEL, W./WEBER, J. (1982), S. 579.

fach und rasch zu ermitteln sein. Zugleich sollte die Auswahl der Indikatoren auf wenige, aussagekräftige beschränkt bleiben.[8]

Insbesondere bei bevorstehenden Desinvestitionen muß damit gerechnet werden, daß Mitarbeiter relevante Informationen nicht bereitstellen oder erarbeitete Informationen irrtümlich oder bewußt zurückhalten. So weist CLASEN auf das Problem hin, daß Krisen- bzw. Abweichungsursachen verdeckt bleiben, weil Mitarbeiter aus Furcht vor negativen Konsequenzen für die eigene Position Informationen u.U. nur verzerrt oder gefiltert weitergeben.[9] Eine wesentliche Voraussetzung eines erfolgreichen Desinvestitionsprozesses ist daher die Schaffung und Koppelung geeigneter Prozesse zur Erfassung und Weiterleitung von Anregungsinformationen, um derartige Friktionen im Informationsfluß zu vermeiden.[10]

Der Initiierungsprozeß läuft im allgemeinen mehrstufig ab. Ausgangspunkt sind die aus dem Zielsystem und der langfristigen Planung der Unternehmung abgeleiteten obersten finanziellen und strategischen Zielvorgaben.[11] Kontrollobjekte sind entweder die Unternehmung als Ganzes (Globalkontrolle) oder einzelne Unternehmungsteile (z.B. Gliedbetriebe, Abteilungen, SGE) und deren Datenkategorien (Partialkontrolle). Die Kontrolle erfolgt regelmäßig hierarchiebezogen: Während die obersten Entscheidungsträger die Erreichung der Zielwerte der Gesamtunternehmung verantworten, sind die Leitungsorgane der Unternehmungsteile für die Erreichung der Subzielvorgaben zuständig.[12] Im Mittelpunkt der Kontrolle steht ein Vergleich der geplanten Zielwerte (Soll-Werte) mit den aktuell erreichten (Ist-Werte) und den zukünftig erwarteten Zielwerten (Wird-Werte). Anregungsinformationen ergeben sich dann aus Ergebniskontrollen in Form von Soll-Ist-Vergleichen und Planfortschrittskontrollen in Form von Soll-Wird-Vergleichen.[13] Bei erheblichen Abweichungen zwischen Soll- und Ist-Werten erfolgt im nächsten Schritt eine Analyse der Ursachen der Zielabweichungen, für die gegebenenfalls weitere Informationen zu erheben sind.

Vereinzelt wird die Ansicht geäußert, die Kenntnis der Abweichungsursachen sei irrelevant, und eine vollständige Analyse derselben sei nur nachträglich aus der wissenschaftlichen Perspektive heraus von Interesse.[14] Gegen diese Meinung sprechen mehrere Gründe:[15]

---

[8] Vgl. CLASEN, J.P. (1992), S. 168f.

[9] Vgl. CLASEN, J.P. (1992), S. 254.

[10] Vertreter des koordinationsorientierten Controlling-Ansatzes betrachten die Informationsversorgung als wesentliche Aufgabe des Controlling. Dabei unterscheiden sie zwischen einer systembildenden Funktion, die sich auf die Gestaltung von Informationssystemen bezieht, und einer systemkoppelnden Funktion, welche die Abstimmung der diversen Subsysteme der Unternehmung zum Inhalt hat. Vgl. zu dieser Differenzierung HORVÁTH, P. (1996), S. 121ff., 133ff.; WEBER, J. (1998), S. 19ff.; AHLERT, D. (1999), S. 8f.

[11] Siehe Kap. 2.2.

[12] Zur Investitionskontrolle vgl. GROB, H.L. (1999), S. 490ff.

[13] Vgl. GÄLWEILER, A. (1987), S. 204. Zu den diversen Arten, Ansatzpunkten und Zwecken der Kontrolle vgl. AHLERT, D. (1990), S. 32ff.

[14] So z.B. BECKER, H. (1978), S. 673f.: „Bei wirtschaftlichen Unternehmungen ist die Ursachenforschung, wie es also zu der Unternehmungskrise gekommen ist, für die Behebung dieser Krise von minderer Bedeutung. Der Praktiker darf sich hiermit nicht aufhalten. Für den Wissenschaftler und für die Überlegungen, welche Vorsorgen man zur Vermeidung von Unternehmungskrisen treffen

- Da die Unternehmung ein von Menschen geschaffenes und beeinflußtes soziales System ist, ist eine objektive Ursachenanalyse anzustreben, um die Verantwortung für Zielabweichungen einzelnen Personen zuordnen zu können. Dabei geht es weniger darum, Mitarbeiter zu sanktionieren, sondern im Sinne eines *evolutionären Managements* durch lernorientierte Kontrollen aus Fehlern der Vergangenheit für die Zukunft zu lernen.[16]
- Damit die Maßnahmen zur Erreichung eines neuen Systemgleichgewichtes erfolgreich sind, dürfen sie nicht auf Defiziten der Unternehmung aufbauen. Die Maßnahmen können keine positive Wirkung entfalten, solange nicht jene Defizite, welche die Abweichungen induzierten, wenn schon nicht aufgehoben, so doch zumindest reduziert werden.[17]

Bei sehr komplizierten Sachlagen und Zusammenhängen kann eine Komplexitätsreduktion sinnvoll sein, indem nicht für sämtliche Erfolgskomponenten Ist-Daten bzw. aktualisierte Prognosedaten erhoben werden. Statt dessen werden teilweise die ursprünglichen Parameter mit unverändertem Niveau verwendet, um ceteris-paribus-Bedingungen zu erzeugen. Ein mögliches Ergebnis der Ursachenanalyse ist dann, daß gegenüber den früheren Planungsinhalten oder -prämissen eine Veränderung der wirtschaftlichen Situation stattfand, die neue Planungsüberlegungen und eine Modifizierung der Zielvorgaben erfordert.[18]

4.2 Die Initiierung des Desinvestitionsprozesses anhand finanzieller Kriterien

4.2.1 Methoden zur Analyse der finanziellen Zielerreichung

Als Anlaß und Auslöser für weiter gehende Desinvestitionsüberlegungen wurde die Verfehlung finanzieller Zielvorgaben genannt. Die vergangenheitsorientierte Kontrolle des finanziellen Erfolges einer Investition sollte immer anhand desselben Kriteriums erfolgen, aufgrund dessen die ursprüngliche Investitionsentscheidung getroffen wurde.[19] Dementsprechend sollte auch der Entscheidungsprozeß über die Desinvestition eines Unternehmungsteils aufgrund derselben Kriterien initiiert werden, die für die frühere Entscheidung, in diesen Unternehmungsteil zu investieren, gültig waren.

---

muß, bleibt sie von Bedeutung. Die Schuldigen zu suchen, die Verantwortlichen anzuprangern, den tatsächlichen oder vermeintlichen Ursachen nachzugehen, ist ein mühseliges, zeitraubendes und gefährliches Unterfangen. ... Man müßte sich mit Wenn und Aber, Ungewißheiten, Ungereimtheiten, gegenseitigen Vorwürfen, Unvollkommenheiten usw. auseinandersetzen, um zu Ergebnissen zu gelangen, die, falls sie überhaupt zutreffend sind, zunächst kaum zur Behebung der Krise beitragen."

15 Vgl. CLASEN, J.P. (1992), S. 254.

16 Vgl. AHLERT, D. (1998b), S. 18ff.; AHLERT, D. (1999), S. 20.

17 Vgl. CLASEN, J.P. (1992), S. 254.

18 Vgl. ADAM, D. (1993a), S. 21. GROB spricht daher nicht von einem *Ist-*, sondern von einem *Kontroll-*Zielwert. Ansatzpunkt der Kontrolle ist dann die zeitablaufbezogene Analyse folgender Differenz: Abweichung = (modifizierter) Soll-Zielwert ./. Kontroll-Zielwert; vgl. dazu GROB, H.L. (1999), S. 491.

19 In diesem Zusammenhang fordert GROB die Kompatibilität der Planungsmethode und der Kontrollmethode bzgl. der Zielinhalte und der Modellprämissen; vgl. GROB, H.L. (1999), S. 490.

Da der buchhalterische Gewinn bzw. die damit berechnete Rentabilität des bilanziellen Eigenkapitals wie gezeigt wenig geeignet sind, die Wertschöpfung der Eigentümer abzubilden,[20] können diese Größen konsequenterweise nicht als Indikatoren der finanziellen Zielerreichung dienen.

Um die Zielerreichung einer Unternehmung und ihrer Teile anhand finanzieller Indikatoren beurteilen zu können, müssen diese Kontrollgrößen gewisse Eigenschaften aufweisen. Sie müssen

- das laufende finanzielle Geschehen in den Unternehmungsteilen abbilden,
- periodenbezogen sein, d.h. in regelmäßigen Abständen vorliegen,
- in einem Zusammenhang zum Kalkül der ursprünglichen Investitionsentscheidung stehen und
- Informationen über die zukünftige finanzielle Entwicklung der Unternehmungsteile liefern.[21]

Bei der Bestimmung und Auswahl geeigneter Indikatoren besteht ein Dilemma: Einerseits reicht es wegen des realen Zielpluralismus' in der Unternehmungspraxis nicht aus, lediglich ein oder zwei Spitzenkennzahlen zu betrachten. Andererseits muß der zeitliche und personelle Aufwand der Erhebung und Interpretation der Daten gering sein, damit die Indikatoren ihre *Früh*warnfunktion erfüllen können.[22]

In Wissenschaft und Praxis werden eine Vielzahl finanzieller Indikatoren und Kennzahlensysteme diskutiert, die dazu dienen, frühzeitig Hinweise und Anregungsinformationen über eine eingetretene oder bevorstehende finanzielle Zielverfehlung einer Unternehmung, ihrer Unternehmungsteile oder einzelner Investitionen zu generieren. Beispielhaft genannt seien

- das DUPONT-Schema mit dem *Return-on-investment (ROI)*[23] als Spitzenkennzahl,
- das ZVEI-Schema mit der *Eigenkapitalrentabilität*[24] als dem obersten Indikator und
- das RL-Schema, welches mit dem *Ordentlichen Ergebnis* sowie den *Liquiden Mitteln*[25] zwei Spitzenkennzahlen verwendet.

Die Kritik an den genannten Kennzahlensystemen bezieht sich v.a. auf den Umstand, daß die Systeme sich nahezu ausschließlich auf das betriebliche Rechnungswesen stützen, keine externen Frühwarnindikatoren berücksichtigen sowie teilweise durch Berechnungen nichtssagender Kennzahlen unnötig aufgebläht werden.[26]

---

20 Siehe Kap. 2.2.2.

21 Vgl. BRÜGGERHOFF, J. (1992), S. 93.

22 Vgl. CLASEN, J.P. (1992), S. 168; KALENBERG, F. (1993), S. 132ff.; 274. Siehe dazu auch Kap. 2.2.

23 Der *ROI* ist dabei definiert als Verhältnis des Bilanzgewinns zum bilanziellen Gesamtkapital.

24 In diesem Schema entspricht die *Eigenkapitalrentabilität* dem Quotienten aus dem Bilanzgewinn und dem bilanziellen Eigenkapital.

25 Das *Ordentliche Ergebnis* ist definiert als (Ordentliche Erträge ./. Ordentliche Aufwendungen); die *Liquiden Mittel* sind definiert als (Anfangsbestand an liquiden Mitteln + Gesamteinnahmen ./. Gesamtausgaben).

26 Diskussionen dieser logisch-deduktiven Kennzahlensysteme - allerdings weniger im Hinblick auf deren Eignung für Desinvestitionsentscheidungen - finden sich z.B. bei STAEHLE, W.H. (1973), S. 222ff.; KÜTING, K. (1983), S. 291ff.; KALENBERG, F. (1993), S. 272ff. Zu empirisch-induktiven Kennzahlensystemen, die auf statistischen Verfahren basierend Bilanzdaten v.a. zum Zweck der Insolvenzprognose verwenden, vgl. z.B. PERRIDON, L./STEINER, M. (1991), S. 496ff.

Ist die Maximierung des Eigentümerwertes die oberste finanzielle Zielvorschrift einer Unternehmung, so muß diese ihre finanzielle Erfolgsmessung an einem zukunftsgerichteten, kapitalmarktorientierten Bewertungsansatz ausrichten.[27] Dem Shareholder-value-Konzept zufolge wird der Wert einer Unternehmung wesentlich durch deren Einzahlungsüberschüsse (Cash-flows) determiniert:[28]

Betriebliche (Umsatz-)Einzahlungen
- Betriebliche Auszahlungen
- Rentenzahlungen an Mitarbeiter[29]
= Operativer Cash-flow
(- Auszahlungen für zwischenzeitliche Investitionen)[30]
= Freier Cash-flow (vor Tilgungen, Zinsen und Steuern)
- Sollzinsen und Tilgungen[31] für Fremdkapital
- Gewerbesteuerzahlungen
- Körperschaftsteuerzahlungen auf thesaurierte Gewinne
= Bruttoausschüttung an Eigenkapitalgeber
(+ Einzahlungen in Höhe des Restwertes zwischenzeitlicher Investitionen)[32]
- Körperschaftsteuerzahlungen auf ausgeschüttete Gewinne
= Cash-flow an Eigenkapitalgeber nach Körperschaftsteuer

---

[27] Vgl. SCHIERENBECK, H./LISTER, M. (1989), S. 20; KUNZ, R.M. (1998), S. 392.

[28] Vgl. zu der folgenden direkten Kapitalflußrechnung GROB, H.L./LANGENKÄMPER, CH./WIEDING, A. (1999), S. 470. Da der Cash-flow auf keinem geschlossenen theoretischen Konzept beruht, existieren mehrere Cash-flow-Definitionen; vgl. BÜHNER, R. (1996a), S. 335. Zu den unterschiedlichen Berechnungsmethoden und Interpretationen des Cash-flows sowie zur Kritik an dieser Kennzahl vgl. WÖHE, G. (1990), S. 829ff., 1033f. Zur indirekten Ermittlung des Cash-flows aus den Daten des Jahresabschlusses vgl. WYSOCKI, K. v. (1990), S. 324ff.; PERRIDON, L./STEINER, M. (1991), S. 480ff.

[29] Die Behandlung von *Rentenzahlungen* und *Pensionsrückstellungen* stellt ein eigenständiges Problem der Unternehmungsbewertung dar. Da Rentenzahlungen i.d.R. aufgrund tarif- oder arbeitsvertraglicher Vereinbarungen erfolgen und den Eigen- und Fremdkapitalgebern nicht zur Verfügung stehen, werden sie hier vom Saldo der betrieblichen Ein- und Auszahlungen subtrahiert. Die sog. Nettomethode impliziert, daß der Unternehmungswert ausschließlich aus der Sicht der Eigen- und Fremdkapitalgeber ermittelt wird. Daher werden die finanziellen Wirkungen von Pensionszusagen explizit erfaßt. Bei indirekter Ermittlung des operativen Cash-flows ist zu beachten, daß die Erhöhung (Auflösung) der Pensionsrückstellungen zum (vom) Jahresüberschuß addiert (subtrahiert) wird. Vgl. dazu GROB, H.L./LANGENKÄMPER, CH./WIEDING, A. (1999), S. 456.

[30] Die *Investitionsauszahlungen* umfassen Ersatz- und Erweiterungsinvestitionen im Anlage- und Umlaufvermögen. Der Begriff *zwischenzeitlich* besagt, daß diese Investitionen erfolgten, nachdem die ursprüngliche Investitionsentscheidung, deren finanzielle Zielerreichung hier zu kontrollieren ist, bereits ausgeführt wurde.

[31] Grundsätzlich werden *Tilgungen* aus bereits versteuerten Mitteln geleistet, es handelt sich insofern um Mittelverwendung. Daher sind sie nicht vom freien Cash-flow, sondern vom Cash-flow an die Eigenkapitalgeber nach Körperschaftsteuer abzuziehen. Da Tilgungen aber i.d.R. aufgrund vertraglicher Vereinbarungen zu leisten sind, handelt es sich nicht um disponible Zahlungen. Daher werden sie für die hier interessierende finanzielle Kontrolle vom freien Cash-flow subtrahiert.

[32] Falls die *Investitionsauszahlungen* vom operativen Cash-flow subtrahiert werden, muß zur Bruttoausschüttung ein Ausgleichsposten *Einzahlungen in Höhe der Restwerte zwischenzeitlicher Investitionen* addiert werden. Andernfalls würden Unternehmungen, die Ersatz- und Erweiterungsinvestitionen unterlassen, gegenüber investierenden Unternehmungen eine höhere Eigenkapitalrentabilität und damit eine relativ bessere finanzielle Zielerreichung aufweisen. Damit verlöre jedoch die Eigenkapitalrentabilität ihre Eignung als Steuerungs- und Kontrollgröße der finanziellen Zielplanung. Es stellt sich dabei das Problem, wie die Restwerte zu quantifizieren sind.

Wird der im ersten Schritt berechnete operative Cash-flow als finanzwirtschaftlicher Überschuß interpretiert, so stellt er einen Indikator für die Innenfinanzierungskraft der Unternehmung dar.[33] Ob für die Berechnung des *freien Cash-flows* die aus Eigenmitteln finanzierten Investitionsauszahlungen vom *operativen Cash-flow* zu subtrahieren sind, hängt von dem dabei unterstellten Investitionsverständnis ab:[34]

- Werden die für Ersatz- und Erweiterungsinvestitionen verwandten Teile des operativen Cash-flows als quasi exogene Daten des Entscheidungsmodells betrachtet, sind sie vom operativen Cash-flow zu subtrahieren. Im Umfang dieser Investitionsauszahlungen werden der freie Cash-flow und damit die für Zins-, Tilgungs-, Steuer- und Dividendenzahlungen verfügbaren Mittel gemindert.

  Für diese Berechnungsmethode spricht, daß die für Ersatzinvestitionen benötigten Mittel eigentlich nicht disponibel sind, da sie notwendig sind, um die Unternehmung als Einkommensquelle zu erhalten.[35] Folglich sind sie keine Bestandteile des freien Cash-flows und können nicht für spätere Ausschüttungen verwendet werden.

  Gegen diesen Rechenschritt spricht, daß Ersatz- und Erweiterungsinvestitionen sich nach diesem Verständnis negativ auf die Zielerreichung auswirken, weil sie den Cash-flow an die Eigentümer und damit die Eigenkapitalrentabilität mindern. Entscheidungslogisch müßten Ersatz- und Erweiterungsinvestitionen dann generell unterbleiben. Eine solche Empfehlung ist jedoch betriebswirtschaftlich unsinnig, weil die Unternehmung dann im Zeitablauf als Einkommensquelle erodiert.

- Falls jedoch Ersatz- und Erweiterungsinvestitionen als Variablen einer von den Eigentümern zu treffenden Entscheidung über die Mittelverwendung angesehen werden, so mindern die für Anschaffungsauszahlungen verwandten Eigenmittel den freien Cash-flow nicht. Vielmehr sind die Investitionsauszahlungen dann als Teil des *Cash-flows an die Eigentümer nach Körperschaftssteuer* zu betrachten.

  Diese Berechnungsmethode basiert auf der Überlegung, daß für Investitionsauszahlungen nur jene Eigenmittel zur Verfügung stehen, die nach Zahlung der Zinsen und Tilgungen sowie der Gewerbe- und Körperschaftsteuer übrigbleiben. Darüber hinaus schlagen sich die finanziellen Wirkungen vergangener Investitionsentscheidungen bereits in den betrieblichen Ein- und Auszahlungen sowie den Zins- und Tilgungszahlungen nieder. Nach diesem Verständnis führte eine Subtraktion der Investitionsauszahlungen vom operativen Cash-flow zu einer doppelten Erfassung derselben.

---

[33] Im Zusammenhang mit Fondsrechnungen wird z.T. die Auffassung vertreten, der Umsatzüberschuß gebe Auskunft über den Umfang der Mittel, die für Investitionen im Anlagenbereich, für Dividenden- sowie Zins- und Tilgungszahlungen im Kapitalbereich oder für die Aufstockung der liquiden Mittel im Geldbereich alternativ verwandt werden können (bzw. bei einer Ist-Rechnung verwendet wurden); vgl. z.B. SCHIERENBECK, H. (1989), S. 566. Diese Auffassung ist jedoch nur eingeschränkt richtig, da vor der Mittelverwendung zunächst die Steuerzahlungen zu entrichten sind.

[34] Vgl. dazu auch Kap. 2.2.2.

[35] Vgl. zu dieser Berechnungsmethode SCHIERENBECK, H. (1989), S. 572, 588; BÜHNER, R. (1996a), S. 335.

Da die absolute Höhe der finanziellen Ergebnisse noch keine Auskunft über die damit verbundenen Risiken gibt, bilden die nach dem zuvor dargestellten Cash-flow-Schema berechneten Kennzahlen die Grundlage des folgenden Kennzahlensystems.[36] Dessen oberste Kennzahl ist die Eigenkapitalrentabilität nach Steuern, anhand derer der Grad der finanziellen Zielerreichung im Sinne einer Maximierung des Eigentümerwertes zu beurteilen ist (vgl. Abb. 22).

Abb. 22: Kennzahlensystem zur Kontrolle der finanziellen Zielerreichung

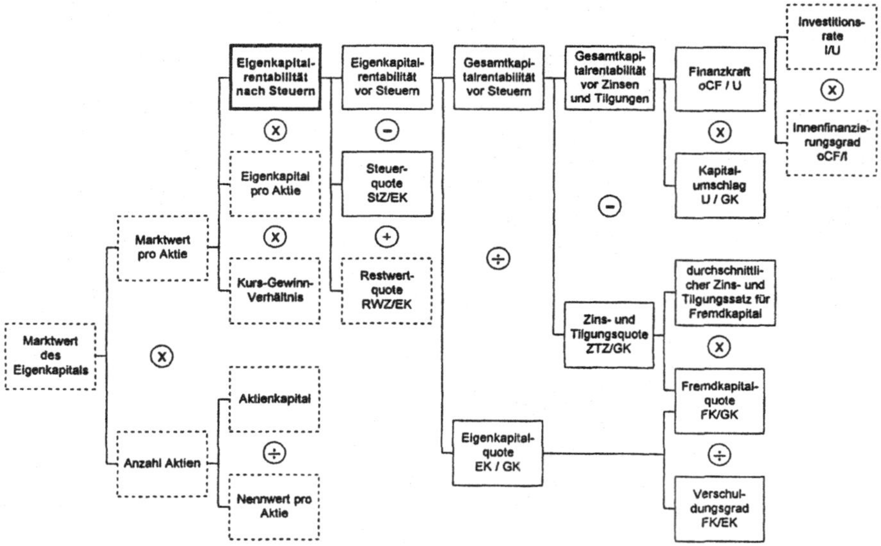

mit:
- U = Einzahlungen aus Umsatzerlösen
- I = Auszahlungen für Ersatz- und Erweiterungsinvestitionen
- oCF = operativer Cash-flow
- GK = Gesamtkapital
- FK = Fremdkapital
- EK = Eigenkapital
- ZTZ = Auszahlungen für Zinsen und Tilgungen
- StZ = Steuerauszahlungen
- RWZ = Einzahlungen in Höhe der Restwerte der Gegenstände des Anlage- und Umlaufvermögens

Quelle: Eigene Darstellung in Anlehnung an SCHIERENBECK, H./LISTER, M. (1998), S. 38ff.

Ausgehend vom operativen Cash-flow kann die Finanzkraft als eine Art Cash-flow-Umsatzrentabilität berechnet werden, die als Maßstab für den Umsatzerfolg und die kostengünstige Herstellung dient.[37] Durch Multiplikation mit dem Kapitalumschlag,

[36] Vgl. KUNZ, R.M. (1998), S. 393.

[37] Die Ausgangsgröße *Finanzkraft* kann aufgespalten werden in die multiplikativ verknüpften Kennzahlen *Investitionsrate* und *Innenfinanzierungsgrad*. Die Investitionsrate zeigt den Anteil des Investitionsvolumens am Umsatz der Unternehmung; der Innenfinanzierungsgrad gibt Aufschluß darüber, bis zu welchem Grad die von der Unternehmung getätigten Investitionen prinzipiell aus dem

als Indikator für die Nutzung der Vermögensgegenstände, ergibt sich die Cash-flow-Gesamtkapitalrentabilität vor Zinsen und Tilgungen. Durch Subtraktion der Zins- und Tilgungsquote[38] wird die Cash-flow-Gesamtkapitalrentabilität vor Steuern berechnet.[39] Indem diese ins Verhältnis zur Eigenkapitalquote gesetzt wird, erhält man die Cash-flow-Eigenkapitalrentabilität vor Steuern. Durch Subtraktion der Steuerquote[40] wird die oberste Zielgröße, die Cash-flow-Eigenkapitalrentabilität nach Steuern, ermittelt.[41]

Ein solches Kennzahlensystem bieten den Vorteil, daß es die sachlogischen Zusammenhänge zwischen der obersten Ziel- und Steuerungsgröße und den Einflußfaktoren transparent macht. Durch die Kombination der Erfolgskomponenten, die jeweils relativ zum Gesamt- bzw. Eigenkapital der Unternehmung ausgedrückt werden, läßt sich darstellen, wie die erzielte Eigenkapitalrentabilität der Unternehmung zustande kommt. Weiterhin können durch Zeitvergleiche Erkenntnisse über die Veränderung der Rentabilität der Unternehmung im Zeitablauf gewonnen werden. Indem das Gesamtkapital berücksichtigt wird, können auch Unternehmungen verschiedener Größen und Branchen sowie Konkurrenzunternehmungen derselben Branche verglichen werden. Anhand der Analyse der finanziellen Erfolgsgrößen und -komponenten kann

---

operativen Cash-flow finanzierbar waren; vgl. dazu REICHMANN, T. (1995), S. 32ff.; SCHIERENBECK, H./LISTER, M. (1998), S. 42f.

Die im operativen Cash-flow enthaltenen betrieblichen Ein- und Auszahlungen resultieren jedoch aus bereits früher getätigten Investitionen. Auch Umsatzgrößen sind, soweit sie zahlungswirksam sind, im operativen Cash-flow bereits berücksichtigt. Für die Eigenkapitalrentabilität nach Steuern haben die beiden Größen bei einer direkten Ermittlung des Cash-flows nur einen beschränkten Erklärungswert; daher sind sie in der Abbildung gestrichelt gedruckt.

38 Die *Zins- und Tilgungsquote* ist definiert als das Verhältnis der Zins- und Tilgungszahlungen zum Gesamtkapital. Da diese Zahlungen dem Rechnungswesen entnommen werden können, sind die Kennzahlen *Fremdkapitalquote* und *Verschuldungsgrad* grundsätzlich entbehrlich. Da beide Größen jedoch bei der später durchzuführenden Risikoanalyse, die sich auch auf das Finanzierungsrisiko erstreckt, hilfreich sind, werden sie in diesem Kennzahlensystem ebenfalls berücksichtigt.

39 Die Kennzahl *Restwertquote* zeigt an, welchen Anteil die Restwerte der Gegenstände des Anlage- und Umlaufvermögens am Eigenkapital haben. In der Initiierungsphase ist diese Größe noch von untergeordnetem Interesse. Da sie jedoch später bei der Bewertung von Verkaufs- und Stillegungsalternativen benötigt wird, ist sie im Kennzahlensystem zu erfassen.

40 Die Berechnung einer *Steuerquote*, definiert als Quotient der Steuerzahlungen und des Eigenkapitals, erlaubt es, im Kennzahlensystem die mittelbaren Wirkungen der Abschreibungen, Rückstellungen und Wertberichtigungen auf die Höhe der Steuerzahlungen zu berücksichtigen; vgl. dazu SCHIERENBECK, H./LISTER, M. (1998), S. 42f.

41 Auf der Basis der *Eigenkapitalrentabilität nach Steuern* kann unter Verwendung aktienbezogener Kennzahlen der *Marktwert des Eigenkapitals* der Unternehmung bestimmt werden. In Deutschland sind jedoch nur ein geringer Teil der Kapitalgesellschaften börsennotiert (siehe Kap. 1.1). Für alle anderen Kapitalgesellschaften sowie die Unternehmungen anderer Rechtsformen liegen keine derartigen Kennzahlen vor. Daher läßt sich der Marktwert des Eigenkapitals für nichtbörsennotierte Unternehmungen nur in Ausnahmefällen (z.B. bei einem Verkauf) bestimmen. Vgl. dazu GROB, H.L./LANGENKÄMPER, CH./WIEDING, A. (1999), S. 454. Folglich sind auch diese Größen in Abb. 22 gestrichelt dargestellt. Zur Interpretation der Kennzahlen *Eigenkapital pro Aktien* und *Kurs-Gewinn-Verhältnis* vgl. SCHIERENBECK, H./LISTER, M. (1998), S. 47, 53ff.

die Fähigkeit einer Unternehmungen, Eigentümerwerte zu schaffen und zu steigern, beurteilt werden.[42]

Als Rentabilitätsvorgaben für die Verzinsung des Eigenkapitals kommen grundsätzlich in Frage
a) die Kapitalrenditen am Wertpapiermarkt,
b) die durchschnittliche Eigenkapitalrentabilität vergleichbarer Unternehmungen derselben Branche oder
c) die durchschnittliche Eigenkapitalrentabilität von Unternehmungen anderer Branchen.

Im Fall a) stellt sich die Frage, wie das jeweilige Risiko eines Wertpapiers im Vergleich zum Risiko der Unternehmung zu bewerten ist.[43] Im Fall b) kann es sinnvoll sein, die Zielvorgabe in der Form „Branchendurchschnitt + x%" zu formulieren, um zu verhindern, daß die Unternehmung stets einen „nur" durchschnittlichen Erfolg anstrebt. Gleiches gilt für den Fall c), allerdings mit der Einschränkung, daß in anderen Branchen u.U. andere Risikofaktoren wirken, die Vorgabe einer „branchenfremden" Eigenkapitalrentabilität daher nur bedingt sinnvoll ist. Darüber hinaus wird im konkreten Fall die Höhe der geforderten Rentabilität von der Erwartungshaltung und Risikoneigung der Anteilseigner und der Unternehmungsleitung abhängen.

4.2.2 Vergleich der tatsächlichen und der geplanten finanziellen Erfolgsgrößen

Damit die dargestellten Indikatoren ihren Kontrollzweck erfüllen, sind die tatsächlichen finanziellen Erfolge mit den in der Vergangenheit festgelegten Soll-Vorgaben zu vergleichen. Die Ermittlung der tatsächlichen finanziellen Zielerreichung gestaltet sich bezogen auf die Gesamtunternehmung relativ einfach. Der Großteil der zur Ermittlung des Cash-flows notwendigen Ist-Zahlungen, seien es betriebliche Ein- und Auszahlungen oder Zins-, Tilgungs- und Steuerzahlungen, wird vom Rechnungswesen der Unternehmung ohnehin für die Abwicklung ihres Zahlungsverkehrs bereitgestellt.[44] Bei der Bestimmung der Eigen- und Fremdkapitalgrößen besteht das Problem, daß es sich um Bestandsgrößen handelt. Findet die Kontrolle der finanziellen Zielerreichung im jährlichen Turnus statt, kann es zweckmäßig sein, als Bezugsgrößen das durchschnittliche Eigen-, Fremd- und Gesamtkapital, jeweils berechnet als Mittelwert des in der Bilanz ausgewiesenen Anfangs- und Endbestandes, zu verwenden.[45]

---

[42] Vgl. zu diesen Vorteilen des Kennzahlensystems SCHIERENBECK, H./LISTER, M. (1998), S. 37ff. Der Konkurrenzvergleich setzt allerdings eine indirekte Ermittlung des Cash-flows im Rahmen der externen Bilanzanalyse voraus. Dabei tritt das Problem auf, daß eine Unternehmung einem Konkurrenten keinen Einblick in ihr internes Rechnungswesen gewähren wird.

[43] Zur Messung des systematischen und unsystematischen Risikos eines Wertpapiers und einer Unternehmung anhand des CAPM-Modells vgl. z.B. PERRIDON, L./STEINER, M. (1991), S. 250ff.; FISCHER, E.O. (1999), S. 778f.

[44] Zu den Aufgaben des Rechnungswesens vgl. AHLERT, D./FRANZ, K.-P. (1992), S. 4ff.

[45] Für eine unterjährige Vorgabe und Kontrolle ist die Eigenkapitalrentabilität aus mehreren Gründen nur sehr eingeschränkt geeignet:

Ein erster Soll-Ist-Vergleich ist bereits bei der Berechnung des operativen Cash-flows anzustellen. Ist nämlich der operative Cash-flow negativ, weil die betrieblichen Auszahlungen höher sind als die Einzahlungen, deutet das auf eine akute Gefährdung der Unternehmung hin. Die geltende Rechtslage (insb. § 283 Abs. 1 StGB) gebietet es, in diesem Fall sofort weiter gehende Anpassungs- und Desinvestitionsüberlegungen anzustellen, da die drohende und die tatsächliche Zahlungsunfähigkeit Insolvenzgründe sind. Die Unternehmungsleitung ist dann verpflichtet, innerhalb von drei Wochen beim zuständigen Amtsgericht einen Insolvenzantrag zu stellen.[46] Im Regelfall wird der operative Cash-flow jedoch positiv sein, so daß es eines weiteren Kriteriums für die Initiierung eines Desinvestitionsprozesses bedarf.

Bei der Kontrolle der finanziellen Zielerreichung einer Investition ist die von bzw. mit einem Investitionsobjekt erzielte tatsächliche Eigenkapitalrentabilität nicht mit der in der früheren Entscheidungssituation erwarteten Eigenkapitalrentabilität der Opportunität, sondern mit der damals erwarteten Eigenkapitalrentabilität des Investitionsobjektes zu vergleichen.[47] Ein Desinvestitionsprozeß ist daher grundsätzlich auszulösen, wenn die tatsächliche Eigenkapitalrentabilität der Unternehmung bzw. eines Unternehmungsteils erheblich unterhalb der von den Eigentümern gesetzten Soll-Vorgabe bleibt.[48]

Allerdings muß dabei erneut vor verfrühten Schlußfolgerungen und überstürzten Aktionen gewarnt werden, da die tatsächliche Eigenkapitalrentabilität auch aufgrund einer entgegen der ursprünglichen Planung gestiegenen Eigenkapitalquote sinken kann. In einer solchen Situation einen Desinvestitionsprozeß auszulösen, um eine weiter gehende Krise zu vermeiden, wäre unsinnig. Eine gestiegene Eigenkapitalquote führt ja gerade zu einer Verbesserung der Risikoposition und der Bonitätsbewertung einer Unternehmung und damit zu einer Reduzierung ihrer Krisenanfälligkeit.[49]

Aufgrund dieser gegenläufigen Effekte, die aus Sicht der Eigenkapitalgeber Ausdruck des klassischen Konfliktes zwischen Rentabilität und Risiko sind, empfiehlt es sich, mit Hilfe des oben dargestellten Kennzahlensystems für die Determinanten ei-

---

- Eine unterjährige Bewertung des in der Unternehmung investierten Kapitals bzw. des damit finanzierten Vermögens ist kurzfristig nur durch aufwendige Erhebungen möglich.
- Bei sachlich richtiger Abgrenzung sind die von der Unternehmung und den Eigentümern zu leistenden Steuerzahlungen erst bekannt, nachdem der Jahresabschluß erstellt wurde.

46 Dabei ist zu berücksichtigen, daß bei *Zahlungsunfähigkeit* die Frist nicht erst mit der Kenntnis, sondern bereits mit dem Eintritt der Zahlungsunfähigkeit beginnt. Dagegen kommt es beim Tatbestand der *Überschuldung* für den Fristbeginn auf die Kenntnis der Überschuldung an; vgl. dazu sowie zur Antragspflicht der Unternehmungsleitung HAARMEYER, H./WUTZKE, W./FÖRSTER, K. (1997), S. 28ff.

47 Nachdem sich der Entscheidungsträger für ein Investitionsobjekt und damit gegen die Opportunität entschieden hat, kommt dem Zielwert der Opportunität keine Bedeutung mehr zu. Schließlich ist es wenig sinnvoll, der nicht wahrgenommenen Opportunität i.S. einer verpaßten Chance nachzutrauern oder deren zwischenzeitliche Weiterentwicklung zu verfolgen; vgl. dazu GROB, H.L. (1999), S. 490.

48 Die Bestimmung der zukünftigen Mindestverzinsung des Eigenkapitals stellt ein eigenständiges Problem dar, welches in Kap. 7.4 behandelt wird.

49 Vgl. zu dieser Argumentation SCHIERENBECK, H./LISTER, M. (1998), S. 53.

ner vorgegebenen Eigenkapitalrentabilität jeweils eigene Zielgrößen zu formulieren.[50] Werden diese derivativen Vorgaben in den Soll-Ist-Vergleich integriert, erleichtert das im Fall negativer Abweichungen die Ursachenanalyse. Zugleich wird dadurch eine objektivere Beurteilung der finanziellen Lage der Unternehmung möglich, indem auch die nachgeordneten Kennzahlen einem Zeit- und/oder Branchenvergleich unterzogen werden.[51]

Insbesondere bei der partiellen Kontrolle des finanziellen Erfolges eines einzelnen Unternehmungsteils sind jene Daten, welche die Führungspersonen dieses Unternehmungsteils nicht beeinflussen können, konstant zu setzen. Die Auswirkungen von gegenüber der ursprünglichen Planung veränderten Parametern und Prämissen auf die finanziellen Zielwerte sind also auch dann unter Berücksichtigung der ursprünglich angesetzten Zins- und Steuersätze zu berechnen, wenn sich diese im Zeitablauf änderten. Die Betrachtung einer Zielwertabweichung ist also als ceteris-paribus-Analyse vorzunehmen.[52]

Weichen die Eigenkapitalrentabilität nach Steuern oder die anderen Indikatoren des Kennzahlensystems nur sporadisch oder über einen kurzen Zeitraum von den Soll-Vorgaben ab, so kann die Vermutung eines Anpassungsbedarfs unbegründet sein. Das dürfte insbesondere der Fall sein, wenn es sich lediglich um schwache, durch Sondereinflüsse bedingte und zeitlich begrenzte Diskontinuitäten handelt.

Je größer jedoch die Zahl jener Indikatoren ist, die über einen längeren Zeitraum erhebliche Zielabweichungen zeigen und vorgegebene Toleranzgrenzen unter- bzw. überschreiten, um so eher deutet das auf die Existenz eines Anpassungsbedarfs hin.[53] Da die Unternehmung dann davon ausgehen muß, daß die Erreichung ihrer finanziellen Ziele gefährdet ist, sollten im Falle negativer Differenzen zwischen den Soll- und Ist-Werten der finanziellen Indikatoren weiter gehende Desinvestitionsüber-

---

[50] Für eine solche Zielplanung ist das Kennzahlensystem von „links nach rechts" zu interpretieren, während es bei der Zielkontrolle von „rechts nach links" zu lesen ist.

[51] Branchenvergleiche können z.B. anhand der vom Statistischen Bundesamt, von den Branchenverbänden oder von Konkurrenzunternehmungen veröffentlichten Jahresabschlußdaten durch eine Bilanzanalyse durchgeführt werden. Vgl. z.B. DEUTSCHE BUNDESBANK (1998), GESAMTTEXTIL (Hrsg.) (1999). Vgl. dazu auch Kap. 3.

Sofern dabei Cash-flow-Größen indirekt ermittelt werden, dürfen diese bei einem Vergleich der eigenen Unternehmung mit konkurrierenden Unternehmungen nicht schematisch als Indikator angewandt werden. Da anlageintensive Unternehmungen höhere Abschreibungen aufweisen, ist ihr Cash-flow c.p. höher als bei Unternehmungen mit einem geringeren Anlagevermögen, außerdem ist der Cash-flow einer Unternehmung, die ihre Anlagen mietet, c.p. niedriger; vgl. dazu PERRIDON, L./STEINER, M. (1991), S. 481.

[52] Vgl. GROB, H.L. (1999), S. 496. Die Beurteilung des finanziellen Erfolges eines einzelnen Unternehmungsteils im Verhältnis zu anderen Teilen der Unternehmung setzt die Vergleichbarkeit der Unternehmungsteile voraus. Gleiche Sachverhalte müssen in den zu beurteilenden Subsystemen der Unternehmung gleich behandelt werden. Die einzelnen Unternehmungsteile weisen jedoch im allgemeinen Unterschiede bezüglich der Höhe und der zeitlichen Verteilung der von ihnen ausgelösten Ein- und Auszahlungen auf. Daher sind unternehmungsindividuell einheitliche Richtlinien für die Erstellung einer Planungs- und Kontrollrechnung zu entwickeln. Vgl. dazu BRÜGGERHOFF, J. (1992), S. 100.

[53] Vgl. CLASEN, J.P. (1992), S. 172.

legungen angestellt werden.[54] Ein Desinvestitionsprozeß ist insbesondere dann aufgrund finanzieller Zielverfehlungen auszulösen, wenn bei hoher Eigenkapitalquote eine unterdurchschnittliche Eigenkapitalrentabilität realisiert wird, oder eine niedrige Eigenkapitalrentabilität in Verbindung mit einer geringen Eigenkapitalausstattung erzielt wurde. [55]

4.3 Die Initiierung des Desinvestitionsprozesses anhand strategischer Kriterien

Als oberste strategische Zielsetzung einer am Eigentümerwert orientierten Unternehmung wird allgemein eine starke Wettbewerbsposition genannt.[56] Ist eine Unternehmung nicht in der Lage, durch eigene Wettbewerbsvorteile eine solche Position zu erreichen bzw. zu halten, ist selbst dann ein Desinvestitionsprozeß zu initiieren, wenn die finanziellen Ziele der Unternehmung erreicht wurden.[57] Folglich ist im Anschluß an die Kontrolle der finanziellen Zielerreichung im Rahmen einer strategischen Analyse zu prüfen, ob eine Unternehmung die angestrebte Wettbewerbsposition erreichen bzw. halten konnte, und ob sie für die Zukunft über die dafür notwendigen Wettbewerbsvorteile verfügt oder diese generieren kann. Ähnlich wie bei der Beurteilung der finanziellen Zielerreichung bedarf es dazu eines geeigneten Kriteriums, anhand dessen die strategische Zielerreichung beurteilt wird.

Im Folgenden werden zunächst mit der Portfolio-Analyse und der PIMS-Studie zwei „klassische“ Methoden der strategischen Analyse dahin gehend untersucht, ob sich aus ihnen Kriterien für die Initiierung eines Desinvestitionsprozesses ableiten lassen. Anschließend werden Kriterien entwickelt, welche geeignet sind, die beiden genannten Zwecke insbesondere in nichtdiversifizierten Unternehmungen zu erfüllen.

4.3.1 „Klassische“ Methoden zur Analyse der strategischen Zielerreichung

4.3.1.1 Die Portfolio-Analyse

4.3.1.1.1 Der grundlegende Ansatz der Portfolio-Analyse

Die Portfolio-Analyse basiert auf den finanzwirtschaftlichen Überlegungen von MARKOWITZ zur Optimierung von Wertpapieranlagen im Spannungsfeld von Risiko und Ertrag.[58] Die von MARKOWITZ entwickelte Portfolio-selection-Theorie erklärt anhand eines Diversifikationseffektes, wie bei gegebenen finanziellen Mitteln und unter Berücksichtigung des Risikos der Erwartungswert der Rendite eines Wertpapier-

---

[54] Vgl. REICHMANN, T. (1995), S. 37.

[55] Vgl. SCHIERENBECK, H./LISTER, M. (1998), S. 39.

[56] Siehe dazu Kap. 2.2.3.

[57] Siehe dazu Kap. 4.1.

[58] Vgl. MARKOWITZ, H.M. (1952), MARKOWITZ, H.M. (1959).

Portfolios maximiert wird.[59] Die Übertragung dieser Betrachtungsweise auf diversifizierte Unternehmungen führte zur Formulierung betriebswirtschaftlicher Portfolio-Modelle.

Ende der 60er, Anfang der 70er Jahre nutzten US-amerikanische Beratungsgesellschaften diese Überlegungen zur Analyse großer, diversifizierter Mehrprodukt-Unternehmungen.[60] Das wohl am weitesten verbreitete Portfolio-Modell ist das von der BOSTON CONSULTING GROUP (BCG) entwickelte Marktwachstum-Marktanteil-Modell, welches auch als Basismodell der Portfolio-Analyse gilt. In der Folgezeit wurden zahlreiche weitere Portfolio-Modelle entwickelt, die jedoch teilweise nur Variationen des BCG-Modells sind. Die bekanntesten sind das Marktattraktivität-Wettbewerbsstärken-Modell, das Lebenszyklus-Wettbewerbsposition-Modell sowie das Geschäftsfeld-Ressourcen-Modell[61]. Formal gemeinsam ist allen Modellen eine Betrachtung des Systems *Unternehmung* im Verhältnis zu seinen Umsystemen. Als Darstellungsinstrument wird i.d.R. eine zweidimensionale Matrix verwendet, mittels derer die Unternehmungs- und die Umweltdimension abgebildet werden.[62]

Zentrale Annahme der Portfolio-Analyse ist, daß der Wert einer Unternehmung, die aus mehreren Strategischen Geschäftseinheiten (SGE) besteht, durch den Cashflow jeder einzelnen SGE und dem damit jeweils verbundenen Risiko determiniert wird. Weiterhin wird unterstellt, daß eine Unternehmung nur über begrenzte finanzielle Ressourcen verfügt. Vor diesem Hintergrund ist es das Ziel des Konzeptes, die Wachstumsmöglichkeiten der Unternehmung so zu gestalten, daß zwischen den mittelbindenden und den mittelfreisetzenden SGE ein langfristiges Gleichgewicht besteht. Zugleich wird durch diese Streuung der Aktivitäten eine Reduktion des (Finanzierungs-)Risikos angestrebt.

---

[59] Zur Darstellung und Kritik der Portfolio-selection-Theorie vgl. SCHNEIDER, D. (1971), S. 348ff.; BLOHM, H./LÜDER, K. (1991), S. 311ff.; PERRIDON, L./STEINER, M. (1991), S. 239ff.

[60] Vgl. ANSOFF, H.I. (1965), S. 23ff.; GÄLWEILER, A. (1987), S. 77; PORTER, M.E. (1983), S. 447ff.; HAX, A.C./MAJLUF, N.S. (1988), S. 38f.

[61] Die Umweltrisiken einer Unternehmung liegen nicht nur auf der Absatz-, sondern auch auf der Beschaffungsseite. Dem trägt das von ALBACH entwickelte Geschäftsfeld-Ressourcen-Modell durch zwei vorgeschaltete Matrizen Rechnung. In einer Geschäftsfeld-Matrix erfolgt die Positionierung der SGE anhand der Kriterien *Lebenszyklusphase* und *Marktattraktivität*, während in einer Ressourcen-Matrix die *Kostenentwicklung* und die *Verfügbarkeit* der von der SGE benötigten Einsatzfaktoren berücksichtigt werden. Vgl. ALBACH, H. (1978), S. 709.

Einen Überblick über die anderen genannten Portfolio-Modelle gibt z.B. HAMMER, R.M. (1982), S. 199ff.

[62] Auf eine ausführliche Darstellung der grundsätzlich aus vier Teilschritten bestehenden Analysemethode wird an dieser Stelle verzichtet. Es wird dazu auf die diesbezüglich umfangreiche Literatur verwiesen; vgl. zur

1) Segmentierung der Unternehmung in SGE z.B. BUZZELL, R.D./GALE, B.T. (1989), S. 18; MEFFERT, H. (1998), S. 238f.;
2) Bestimmung und Skalierung der Unternehmungs- und der Umweltdimension z.B. HAMMER, R.M. (1988), S. 60ff., 287f.;
3) Bestimmung des Ist-Portfolios der Unternehmung z.B. HINTERHUBER, H.H. (1989a), S. 169;
4) Formulierung einer strategischen Stoßrichtung auf Unternehmungs- bzw. SGE-Ebene z.B. ANSOFF, H.I. (1965), S. 32ff.; HINTERHUBER, H.H. (1989a), S. 143ff., 159ff.

Ausgehend von der langfristig angelegten finanzwirtschaftlichen Zielsetzung der Unternehmung werden in den diversen Portfolio-Modellen jeweils Kriterien für die Entscheidung benannt, welche SGE unter Berücksichtigung ihrer Erfolgspotentiale auf- bzw. abzubauen sind. Am Beispiel zweier weit verbreiteter Modelle, des Marktwachstum-Marktanteil-Modells und des Lebenszyklus-Wettbewerbsstärken-Modells, wird nun gezeigt, wie anhand dieser Kriterien für einzelne SGE Investitions- und Desinvestitionsstrategien normativ abgeleitet werden.[63]

4.3.1.1.2 Desinvestitionskriterien ausgewählter Portfolio-Modelle

4.3.1.1.2.1 Das Marktwachstum-Marktanteil-Modell

Im BCG-Modell basiert die Abbildung der (internen) Unternehmungsdimension auf dem Erfahrungskurven-Ansatz.[64] Danach werden die Wettbewerbsstärke und der finanzielle Erfolg einer Unternehmung determiniert durch die Erfahrung, welche sie im Vergleich zu ihren Konkurrenten kumulieren konnte. Ein Erfahrungsvorsprung gegenüber der Konkurrenz führt c.p. zu geringeren Stückkosten, einem höheren Stückdeckungsbeitrag und letztlich zu einer höheren Rendite sowie einer stärkeren Wettbewerbsposition. Zur Quantifizierung des Umfangs an Erfahrung wird der Indikator *relativer Marktanteil* herangezogen.[65]

Für die Abbildung der (externen) Umweltdimension werden im BCG-Modell mit Bezug auf den Lebenszyklus-Ansatz[66] funktionale Beziehungen zwischen dem Markt-

---

[63] Vgl. HAMMER, R.M. (1982), S. 177; GÄLWEILER, A. (1987), S. 76ff., 83; HAMMER, R.M. (1988), S. 286; MEFFERT, H. (1998), S. 238ff.; BRÜGGERHOFF, J. (1992), S. 119; ADAM, D. (1993a), S. 280.

[64] Der Erfahrungskurven-Ansatz basiert auf der empirisch nachgewiesenen negativen Korrelation zwischen der Veränderung der direkten Fertigungsstückkosten und der Veränderung der kumulierten Ausbringungsmenge. Ursachen dieses Effektes sind das individuelle und das kollektive Lernen, welche u.a. zu verbesserten Konstruktionen und Arbeitsorganisationen, optimierten Technologien und einer effizienteren Kommunikation führen. Vgl. dazu HAX, A.C./MAJLUF, N.S. (1988), S. 133; SCHOELLER, P. (1996), S. 124. Die Angaben über die Höhe des Kostensenkungspotentials schwanken erheblich: GÄLWEILER beziffert das Intervall pauschal mit 20-30%; vgl. GÄLWEILER, A. (1987), S. 247. Dagegen nennt MEFFERT unter Hinweis auf Untersuchungen anderer Autoren nach Branchen differenzierte Näherungswerte von 12% (Automobil), 20% (Fernseher) und 40-50% (Halbleiter); vgl. MEFFERT, H. (1994),S. 145.

Zur Abgrenzung dieses dynamischen Effektes gegenüber den statischen Effekten einer Kostenreduktion durch Beschäftigungs-, Größen- oder Auflagendegressionen vgl. ADAM, D. (1990), S. 850; ADAM, D. (1993b), S. 321ff., 333.

[65] Der *relative Marktanteil* ist definiert als Verhältnis zwischen der eigenen Absatzmenge und der Absatzmenge des größten Wettbewerbers. Ein erfahrungsbedingter Kostenvorteil liegt nur vor, wenn der relative Marktanteil größer als Eins ist, der eigene Marktanteil also dauerhaft höher ist als der Marktanteil des größten Konkurrenten. Annahmegemäß ist nur dann die kumulierte Absatz- und Produktionsmenge größer als die des größten Wettbewerbers. Vgl. dazu HAHN, D. (1980), S. 116ff.; HEDLEY, B. (1980a), S. 88ff.; GÄLWEILER, A. (1987), S. 37ff.; HAX, A.C./MAJLUF, N.S. (1988), S. 155; WÖHE, G. (1990), S. 145.

[66] Der Lebenszyklus-Ansatz stellt ein zeitbezogenes Marktreaktionen-Modell dar, welches in seiner engeren Auslegung die produktbezogene Entwicklung unternehmerischer Erfolgsgrößen (z.B. Umsatz, Deckungsbeitrag, Gewinn) als von der Zeit abhängige Variablen betrachtet. Gewöhnlich werden vier (oder fünf) Lebensphasen - *Einführung, Wachstum, Reife, Sättigung,* (*Verfall*) - unterschie-

wachstum und dem Cash-flow einer SGE unterstellt: Zu Beginn des Lebenszyklus', in der Einführungsphase, beanspruchen neue Produkte aufgrund hoher F&E-Aufwendungen und umfangreicher Kosten der Markteinführung mehr liquide Mittel als sie freisetzen, ihr Netto-Cash-flow ist negativ. Auch in der Wachstumsphase bleibt der Cash-flow negativ, weil das Wachstum angesichts kurzer Innovationszyklen durch hohe Investitionen abgesichert werden muß. Erst in der Konsolidierungsphase - so die Annahme - wird ein positiver Netto-Cash-flow erreicht, der in andere Aktivitäten investiert werden kann. Gegen Ende des Lebenszyklus', in der Sättigungsphase, stagnieren oder schrumpfen die Absatzvolumina bei sinkendem Preisniveau, da die Nachfrage weitgehend gesättigt ist. Höhere Marktanteile zu Lasten der Konkurrenten sind dann nur durch einen hohen Ressourceneinsatz möglich, so daß nur selten ein positiver Cash-flow erzielt wird.[67]

Das BCG-Modell unterscheidet für die beiden Dimensionen *Marktanteil* und *Marktwachstum* jeweils zwei Ausprägungen. Die vier Bereiche der daraus resultierenden 2x2-Matrix werden mit den plakativen Begriffen *Stars*, *Cash Cows*, *Question Marks* und *Dogs* bezeichnet. Für jeden dieser Bereiche werden Normstrategien formuliert, welche die dort jeweils positionierten SGE verfolgen sollten:[68]

- *Stars* sind SGE mit einem hohen relativen Marktanteil in schnell wachsenden Märkten. Um den Marktanteil zu halten bzw. auszubauen und das interne Wachstum zu fördern, wird für diesen Bereich als Normstrategie die vollständige Reinvestition des erwirtschafteten Cash-flows empfohlen.

- *Cash Cows* sind in späten Marktphasen befindliche SGE. Trotz niedrigen Marktwachstums erwirtschaften sie aufgrund ihres großen relativen Marktanteils noch hohe finanzielle Überschüsse. Da der Markt künftig keine Erfolgspotentiale mehr verspricht, sollte in diese SGE nicht weiter investiert werden. Vielmehr wird für diesen Bereich zu einer Defensiv- oder Abschöpfungsstrategie zur Erhaltung, nicht jedoch zur Verbesserung des relativen Marktanteils, geraten.

- *Question Marks* sind jene SGE mit einem niedrigen relativen Marktanteil, die in einer frühen Wachstumsphase auf attraktiven Märkten agieren. Empfohlen werden selektive Strategien: Bei guten Aussichten auf eine Steigerung des Marktanteils sollte offensiv investiert werden, um die damit verbundenen Chancen nutzen zu können; falls nur geringe Aussichten bestehen, eine günstigere Marktposition zu erreichen, sollte desinvestiert werden.

- *Dogs* befinden sich in einer sehr ungünstigen Position. Es handelt sich um SGE, die auf (unattraktiven) Märkten mit geringen Wachstumsraten einen niedrigen relativen Marktanteil aufweisen. Da ihr Netto-Cash-flow negativ ist, und Maßnahmen

---

den. Für eine ausführliche Darstellung vgl. ANSOFF, H.I./DECLERCK, R.P./HAYES, R.L. (1980), S. 403; AHLERT, D. (1984), S. 96ff.; MEFFERT, H. (1998), S. 328ff.

Zu den strategischen Implikationen des Lebenszyklus-Ansatzes vgl. HAMMER, R.M. (1982), S. 155ff.; HAX, A.C./MAJLUF, N.S. (1988), S. 153, 205ff.

[67] Vgl. GÄLWEILER, A. (1987), S. 81; MEFFERT, H. (1998), S. 245ff.

[68] Vgl. zu diesen Normstrategien HEDLEY, B. (1980b), S. 104ff.; HAX, A.C./MAJLUF, N.S. (1988), S. 158ff.

zur Verbesserung der Position nicht ratsam sind, werden Desinvestitionsstrategien empfohlen.

Folgt man diesen Empfehlungen, sind weitere Desinvestitionsüberlegungen für jene SGE anzustellen, die entweder als *Dogs* klassifiziert wurden, weil sie auf unattraktiven Märkten über einen geringen relativen Marktanteil verfügen, oder als *Question Marks* nur geringe Aussichten haben, ihren relativen Marktanteil zu erhöhen.

4.3.1.1.2.2 Das Lebenszyklus-Wettbewerbsposition-Modell

Ähnlich wie das BCG-Modell basiert das von der Firma ARTHUR D. LITTLE, INC. vorgeschlagene Lebenszyklus-Wettbewerbsposition-Modell auf dem Lebenszyklus-Ansatz. Allerdings gilt der Ansatz dabei nicht implizit, vielmehr dienen die Phasen *Entstehung*, *Wachstum*, *Reife* und *Alter* explizit zur Skalierung der externen, von der Unternehmung nicht beeinflußbaren Umweltdimension. In der Unternehmungsdimension wird die Wettbewerbsposition der einzelnen SGE in jenen Branchen abgebildet, in denen diese konkurrieren, wobei sechs Ausprägungen - *dominierend*, *stark*, *günstig*, *mäßig*, *schwach* und *nicht lebensfähig* - verwandt werden (vgl. Tab. 1).

Tab. 1: Normstrategien im Lebenszyklus-Wettbewerbsposition-Modell*

Wettbewerbs-position	Lebenszyklusphase			
	Entstehung	Wachstum	Reife	Alter
dominierend	Etwas schneller investieren als der Markt nahelegt, um Position zu halten.	Investieren, um Wachstumsrate zu halten und um evtl. neue Konkurrenten abzuschrecken.	Soviel wie nötig reinvestieren, um Position zu halten und mit der Branche zu wachsen.	Soviel wie nötig reinvestieren, um Position zu halten.
stark	So schnell investieren wie der Markt nahelegt, um Position zu verbessern.	Investieren, um Wachstumsraten zu steigern und Position zu verbessern.	Soviel wie nötig reinvestieren, um Position zu halten und mit der Branche zu wachsen.	Minimal reinvestieren, um Position zu halten, oder abschöpfen.
günstig	Selektiv investieren, um Position zu halten oder zu verbessern.	Selektiv investieren, um Position zu verbessern.	Minimal bzw. selektiv reinvestieren, um Position zu halten oder Nische zu finden.	Minimale Erhaltungsinvestion oder Rückzug durch Veräußerung.
mäßig	(Sehr) selektiv investieren, um Position zu halten.	Selektiv investieren, um Nische zu finden oder zu halten.	Minimal reinvestieren oder schrittweiser Rückzug durch Veräußerung.	Veräußern oder liquidieren.
schwach	Investieren, um Position zu verbessern oder liquidieren.	Investieren, um Position zu verbessern oder liquidieren.	Selektiv investieren, um Position zu verbessern oder liquidieren.	Liquidieren.

*) Für die als *nicht lebensfähig* klassifizierten SGE werden generell, unabhängig von der Lebenszyklusphase, in der sie sich befinden, Desinvestitionen empfohlen. Daher werden diese SGE in der Tabelle nicht explizit aufgeführt.

Quelle: Eigene Darstellung in Anlehnung an HAX, A.C./MAJLUF, N.S. (1988), S. 208f.

Auch in diesem Modell werden die SGE zunächst in der resultierenden 6x4-Matrix positioniert.[69] In Abhängigkeit von der Position einer SGE nennt das Modell dann bezüglich des (Des-)Investitionsverhaltens die in der Tabelle genannten Normstrategien. Für die als nicht lebensfähig klassifizierten SGE sowie für solche SGE, deren Wettbewerbsposition schwach ist, empfiehlt das Modell Desinvestitionen, unabhängig von der Lebenszyklusphase, welche diese SGE gerade durchlaufen. Eine Desinvestition in Form einer Abschöpfung erscheint zweckmäßig, wenn eine SGE in der Reifephase nur eine schwache Wettbewerbsposition hat. Schließlich werden Desinvestitionen für solche SGE empfohlen, die sich in der Endphase des Lebenszyklus' befinden, es sei denn, sie halten eine dominierende Wettbewerbsposition inne.

4.3.1.1.3 Die Eignung der Portfolio-Modelle zur Initiierung eines Desinvestitionsprozesses

Es wird an dieser Stelle nicht näher auf die in der wissenschaftlichen Literatur vielfältig vorgetragenen allgemeinen, methodischen Unzulänglichkeiten der Portfolio-Modelle eingegangen.[70] Vielmehr soll anhand der Wettbewerbssituation der deutschen Textil- und Bekleidungsunternehmungen untersucht werden, ob die Entscheidungskriterien der Modelle im konkreten Fall geeignet sind, in der Initiierungsphase Desinvestitionsprozesse auszulösen und in der folgenden Suchphase potentielle Desinvestitionsobjekte zu bestimmen. Zu diesem Zweck ist zu prüfen, ob die theoretischen Prämissen der Modelle erfüllt sind, und ob sie die unternehmerische Realität zutreffend beschreiben.

Die implizite Prämisse des BCG-Modells, daß größere Produktionsmengen zu höheren Renditen und einer stärkeren Wettbewerbsposition führten, kann nur gelten, wenn die Erfahrungskurven aller im globalen Wettbewerb stehenden Konkurrenten

---

[69] Vgl. HAHN, D. (1980), S. 119ff.; HAX, A.C./MAJLUF, N.S. (1988), S. 205ff.

[70] Als wesentliche Kritikpunkte an den Portfolio-Modellen werden genannt:

- Die Komplexität der Umwelt wird zu stark vereinfacht, Diskontinuitäten werden vernachlässigt; vgl. z.B. HAHN, D. (1980), S. 128ff.
- Synergien zwischen den SGE, Kosten- und Wertschöpfungsstrukturen und daraus resultierende produkt- und absatzmäßige Interdependenzen mit anderen Funktionsbereichen der Unternehmung bleiben unbeachtet; vgl. z.B. MEFFERT, H. (1994), S. 55.
- Wegen der zu starken Wachstumsorientierung werden schrumpfende Märkte mit negativen Veränderungsraten nicht berücksichtigt; vgl. z.B. MEFFERT, H. (1983), S. 25.
- Durch die starke Ausrichtung auf das Ist-Portfolio fehlt eine Zukunftsorientierung; vgl. z.B. ADAM, D. (1993a), S. 283.
- Die Bildung und Abgrenzung der SGE birgt die Gefahr, daß lukrative Marktsegmente u.U. vernachlässigt werden; vgl. z.B. MEFFERT, H. (1983), S. 26.
- Wenn die Abgrenzungs- und Erfolgskriterien der SGE stark subjektiv geprägt sind und nicht kardinal bewertet werden können (z.B. Marktattraktivität, Wettbewerbsstärke), sind sie nur schwierig oder gar nicht zu operationalisieren. Das wiederum führt zu undifferenzierten Normstrategien; vgl. dazu z.B. HAMMER, R.M. (1988), S. 290; ADAM, D. (1993a), S. 282ff.
- Die Normstrategien und Empfehlungen der diversen Portfolio-Modelle sind nicht miteinander kompatibel; vgl. z.B. GÄLWEILER, A. (1987), S. 81ff.; NAPP, H. (1990), S. 38.

weltweit identisch sind. Das trifft jedoch nur unter sehr engen Voraussetzungen zu, wenn nämlich

a) für alle weltweiten Konkurrenten die Stückkosten der ersten Produktionseinheit gleich hoch sind, bzw. die Ausgangspunkte der Erfahrungskurven aller Wettbewerber identisch sind;

b) die Erfahrungskurven der diversen Konkurrenten dieselbe Neigung aufweisen;

c) und der unterstellte Umfang der Kostendegression groß genug ist, um einen deutlichen Kosten- und damit Wettbewerbsvorteil zu erreichen.[71]

Im Folgenden wird gezeigt, daß realiter diese Voraussetzungen im allgemeinen und insbesondere bei den die weltweit konkurrierenden Unternehmungen der Textil- und Bekleidungsindustrie nicht erfüllt sind.

zu a) Die deutsche Textil- und Bekleidungsindustrie steht, wie in Kapitel 3 detailliert erläutert wurde, unter einem starken internationalen Wettbewerbs- und Importdruck insbesondere aus den MOE- und den ostasiatischen Ländern.[72] Ausländische Textil- und Bekleidungshersteller können sich eines Faktormarktes bedienen, dessen Stückkostenniveau im Gegensatz zu den inländischen Märkten deutlich niedriger ist. Das gilt für die Arbeitskosten[73] ebenso wie für die Kapital-[74] und die Energiekosten.[75]

Daher können die ausländischen Konkurrenten von vornherein mit niedrigeren Stückkosten für die jeweils erste Produkteinheit rechnen. Folglich können sie in der graphischen Darstellung der Erfahrungskurve von einem niedrigeren Ausgangspunkt

---

[71] Vgl. dazu HEDLEY, B. (1980a), S. 98ff.; SCHOELLER, P. (1996), S. 127.

[72] Siehe Kap. 3.4. Bei konsequenter Anwendung des Portfolio-Konzeptes müssen diese ausländischen Wettbewerber bei der Abgrenzung des relevanten Marktes und der Bestimmung des relativen Marktanteils ebenfalls berücksichtigt werden. Dadurch aber wird das verwendete Modell derart umfangreich und kompliziert, daß es kaum noch sinnvoll zu handhaben ist. Vgl. dazu SCHOELLER, P. (1996), S. 127.

[73] Den Arbeitskosten kommt bei einem internationalen Vergleich der Wettbewerbsfähigkeit von Volkswirtschaften, Branchen oder Unternehmungen besondere Bedeutung zu, da sie einen überwiegenden Anteil an der industriellen Wertschöpfung haben. Ihre absolute Höhe allein läßt jedoch noch keine Aussage über die Attraktivität eines Produktionsstandortes und die Wettbewerbsfähigkeit der dort produzierenden Unternehmungen zu. Nötig ist vielmehr ein Vergleich der *Lohnstückkosten* als Verhältnis von Arbeitskosten und Produktivität. Deren Entwicklung im Zeitablauf gibt Aufschluß darüber, wie sich die Attraktivität eines Standortes gegenüber ausländischen Standorten verändert hat. In den Jahren von 1989 - 1995 war die Dynamik der Lohnstückkosten in Westdeutschland mit einer Steigerung von ca. 21% wesentlich schneller als in den wichtigsten Wettbewerbsländern. Dabei verschafften die Wechselkurseffekte im Zuge der DM-Aufwertungen der Konkurrenz einen Vorteil von 14%. Ein Drittel des aufgelaufenen Kostennachteils ist also interner (nationaler) Natur. Vgl. JÄGER, B./RECKFORT, J./TÜCKING, E. (1997), S. 166ff. sowie die ausführlichen Untersuchungen von SCHRÖDER, C. (1996a).

[74] Ein internationaler Vergleich der Kapitalkosten darf sich nicht nur auf die durch Kreditzinssätze und Beleihungsmodalitäten determinierten direkten Kapitalkosten beziehen, sondern muß auch die Höhe der indirekten Kapitalkosten erfassen; diese sind im Ausland ebenfalls häufig niedriger. Aufgrund der im Ausland weniger restriktiven technischen und zeitlichen Auflagen können Maschinenkapazitäten dort hinsichtlich einer kostengünstigen Auslastung besser optimiert werden als hierzulande. Vgl. dazu SCHÜER, H.U. (1994), S. 46; HOFMANN, C.F. (1995); JÄGER, B./RECKFORT, J./TÜCKING, E. (1997), S. 160ff., 201ff.

[75] Vgl. zu allen drei Kostenarten HURCKS, K. (1994), S. 37ff., 63f.; EUROSTAT (1996); SCHRÖDER, C. (1996b), S. 44ff.; JÄGER, B./RECKFORT, J./TÜCKING, E. (1997), S. 166ff.

ihrer Erfahrungskurve ausgehen. Da die Unterschiede der Faktorkosten nicht branchenspezifisch sind, kann unabhängig von der Textil- und Bekleidungsindustrie unterstellt werden, daß in vielen Branchen sogar die Stückkosten der kleinen Wettbewerber im Ausland auf einem Niveau liegen, welches in Deutschland selbst die größten Wettbewerber wegen der hierzulande höheren Faktorkosten nicht erreichen können.[76]

zu b) Bezogen auf die Textilindustrie weist SCHOELLER darauf hin, daß nicht diese selbst, sondern die ihr in der Wertkette vorgelagerten Unternehmungen der Textilmaschinenindustrie die eigentlichen Träger des Wissens bzw. der Erfahrung sind. Letztere können daher auch Textilunternehmungen mit einer kleineren kumulierten Produktionsmenge zu der notwendigen Erfahrung verhelfen. Zusammen mit der hohen Diffusion anwendungsbezogenen Wissens durch internationale Beratungsunternehmungen kann das dazu führen, daß kleinere Unternehmungen mit steigender Produktionsmenge sogar höhere Kostendegressionen erzielen als die größeren Unternehmungen. Da in diesem Fall der Kurvenverlauf der kleineren Unternehmung steiler wäre, muß bezweifelt werden, daß die Erfahrungskurven aller Konkurrenten dieselbe Neigung aufweisen.[77]

zu c) Darüber hinaus ist es fraglich, ob im Fall der Textil- und der Bekleidungsindustrie bei einer Verdoppelung der Produktionsmenge tatsächlich eine Kostendegression mindestens in Höhe der angenommenen 20% eintritt, ob also die Kostenvorteile des Marktführers gegenüber seinen kleineren Wettbewerbern signifikant sind. Die Kostenstrukturen der am Anfang der Wertkette stehenden Textilunternehmungen (v.a. der Spinnereien und Webereien) zeigen, daß deren Bruttowertschöpfung sich wegen des hohen Rohstoff- und Energieanteils zwischen ca. 25-35% ihrer Gesamtkosten bewegt.[78] Die Einstandspreise der Einsatzfaktoren hängen wesentlich von landwirtschaftlichen Bedingungen (für Baumwolle und Wolle) bzw. von Rohölpreisen (für synthetische Fasern und Energie) ab; diese Preise sind aus Sicht der Textilunternehmungen exogene Daten. Sofern es sich bei den Einsatzfaktoren um Urprodukte i.w.S. handelt, ist die tatsächliche Kostendegression geringer als die im Erfahrungskurven-Ansatz unterstellte.

Des weiteren übersieht der Erfahrungskurven-Ansatz, daß bei einem großen Mengendruck sinkende Stückkosten zu einem hohen Preisdruck führen können. Wenn

---

[76] Ähnliche Ergebnisse bzgl. der Kostensituation erbrachte eine DIW-Studie aus dem Jahr 1995, allerdings wurden in dieser Studie andere Schlußfolgerungen daraus gezogen: Demnach waren deutsche Unternehmungen auch bei arbeitsintensiven Gütern (u.a. mit den an zweiter und dritter Stelle stehenden Bekleidungswarengruppen) im Hochpreissegment erfolgreich auf den Weltmärkten vertreten. Dies wurde als Beleg dafür angesehen, daß komparative Kostennachteile wie hohe Lohn- und Lohnzusatzkosten durch produktbezogene Nischen- oder Spezialisierungsstrategien wettgemacht werden können; vgl. DIW (1995a), S. 573.

[77] Vgl. SCHOELLER, P. (1996), S. 128f. Zur Entwicklung des technischen Fortschritts und zu den Möglichkeiten der Automatisierung in der Textil- und Bekleidungsindustrie vgl. JÄGER, B./RECKFORT, J. /TÜCKING, E. (1997), S. 61ff.; TÜCKING, E. (1999), S. 26ff. Zur Wirkung eines Innovationsvorsprunges vgl. auch die Ausführungen in Kap. 3.2.1.

[78] Im Jahr 1997 betrug der Anteil der Material- und Energiekosten bei den Spinnereien 57,2%, bei den Webereien 50,1% ihres Bruttoproduktionswertes. Der Durchschnittswert der Textilindustrie betrug 45,4%; vgl. zu diesen Daten GESAMTTEXTIL (Hrsg.) (1999), S. 24*.

aufgrund eines sinkenden Preisniveaus am Markt die Stückerlöse schneller verfallen als die Stückkosten durch Lerneffekte gesenkt werden können, sinkt der Cash-flow je Produkteinheit. Dadurch können die gesamten finanziellen Überschüsse eines Produktes bzw. einer SGE sogar bei steigender Absatzmenge rückläufig sein.[79]

Das grundsätzliche Problem des Lebenszyklus-Ansatzes, des zweiten theoretischen Bezugspunktes der Portfolio-Modelle, besteht darin, daß dieser im Fall internationaler, offener Märkte keine zeitlich versetzten Phasenverläufe erfaßt. Strategische Empfehlungen können daher nur bezüglich der Lebenszyklusphase eines geschlossenen Marktes gegeben werden. Die regionalen Beschaffungs- und Absatzmärkte der Textil- und Bekleidungsindustrie sind jedoch durch intensive, grenzüberschreitende Wettbewerbsbeziehungen gekennzeichnet und befinden sich gleichzeitig auf sehr unterschiedlichen volkswirtschaftlichen Entwicklungsstufen.[80]

Vergegenwärtigt man sich die prognostizierte Entwicklung der Weltbevölkerung, so ist daraus eine wachsende Nachfrage nach Textilien und Bekleidungserzeugnissen abzuleiten. Bei einer hochaggregierten Betrachtung des weltweiten Verbrauchs ist es daher fraglich, ob der Textil- und Bekleidungsmarkt im globalen Maßstab jemals in eine Sättigungs- oder Verfallsphase eintreten wird. Auch bei einer stark disaggregierten Betrachtung ist die Aussagekraft des Lebenszyklus-Ansatzes gering. Gerade im Bereich hochmodischer Produkte sind die Lebenszyklen derart kurz, daß die ex post gewonnenen Marktdaten kaum als Grundlage strategischer, zukunftsgerichteter Entscheidungen dienen können.[81]

Schließlich ist es fraglich, ob die überwiegend auf Plausibilitätsüberlegungen basierende Prämisse einer negativen Korrelation zwischen Netto-Cash-flow und Lebenszyklusphase zutreffend ist, ob also in Reifephasen befindliche SGE positive Cash-flows erwirtschaften. In der Textilindustrie veranlaßt der hohe Wettbewerbsdruck die Unternehmungen, erwirtschaftete Finanzmittel sofort zu reinvestieren. Das Aufschieben von (Rationalisierungs-)Investitionen kann rasch zu einer Verschlechterung der eigenen Kostenposition und u.U. in eine Stagnationsspirale führen. Aufgrund der hohen Anlageintensität der Branche wird der erzielte Cash-flow nicht zur Finanzierung anderer Aktivitäten freigesetzt, sondern ist fortlaufend im Anlage- und im Umlaufvermögen gebunden.[82] Folglich sind die Prämissen des Lebenszyklus-Ansatzes für die Textil- und Bekleidungsindustrie nicht erfüllt.[83]

---

79 Vgl. ADAM, D. (1993a), S. 284; BACKHAUS, K./VOETH, M. (1994), S. 23ff. SCHOELLER weist ergänzend darauf hin, daß der Umfang der Kostendegression in fortgeschrittenen Marktphasen bzw. in reifen Industrien, zu denen die Textil- und Bekleidungsindustrie zählen, deutlich geringer ausfällt als die unterstellten 20%; vgl. SCHOELLER, P. (1996), S. 129f.

80 Vgl. SCHOELLER, P. (1996), S. 116f.

81 Siehe dazu auch die Ausführungen zum Strukturwandel der Textil- und Bekleidungsindustrie in Kap. 3.3.

82 Vgl. SCHOELLER, P. (1996), S. 130. In den Jahren 1980 - 1996 betrug die Sachanlagequote (= Sachanlagevermögen inkl. des Grund- und Immobilienvermögens bezogen auf die Bilanzsumme) in der Textilindustrie 25 - 28%, in der Bekleidungsindustrie 14 - 19% (Verarbeitendes Gewerbe: 23 - 29%); vgl. DEUTSCHE BUNDESBANK (1999). Siehe dazu auch Kap. 3.5.3.

83 Vgl. zu dieser Beurteilung SCHOELLER, P. (1996), S. 118. Dieser nennt als weitere Kritikpunkte die nicht eindeutige empirische Fundierung und die damit geringe Validität des Ansatzes.

Es konnte gezeigt werden, daß Wettbewerber aus unterschiedlich entwickelten Volkswirtschaften mit unterschiedlichen Faktorkosten spezifische Erfahrungskurven aufweisen. Es muß daher bezweifelt werden, daß im internationalen Wettbewerb der Erfahrungskurven-Effekt in dem unterstellten Ausmaß eintritt, daß also der (Mengen-)Marktführer gegenüber kleineren Konkurrenten über Kosten- und damit Wettbewerbsvorteile verfügt. Folglich ist der relative Marktanteil für eine westeuropäische bzw. deutsche Textil- oder Bekleidungsunternehmung kein geeigneter Indikator zur Beurteilung ihrer Wettbewerbsposition.

Für Unternehmungen, die auf internationalen Märkten agieren, welche durch grenzüberschreitende Wettbewerbsbeziehungen, unterschiedliche Entwicklungsphasen sowie eine stabile oder sogar steigende Nachfrage nach weitgehend homogenen, technisch ausgereiften Produkten gekennzeichnet sind, leistet auch der Lebenszyklus-Ansatz nur einen geringen Erklärungsbeitrag für deren Wettbewerbsposition. Schließlich konnten anwendungstechnische Mängel der Portfolio-Modelle aufgezeigt werden. Insbesondere geben die diversen Modelle keine Anleitung, wie die Erfolgspotentiale einer Unternehmung und ihrer SGE zu sichern bzw. zu erhöhen sind.[84]

Daraus ist insgesamt zu schließen, daß die Portfolio-Modelle wenig bis gar nicht geeignet sind, die strategische Zielerreichung einer Unternehmung zu analysieren. Folglich bieten diese Modelle auch keine Kriterien, anhand derer ein Desinvestitionsprozeß ausgelöst oder potentielle Desinvestitionsobjekte bestimmt werden können.[85]

4.3.1.2 Die PIMS-Studie

4.3.1.2.1 Der Ansatz und die wichtigsten Ergebnisse der PIMS-Studie

Ausgangspunkt des 1972 begonnenen PIMS-Forschungsprojektes[86], das vom STRATEGIC PLANNING INSTITUTE (SPI), Cambridge/Mass., durchgeführt wird, war die Frage, ob es allgemeingültige, branchenübergreifende, strategische Prinzipien, sog. *Marktgesetze*, gibt, die Beziehungen zwischen den Strategien und Erfolgen von Unternehmungen erklären. Für die Untersuchung dieser Frage wird eine umfassende Datenbank strategischer und finanzieller Merkmale von mehr als 3.000 Produktbereichen und Geschäftseinheiten gepflegt. Die PIMS-Studie geht von der grundlegenden Annahme aus, daß der Erfolg von Geschäftseinheiten unabhängig von spezifischen Branchengegebenheiten durch die Marktsituation, die Struktur der Unternehmung sowie deren strategische Ausrichtung bestimmt wird.[87]

---

[84] Vgl. GÄLWEILER, A. (1987), S. 82.

[85] Allenfalls haben die Portfolio-Modelle didaktischen Nutzen, weil sie durch die anschauliche Darstellungen eines Ist-Portfolios die Kommunikation über die strategische Führung innerhalb einer Unternehmung unterstützen und ein ganzheitliches Denken fördern. Zu den Vorteilen der Portfolio-Modelle vgl. HAMMER, R.M. (1988), S. 290.

[86] Die Abkürzung PIMS steht für „Profit Impact of Market Strategies".

[87] Die Daten werden von ca. 450 Unternehmungen zur Verfügung gestellt und umfassen Zeiträume von zwei bis zehn Geschäftsjahren. In der Datenbank sind viele verschiedene Produkte und Märkte enthalten, darunter Rohstoffe, Gebrauchs- und Investitionsgüter, Güter der Schwerindustrie, High-

Die zur Untersuchung dieser vermuteten Gesetzmäßigkeiten bei den beteiligten Unternehmungen erhobenen Daten lassen sich grob in vier Gruppen einteilen:

- Marktstruktur: Wesentliche Erklärungsvariablen sind u.a. der Grad der Marktdifferenzierung, das Marktwachstum, die Kapitalintensität sowie der gewerkschaftliche Organisationsgrad der Mitarbeiter.
- Wettbewerbsposition: Hierzu zählen beispielsweise Daten über die im Vergleich zu den Konkurrenten relative Qualität, den relativen Marktanteil, die relative Kapitalintensität und die relativen Kosten.
- Strategien und Maßnahmen: Dazu gehören Daten über die Preis- und Produktpolitik, Aufwendungen für Marketing und F&E, die Distributionskanäle und die relative vertikale Integration.
- Erfolgs- und Leistungsgrößen: Als Maßstäbe für den Erfolg einer Geschäftseinheit werden finanzwirtschaftliche Daten, so z.B. die Kapitalrentabiltität (ROI), die Umsatzrentabilität (ROS), der Cash-flow, die Entwicklung des Aktienkurses sowie Kennziffern zum Umsatz- und Größenwachstum erfaßt.[88]

Die spezifische Zielsetzung des PIMS-Programms besteht darin, den Einfluß einzelner Variablen bzw. Variablenkombinationen auf den Erfolg zu isolieren, wobei darauf geachtet wird, daß die erhobenen Dimensionen quantifiziert und bewertet werden können.[89] Im Hinblick auf die Beurteilung der strategischen Zielerreichung einer Unternehmung und ihrer Teilbereiche sollen einige wesentliche Ergebnisse der PIMS-Studie kurz dargestellt werden:

- Gemäß der PIMS-Studie ist der wichtigste Einzelfaktor zur Erklärung des ROI die relative Qualität der angebotenen Produkte und Dienstleistungen. Als Erklärung wird darauf hingewiesen, daß eine hohe Qualität eine Ausweitung des relativen Marktanteils, steigende Größendegressionseffekte (economies-of-scale), höhere Verkaufspreise und schließlich höhere Deckungsbeiträge und Rentabilitäten ermögliche.[90]

---

tech-Produkte und (Finanz-)Dienstleistungen. Vgl. BUZZELL, R.D./GALE, B.T. (1989), S. 3. Zu den historischen Ursprüngen des PIMS-Programms vgl. NEUBAUER, F.F. (1980), S. 136ff.

[88] Vgl. NEUBAUER, F.F. (1980), S. 139; BUZZELL, R.D./GALE, B.T. (1989), S. 22f., 33f.

Der ROI ist definiert als der prozentuale Anteil des Nettobetriebsgewinns (vor Steuern und Zinsen) am investierten Kapital. Das investierte Kapital ist definiert als der Buchwert der Aktiva einer SGE abzüglich der kurzfristigen Verbindlichkeiten aus Lieferungen und Leistungen.

Der ROS ist definiert als der prozentuale Anteil des Nettobetriebsgewinns (vor Steuern und Zinsen) am Umsatz.

Bei den genannten Kennzahlen werden im Zähler und Nenner jeweils die Durchschnittswerte der letzten vier Jahre betrachtet.

[89] Für die Untersuchung kommen die multiple Regressionsanalyse und statistische Testverfahren (F-Test) zum Einsatz. Um den Erwartungswert des ROI existiert eine als irregulär zu interpretierende Streuung der realen ROI-Werte. Gesucht wird jene Variable bzw. jener Satz von Variablen, der möglichst viel von der Streuung der ROI-Werte um den Erwartungswert erklärt. Aus den Berechnungsergebnissen der multiplen Regressionsanalyse glauben die Anhänger des PIMS-Konzeptes strategische Gesetzmäßigkeiten ableiten zu können. Vgl. dazu BUZZELL, R.D./GALE, B.T. (1989), S. 19, 35, 235f. Zu den statistischen Verfahren vgl. z.B. HARTUNG, J. (1986); BLEYMÜLLER, J./GEHLERT, G./GÜLICHER, H., (1991).

[90] Vgl. BUZZELL, R.D./GALE, B.T. (1989), S. 7, 89ff.; MEFFERT, H. (1994), S. 62.

- Das wohl bekannteste (zugleich aber auch am meisten umstrittene) Ergebnis der PIMS-Studie ist der positive Zusammenhang zwischen dem Markanteil und der Rentabilität. Zur Begründung wird erneut auf die Vorteile verwiesen, die Unternehmungen mit einem hohen Marktanteil aus den steigenden Größendegressionseffekten ziehen können.[91] Die Autoren der Studie warnen jedoch selbst davor, daraus zu schließen, eine SGE solle ihren Marktanteil um jeden Preis erhöhen.[92]
- Der PIMS-Studie zufolge wirkt eine hohe Kapital- und Investitionsintensität negativ auf die Rentabilität. Zwar vermag eine hohe Arbeitsproduktivität diesen Effekt teilweise zu kompensieren, jedoch steigt die Produktivität häufig nicht in dem Maße, als daß sich die höheren Investitionen bezahlt machten.[93]

Hinsichtlich des Einflusses des vertikalen Integrationsgrades auf die Rentabilität enthält die PIMS-Studie kein eindeutiges Ergebnis. Statistisch betrachtet liefert die Variable *vertikale Integration* keinen Erklärungsbeitrag. Die diesbezüglichen Aussagen der PIMS-Studie beschränken sich daher auf eine allgemeine Aufzählung der situationsspezifischen Vor- und Nachteile vertikaler Integration.[94]

4.3.1.2.2 Die Eignung der PIMS-Studie zur Initiierung eines Desinvestitionsprozesses

Es stellt sich nun die Frage, inwieweit im konkreten Fall der Textil- und Bekleidungsindustrie die skizzierten Ergebnisse der PIMS-Studie zur Beurteilung der strategischen Zielerreichung und damit als Kriterien für die Initiierung eines Desinvestitionsprozesses und zur Bestimmung potentieller Desinvestitionsobjekte genutzt werden können. So könnte z.B. gefolgert werden, daß unter strategischen Aspekten jene Unternehmungsteile als potentielle Desinvestitionsobjekte zu betrachten sind,
- deren Marktanteil oder Kapazitätsauslastung gering ist,
- die eine hohe Investitionsintensität haben oder
- in der Auftragsfertigung tätig sind.[95]

In diesen Fällen ist nämlich gemäß der PIMS-Studie jeweils ein negativer Einfluß auf den ROI zu erwarten.

Zumindest der in der PIMS-Studie ermittelte negative Zusammenhang zwischen der Investitionsintensität und dem ROI wird durch die Entwicklungen in der deutschen

---

[91] Vgl. HEDLEY, B. (1980a), S. 94; BUZZELL, R.D./GALE, B.T. (1989), S. 8, 63ff.

[92] Vgl. BUZZELL, R.D./GALE, B.T. (1989), S. 21. In diesem Sinne auch ADAM, D. (1993a), S. 286.

[93] Der Regressionskoeffizient B der Variablen *Anlagevermögensintensität* beträgt im Durchschnitt -0,55, bei Konsumgüter-Herstellern -0,81, bei Industriegüter-Herstellern -0,49 und bei Dienstleistern -0,48; vgl. BUZZELL, R.D./GALE, B.T. (1989), S. 9, 113ff., 235, 240.

[94] Vgl. BUZZELL, R.D./GALE, B.T. (1989), S. 137ff. Zwischen ROI und *vertikaler Integration* besteht nur ein Korrelationskoeffizient r = 0,01. Dazu BUZZELL, R.D./GALE, B.T. (1989), S. 12: „Eine hohe Wertschöpfungstiefe (vertikale Integration) ist eine lohnende Strategie für einige strategische Geschäftseinheiten, für andere dagegen nicht." Eine derart präzise Aussage als „strategisches Prinzip" zu bezeichnen, zeugt zumindest von Humor.

[95] Zwischen der Variablen *Auftragsfertigung* und dem ROI besteht ein negativer (!) Korrelationskoeffizient von -0,02; vgl. BUZZELL, R.D./GALE, B.T. (1989), 238.

Textilindustrie bestätigt. So wurden in den 80er und zu Beginn der 90er Jahre zweistellige Milliardenbeträge in die technische Aufrüstung der Produktionsanlagen investiert. Dennoch (oder gerade deswegen) konnten die Unternehmungen ihren ROI nicht steigern.[96] Die inländischen Unternehmungen verfolgten mit dieser Investitionsstrategie das Ziel, durch eigene verfahrensbedingte Fertigungs- und Qualitätsvorteile die lohnbedingten Kostennachteile gegenüber den Konkurrenten aus den Entwicklungs- und Schwellenländern zu kompensieren. Letztlich erwies sich diese Strategie jedoch als nicht erfolgreich. Es gelang den deutschen Textilunternehmungen durch diese technologische Ausrichtung nicht, dauerhafte komparative Konkurrenzvorteile (KKV) gegenüber ihren Konkurrenten aus Niedriglohnländern aufzubauen. Einer der Gründe war, daß entgegen den Erwartungen der deutschen Textilindustrie v.a. Anbieter aus dem ostasiatischen Raum nahezu zeitgleich ihre Produktion auf anlageintensive Fertigungsverfahren umstellten.[97]

Abgesehen von diesen internationalen Zusammenhängen wird das Ergebnis der PIMS-Studie durch einen Entwicklungsvergleich der Investitionsintensität und des ROI des inländischen Textil- und des Bekleidungsgewerbes gestützt. Zwischen 1980 und 1995 war der durchschnittliche ROI der kapitalintensiven Unternehmungen des Textilgewerbes und des Verarbeitenden Gewerbes stets signifikant niedriger als der durchschnittliche ROI der Unternehmungen des Bekleidungsgewerbes, deren Kapitalintensität im selben Zeitraum erheblich geringer war (vgl. Abb. 23).

Abb. 23: Entwicklung der Anlageintensität und des ROI im westdeutschen Textil- und Bekleidungsgewerbe 1980-1996

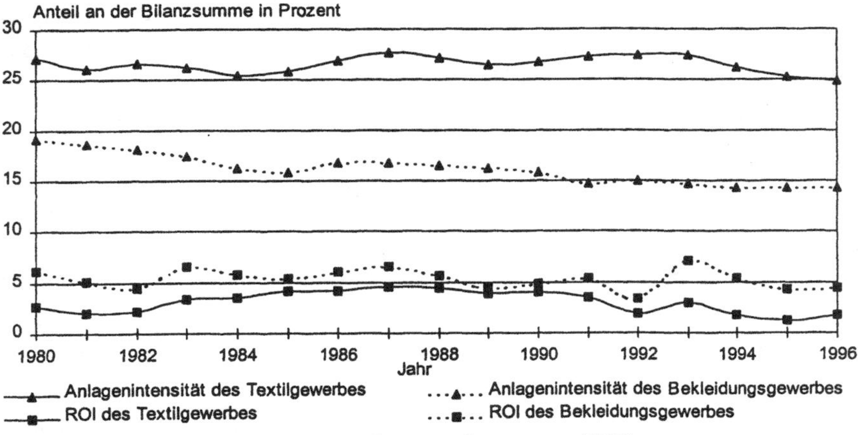

Quelle: Eigene Berechnung; Datenmaterial: DEUTSCHE BUNDESBANK (1998).

[96] Vgl. Kap. 3.

[97] Vgl. BACKHAUS, K./VOETH, M. (1994), S. 20f. Der Aufbau technologischer oder mengenmäßiger Überkapazität ist ein in stagnierenden oder schrumpfenden Märkten häufig zu beobachtender strategischer Fehler; vgl. PORTER, M.E. (1983), S. 312; MEFFERT, H. (1983), S. 14.

Obwohl diese Entwicklungen den negativen Einfluß der Investitionsintensität auf den ROI zu bestätigen scheinen,[98] dürfen die Ergebnisse der PIMS-Studie dennoch nicht im Sinne kausaler Zusammenhänge interpretiert werden. Abgesehen davon, daß die übrigen durch die Regressionsanalyse ermittelten Korrelationskoeffizienten und Bestimmtheitsmaße zum Teil sehr klein sind,[99] stehen die methodischen Einwände gegen die Studie einer solchen Interpretation entgegen.

Die Kritik betrifft zunächst die teilweise realitätsfernen Prämissen des mathematischen Modells der PIMS-Studie:[100]

- Es werden additive Verknüpfungen zwischen den Erklärungsvariablen sowie lineare Beziehungen zwischen den Erklärungsvariablen und der zu erklärenden Variable ROI unterstellt. Gegen beide Prämissen bestehen bezogen auf die Realität der Unternehmungen erhebliche Bedenken. Angesichts der großen zufälligen oder irregulären Abweichungen der ROI-Mittelwerte wird bezweifelt, daß der ROI ein guter Indikator ist, um den Erfolg bestimmter Strategien zutreffend erklären und beurteilen zu können.[101]
- Die zentrale Prämisse der linearen multiplen Regressionsanalyse unterstellt die Unabhängigkeit der erklärenden Variablen. Bei vollständiger Unabhängigkeit dürfte die untere Dreiecksmatrix der Korrelationskoeffizienten der erklärenden Variablen unter der Hauptdiagonalen nur Nullen aufweisen, weil nur dann die Variablen tatsächlich unabhängig von einander sind.[102] Die PIMS-Matrix der Korrelationskoeffizienten zeigt in diesem Bereich aber auch deutlich von Null verschiedene Werte.[103] Somit besteht zwischen den Variablen keine Unabhängigkeit, sondern Multikollinearität.

---

[98] Die für den Zeitraum 1980 - 1995 durchgeführte Analyse der Korrelation zwischen dem ROI und der *Anlageintensität* des Verarbeitenden Gewerbes, des Textil- und des Bekleidungsgewerbes ergab einen (PEARSONschen) Korrelationskoeffizienten von r = -0,69 und einen Regressionskoeffizienten von b = -2,494.

[99] Der Korrelationskoeffizient zwischen *relativer Qualität* und ROI beträgt r = 0,27; mit einem Bestimmtheitsmaß von B = 0,0729 erklärt dieser Faktor also nur 7,3% der Streuung der auftretenden ROI-Werte. Vgl. dazu BUZZELL, R.D./GALE, B.T. (1989), S. 238.

Der Korrelationskoeffizient zwischen *Marktanteil* und ROI beläuft sich auf r = 0,38 (B = 0,1444); mit dem Faktor *Marktanteil* kann also nur 14% der Streuung des ROI erklärt werden. Vgl. BUZZELL, R.D./GALE, B.T. (1989), S. 238. Einige Autoren behaupten, selbst dabei handele es sich nur um eine Scheinkorrelation. Eine weiter gehende Darstellung dieser Kritik findet sich bei BUZZELL, R.D./GALE, B.T. (1989), S. 78ff.; MEFFERT, H. (1994), S. 60f.

[100] Zu den beiden folgenden Kritikpunkten vgl. NEUBAUER, F.F. (1980), S. 158ff.; ADAM, D. (1993a), S. 286ff.; MEFFERT, H. (1994), S. 66f.

[101] Zwar belegen die F-Tests die Hypothese linearer Zusammenhänge zwischen dem ROI und den Indikatoren. Der gesamte Erklärungswert der Analyse ist aber selbst mit 16 gleichzeitig betrachteten Indikatoren gering. Die erklärte Streuung des ROI beträgt z.B. für die Hersteller von Konsumgütern nur 44%, von Industriegütern sogar nur 39%; lediglich für Dienstleister wird die Varianz zu 52% erklärt. Vgl. dazu BUZZELL, R.D./GALE, B.T. (1989), S. 240.

[102] Vgl. BLEYMÜLLER, J./GEHLERT, G./GÜLICHER, H., (1991), S. 163ff.

[103] So beträgt beispielsweise der Korrelationskoeffizient zwischen der *Kapazitätsauslastung* und der *Investitionsintensität* 0,30, zwischen dem *Anteil der F&E-Aufwendungen am Umsatz* und der *vertikalen Integration* sogar 0,35; weitere Beispiele ließen sich nennen. Vgl. dazu BUZZELL, R.D./GALE, B.T. (1989), S. 238f.

Darüber hinaus resultieren aus den negativen Vorzeichen einiger Koeffizienten Zweifel am Erklärungswert der PIMS-Studie. Folgte man den PIMS-Empfehlungen uneingeschränkt, müßten demnach alle Forschungs- und Marketing-Abteilungen geschlossen werden, da deren Tätigkeit sich angeblich negativ auf den ROI der SGE bzw. der Unternehmung auswirkt.[104] Auf das grundsätzliche Problem, in mehrgliedrigen Unternehmungen finanzielle Erfolge bzw. gemeinsam genutzte Ressourcen als Komponenten des ROI verursachungsgerecht den einzelnen SGE zuzurechnen, wurde bereits im Zusammenhang mit der Kontrolle der finanziellen Zielerreichung hingewiesen.[105]

Grundsätzlich ist gegen die Interpretation der Ergebnisse der PIMS-Studie als Tendenzaussagen nichts einzuwenden.[106] Allerdings nutzen generelle Kriterien für die Beurteilung der strategischen Zielerreichung wenig, wenn eine Unternehmung oder ihre Teilbereiche sich im konkreten Einzelfall vom Durchschnitt der Branche oder der gesamten Wirtschaft unterscheiden. Mit einer strategischen Zielkonzeption strebt eine Unternehmung ja gerade an, sich von der Masse der Wettbewerber abzuheben und unverwechselbare Marktpositionen zu erringen, welche die Basis langfristiger Erfolgspotentiale sind.[107] Unter strategischen Aspekten lassen sich daher aus der PIMS-Studie weder für die Initiierung eines Desinvestitionsprozesses noch für die Bestimmung potentieller Desinvestitionsobjekte geeignete Kriterien ableiten.

Die Diskussion der Portfolio-Modelle und der PIMS-Studie hat gezeigt, daß diese Methoden keine geeigneten Kriterien für die Initiierung eines Desinvestitionsprozesses bereitstellen. Im Folgenden wird mit der von PORTER und HARRIGAN entwickelten Branchenstruktur-Wettbewerbsstärken-Matrix ein Instrument vorgestellt, mit dessen Hilfe die strategische Situation einer Unternehmung analysiert und differenzierte Anregungsinformationen für einen Desinvestitionsprozeß generiert werden können.

---

[104] Die auf den ROI bezogenen Korrelationskoeffizienten der Variablen *Umsatzanteil neuer Produkte* (-0,10), *Anteil der Marketing-Aufwendungen* (-0,06) und *Anteil der F&E-Aufwendungen* (-0,10) sind alle negativ. Auch die nach Sparten bzw. Marktführer oder -folger differenzierten Regressionskoeffizienten für die Variable *Anteil der Marketing-Aufwendungen* haben negative Vorzeichen. Vgl. BUZZELL, R.D./GALE, B.T. (1989), S. 238, 240f. Leider versäumt die PIMS-Studie, einen Hinweis zu geben, wie eine Unternehmung ohne Innovationen und ohne Marketing langfristige Erfolgspotentiale aufbauen kann.

[105] Auch die Autoren der PIMS-Studie sehen dieses Problem; vgl. BUZZELL, R.D./GALE, B.T. (1989), S. 34.

[106] Die Autoren der PIMS-Studie weisen selbst darauf hin, daß für die Entscheidungsprozesse im Rahmen der Unternehmungsführung keine Formeln i.S. universeller Naturgesetze existieren; vgl. BUZZELL, R.D./GALE, B.T. (1989), S. 3ff. Allerdings kann die Studie aufgrund ihres heuristischen Potentials zur Verbesserung des Problembewußtseins der Entscheidungsträger hinsichtlich der diversen Determinanten des ROI beitragen.

[107] Vgl. ADAM, D. (1993a), S. 286; BRÜGGERHOFF, J. (1992), S. 115ff.

4.3.2 Eine Methode zur Analyse der strategischen Zielerreichung in nichtdiversifizierten Unternehmungen

4.3.2.1 Die Analyse der Branchenstruktur und der relativen Wettbewerbsposition

Anhand der Struktur, der Wettbewerbsintensität und der erwarteten Marktentwicklung einer Branche (bzw. eines Branchensegmentes) kann deren Attraktivität in bezug auf das Wertsteigerungspotential der Unternehmung beurteilt werden. Zugleich bildet die Analyse die Grundlage für einen Vergleich der Stärken und Schwächen der Unternehmung gegenüber ihren Konkurrenten, sie dient also der Relativierung der eigenen Wettbewerbsposition (vgl. Tab. 2).[108]

Tab. 2: Determinanten der Branchenstruktur und der Wettbewerbsintensität

günstige Branchenstruktur, geringe Wettbewerbsintensität	**ungünstige Branchenstruktur, hohe Wettbewerbsintensität**
Situation der Abnehmer	
– geringe Verhandlungsstärke der Abnehmer aufgrund geringer Abnahmevolumina	– große Verhandlungsstärke der Abnehmer durch hohen Konzentrationsgrad
– hohe Umstellungskosten der Abnehmer im Vergleich zu denen der Unternehmung	– niedrige Umstellungskosten der Abnehmer im Vergleich zu denen der Unternehmung
– hohe Markentreue, Loyalität der Abnehmer	– geringe Markentreue, Loyalität der Abnehmer
– niedrige Preiselastizität der Nachfrage	– hohe Preiselastizität der Nachfrage
– hohe Differenzierbarkeit des Produktes im Hinblick auf die Schaffung von Marktnischen	– gutes Preis-Leistungsverhältnis der Konkurrenz- bzw. Substitutionsprodukte
– geringe Bedrohung durch Substitutionsprodukte	– starke Bedrohung durch Substitutionsprodukte
– niedrige Kosten der Differenzierung des Produktes bzw. der Dienstleistung	– hoher Grad an Standardisierung des Produktes bzw. der Dienstleistung
Situation der Lieferanten	
– Interesse der Lieferanten am Fortbestand der Unternehmung wegen der hohen Bedeutung des Auftragsvolumens der Unternehmung	– Desinteresse der Lieferanten an den Schwierigkeiten der Unternehmung wegen geringer Bedeutung des Auftragsvolumens
– geringe Verhandlungsstärke der Lieferanten aufgrund zahlreicher Versorgungsalternativen	– große Verhandlungsstärke der Lieferanten aufgrund geringer Versorgungsalternativen
– günstige, langfristige Lieferverträge	– kurzfristige Lieferverträge
– Unternehmung kann Input-Faktoren leicht substituieren.	– Input-Faktoren der Unternehmung sind nur schwer zu substituieren.
Verhalten der Mitarbeiter und ihrer Organisationen	
– hohe Mobilität der Mitarbeiter	– geringe Mobilität der Mitarbeiter
– geringe Konfliktbereitschaft in der Branche	– hohe Konfliktbereitschaft in der Branche
– schwacher Einfluß der Gewerkschaften	– starker Einfluß der Gewerkschaften

(Fortsetzung der Tabelle auf der folgenden Seite)

[108] Die grundsätzliche Notwendigkeit einer Branchenanalyse wurde bereits in Kap. 2.2.3 im Zusammenhang mit der strategischen Entscheidungsfeldplanung begründet. Vgl. PORTER, M.E. (1983), S. 26, 29; MEFFERT, H. (1998), S. 61ff.; AHLERT, D. (1998b), S. 72.

(Fortsetzung der Tab. 2)

Wettbewerbsverhalten der etablierten Konkurrenten	
– geringe Wahrscheinlichkeit und Tragweite von Preiskämpfen	– hohe Wahrscheinlichkeit und Tragweite von Preiskämpfen
– geringe Fixkostenintensität der Branche	– hohe Fixkostenintensität der Branche
– Überkapazitäten in der Branche sind gering und leicht zu reduzieren.	– große, nur schwierig abzubauende Überkapazitäten in der Branche
– Konkurrenten können den freigesetzten Cashflow in andere, attraktivere Branchen investieren.	– große Gewinnrücklagen der Konkurrenten, die aber nicht in andere, attraktivere Branchen investiert werden können
– Einsicht in die wechselseitige Abhängigkeit aller Konkurrenten ist vorhanden.	– keine Einsicht in die Interdependenzen mit den Konkurrenten
– klar erkennbare Marktsignale aufgrund einfacher Informationslage	– unklare Interpretation der Marktsignale aufgrund komplexer Informationslage
– keine Erfahrung der Konkurrenten bei der Durchsetzung von Abschöpfungsstrategien	– Erfahrungen der Konkurrenten bei der Durchsetzung von Abschöpfungsstrategien
Ein- und Austrittsbarrieren	
– hohe Eintrittsbarrieren für neue Konkurrenten	– niedrige Eintrittsbarrieren für neue Konkurrenten
– niedrige technische Austrittsbarrieren	– hohe technisch Austrittsbarrieren
– niedrige strategische Austrittsbarrieren	– hohe strategische Austrittsbarrieren
– niedrige soziale und juristische Austrittsbarrieren	– hohe soziale und juristische Austrittsbarrieren
– schwache emotionale Bindungen der Eigentümer und Mitarbeiter	– starke emotionale Bindungen der Eigentümer und Mitarbeiter

Quelle: Eigene Darstellung in Anlehnung an MEFFERT, H. (1983), S. 41. Vgl. zu dieser Liste auch ANSOFF, H.I. (1965), S. 161ff.; PORTER, M.E. (1983), S. 25ff., 339ff.; MEFFERT, H. (1983), S. 41; HARRIGAN, K.R. (1989), S. 70; HINTERHUBER, H.H. (1989a), S. 112ff.; HINTERHUBER, H.H. (1989b), S. 130f.

Die Daten, welche für die Analyse des finanziellen Erfolges der Unternehmung erhoben wurden, bilden zugleich die Basis für eine strategische Kostenanalyse. Da es sich dabei um eine auf zukünftige Erfolgspotentiale gerichtete Betrachtung handelt, darf diese Analyse nicht bloß zeitpunkbezogen sein, sondern muß die im Zeitablauf erwartete Entwicklung der Kosten berücksichtigen. Dabei sollte sie sich auf jene Kostenarten konzentrieren, welche in Zukunft die größten Hebelwirkungen auf die relative Kostenposition der Unternehmung erwarten lassen.[109]

Differenzierungspotentiale stellen die zweite Quelle möglicher Wettbewerbsvorteile dar. Damit eine Unternehmung durch ein differenziertes Leistungsangebot Wettbewerbsvorteile generieren kann, muß die Differenzierung aus der Sicht der Abnehmer einen besonderen Wert oder Nutzen darstellen, den sie über einen relativ höheren

[109] Vgl. PORTER, M.E. (1999), S. 137ff. In Kap. 4.2.1 wurden bei der Berechnung des Cash-flows die nicht auszahlungswirksamen Kosten, soweit es sich um steuerrelevante handelt (z.B. Abschreibungen und Veränderungen der Rückstellungen), mittelbar bei den Steuerzahlungen berücksichtigt. Um ein möglichst genaues Bild der Kostensituation zu erhalten, sollten bei einer strategischen Kostenanalyse nicht die steuerlichen, sondern die kalkulatorischen Abschreibungen und Rückstellungen explizit berücksichtigt werden. Vgl. dazu AHLERT, D./FRANZ, K.-P. (1992), S. 60f.

Preis zu honorieren bereit sind. Nur wenn dieser Preis *über* den wegen der Differenzierung relativ höheren Kosten liegt, kann die Unternehmung finanzielle Erfolge erzielen, die über dem Branchendurchschnitt liegen.[110]

Anhand der Ergebnisse der Branchenanalyse können im nächsten Schritt die eigenen Kosten und Differenzierungspotentiale einer Unternehmung mit den Kosten und Differenzierungspotentialen ihrer Konkurrenten verglichen werden (vgl. Tab. 3).

Tab. 3: Relativierung der eigenen Wettbewerbsposition

Funktionsbereiche der Unternehmung, z.B. ...	**Zu prüfende Kriterien (Beispiele): Wesentliche Unterschiede gegenüber den stärksten Konkurrenten in bezug auf ...**
Marketing	– Anzahl, Niveau, technische Qualifikation der Verkäufer, – Veränderungen in der Angebots- und Absatzkanalpolitik, – Entwicklung des relativen und des absoluten Marktanteils – Garantie-/Kundendienstleistungen, – Preispolitik
Forschung und Entwicklung	– Angemessener Anteil am Umsatz oder Cash-flow? – gezielte, innovationsorientierte Aufwendungen oder *Gießkannen*-Prinzip? – Zeitplanung für Innovationen
Produktion- und Beschaffung	– niedrige Stückkosten und/oder Flexibilität? – am Marktpreis orientierte Projektierung (target costing) – Preis, Wert, Lebensdauer der Inputfaktoren und Produkte – Sortimentsbereiche
Personal	– Trend in der Personalstärke und -qualifikation – Personalplanung und -entwicklung – innovationsorientiertes Organisationsklima
Finanzen	– Finanzstruktur – Entwicklung des Cash-flows – Risikoausgleich
Fusion und Akquisition	– Rückwärts-/Vorwärtsintegration – Konglomeration – Synergie und Produktivitätssteigerung

Quelle: HINTERHUBER, H.H. (1989b), S. 94.

Die Relativierung der eigenen Wettbewerbsposition orientiert sich an folgenden Fragen:[111]
- Welche relative Kostenposition nimmt die Unternehmung im Vergleich zu den stärksten Konkurrenten ein?
- Welche relative Differenzierungsposition nimmt die Unternehmung im Vergleich zu den stärksten Konkurrenten ein?

---

[110] Vgl. PORTER, M.E. (1999), S. 168ff.

[111] Vgl. zu diesem Fragenkatalog AHLERT, D./KOLLENBACH, S./KORTE, C. (1996), S. 22ff. Bei der Beantwortung dieser Fragen besteht das Problem, daß die Kosten und Differenzierungspotentiale der Konkurrenten aufgrund fehlender Informationen oft gar nicht oder nur unvollständig zu erheben sind. Häufig ist es jedoch möglich, diese Informationen zumindest ungefähr der Höhe und der Entwicklung nach aus allgemein zugänglichen Daten (z.B. der Statistischen Ämter und der Branchenverbände), veröffentlichten Jahresabschlüssen sowie aus Gesprächen mit Käufern oder Lieferanten zu erfahren oder zumindest zu schätzen. Vgl. dazu PORTER, M.E. (1999), S. 142f.

- Erfüllen die Leistungsangebote der Unternehmung die von den aktuellen und potentiellen Kunden gestellten Anforderungen?
- Sind die Kunden mit der Leistungserstellung zufrieden? Nehmen sie die Leistungen der Unternehmung als *wertvoll* im Sinne eines zusätzlichen Nutzens wahr? Was hält die Nichtkunden vom Kauf ab?
- Welche branchenspezifischen Entwicklungen sind besten- bzw. schlimmstenfalls für die Zukunft zu erwarten?

Durch diese Analyse wird die Wettbewerbsposition der Unternehmung im Umfeld der Konkurrenten (horizontale Relativierung) sowie zwischen ihren Lieferanten und den aktuellen und potentiellen Kunden (vertikale Relativierung) bestimmt.

Ob eine Unternehmung aus ihrer Kostenstruktur und ihren Differenzierungspotentialen relative Wettbewerbsvorteile schöpfen kann, oder ob ihr daraus relative Wettbewerbsnachteile erwachsen, hängt davon ab, inwieweit diese beiden Determinanten mit den erwarteten Chancen und Risiken der Branche sowie mit der von der Unternehmung bislang verfolgten Gesamtstrategie kompatibel sind.[112] Eine „allein" über Differenzierungspotentiale verfügende Unternehmung kann aus diesen nur dann Wettbewerbsvorteile generieren, wenn sie grundsätzlich auch eine Differenzierungsstrategie verfolgt und die Abnehmer bereit sind, diese Differenzierung trotz ihres relativen Kostennachteils zu honorieren. Umgekehrt stellt der Kostenvorsprung einer Unternehmung, der jedoch Differenzierungspotentiale fehlen, nur dann einen relativen Wettbewerbsvorteil dar, wenn die Unternehmung eine Kostenführerstrategie verfolgt und die Abnehmer ohnehin keine Differenzierung des Leistungsangebotes nachfragen bzw. erwarten.

4.3.2.2 Die relative Wettbewerbsposition der Unternehmung als Auslösekriterium

Nach der Analyse der relativen Wettbewerbsposition einer Unternehmung ist der Zustandsraum im entscheidungstheoretischen Grundmodell definiert. Es stellt sich nun die Frage, ob und wie aus diesen Ergebnissen Anhaltspunkte für die Beschreibung des Aktionsraums gewonnen werden können.[113] Das von PORTER/HARRIGAN entwikkelte Matrixmodell bietet ein Instrumentarium, um im Hinblick auf die Sicherung bzw. Erhöhung des Eigentümerwertes aus strategischer Sicht über die Initiierung eines Desinvestitionsprozesses zu entscheiden.[114]

---

[112] Vgl. ANSOFF, H.I. (1965), S. 84ff.; MEFFERT, H. (1998), S. 61ff.

[113] Vgl. Kap. 2.2.3.

[114] PORTER und HARRIGAN untersuchten insbesondere das strategische Verhalten von Unternehmungen bzw. SGE in stagnierenden und schrumpfenden Branchen. Wesentliche Ergebnisse ihrer Untersuchungen besagen, daß
- auch bei stark rückläufiger Nachfrage hohe Renditen erwirtschaftet werden können, sofern die Unternehmung über relative Wettbewerbsstärken verfügt, und
- die Attraktivität eines Marktes bzw. einer Branche von den Nachfragebedingungen, den Wettbewerbsbedingungen sowie der Höhe der Austrittsbarrieren determiniert wird.

Vgl. dazu PORTER, M.E. (1983), S. 298ff., 318ff.; HARRIGAN, K.R./PORTER, M.E. (1983); HARRIGAN, K.R./PORTER, M.E. (1984); HARRIGAN, K.R. (1989); PORTER, M.E. (1999), S. 297, 608f.

Zu diesem Zweck werden die Merkmale *Branchenstruktur* und *erwartete Marktentwicklung* zur Beschreibung der Umweltdimension verwandt, während das Merkmal *relative Wettbewerbsstärke* der Beschreibung der Unternehmungsdimension dient. Durch die Unterscheidung von jeweils drei qualitativen (z.B. *günstig, mittel, ungünstig* oder *unattraktiv, mittel, attraktiv*) oder quantitativen Merkmalsausprägungen ergibt sich eine 3x3-Matrix.[115] Aufgrund der Ergebnisse ihrer empirischen Untersuchungen formulieren PORTER/HARRIGAN für die neun Felder der Des-/Investitions-Matrix fünf Normstrategien (vgl. Abb. 24).[116]

Abb. 24: Die Des-/Investitionsmatrix

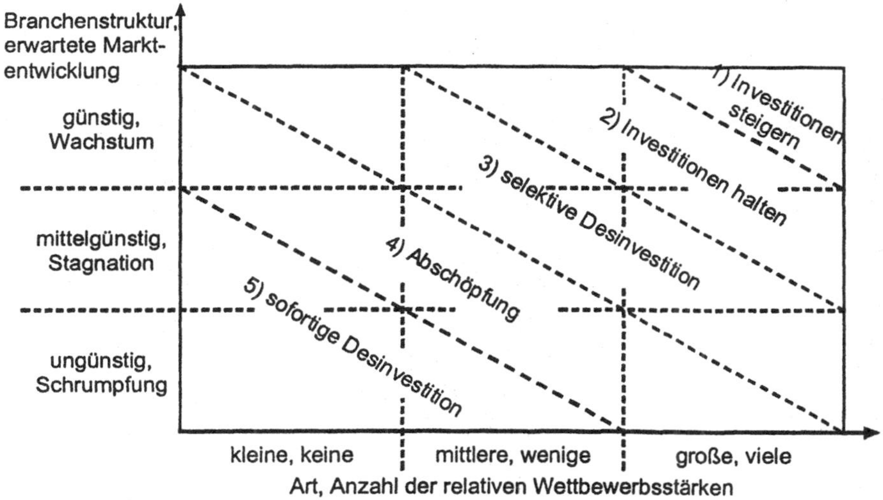

Quelle: Eigene Darstellung in Anlehnung an HARRIGAN, K.R. (1989), S. 69.

[115] Vgl. PORTER, M.E. (1983), S. 339ff.; HARRIGAN, K.R. (1989), S. 68f. Das Modell von PORTER/HARRIGAN ähnelt insofern dem von der Beratungsgesellschaft MCKINSEY & Co. für die Portfolio-Analyse entwickelten Marktattraktivität-Wettbewerbsstärken-Modell. Eine ausführliche Darstellung dieses Portfolio-Modells geben z.B. HAX, A.C./MAJLUF, N.S. (1988), S. 180ff.; HINTERHUBER, H.H. (1989a), S. 109ff.

Im Gegensatz zu dem MCKINSEY-Modell verfolgen PORTER und HARRIGAN jedoch nicht die Optimierung des SGE-Portfolios einer Unternehmung. Zweck ihrer Analyse ist es vielmehr, Strategieempfehlungen für solche Unternehmungen oder SGE abzuleiten, die in stagnierenden oder schrumpfenden Branchen bzw. Märkten agieren.

[116] Da die Übergänge zwischen den Matrixfeldern fließend sind, und Normstrategien sich nicht eindeutig voneinander abgrenzen lassen, werden teilweise für die einzelnen Felder zwei Handlungsoptionen vorgeschlagen. Kritiker könnten das Modell daher wegen mangelnder Aussagekraft verwerfen. Diese Kritik ginge jedoch fehl, da mit dem Modell gar nicht beabsichtigt wird, die Finalentscheidung für eine bestimmte Strategie zu fundieren. Es soll lediglich Anhaltspunkte geben, bei welchen Unternehmungen weiter gehende Desinvestitionsüberlegungen nötig sind.

Eine Unternehmung stellt ein derart komplexes System dar, daß sie ohnehin nicht allein durch ein zweidimensionales Modell beschrieben werden kann. Auch sind Desinvestitionsentscheidungen von zu großer Tragweite, als daß sie nur aufgrund zweier verdichteter Kriterien getroffen werden.

zu 1 & 2) Investitionen steigern oder halten

Unternehmungen, die bei einer (mittel-)günstigen Branchenstruktur über mittlere bis große Wettbewerbsstärken verfügen, haben grundsätzlich keinen Anlaß, einen Desinvestitionsprozeß zu initiieren. Statt dessen sollten sie Investitions- und Wachstumsstrategien verfolgen. Um eine überlegene Wettbewerbsposition zu erreichen oder auszubauen, sollten sie die Produktions- und Vertriebskapazitäten der Konkurrenten erwerben, deren Austrittsbarrieren senken und deren Kunden bedienen.

Der Erfolg solcher Strategien hängt wesentlich davon ab, ob es gelingt, die Branchenstruktur aus Sicht der Unternehmung so positiv zu beeinflussen, daß der Wettbewerbsdruck reduziert wird. Aus der Position des Branchenführers können dann im Fall einer Marktschrumpfung oder -stagnation die eigenen Kapazitäten bei weiterhin hohen Renditen angepaßt werden.[117]

zu 3 & 4) Selektive Desinvestition, Abschöpfung

In Unternehmungen, die a) in (mittel-)günstig strukturierten Branchen über keine oder nur mittlere Wettbewerbsstärken verfügen oder b) bei einer mittel- bis ungünstigen Branchenstruktur mittlere bis große Wettbewerbsstärken aufweisen, kommen Abschöpfungs- oder Selektionsstrategien als grundsätzliche Alternativen in Frage.

*Abschöpfungs*strategien verfolgen das Ziel, den positiven Cash-flow einer Unternehmung ohne den Einsatz zusätzlicher Ressourcen zunächst zu maximieren, um anschließend die Finanzmittel in andere Verwendungen zu reinvestieren. Mittel- bis langfristig wird dabei zumindest die teilweise Desinvestition der Unternehmung angestrebt.[118] *Selektions*strategien verfolgen einen ähnlichen Zweck, nämlich jene Ressourcen, die in wenig rentablen Unternehmungsteilen gebunden sind, mittelfristig durch eine Desinvestition freizusetzen, um sie später in erfolgversprechendere Aktivitäten bzw. Unternehmungen zu reinvestieren.[119]

zu 5) Sofortige Desinvestition

In Unternehmungen, die mit nur wenigen oder gar keinen Wettbewerbsstärken in mittel- oder sogar ungünstig strukturierten Branchen operieren, sind Desinvestitionen dringend geboten. Indem die durch eine Desinvestition freigesetzten finanziellen, personellen und materiellen Ressourcen in erfolgversprechendere Aktivitäten bzw. Unternehmungen reinvestiert werden, kann der Eigentümerwert erhöht werden.[120] Für Unternehmungen, die in den Feldern der Matrixdiagonalen positioniert sind, er-

---

[117] Vgl. PORTER, M.E. (1983), S. 335f.; HARRIGAN, K.R. (1989), S. 44ff., 51ff.; HINTERHUBER, H.H. (1989a), S. 133.

[118] Falls selbst bei Ausnutzung aller Rationalisierungsmöglichkeiten und Synergieeffekte sowie bei einer auf attraktive Marktsegmente gerichteten Differenzierung kein positiver Cash-flow zu erzielen ist, wird eine Desinvestition bereits kurzfristig notwendig. Vgl. PORTER, M.E. (1983), S. 337f.; HARRIGAN, K.R. (1989), S. 40ff.; HINTERHUBER, H.H. (1989a), S. 133f.

[119] Im Fall a) bedarf es dazu offensiver Strategien, verbunden mit Aufbauinvestitionen, um relative Wettbewerbsvorteile zu generieren; falls das jedoch nicht möglich ist, sollten Desinvestitionen erfolgen. Im Fall b) werden defensive Strategien empfohlen, um bestehende Wettbewerbsstärken zu verteidigen. Vgl. PORTER, M.E. (1983), S. 337; HARRIGAN, K.R. (1989), S. 55ff.; HINTERHUBER, H.H. (1989a), S. 135f.

[120] Vgl. PORTER, M.E. (1983), S. 339; HARRIGAN, K.R. (1989), S. 38ff.; HINTERHUBER, H.H. (1989a), S. 133f.

weist sich eine eindeutige Aussage als schwierig, weil die Erfolgsaussichten einer Fortführung ebenso wie die einer Desinvestition von der zukünftigen Entwicklung der externen und internen Parameter im Zeitablauf abhängen.

Unternehmungen, die hinsichtlich der Branchenstruktur und der Wettbewerbsstärke eine mittlere Position einnehmen, sollten übergangsweise eine Maximierung des Cash-flows anstreben. Entweder wird versucht, ohne großen Einsatz von Ressourcen durch Rationalisierungsmaßnahmen zusätzliche Wettbewerbsstärken aufzubauen, oder die Unternehmung wartet ab, wie sich die Branchenstruktur entwickelt, um aus der dann neuen Position heraus die Notwendigkeit eines Desinvestitionsprozesses zu prüfen.[121]

Folgt man dem Modell von PORTER/HARRIGAN, lassen v.a. solche Unternehmungen zukünftig keinen oder nur einen geringen Beitrag zum Eigentümerwert erwarten, die
- in einer ungünstig oder nur mittelgünstig strukturierten Branche operieren,
- geringe oder keine finanziellen Erfolge erzielen,
- im Vergleich zu ihren Konkurrenten über keine oder allenfalls mittlere Wettbewerbsstärken verfügen
- und auch zukünftig nicht in der Lage sind, Wettbewerbsvorteile zu erlangen.

Da in diesen Fällen eine unterdurchschnittliche oder sogar negative Eigenkapitalrentabilität zu erwarten ist, muß unter strategischen Gesichtspunkten ein Desinvestitionsprozeß ausgelöst werden.

4.4 Ergebnis: Initiierung eines Desinvestitionsprozesses aufgrund finanzieller oder strategischer Zielverfehlungen

Die rechtzeitige Gewinnung von Anregungs- und Abweichungsinformationen wurde als eine Aufgabe der Initiierungsphase genannt. Die dargestellten Methoden bieten der Unternehmungsleitung leicht zu handhabende Kriterien, anhand derer sie den tatsächlichen finanziellen Erfolg und die strategische Position der Unternehmung mit den Zielvorgaben vergleichen kann. Zeigt diese Kontrolle erhebliche Diskrepanzen von Ist- und Soll-Werten, deutet das darauf hin, daß die Unternehmung die finanziellen Ansprüche bzw. strategischen Erwartungen ihrer Eigentümer und Investoren nicht erfüllt.

Dieser Ungleichgewichtszustand läßt auf ein Anpassungsproblem des Systems *Unternehmung* schließen. Wird dieses nicht gelöst, läuft die Unternehmung Gefahr, eine unter den Kosten ihres Eigenkapitals liegende Eigenkapitalrentabilität zu erzielen. Um diese Verfehlung der obersten Zielsetzung zu verhindern, und die Unterneh-

[121] Eine derart abwartende Haltung ist gerechtfertigt, weil in solchen Wettbewerbssituationen häufig noch wichtige Eventualitäten (z.B. der bevorstehende Austritt wichtiger Konkurrenten, die Akzeptanz preiswerterer Ersatzprodukte, das Inkrafttreten günstigerer Rechtsnormen) zu klären sind, bevor eine Des-/Investitionsentscheidung getroffen werden kann. Falls sich die Branchenstruktur verbessert, können Investitionsstrategien verfolgt werden; sollten die Rahmenbedingungen sich jedoch ungünstig entwickeln, besteht immer noch die Möglichkeit einer Desinvestition. Vgl. HINTERHUBER, H.H. (1989a), S. 136ff.

mung zukünftig wieder in ein neues Systemgleichgewicht zu führen, ist ein Desinvestitionsprozeß zu initiieren.

Der Managementprozeß tritt daher in die nächste Phase des oben dargestellten Idealmodells. Da in einer als äquifinales System betrachteten Unternehmung prinzipiell keine Anpassung der obersten Zielsetzung erfolgt, müssen die Elemente und Relationen des Systems *Unternehmung* angepaßt werden. In der folgenden Suchphase sind daher potentielle Desinvestitionsobjekte zu bestimmen, spezifische Desinvestitionsziele zu formulieren und grundsätzlich mögliche Handlungsalternativen zu generieren.[122]

---

[122] Vgl. Kap. 2.1.1 und 2.2.2 sowie das Grundmodell des Desinvestitionsprozesses in Kap. 2.3.3.

5 Die Suchphase des Desinvestitionsprozesses

5.1 Aufgabe und Prozeß der Suchphase

Nachdem aufgrund der Ergebnisse der finanziellen und der strategischen Analyse ein Desinvestitionsprozeß ausgelöst wurde, sind in der nun folgenden Suchphase Handlungsalternativen zu generieren, um die Unternehmung wieder in die Lage zu versetzen, die von den Eigentümern an sie gestellten Anforderungen zu erfüllen. Die in der Suchphase zu erfüllenden Aufgaben und die dabei ablaufenden Teilprozesse ergeben sich aus dem Desinvestitionsbegriff dieser Arbeit sowie dem Idealmodell des Desinvestitionsprozesses:[1]

1) Bestimmung potentieller Anpassungsobjekte
Eine Desinvestition wurde als eine Anpassungsart des Systems *Unternehmung* definiert, die sich auf einen abzugrenzenden Unternehmungsteil bezieht. Dementsprechend sind in der Suchphase als erstes jene Unternehmungsteile zu bestimmen, die potentielle Anpassungsobjekte[2] darstellen. Indem die Ursachen der finanziellen und der strategischen Zielabweichungen nicht nur hinsichtlich der Gesamtunternehmung, sondern auch bezüglich ihrer Teilbereiche analysiert werden, ergeben sich Kriterien, anhand derer mögliche Anpassungsobjekte zu erkennen sind.[3]

2) Formulierung spezifischer Anpassungsziele
Die Wahl der Anpassungsart stellt grundsätzlich ein eigenes Entscheidungsproblem im Rahmen der Suchphase dar.[4] Um dieses lösen zu können, sind spezifische Anpassungsziele zu formulieren; dabei kann es sich um Erfolgs-, Sach- oder Sozialziele handeln. Entsprechend der finalen Relationen im Zielsystem müssen diese Subziele insoweit mit der obersten Zielsetzung der Unternehmung harmonieren, als daß sie den Art-, Höhen-, Zeit- und Sicherheitspräferenzen der Eigentümer genügen.[5]

3) Generierung von Anpassungsalternativen
Ein echtes Entscheidungsproblem setzt die Existenz wenigstens einer Handlungsalternative voraus. Deren Generierung ist die dritte Teilaufgabe innerhalb der Suchphase. Dem oben definierten Desinvestitionsbegriff zufolge bleibt die Unternehmung

---

[1] Zu den Merkmalen der Suchphase vgl. HEINEN, E. (1990), S. 333; siehe auch Kap. 2.3.3.

[2] Da in dieser Phase des Desinvestitionsprozesses noch offen ist, ob die Systemanpassung durch die Fortführung oder die Aufgabe eines Unternehmungsteils erfolgt, wird hier der Begriff *Anpassungs*objekt statt *Desinvestitions*objekt verwendet; gleiches gilt für die Begriffe *Anpassungsziele* und *-alternativen* in den folgenden Teilprozessen 2) und 3).

[3] Die grundsätzliche Notwendigkeit einer Ursachenanalyse wurde bereits in Kap. 4.1 im Rahmen der Initiierungsphase begründet. Im Prinzip stellen in dieser Phase (noch) sämtliche Unternehmungsteile potentielle Anpassungsobjekte dar, jedoch findet in der unternehmerischen Praxis häufig eine Vorselektion statt. Indem bestimmte Unternehmungsteile vorab für „nicht disponibel" oder sogar „unantastbar" erklärt werden, wird deren Desinvestition (quasi exogen) von vornherein ausgeschlossen. Vgl. zu diesem Phänomen RUDHART, P.M. (1978), S. 229.

[4] Etwas anderes gilt, wenn eine Desinvestition als Anpassungsart z.B. aufgrund kartellrechtlicher Auflagen exogen vorgegeben ist. Da die Anpassungsart *Fortführung* dann obsolet ist, beschränkt sich der Teilprozeß 2) in diesen Fällen auf die Formulierung spezifischer Desinvestitionsziele. Vgl. dazu die Ausführungen in Kap. 2.3.3 zur Verzweigung des Desinvestitionsprozesses in der Abb. 3.

[5] Vgl. dazu RUDHART, P.M. (1978), S. 135 sowie Kap. 2.2.2.

nach der Durchführung einer Desinvestition als aktives Rumpfgebilde erhalten. Daher stellen Maßnahmen, die auf eine Auflösung der Gesamtunternehmung, d.h. auf die Beendigung ihrer rechtlichen Existenz, hinauslaufen, keine Handlungsalternative im Sinne dieser Arbeit dar.

Für ein potentielles Anpassungsobjekt kommen als Handlungsalternativen in Frage:

a) Die Fortführung des Unternehmungsteils mit unveränderter oder veränderter Bereichsstrategie. Da eine Desinvestition unterbleibt, stellt diese Option die „Unterlassensalternative“ dar.
b) Der teilweise oder vollständige Verkauf des Unternehmungsteils an eine oder mehrere nicht verbundene Unternehmungen oder Investoren.
c) Die endgültige Stillegung des Unternehmungsteils. Dessen Potentialfaktorkombination wird dabei - im Gegensatz zum Verkauf - aufgelöst, indem die Maschinen und Anlagen einzeln verkauft oder verschrottet werden; die betroffenen Mitarbeiter werden entlassen oder in anderen Unternehmungsteilen weiterbeschäftigt.

Sofern es in den Fällen b) und c) zu Kapitalrückflüssen kommt, stellt deren Umschichtung in andere Verwendungen inner- oder außerhalb der Unternehmung ein derivatives Entscheidungsproblem dar. Dieses ist im Zuge der Bewertung der Handlungsalternativen zu lösen.

Der genannten Systematik folgend werden in diesem Kapitel die Teilaufgaben und -prozesse der Suchphase erläutert. Zur Bestimmung potentieller Anpassungsobjekte wird ein Instrument vorgestellt, welches die Ermittlung der Erfolgsbeiträge einzelner Unternehmungsteile erlaubt. Im Rahmen der Generierung grundsätzlicher Anpassungsalternativen werden die damit verbundenen Maßnahmenpakete, die sich aus der Kombination diverser Aktionsparameter ergeben, entwickelt sowie deren Risiken aufgezeigt. Aus der Menge der zielführenden Handlungsoptionen wird anschließend in der Bewertungs- und Auswahlphase die optimale Alternative bestimmt.[6]

5.2 Bestimmung potentieller Anpassungsobjekte

5.2.1 Probleme der Ermittlung finanzieller und strategischer Erfolgsbeiträge einzelner Unternehmungsteile

Systemisch-kybernetisch betrachtet ist die Lenkung eines Systems dann erfolgreich, wenn das durch eine Störung aus dem Gleichgewicht geratene System ein neues Gleichgewicht findet. Soll dieser Lenkungserfolg durch eine Regelung erreicht werden, setzt das nicht nur voraus, daß die Störung als solche erkannt wurde, sondern auch die Ursache derselben bekannt ist. Andernfalls besteht das Risiko, daß reaktive Anpassungsmaßnahmen an den falschen Elementen und Relationen des Systems ansetzen.[7] Aus der Sicht der Unternehmung folgt daraus, daß die zu entwickelnden

---

[6] Vgl. KORTE, R.-J. (1977), S. 164ff.; BRÜGGERHOFF, J. (1992), S. 155; HESS, H. u.a. (1998), S. 155.

[7] Die *Regelung* ist eine reaktive Art der Lenkung eines Systems; dabei wird eine nicht vorhergesehene Störung, nachdem sie eingetreten ist, „ausgeregelt“. Im Gegensatz dazu müssen bei der *Steuerung* als andere Lenkungsart, mögliche Störungen bekannt sein, bevor sie auf das System einwirken; vgl. dazu AHLERT, D. (1999), S. 6.

Anpassungsmaßnahmen in solchen Teilbereichen der Unternehmung durchzuführen sind, die mittel- oder unmittelbar Ursache der in der Initiierungsphase festgestellten Zielverfehlungen sind. Die Bestimmung dieser Teilbereiche setzt eine Ursachenanalyse voraus, mittels derer die positiven oder negativen Beiträge der Unternehmungsteile zum finanziellen Erfolg und zur strategischen Position der Unternehmung gleichermaßen beurteilt werden können.[8]

Sofern die früher formulierten Zielvorgaben beibehalten werden, wovon in dieser Arbeit ausgegangen wird, müssen für weiter gehende Überlegungen jene Unternehmungsteile als potentielle Desinvestitionsobjekte identifiziert werden, die entweder

- einen unzureichenden finanziellen Beitrag verbunden mit einer geringen strategischen Bedeutung aufweisen, oder
- einen unzureichenden finanziellen Beitrag leisten, der auch durch ihre strategische Bedeutung nicht zu kompensieren ist, oder
- einen zwar positiven finanziellen Beitrag leisten, der jedoch nicht ihre geringe strategische Bedeutung zu kompensieren vermag.[9]

Bei dieser Analyse stellt sich das Problem, wie der positive bzw. zu kompensierende negative strategische Beitrag eines Unternehmungsteils zu ermitteln ist. Die hochaggregierten Variablen sowie die im Gegensatz zum operativen Bereich hohe strukturelle und substantielle Ungewißheit führen zu Wirkungs-, Bewertungs- und Zielsetzungsdefekten, so daß die Beurteilung strategischer Beiträge mit hoher Unsicherheit behaftet ist.[10]

Es wäre allerdings eine verfrühte Schlußfolgerung, nach dieser Analyse den Unternehmungsteil mit der (höchsten) negativen Zielabweichung bereits in dieser Phase sozusagen automatisch als *das* Desinvestitionsobjekt zu betrachten.[11] Sowohl bei den finanziellen als auch bei den strategischen Indikatoren ist eine negative Zielabweichung nur ein mathematischer Ausdruck, der auf einen Anpassungsbedarf hinweist. Diese Differenz darf nicht mit dem eigentlichen Entscheidungskriterium verwechselt werden. Darüber hinaus sind Fälle denkbar, in denen ein anderer Unternehmungsteil, der keine oder eine geringere negative Zielabweichung aufweist, ein geeigneteres Desinvestitionsobjekt ist. Wenn z.B. dessen Verkauf mit einem höheren Erlös oder dessen Stillegung mit geringeren Kosten verbunden ist, läßt die Desinvestition eines vermeintlich „besseren" Unternehmungsteils einen höheren Beitrag zur Steigerung des Eigentümerwertes erwarten.

Die Ermittlung der finanziellen Beiträge einzelner Unternehmungsteile und die korrekte Erfolgszurechnung sind mit besonderen Problemen verbunden, da in den meisten Unternehmungen zwischen den Unternehmungsteilen (SGE, Gliedbetrieben, Funktionen, Abteilungen) ein- oder zweiseitige Abhängigkeiten aufgrund unternehmungsinterner Lieferungen und Leistungen bestehen. Diese Abhängigkeiten sind bei

---

[8] Vgl. BRÜGGERHOFF, J. (1992), S. 146f.; siehe auch Kap. 4.1.

[9] Vgl. DOHM, L. (1988), S. 59ff.; BRÜGGERHOFF, J. (1992), S. 64.

[10] Vgl. ADAM, D. (1993a), S. 269f.; AHLERT, D. (1998b), S. 23. Eine Lösung dieses Problems wird in Kap. 5.2.4 vorgestellt.

[11] Vgl. CLASEN, J.P. (1992), S. 170; KALENBERG, F. (1993), S. 272ff.

der Zurechnung der finanziellen Erfolge zu berücksichtigen.[12] Sofern einzelne Unternehmungsteile als Profit- oder Cost-Center[13] eigenständige Abrechnungseinheiten bilden, ist die Ermittlung der Zahlungsgrößen noch weitgehend unproblematisch.[14] Schwieriger gestaltet sich die finanzielle Kontrolle in nichtdiversifizierten, funktional organisierten Unternehmungen, weil bspw. Ertragsteuern generell auf den Bilanzgewinn der Unternehmung und nicht für einzelne Funktionen oder Aktivitäten zu zahlen sind, und auch Eigenkapital der Unternehmung als Ganzes zur Verfügung steht.[15]

Ein bislang nicht erwähnter Nachteil der Portfolio- und der PIMS-Methode resultiert aus Sicht der Textil- und Bekleidungsindustrie aus den Strukturen der beiden Branchen bzw. aus den Organisationsstrukturen der Unternehmungen. Ausgehend von der finanzwirtschaftlichen Portfolio-selection-Theorie von MARKOWITZ liegt der Anwendungsbereich der betriebswirtschaftlichen Portfolio-Modelle bei diversifizierten Unternehmungen. Die sinnvolle Anwendung dieser Methode setzt folglich voraus, daß eine Unternehmung über eine Anzahl (ein Portfolio) diverser SGE verfügt, zwischen denen möglichst keine Interdependenzen bestehen sollten.[16] Genau diese Voraussetzung ist aber in den überwiegend funktional organisierten und nur gering oder gar nicht diversifizierten Unternehmungen der Textil- und Bekleidungsindustrie i.d.R. nicht erfüllt. So bestehen z.B. zwischen Hemden(stoffen) und Hosen(stoffen) auf den Ressourcen- und Absatzmärkten derart hohe Affinitäten, daß durch eine Unterscheidung dieser beiden Produktgruppen aus der Sicht eines Konfektionärs (bzw. eines Textilherstellers) noch keine eigenständigen SGE im Sinne betriebswirtschaftlicher Portfolio-Modelle abgegrenzt werden.[17]

Selbst wenn die Portfolio-Modelle dahin gehend modifiziert würden, daß nicht SGE im Sinne abgegrenzter Produkt-Markt-Kombinationen, sondern Gliedbetriebe die Objekte der Analyse wären, könnte das die generellen Anwendungsmängel dieser Methode nicht beheben. Da es nur wenige Unternehmungen gibt, die mehr als einen Betrieb unterhalten, könnte die Methode auch dann nur in wenigen Fällen angewendet werden.[18]

---

12 Vgl. FRESE, E. (1990), S. 148f.

13 Profit- bzw. Cost-Center sind Teilbereiche einer Unternehmung, deren Erfolge bzw. Kosten gesondert ausgewiesen werden. Wird der Erfolg z.B. über die klassische Gewinn- und Verlustrechnung ermittelt, werden den einzelnen Unternehmungsteilen die bereichsspezifischen Aufwands- und Ertragsgrößen zugeordnet; vgl. dazu FRESE, E. (1990), S. 141.

14 Zur Ermittlung des Cash-flows eines Unternehmungsteils vgl. GÄLWEILER, A. (1987), S. 182ff.; WYSOCKI, K.v. (1990), S. 320ff.

15 So ergeben sich beispielsweise bei der Zurechnung der Zinszahlungen auf einzelne Unternehmungsteile erhebungstechnische Fragen: Wie ist das in einer Periode gebundene Kapital zu ermitteln? Kann die Kapitalbindung überhaupt bezogen auf einzelne Unternehmungsteile betrachtet werden? Vgl. dazu FRESE, E. (1990), S. 152.

16 Vgl. HAX, A.C./MAJLUF, N.S. (1988), S. 54, die v.a. auf die Anwendungsprobleme in *verfahrensorientierten* Branchen hinweisen, die durch einen hohen Grad vertikaler Integration geprägt sind.

17 Vgl. PORTER, M.E. (1999), S. 68; SCHOELLER, P. (1996), S. 131, 151.

18 1997 hatten im Verarbeitenden Gewerbe max. 16%, in der Textilindustrie 14% und in der Bekleidungsindustrie 29% der Unternehmungen mehr als einen Betrieb; siehe dazu auch Kap. 3.5.1.

5.2.2 Das Wertketten-Modell als Instrument der Erfolgszurechnung

Aufgrund der genannten Probleme bei der Zurechnung finanzieller Erfolgs- und Kapitalgrößen sowie der Mängel der strategischen Analysemethoden bedarf es eines Instrumentariums, welches - unabhängig von der Organisationsstruktur einer Unternehmung - eine gleichzeitige Beurteilung der finanziellen und der strategischen Erfolgsbeiträge ihrer Teilbereiche ermöglicht. Vor allem in nichtdiversifizierten, funktional organisierten Unternehmungen, deren Wertschöpfungsprozeß weitgehend linear verläuft, erfüllt die im wesentlichen von PORTER in den 80er Jahren entwickelte Wertketten-Analyse diese Anforderungen. Bei der Modellbildung verläßt PORTER die Makroperspektive, welche die Unternehmung als geschlossenes System versteht; statt dessen betrachtet er die Unternehmung als offenes System, welches er entlang des Prozesses der Leistungserstellung in einzelne sogenannte *Wertaktivitäten* gliedert. (vgl. Abb. 25).[19]

Abb. 25: Grundmodell einer Wertkette[20]

Quelle: Eigene Darstellung in Anlehnung an PORTER, M.E. (1999), S. 66 und ALTENHÖVEL, O. (1999), S. 39.

[19] PORTER unterscheidet neun Wertaktivitäten:
- Fünf *primäre* Aktivitäten - *interne Logistik, Produktion, externe Logistik, Marketing, Verkauf* - stellen den eigentlichen Prozeß der Wertschöpfung dar. Sie betreffen die physische Herstellung der Produkte, deren Verkauf und Distribution an die Abnehmer sowie den Kundendienst.
- Diese Aktivitäten werden ergänzt durch die vier *unterstützenden* Aktivitäten *Infrastruktur* der Unternehmung, *Personalmanagement, technologische Entwicklung* und *Beschaffung*.

Da die einzelnen Aktivitäten grundsätzlich in jeder Unternehmung vollzogen werden, ihre Bedeutung und ihr Ausmaß jedoch von Branche zu Branche divergieren, sind die Aktivitäten jeweils individuell und unternehmungsspezifisch zu konkretisieren; vgl. dazu PORTER, M.E. (1999), S. 70ff.

Ähnliche Überlegungen wurden in der deutschen Betriebswirtschaftslehre bereits in den 50er Jahren angestellt, vgl. dazu z.B. BUSSMANN, K.-F. (1956), KLOIDT, H. (1956) und die dort jeweils angegebene Literatur.

[20] Selbst wenn die graphische Darstellung den gegenteiligen Eindruck vermittelt, werden im Wertketten-Modell die Unternehmungsteile nicht als sequentiell verknüpfte Elemente eines arbeitsteiligen Herstellungsprozesses betrachtet, sondern als gleichberechtigte Teile eines auf die Schaffung eines Abnehmerwertes gerichteten komplexen Ganzen; vgl. dazu MEFFERT, H. (1989), S. 394.

Als offenes System vollzieht eine Unternehmung Austauschprozesse mit anderen Wirtschaftseinheiten; ihre eigene Wertkette ist also als Subsystem in ein System weiterer Wertketten integriert.[21] Der Ausgangspunkt des zu betrachtenden Gesamtsystems liegt in der Urproduktion (z.B. Rohöl für die Chemiefaserindustrie, Baumwolle für die Textilindustrie) und endet bei der Konsumtion (bzw. der Redistribution)[22] des Produktes (z.B. Kauf und Verwendung von Bekleidung). Ziel des Modells ist es zu ermitteln, wo eine Unternehmung im Zusammenspiel mit den vor- und nachgelagerten Wirtschaftseinheiten Wettbewerbsvorteile generieren kann.

Im Bereich der Textil- und Bekleidungsindustrie sind als primäre Aktivitäten z.B. die *Kollektionsentwicklung*, die *Auftragsannahme*, der *Einkauf (Beschaffung)*, die *Konfektion/Verdoppelung*, die *Endfertigung* und die *Distribution* zu nennen. Dagegen handelt es sich bei *Personalmanagement*, *Marketing* und *Controlling*, *Finanzierung* sowie *Informations- und Transportlogistik* um unterstützende Aktivitäten.[23]

Niedrigere Kosten und/oder ein differenzierteres Leistungsangebot im Vergleich zu den Konkurrenten wurden als Quellen relativer Wettbewerbsvorteile und als Grundlage einer über dem Branchendurchschnitt liegenden Eigenkapitalrentabilität erkannt.[24] Durch die Unterscheidung einzelner Wertaktivitäten einer Unternehmung können die jeweiligen Kosten und Differenzierungspotentiale dieser Wertaktivitäten getrennt analysiert werden.[25] Auch die finanzielle Analyse kann anhand des Wertketten-Modells erfolgen, indem die Beiträge der einzelnen Wertaktivitäten zum Cashflow der Unternehmung untersucht werden.

Darüber hinaus ermöglicht die Modellkonstruktion einer Wertkette, sowohl Interdependenzen und Synergieeffekte der Wertaktivitäten einer einzelnen Unternehmung

---

[21] Die in der Literatur häufig anzutreffende synonyme Verwendung der Begriffe *Wertschöpfungskette* und *Wertkette* ist falsch; vgl. PORTER, M.E. (1999), S. 70; MEFFERT, H. (1989), S. 394. Bei der Wertschöpfung handelt es sich um die Differenz zwischen den Umsatzleistungen und der Summe aus Materialkosten, Personalkosten einschließlich der Arbeitgeberanteile zur Sozialversicherung, Abschreibungen, Kosten der Fremddienste/-rechte und Kostensteuern (± Bestandsveränderungen + (aktivierte) Eigenleistungen + sonstige Erträge); vgl. ADAM, D. (1993b), S. 92.

Zur Systembetrachtung der Wertkette vgl. PORTER, M.E. (1999), S. 63ff. sowie Kap. 2.1.1.

[22] Die *Redistribution* als sechste primäre Aktivität fehlt im PORTER-Modell. Da die umweltrechtlichen Auflagen bzgl. der Rücknahme und Entsorgung von Produkten (z.B. Autos, Textilien) ständig verschärft werden (u.a. durch das KrW-/AbfG), erscheint die Integration der Redistribution in das Wertketten-Modell jedoch geboten. Das Modell wird dadurch zu einem Wertkreislauf-Modell. Vgl. dazu ALTENHÖVEL, O. (1999), S. 39ff., und die dort angegebene Literatur.

[23] Nur die primären Aktivitäten sind durch den textilen Wertschöpfungsprozeß linear determiniert, während die unterstützenden Aktivitäten den gesamten Produktionsprozeß begleiten. Aus Sicht der Textilindustrie werden die unterstützenden Aktivitäten von den prozessualen Besonderheiten der Bekleidungsindustrie beeinflußt und müssen an diese angepaßt werden. Vgl. dazu TÜCKING, E. (1999), S. 18f.; HELMES, M. (1996), S. 71. Siehe auch die Darstellung der Wertschöpfungsprozesse der Textilwirtschaft in Kap. 3.2.

[24] Vgl. Kap. 2.2.3.

[25] Die Abgrenzung von Wertaktivitäten und die daraus folgende Definition einer Wertkette kann nur unternehmungsindividuell erfolgen. PORTER empfiehlt daher, für die Analyse nur solche Tätigkeiten in die Wertkette aufzunehmen, die entweder ein hohes kompetitives Differenzierungspotential gegenüber den Abnehmern aufweisen oder die mit einem erheblichen bzw. steigenden Kostenanteil verbunden sind; vgl. PORTER, M.E. (1999), S. 76.

als auch Verflechtungen mit den Wertaktivitäten ihrer Zulieferer und Abnehmer abzubilden. Dadurch können die internen und externen Verknüpfungen einer Unternehmung dahin gehend analysiert werden, inwieweit sie zur Schaffung von Wettbewerbsvorteilen beitragen oder aber Ursachen von Wettbewerbsnachteilen sind. Zugleich ergeben sich dadurch für die Handlungsalternative *Verkauf* erste Anhaltspunkte dafür, welche Lieferanten, Abnehmer oder auch Wettbewerber als potentielle Käufer in Betracht kommen.

Wenn der Wertschöpfungsprozeß einer Unternehmung zuvor in seine einzelnen Wertaktivitäten disaggregiert wird, kann die Analyse der finanziellen und der strategischen Zielerreichung zu ganz anderen Ergebnissen und Urteilen führen als es der Fall wäre, wenn der Prozeß als unteilbare Einheit betrachtet wird. Mittels der Wertketten-Analyse können somit die Beiträge der einzelnen Unternehmungsteile zum finanziellen und strategischen Erfolg der Unternehmung und zur Schaffung des Eigentümerwertes differenziert beurteilt werden.[26] Darüber hinaus kann untersucht werden, in welchen Teilen der Unternehmung deren spezifische Kernkompetenzen aus Sicht ihrer Abnehmer liegen. Da die Pflege und der Ausbau von Kernkompetenzen wichtige Quellen eines Wettbewerbsvorteils sind, ergeben sich daraus im Sinne einer negativen Auslese Hinweise darauf, welche Unternehmungsteile keinesfalls aufgegeben werden können.

5.2.3 Ermittlung der finanziellen Erfolgsbeiträge der Wertaktivitäten

Die Ermittlung der finanziellen Erfolgsbeiträge der Wertaktivitäten basiert auf der Analyse des Cash-flows und der Eigenkapitalrentabilität der Unternehmung und läuft prinzipiell nach dem in Kapitel 4.2 beschriebenen Prozeß ab. Für die hier interessierende Zurechnung finanzieller Erfolgsbeiträge sollten - zunächst unabhängig von ihren Auszahlungswirkungen - jene Wertaktivitäten getrennt behandelt werden, die einen hohen oder rasch steigenden Prozentsatz der Betriebskosten verursachen bzw. einen hohen oder wachsenden Anteil des Anlage- und Umlaufvermögens beanspruchen.

Darüber hinaus sind Wertaktivitäten insbesondere dann separat zu betrachten, wenn bei ihnen unterschiedliche Kostenantriebskräfte wirken. Solche Kostenantriebskräfte können beispielsweise *Auslastungsgrade* von Maschinen und Anlagen, *größenbedingte Degressions-* oder *Progressionseffekte*[27] sowie *rechtliche Rahmenbedingun-*

---

[26] Vgl. MEFFERT, H. (1994), S. 52; SCHIERENBECK, H./LISTER, M. (1998), S. 48; PORTER, M.E. (1999), S. 100.

[27] Die Kapazitätsauslastung muß deutlich von der größenbedingten Kostendegression unterschieden werden. Eine steigende Kapazitätsauslastung verteilt die Fixkosten für bestehende Anlagen und Personal auf eine größere Produktionsmenge, während eine größenbedingte Kostendegression bedeutet, daß die bei voller Kapazitätsauslastung durchgeführte Aktivität c.p. in einem größeren Betrieb rationeller ausgeführt werden kann. Die Verwechslung von Kapazitätsauslastung und Größendegression kann eine Unternehmung zu dem falschen Schluß verleiten, daß ihre Kosten weiter sinken werden, wenn sie die Kapazität erweitert, sobald die vorhandene Kapazität voll ausgelastet ist. Vgl. dazu PORTER, M.E. (1999), S. 107.

gen und andere *Standortfaktoren* sein.[28] Schwierigkeiten bei der Zurechnung von Auszahlungen und Vermögensgegenständen auf einzelne Wertaktivitäten lassen sich mindern, indem die Auszahlungen jeder Wertaktivität in drei Kategorien unterteilt werden: Auszahlungen für *gekaufte Inputs*, für *Personalkosten* und für die *Anlagennutzung* (z.B. für Instandhaltung, Zinsen und Tilgungen).[29]

Bei der Zurechnung von Einzahlungen besteht das Problem, daß die Mehrzahl der Wertaktivitäten keinen unmittelbaren direkten Marktzugang hat und daher keine echten Einzahlungen erzielt. Der Ansatz von Verrechnungspreisen bietet eine Lösung dieses Problems, indem die Wertaktivitäten jeweils fiktiv einer frei auf den Absatz- und Beschaffungsmärkten agierenden Unternehmung angeglichen werden. Auf diese Weise können den Wertaktivitäten in Abhängigkeit der Leistungen, die sie für andere Wertaktivitäten erbringen, fiktive Einzahlungen zugerechnet werden. Da die finanzielle Kontrolle sich an Zahlungsströmen orientiert, ist dabei zu unterstellen, daß zwischen den Unternehmungsteilen Zahlungen fließen.[30]

Verrechnungspreise können sich grundsätzlich an den Marktpreisen oder an den eigenen Herstellungskosten für die jeweiligen Produkte und Leistungen orientieren. Durch die Bewertung zu Marktpreisen wird versucht, die eigene Produktion am Leistungsstandard der Konkurrenten zu messen. In diesem Zusammenhang ist auch die Festlegung von Zielkosten für einzelne Wertaktivitäten zu nennen. Zielkosten können z.B. aus den Marktpreisen von Dienstleistern, durch Betriebsvergleiche oder im Rahmen von Benchmarking-Studien ermittelt werden.[31] Allerdings besteht dabei das Problem, aussagefähige Daten zu erheben. Kostenorientierte Verrechnungspreise sind dagegen einfacher zu ermitteln, da sie mittels analytischer Kostenplanungen aus eigenen Daten berechnet werden können. Um jedoch zu vermeiden, daß die Beurteilung des finanziellen Erfolges eines Unternehmungsteils durch willkürlich gesetzte oder intern ausgehandelte Verrechnungspreise verfälscht wird, sollten in der Kontrollrechnung auf Marktpreisen basierende Verrechnungspreise verwandt werden. Die Unternehmungsteile können dann so beurteilt werden, als hätten sie externe Leistungen bezogen und eigene Leistungen an Externe verkauft.[32]

---

[28] Der Standort, an dem die Unternehmung eine Aktivität ausführt, beeinflußt deren Kosten auf unterschiedliche Weise durch die dort gültige Höhe des Lohnniveaus, der Kosten für Rohstoffe und Energie sowie die dort verfügbare Infrastruktur, das Klima oder die kulturellen Normen. Wesentlichen Einfluß auf die Kostensituation haben auch außerbetriebliche Faktoren in Form staatlicher Vorschriften des Arbeits-, Steuer- und Umweltrechts oder des Einflusses der Gewerkschaften. Vgl. PORTER, M.E. (1999), S. 121ff.

Für eine ausführliche Darstellung der zehn von PORTER unterschiedenen Kostenantriebskräfte vgl. PORTER, M.E. (1999), S. 106ff.

[29] Vgl. zu diesen Empfehlungen PORTER, M.E. (1999), S. 99ff.

[30] Vgl. zur Problematik fiktiver Märkte FRESE, E. (1990), S. 146f. Zu den Aufgaben von Verrechnungspreisen und zu ihrer kosten- oder marktpreisorientierten Ableitung vgl. BATTENFELD, D. (1997), 60ff.

[31] Zur Festsetzung von Verrechnungspreisen durch das Zielkosten-Konzept vgl. BATTENFELD, D. (1997), 80f., 201ff.

[32] Vgl. BRÜGGERHOFF, J. (1992), S. 103. Da erfahrungsgemäß bloße Preisanfragen bei Konkurrenten wenig aussagekräftig sind, kaufen manche Unternehmungen bestimmte Quoten von Zwischenprodukten am externen Markt. Indem sie so als Nachfrager auftreten, erhalten sie realistische Preisangebote; vgl. zu dieser Empfehlung FRESE, E. (1990), S. 148.

Da eine direkte Zurechnung des Fremdkapitals auf einzelne Wertaktivitäten im allgemeinen nicht möglich sein wird, müssen die Auszahlungen für Zinsen und Tilgungen mittels einer Finanzierungsprämisse zugerechnet werden. Eine solche könnte beispielsweise fiktiv unterstellen, daß die von einer Wertaktivität genutzten Vermögensgegenstände entsprechend der Fremdkapitalquote der Gesamtunternehmung durch Fremdkapital finanziert seien. In Abhängigkeit der anteilig genutzten Vermögensgegenstände können die einer Wertaktivität zuzurechnenden Zins- und Tilgungszahlungen dann nach folgender Formel geschätzt werden:

$$Z(T)_{WAi} = Z(T)_{GU} \times \frac{(AV + UV)_{WAi}}{(AV + UV)_{GU}}$$

mit: $Z(T)_{WAi}$ = auf die Wertaktivität i entfallende Zins- bzw. Tilgungszahlungen
$Z(T)_{GU}$ = Zins- bzw. Tilgungszahlungen der Gesamtunternehmung
$(AV+UV)_{WAi}$ = von der Wertaktivität i genutztes Anlage- und Umlaufvermögen
$(AV+UV)_{GU}$ = Anlage- und Umlaufvermögen der Gesamtunternehmung

Für die Bewertung des Anlage- und des Umlaufvermögens können alternativ die historischen Anschaffungs- und Herstellungskosten, die in der Bilanz ausgewiesenen Buchwerte oder die Liquidationswerte der einzelnen Vermögensgegenstände herangezogen werden. Für die Bewertung insbesondere des abnutzbaren Anlagevermögens mit den historischen Anschaffungs- und Herstellungskosten spricht, daß die einer Wertaktivität zuzurechnenden Zins- und Tilgungszahlungen aus dem Fremdkapital resultieren, welches der Finanzierung der Anschaffungs- und Herstellungskosten der Vermögensgegenstände diente.

Dagegen hängt die Entwicklung der Buchwerte von der jeweiligen bilanziellen Abschreibungsmethode ab. Wenn die den Wertaktivitäten zuzurechnenden Vermögensgegenstände nach unterschiedlichen Methoden abgeschrieben werden, kann das im Zeitablauf zu einer Veränderung der jeweiligen rechnerischen Anteile der Wertaktivitäten am gesamten Anlage- und Umlaufvermögen der Unternehmung führen. Ein Periodenvergleich der auf die Wertaktivitäten entfallenden Zins- und Tilgungszahlungen ist dann nicht mehr möglich.

Die Bewertung mit Liquidationswerten ist ebenfalls ungeeignet, weil auch diese sich im Zeitablauf ändern und bei jeder Kontrolle des finanziellen Erfolges für alle Vermögensgegenstände zu ermitteln wären. Abgesehen von dem damit verbundenen Prognoseproblem, steht der Erhebungsaufwand in keinem Verhältnis zum Erkenntnisgewinn, zumal in diesem Stadium des Entscheidungsprozesses noch offen ist, ob und welche Potentialfaktorkombinationen einzelner Wertaktivitäten aufgelöst werden.[33]

Um die von der Unternehmung geleisteten Steuerzahlungen den Wertaktivitäten anteilig zurechnen zu können, sind v.a. die auf die Wertaktivitäten bezogenen Ab- und Zuschreibungen sowie die Veränderungen der Rückstellungen zu berücksichtigen.

---

[33] Die Bewertung der Gegenstände des nicht abnutzbaren Anlagevermögens und des Umlaufvermögens erfolgt in jedem Fall zu den historischen Anschaffungs- und Herstellungskosten; vgl. BAETGE, J. (1994), S. 177ff., 204ff.

Zwar sind diese nicht unmittelbar zahlungswirksam, jedoch beeinflussen sie die Höhe der steuerlichen Bemessungsgrundlage und damit mittelbar die Höhe der Steuerzahlungen. Soweit einer Wertaktivität das von ihr genutzte Anlage- und Umlaufvermögen zugerechnet werden kann, können ihr die darauf entfallenden Ab- und Zuschreibungen ebenfalls zugerechnet werden; gleiches gilt für die Erhöhung oder Auflösung anlagebezogener Rückstellungen (z.B. für Instandhaltung oder Entsorgung). Veränderungen personalbezogener Rückstellungen (insb. Pensionsrückstellungen) können einer Wertaktivität z.B. anhand ihres Anteils am Gesamtpersonal der Unternehmung zugerechnet werden. Die einer Wertaktivität zuzurechnenden Steuerzahlungen können dann in vier Schritten berechnet werden:

1) Berechnung des Cash-flows der Unternehmung nach Abschreibungen und Rückstellungen ($CF_{GU\text{-}nach}$):

	Betriebliche Einzahlungen
-	Betriebliche Auszahlungen
-	Rentenzahlungen an Mitarbeiter
-	Zinszahlungen für Fremdkapital
=	Cash-flow der Unternehmung vor Abschreibungen und Rückstellungen
-/+	Abschreibungen / Zuschreibungen
-/+	Erhöhung / Auflösung von Rückstellungen
=	Cash-flow der Unternehmung nach Abschreibungen und Rückstellungen

2) Berechnung des durchschnittlichen Steuersatzes der Unternehmung (∅ StSatz):[34]

a) für Personengesellschaften: $\varnothing StSatz = \frac{ESt + KiSt + GewSt}{CF_{GU-nach}}$

mit:
- ∅ StSatz = durchschnittlicher Steuersatz für die Einkommen-, Kirchen- und Gewerbeertragsteuer
- ESt = Einkommensteuerzahlung
- KiSt = Kirchensteuerzahlung
- GewSt = Gewerbesteuerzahlung
- $CF_{GU\text{-}nach}$ = Cash-flow der Unternehmung nach Abschreibungen und Rückstellungen

b) für Kapitalgesellschaften: $\varnothing StSatz = \frac{KSt + GewSt}{CF_{GU-nach}}$

mit:
- KSt = Körperschaftsteuerzahlungen auf thesaurierte und ausgeschüttete Gewinne

[34] Die Fallunterscheidung a) und b) ist notwendig, weil Personen- und Kapitalgesellschaften sich hinsichtlich der relevanten Steuersätze unterscheiden. Der im Standardmodell der Investitionsrechnung verwendete Ertragsteuermultifaktor ist hier entbehrlich, weil nicht die Ermittlung zukünftiger, sondern die Zurechnung bereits geleisteter Steuerzahlungen von Interesse ist; vgl. dazu ADAM, D. (1996), S. 147ff.; GROB, H.L. (1999), S. 272ff. Auf die steuerlichen Wirkungen der Desinvestition einer Wertaktivität wird in den Kap. 6.3.5 und 7.3.3.3.2 näher eingegangen.

Bei der Ermittlung der Steuerzahlungen ist zu differenzieren, ob Vorauszahlungen oder Zahlungen für abgeschlossene Geschäftsjahre in die Rechnung eingehen. Um die zeitliche Kongruenz der Daten zu gewährleisten, sollten sich die Steuerzahlungen und die übrigen Komponenten des Cash-flows auf denselben Betrachtungszeitraum beziehen.

3) Berechnung des anteiligen[35] Cash-flows einer Wertaktivität i nach Abschreibungen und Rückstellungen ($CF_{WAi\text{-}nach}$):

	Einzahlungen der Wertaktivität
-	Auszahlungen der Wertaktivität
-	anteilige Rentenzahlungen an Mitarbeiter
-	anteilige Zinszahlungen für Fremdkapital
=	Cash-flow der Wertaktivität i vor Abschreibungen und Rückstellungen
-/+	anteilige Abschreibungen / Zuschreibungen der Wertaktivität
-/+	anteilige Erhöhung / Auflösung von Rückstellungen der Wertaktivität
=	Cash-flow der Wertaktivität i nach Abschreibungen und Rückstellungen

4) Berechnung der auf eine Wertaktivität i entfallenden Steuerzahlungen (StZ_{WAi}):

$$StZ_{WAi} = \varnothing StSatz \times CF_{WAi-nach}$$

mit: StZ_{WAi} = auf die Wertaktivität i entfallende Steuerzahlungen
$CF_{WAi\text{-}nach}$ = Cash-flow der Wertaktivität i nach Abschreibungen und Rückstellungen

Nach diesen Rechenschritten kann der einer Wertaktivität i zuzurechnende Anteil am verfügbaren Cash-flow der Gesamtunternehmung wie folgt ermittelt werden:

	Cash-flow der Wertaktivität i nach Abschreibungen und Rückstellungen ($CF_{WAi\text{-}nach}$)
-	auf die Wertaktivität i entfallende Steuerzahlungen (StZ_{WAi})
=	Cash-flow der Wertaktivität i nach Steuern
+/-	Korrekturposten für anteilige Ab- / Zuschreibungen
+/-	Korrekturposten für anteilige Erhöhung / Auflösung von Rückstellungen
-	anteilige Tilgungszahlungen der Wertaktivität i
=	frei verfügbarer anteiliger Cash-flow der Wertaktivität i

Dieser anteilige Cash-flow einer Wertaktivität kann mittels des in Kapitel 4.2 entwikkelten Kennzahlensystems beurteilt werden. Auf die besonderen Schwierigkeiten bei der Zurechnung des Eigenkapitals auf einzelne Wertaktivitäten wurde dort bereits hingewiesen. Unter der Prämisse, daß der Anteil des von einer Wertaktivität genutzten Anlage- und Umlaufvermögens ihrem Anteil am Gesamtkapital der Unterneh-

[35] Als Bezugsgrößen für die jeweiligen Anteile können z.B. die Zahl der aktiven oder pensionierten Mitarbeiter der Wertaktivität (für die anteiligen Rentenzahlungen) oder das von der Wertaktivität genutzte Anlage- und Umlaufvermögen (für die anteiligen Zinszahlungen, Ab-/Zuschreibungen, Rückstellungen) herangezogen werden.

mung (jeweils bewertet mit den historischen AK/HK) entspricht, kann jedoch eine Art „Cash-flow-Gesamtkapitalrentabilität“[36] einzelner Wertaktivitäten ermittelt werden:

$$CFGKR_{WAi} = CF_{WAi} \times \frac{(AV + UV)_{WAi}}{(AV + UV)_{GU}}$$

mit: $CFGKR_{WAi}$ = Cash-flow-Gesamtkapitalrentabilität der Wertaktivität i
CF_{WAi} = frei verfügbarer anteiliger Cash-flow der Wertaktivität i

Da diese Größe eine Komponente der Eigenkapitalrentabilität darstellt und prinzipiell anhand eines Zeit- und/oder Branchenvergleichs beurteilt werden kann, erfüllt sie die Anforderungen an ein Kriterium zur Bestimmung potentieller Desinvestitionsobjekte.[37] Als Anhaltspunkte zur Ableitung kritischer Werte im Sinne von Auslösekriterien wurden in der Initiierungsphase kapitalmarkt- oder branchenbezogene Rentabilitäten genannt. Folgt man diesem Vorschlag, ist eine Wertaktivität dann als potentielles Desinvestitionsobjekt zu betrachten, wenn die nach der o.g. Systematik ermittelte Cash-flow-Gesamtkapitalrentabilität der Wertaktivität unterhalb der Gesamtkapitalrentabilität liegt, die im zurückliegenden Betrachtungszeitraum am Kapitalmarkt oder im Branchendurchschnitt zu erzielen war.

5.2.4 Ermittlung der strategischen Erfolgsbeiträge der Wertaktivitäten

Auch die Ermittlung der strategischen Erfolgsbeiträge der Wertaktivitäten orientiert sich im wesentlichen an den in Kapitel 4.3.2 geschilderten Prozessen und Ergebnissen der strategischen Analyse der Gesamtunternehmung. Allerdings bedarf es einiger Änderungen, die im Folgenden dargestellt werden.

So sind die *Branchenstruktur*, die *Wettbewerbsintensität* und die *erwartete Marktentwicklung* als Determinanten der Branchenattraktivität nicht auf die Unternehmung, sondern auf deren Wertaktivitäten zu beziehen. Dementsprechend sind auch die relativen Wettbewerbsstärken und -schwächen jeweils bezogen auf die Wertaktivitäten zu ermitteln. Diese Modifikation der Branchenanalyse auf einem niedrigeren Abstraktionsniveau ist gerechtfertigt, weil sogar innerhalb einer Branche je nach be-

---

[36] Vgl. zu der Wortwahl „eine Art“ BÜHNER, R. (1996b), S. 395. Die Kennzahl ist nicht zu verwechseln mit dem im Rahmen des Shareholder-value-Konzeptes diskutierten *Cash-flow-return-on-investment* (CFROI). Dieser gibt in Form eines internen Zinsfußes die durchschnittliche Verzinsung des in einer Unternehmung bzw. einer Wertaktivität investierten Kapitals an; vgl. dazu KNORREN, N. (1998), S. 74ff. Zu den realitätsfernen impliziten Prämissen des internen Zinsfußes vgl. ADAM, D. (1996), S. 55ff.; GROB, H.L. (1999), S. 120ff.

[37] Einschränkend ist zu bemerken, daß die für die Lösung des Zurechnungsproblems verwendeten Prämissen und Vereinfachungen zu Lasten der Genauigkeit der Rechenergebnisse gehen. In der Initiierungsphase sind solche Näherungsmethoden jedoch aus mehreren Gründen gerechtfertigt:

Indem die steuerlichen Wirkungen der Abschreibungen und Rückstellungen berücksichtigt werden, ist eine realistische Beurteilung der finanziellen Beiträge der Wertaktivitäten möglich. Auf diese Weise werden auch die Cash-flows anlageintensiver Wertaktivitäten mit den Cash-flows personalintensiver Wertaktivitäten vergleichbar. Gleichzeitig können so finanzielle Anregungsinformationen vergleichsweise einfach und rasch generiert werden. Vgl. zu dieser Argumentation PORTER, M.E. (1999), S. 103.

trachteter Wertaktivität die Strukturdeterminanten jeweils unterschiedliche Ausprägungen aufweisen können.[38]

Um die in den Wertaktivitäten liegenden Differenzierungspotentiale einer Unternehmung zu beurteilen bzw. um fehlende Differenzierungspotentiale zu ermitteln, empfiehlt PORTER folgende Systematik:[39]

1) Zunächst sind die Wertketten der aktuellen bzw. der potentiellen Kunden zu definieren.
2) Danach ist die Rangfolge der Kaufkriterien dieser Kunden zu ermitteln.
3) Darauf aufbauend kann jene Sollkombination von Wertaktivitäten bestimmt werden, welche gemessen an den Differenzierungskosten die für die Abnehmer wertvollste Differenzierung schafft.
4) Anhand dieses Kriteriums kann schließlich analysiert werden, ob und in welchem Umfang die einzelnen Wertaktivitäten einer Unternehmung im Vergleich zu den Konkurrenten vorhandene oder potentielle Quellen der „Einmaligkeit" bilden.

Die Relativierung der Kostenpositionen und der Differenzierungspotentiale der eigenen Wertaktivitäten erfolgt wiederum durch einen Vergleich mit den Kostenpositionen und den Differenzierungspotentialen der Konkurrenten. Zu diesem Zweck ist der in Kapitel 4.3.2.1 beschriebene Fragenkatalog so anzupassen, daß er jeweils relative Beurteilungen der eigenen Wertaktivitäten zuläßt.

Im Branchenstruktur-Wettbewerbsstärken-Modell von PORTER/HARRIGAN ergeben sich aus der Position einer Unternehmung in der Des-/Investitionsmatrix Anhaltspunkte für die Notwendigkeit eines Desinvestitionsprozesses. Wird dieses Modell analog auf der Ebene der Wertaktivitäten angewendet, läßt sich anhand der Matrixposition einer Wertaktivität beurteilen, ob diese im Hinblick auf ihren strategischen

---

[38] Beispielsweise kann eine Unternehmung bei der Beschaffung von Rohstoffen und Vorprodukten mit ihren Lieferanten langfristige, für sie günstige Verträge vereinbaren, während ihren Abnehmern relativ hohe Umstellungskosten entstünden, falls sie diese Rohstoffe bei denselben Lieferanten selbst einkauften. Das wäre ein Indiz für eine aus Sicht der Unternehmung günstige Branchenstruktur im Bereich der Beschaffung. So sind z.B. in der Bekleidungsindustrie die Umstellungskosten der reinen Konfektion relativ gering, weil Nähmaschinen an nahezu jedem Standort einfach zu installieren sind und das benötigte Personal schnell ausgebildet werden kann; vgl. dazu ROTH, M. (1997), S. 24. Dagegen ist eine Umstellung der Distribution und Logistik im Rahmen des PLVs aufgrund der komplizierten PLV-Regulierungen sehr viel schwieriger und erfordert einen höheren Zeit- und Kostenaufwand; vgl. dazu JÄGER, B./RECKFORT, J./TÜCKING, E. (1997), S. 130ff.

Zugleich kann dieselbe Unternehmung bei der Fertigung ihrer Produkte mit hohen Überkapazitäten sowohl im eigenen Betrieb als auch in der Branche konfrontiert sein, verbunden mit u.U. hohen technisch-ökonomischen Austrittsbarrieren. Die Branchenstruktur im Bereich der Fertigung wäre dann als ungünstig zu bewerten. Auch die Nachfrageerwartungen für die verschiedenen Wertaktivitäten einer Unternehmung können divergieren. In Abhängigkeit von den Strategien und Wertketten der Abnehmer steigt u.U. die Nachfrage nach Logistik-Leistungen der Unternehmung, während gleichzeitig der Bedarf der Abnehmer an technischen oder gestalterischen Leistungen stagniert oder sogar sinkt.

[39] Vgl. zu diesem Prozeß PORTER, M.E. (1999), S. 219ff. Da die strategische Kostenanalyse der Wertaktivitäten in weiten Teilen der bereits dargestellten Finanz- und Kostenanalyse der Unternehmung bzw. der Wertaktivitäten entspricht, wird hier auf eine nochmalige Darstellung verzichtet. Vgl. dazu die detaillierten Ausführungen von PORTER, M.E. (1999), S. 93ff. Zur Wirtschaftlichkeitskontrolle der Prozeßleistungserstellung und der Prozeßleistungsnutzung vgl. BATTENFELD, D. (1997), S. 162ff.

Erfolgsbeitrag fortgeführt oder desinvestiert werden sollte. Tendenziell sprechen folgende Faktoren für die Desinvestition einer Wertaktivität:[40]

- Ungünstige Kostenposition: Durch den Vergleich der eigenen Kosten einer Wertaktivität mit den niedrigeren Kosten des in dieser Beziehung besten (auch ausländischen) Wettbewerbers werden Kostensenkungspotentiale deutlich.
- Hohe Personalintensität: Kostenpositionen einzelner Wertaktivitäten lassen sich durch konsequente Nutzung ausländischer Lohnkostenvorteile um so stärker verbessern, je größer der Anteil der Personalkosten an den Gesamtkosten einer einzelnen Aktivität bzw. an der gesamten Wertschöpfung der Unternehmung ist.
- Hinreichend großes Auslagerungsvolumen: Das Produktions- und Leistungsvolumen der auslagerungsfähigen Wertaktivität muß eine kritische Masse übersteigen, damit die erzielbaren Kostensenkungen nicht durch die Kosten der Desinvestition bzw. der Verlagerung überkompensiert werden.
- Marktchancen: Sofern eine Markterschließung im Ausland unmittelbar möglich ist, ist das dortige Marktpotential ebenfalls ein Faktor, der für die Verlagerung bestimmter Wertaktivitäten spricht.

Um die normativen Empfehlungen dieses Modells an die individuellen Umstände einer Unternehmung anzupassen, knüpft die Bestimmung potentieller Desinvestitionsobjekte im konkreten Fall an folgende Fragen an:[41]

1) a) Welche Wertaktivitäten sind zentrale (Kern-)Kompetenzen der Unternehmung?
   b) Welche Wertaktivitäten sind zentrale Faktoren ihrer Leistungserstellung?
   c) Sind diese zentralen Aktivitäten an einen bestimmten Betrieb oder Standort gebunden?
2) a) Welches sind personal- bzw. anlageintensive Wertaktivitäten?
   b) In welchen Wertaktivitäten liegen besondere Chancen- oder Risikopotentiale?
   c) Welche Wertaktivitäten können problemlos aufgegeben bzw. im Hinblick auf die von den Abnehmern u.U. geforderte Schnelligkeit, Flexibilität und Qualität an vor- oder nachgelagerte Wertschöpfungsstufen ausgegliedert werden?
   d) In welchen Wertaktivitäten, die grundsätzlich aufgegeben bzw. verlagert werden können, ist wertvolles Wissen gebunden?
3) Wie verändern sich die finanziellen Erfolgsgrößen der Unternehmung bei der Fortführung bzw. der Desinvestition einzelner Aktivitäten?

Bei der Beantwortung dieser Fragen ist der Quantifizierung des Abnehmerwertes besondere Beachtung zu schenken; insbesondere sind die Kosten- und Leistungswirkungen einzelner Maßnahmen und Maßnahmenbündel in den Wertketten der Abnehmer und Endverbraucher explizit in Vorteilhaftigkeitsüberlegungen einzubeziehen. Sie bestimmen die Wahrnehmung des durch die Unternehmung geschaffenen Abnehmerwertes in entscheidendem Maße. Wertaktivitäten, die *nicht* zum Abnehmerwert beitragen und also auch keinen Beitrag zur Schaffung von Eigentümerwert leisten, sind potentielle Desinvestitionsobjekte.[42]

---

[40] Vgl. dazu die Listen der Desinvestitionsgründe bei HASENACK, W. (1939); HASENACK, W. (1956); RUDHART, P.M. (1978), 76ff.; HELMES, M. (1996), S. 71.

[41] Vgl. zu diesem Fragenkatalog HELMES, M. (1996), S. 70.

[42] Vgl. MEFFERT, H. (1989), S. 400.

Die Anwendung dieses Modells wird am Beispiel eines Bekleidungsherstellers erläutert.[43] Den Ergebnissen der Marktanalyse in Kapitel 3 entsprechend wird dabei unterstellt, daß der Konfektionär sich bei den operativen Wertaktivitäten (z.B. *Zuschnitt*, *Nähen*, *Finishing*) mit Wettbewerbsnachteilen und einer ungünstigen Marktentwicklung (v.a. aufgrund höherer bzw. zukünftig steigender Lohnstückkosten) konfrontiert sehe;[44] hinzu komme, daß diese personalintensiven Wertaktivitäten weder als Kernkompetenzen anzusehen, noch an einen bestimmten Standort gebunden sind. Diese Wertaktivitäten vermögen folglich keine positiven strategischen Erfolgsbeiträge zu leisten.

Abb. 26: Beispiel für die Des-/Investitionsmatrix* eines Konfektionärs

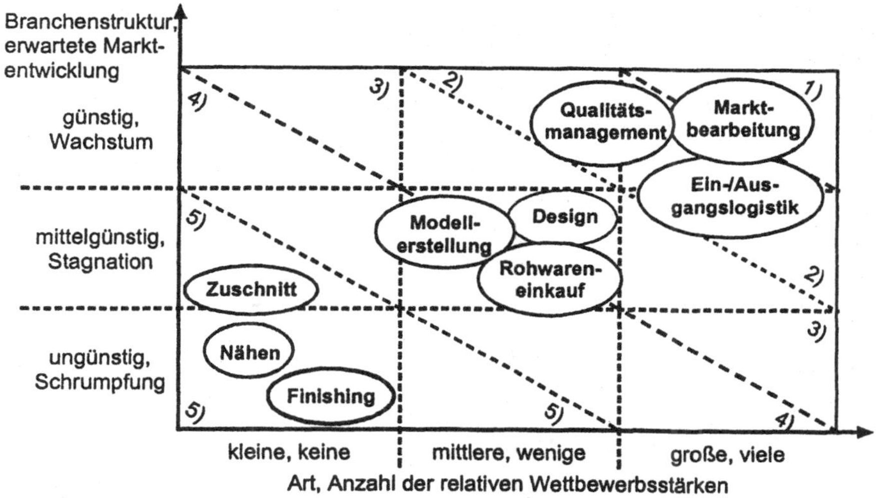

*) Die Ziffern 1) - 5) kennzeichnen die für die Matrixfelder empfohlenen Normstrategien:
1) Investitionen steigern, 2) Investitionen halten, 3) selektive Desinvestition,
4) Abschöpfung, 5) sofortige Desinvestition; vgl. auch Abb. 24.

Quelle: Eigene Darstellung.

Hingegen verfüge die Unternehmung über große Wettbewerbsvorteile im Bereich der dispositiven Wertaktivitäten (z.B. *Marktbearbeitung*, *Qualitätsmanagement*, *Logistik*), für die gleichzeitig eine günstige Branchenstruktur und Marktentwicklung prognostiziert werde.[45] Aufgrund der geographischen (Markt-)Nähe zum Abnehmer bzw. Endverbraucher seien diese Wertaktivitäten darüber hinaus an bestimmte Standorte oder Regionen gebunden, zumal Schnelligkeit und Flexibilität dieser Wertaktivitäten c.p. bei kurzen Entfernungen höher sind. Insgesamt seien daher für diese Wertaktivitäten positive strategische Erfolgsbeiträge zu erwarten. Die Wertaktivitäten *Einkauf*,

---

[43] Das Beispiel basiert auf dem von der Firma BENETTON verfolgten Differenzierungskonzept; vgl. dazu MEFFERT, H. (1989), S. 394ff. und die dort angegebene Literatur.

[44] Vgl. dazu insbesondere die Analyse der Fertigungstiefe in Kap. 3.4.3.

[45] Vgl. dazu v.a. die Analyse der Mitarbeiterstruktur in Kap. 3.5.2.

Design und *Modellerstellung* mögen mittlere Wettbewerbsstärken sein, für die eine mittelgünstige Prognose gelten möge. Die Wertaktivitäten des Konfektionärs sind dann in der Des-/Investitionsmatrix wie gezeigt zu positionieren (vgl. Abb. 26).

Folgt man den Empfehlungen von PORTER/HARRIGAN, ist aus den jeweiligen Matrixpositionen zu schließen, daß die operativen Wertaktivitäten desinvestiert werden sollten, während die Investitionen in die dispositiven Wertaktivitäten beibehalten oder sogar gesteigert werden sollten, um die strategische Wettbewerbsposition der Gesamtunternehmung zu verbessern. Die im Mittelfeld positionierten Wertaktivitäten sind ambivalent zu beurteilen. Einerseits kann und sollte auf sie nicht völlig verzichtet werden, andererseits sollte in ihnen nicht zuviel Kapital gebunden sein bzw. investiert werden. Die Umsetzung dieser Normstrategien verändert die Struktur der Wertkette des Konfektionärs, da die bisherigen Wertaktivitäten entweder gar nicht mehr ausgeführt oder ihre Inhalte wesentlich verändert werden.

Angesichts der durch Modeeinflüsse hohen Dynamik im Textilhandel sind kurze Reaktions- und Lieferzeiten zwischen Design und Vertrieb ein wichtiger Differenzierungsfaktor. Durch eine Restrukturierung der Wertkette können neue bzw. zusätzliche Differenzierungspotentiale und -vorteile generiert werden, wie das Beispiel der Fa. BENETTON zeigt (vgl. Abb. 27).

Abb. 27: Differenzierungskonzepte zweier Konfektionäre

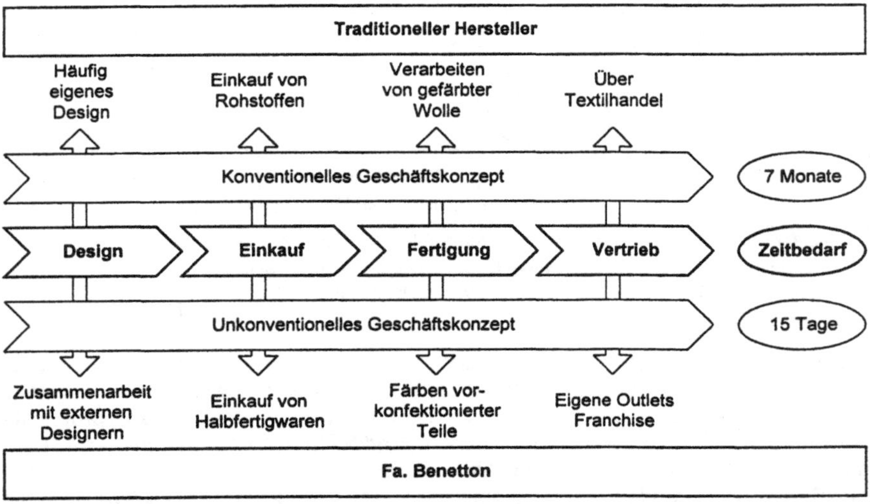

Quelle: MEFFERT, H. (1989), S. 397.

Indem sie die konventionelle Struktur der Wertaktivitäten aufgab und ihre Wertkette neu strukturierte, konnte die Fa. BENETTON die Reaktions- und Lieferzeiten im Vergleich zu ihren Konkurrenten deutlich verkürzen und diesen reduzierten Zeitbedarf als Kernkompetenz ausbauen. Da die damit verbundene erhöhte Schnelligkeit und

Flexibilität den Abnehmern zum Vorteil gereichte, waren sie bereit, für diesen „einmaligen Mehrwert" einen Preisaufschlag zu zahlen.[46]

5.3 Formulierung spezifischer Anpassungsziele

Als oberste Zielsetzung der Unternehmung wurde in Kapitel 2.2 die *Maximierung des Eigentümerwertes in einer bestimmten Periode* definiert. Diese zentrale Zielvorschrift wird durch die Formulierung finanzieller und strategischer Subziele konkretisiert. Faßt man die Ergebnisse der bisherigen Überlegungen zusammen, ist ein Unternehmungsteil dann als potentielles Desinvestitionsobjekt zu betrachten, wenn durch einen Verzicht auf denselben der finanzielle Erfolg der Unternehmung erhöht oder deren strategische, relative Wettbewerbsposition gestärkt werden kann und damit insgesamt eine positive Wirkung auf den Wert der Unternehmung bzw. auf das in ihr gebundene Eigenkapital einhergeht.

Bei der Anpassung bzw. Desinvestition eines Unternehmungsteils handelt es sich um eine bestimmte Aufgabe hinsichtlich eines abgegrenzten organisatorischen Bereichs der Unternehmung. Daher sind auch die Anpassungs- und Desinvestitionsziele als Ausdruck der angestrebten Erfüllung dieser Aufgabe in einem eigenen Zielbildungsprozeß nach Inhalt, Ausmaß und Zeitbezug zu formulieren. Ebenso wie bei den übrigen Unternehmungszielen sind dabei inhaltlich Wert-, Sach- und Sozialziele zu unterscheiden. Da diese Subziele als Kriterien für die Auswahl der im Hinblick auf die oberste Zielsetzung „maximal zielkonformen" Alternative dienen, müssen sie aus den obersten Zielen der Unternehmung abgeleitet und zu diesen in einer Zweck-Mittel-Beziehung stehen.[47] Wird für die Unternehmung ein in sich (weitgehend)[48] widerspruchsfreies Zielsystem angestrebt, impliziert diese Forderung, daß für die Subziele dieselben Arten-, Höhen-, Zeit- und Sicherheitspräferenzen wie für die obersten Ziele der Unternehmung gelten. Hinsichtlich der Formulierung von Desinvestitionszielen zeichnet sich der Bildungsprozeß dieser Subziele allerdings durch einige Besonderheiten aus.[49]

Im Bereich der Wertziele werden im Fall einer Desinvestition nicht so sehr hohe Erlöse aus dem Absatz von Produkten und Leistungen als vielmehr hohe Erlöse aus dem Verkauf von Gesellschaftsanteilen bzw. von Vermögensgegenständen des An-

---

[46] Vgl. BENETTON, L. (1994). Die Fähigkeit, kurze Reaktions- und Lieferzeiten garantieren zu können, hängt v.a. davon ab, daß die Unternehmung frühzeitig umfassende und genaue Informationen sowohl von vorgelagerten Lieferanten als auch von nachgelagerten Abnehmern erhält; vgl. LOHR, M. (1994), S. 178.

Zur Einführung sogenannter *Quick-response*-Konzepte und vertikaler Kooperationen zwischen den Herstellern und Händlern von Textilien und Bekleidung vgl. insbesondere AHLERT, D. (1994); AHLERT, D./HORSTMANN, S. (1994); HORSTMANN, S. (1997).

[47] Vgl. zu diesen Anforderungen RUDHART, P.M. (1978), S. 134f.

[48] Schon aufgrund der z.T. divergierenden Interessen der an der Planung Beteiligten können Zielkonflikte nicht gänzlich ausgeschlossen werden.

[49] Bei der *Anpassung durch Fortführung* unterscheidet sich die Bestimmung der Inhalte, der Ausmaße und der Zeitbezüge der Subziele grundsätzlich nicht vom regulären Zielbildungsprozeß der Unternehmung. Daher wird die Formulierung dieser Anpassungsziele hier nicht weiter vertieft.

lage- und Umlaufvermögens angestrebt. Ein weiteres desinvestitionsspezifisches Wertziel besteht darin, die Kosten einer Stillegung (z.B. für Abfindungen der Mitarbeiter, für die Demontage der Anlagen, für die Rekultivierung von Grundstücken) zu minimieren bzw. zu begrenzen.

Bei konstanter oder wachsender Unternehmungsgröße bzw. bei einer Anpassung durch Fortführung beziehen sich die Sachziele auf die materielle Ausbringung des Leistungsprogramms oder einzelner Produkte (Output). Bei einer Desinvestition dagegen richten sich die Sachziele auf den materiellen Faktoreinsatz, also auf die aufzugebenden Potentialfaktoren und Aktionsobjekte (Input). Die Beschaffungs-, Produktions- und Absatzziele sowie die Vermögens- und Personalziele beschreiben dann die negative Veränderung der jeweiligen Zielinhalte, die innerhalb des Zeitraums der Desinvestition angestrebt werden.[50]

Die Stillegung oder der Verkauf eines Unternehmungsteils ist v.a. für die dort tätigen Mitarbeiter i.d.R. eine einschneidende Maßnahme; daher kommt den Sozialzielen bei einer Desinvestition besondere Bedeutung zu. Insbesondere wenn die betroffenen Beschäftigten bei einer Stillegung ihren Arbeitsplatz verlieren, bedarf es mehr noch als in Wachstumsphasen der Achtung ihrer Würde. Eigentümer und Manager, die sich der hohen, auch ethischen Verantwortung für ihre Mitarbeiter bewußt sind, werden in ihnen nicht bloß den „Einsatzfaktor Arbeit/Personal" sehen, sondern die Menschen, die in ihrer Arbeit Erfüllung und Bestätigung und nicht bloß die Sicherung ihres Lebensunterhaltes suchen.[51]

Da die Folgen einer Desinvestition über den Zeitpunkt der Abwicklung des Verkaufs oder der Stillegung hinaus reichen, sind Desinvestitionsziele mittel- bis langfristig zu formulieren, ihr Zeitbezug muß sich also auf mehrere Perioden erstrecken. Analog zur Investitionsentscheidung ist daher bei der Formulierung finanzieller Wertziele zu berücksichtigen, daß die Handlungsalternativen zu unterschiedlichen Zeitpunkten zu Zahlungswirkungen führen. Statisch formulierte Ziele (z.B. „Minimiere die Stillegungskosten im Jahr x!" oder „Maximiere den Aufgabegewinn im Jahr x!") sind folglich für die Beurteilung von Handlungsalternativen ungeeignet. Die Zeitpräferenz der Entscheidungsträger kann nur durch dynamisch formulierte Zielvorschriften abgebildet werden (z.B. „Maximiere innerhalb des Zeitraums t die Eigenkapitalrentabilität!").[52]

---

[50] Vgl. RUDHART, P.M. (1978), S. 136

[51] In diesem Zusammenhang sei bemerkt, daß Formulierungen wie „Auflösung menschlicher Potentiale" (RUDHART, P.M. (1978), S. 197) oder „die ... stillgelegten menschlichen ... Potentiale" (BRÜGGERHOFF, J. (1992), S. 187) von einem Bild der Mitarbeiter zeugen, welches nicht mit den Idealen und dem Menschenbild der *Sozialen* Marktwirtschaft zu vereinbaren ist. Auch und gerade im Fall einer Stillegung sollten sich die entscheidungsbefugten Eigentümer und Manager stets der Verantwortung für die ihnen anvertrauten und zugleich vertrauenden Menschen bewußt sein. Zu diesbezüglichen Aussagen der Katholischen Soziallehre und der daraus folgenden Verantwortung der Unternehmer vgl. z.B. OCKENFELS, W. (1992); EITER, R./ROOS, L. (Hrsg.) (1994); LÖHR, M.E./REICHMANN, H./SCHÄUBLE, W. (HRSG.) (1995).

[52] Vgl. RUDHART, P.M. (1978), S. 262; BRÜGGERHOFF, J. (1992), S. 65. Vgl. Kap. 2.2.2. Der Aspekt der Bewertung der Handlungsalternativen wird in Kap. 7 vertieft.

Das Ausmaß eines Desinvestitionsziels kann a) als Satisfizierungsziel oder b) als Extremierungsziel formuliert werden. Im Fall a) wird eine Ober- oder Untergrenze einer Zielgröße angestrebt, z.B. höchstens 10 Mitarbeiter entlassen zu müssen oder aus dem Verkauf des Anlagevermögens wenigstens 100.000 DM zu erlösen. Im Fall b) wird die Maximierung oder Minimierung einer Zielgröße verfolgt, beispielsweise den Eigentümerwert zu maximieren oder die Kosten der Anpassung zu minimieren.

Im Entscheidungsmodell stellen die als Höchst- oder Mindestanforderungen formulierten Ziele Nebenbedingungen bei der Wahl der Anpassungsart dar, die sowohl die nicht realisierbaren als auch die nicht erwünschten Alternativen aus der weiteren Betrachtung ausschließen. Dagegen beschreibt ein unbegrenzt definiertes Ziel die Ergebnisfunktion im engeren Sinne, es bildet das Auswahlkriterium zwischen zulässigen und erwünschten Anpassungsalternativen.[53] Die Auswahl einer Alternative erfolgt dann in zwei Stufen: Zunächst werden aus der Menge der generierten Alternativen mittels der Nebenbedingungen die realisierbaren bzw. zulässigen Alternativen bestimmt; anschließend wird aus dieser Teilmenge anhand der Extremierung die optimale Alternative ausgewählt.[54] Die Formulierung der Anpassungs- bzw. Desinvestitionsziele ist daher nicht nur für die anschließende Suche nach Anpassungsalternativen notwendig, sondern zugleich auch Grundlage der darauf folgenden Ermittlung der Restriktionen und Nebenbedingungen.[55]

5.4 Generierung von Anpassungsalternativen

5.4.1 Fortführungsalternativen

5.4.1.1 Fortführung ohne Änderung der Strategie

In der überwiegenden Zahl der Desinvestitionsfälle betrachten sowohl die Führungspersonen als auch die Eigentümer einer Unternehmung Alternativen, die auf eine Fortführung der Unternehmung bzw. des potentiellen Desinvestitionsobjektes hinauslaufen, als erstes.[56] Unter der *Fortführung* eines Unternehmungsteils wird im Folgenden die Aufrechterhaltung eines Betriebes, eines Bereiches, einer Abteilung o.ä. unter dem jetzigen Eigentümer mit oder ohne Änderung des Betriebszweckes verstanden, wobei die überwiegende Zahl der Mitarbeiter sowie die Sachpotentiale beibehalten werden. Die Fortführung kann grundsätzlich in zwei Richtungen erfolgen:[57]

---

[53] Vgl. RUDHART, P.M. (1978), S. 137.

[54] Besteht z.B. die Anforderung, den Eigentümerwert zu maximieren, wobei bei einem Verkauf von Vermögensgegenständen wenigstens deren Buchwerte erzielt werden sollen, so scheiden zunächst alle Anpassungsalternativen, welche der zuletzt genannten Nebenbedingung nicht genügen, aus der weiteren Betrachtung aus. Aus der Menge der verbleibenden Alternativen ist dann jene zu wählen, deren Realisierung den maximalen Eigentümerwert erwarten läßt; vgl. dazu auch CHMIELEWICZ, K. (1970), S. 242f.; HEINEN, E. (1990), S. 358.

[55] Die Restriktionen und Nebenbedingungen einer Desinvestition werden in Kap. 6 diskutiert.

[56] Vgl. dazu die Untersuchung von CLASEN, J.P. (1992), S. 133.

[57] Vgl. zu diesem Begriffsverständnis und zu der folgenden Abgrenzung BRÜGGERHOFF, J. (1992), S. 160f.

- Fortführungsalternativen, bei denen ein Wechsel der grundsätzlichen strategischen Ausrichtung des Unternehmungsteils unterbleibt, streben im wesentlichen danach, den momentanen Zustand und die Wettbewerbsposition des Unternehmungsteils beizubehalten.[58]
- Ist dagegen die Fortführung des Unternehmungsteils mit einem Wechsel seiner Bereichsstrategie oder einer veränderten Gesamtstrategie der Unternehmung verbunden, stellt die Formulierung und Auswahl dieser neuen oder angepaßten Strategie(n) ein gesondertes Teilproblem des Desinvestitionsprozesses dar.[59]

Alternativen, welche eine Beibehaltung der bisher verfolgten Strategie implizieren, erscheinen zunächst wenig sinnvoll. Schließlich sind die zuvor festgestellten finanziellen und/oder strategischen Zielabweichungen ja gerade ein Indiz für eine eigentlich verfehlte Strategie. Gleichwohl können derartige Alternativen zweckmäßig sein, wenn in naher Zukunft eine Veränderung der Umweltbedingungen zu erwarten ist, aufgrund derer sich die Situation des Unternehmungsteils auch bei unveränderter Strategie verbessern wird.[60] Allerdings ist die Entscheidung, weitreichende Änderungen der bisher verfolgten Strategie zu unterlassen, risikobehaftet. Wenn nämlich die erwartete Umweltänderung gar nicht oder nicht im erhofften Ausmaß eintritt, wird wertvolle Zeit verschenkt, die für eine Anpassung im Sinne einer veränderten strategischen Ausrichtung sinnvoll hätte genutzt werden können.[61]

Da hier annahmegemäß eine Veränderung der Strategie ausgeschlossen wird, konzentrieren sich die folgenden Ausführungen auf jene Maßnahmen, welche eine rasche Korrektur der finanziellen Zielverfehlungen bezwecken. Dabei ist zu unterscheiden, ob Liquiditätsziele oder Rentabilitätsziele verfehlt wurden. Zeigt die Analyse des Cash-flows der Gesamtunternehmung oder eines Unternehmungsteils eine bestehende oder zumindest drohende Zahlungsunfähigkeit an, haben Maßnahmen zur Sicherung bzw. Verbesserung der Liquidität absolute Priorität, da Illiquidität für natürliche und juristische Personen ein Konkursgrund ist.[62] Die in Tab. 4 zu diesem Zweck genannten Maßnahmen können zu einem Großteil ohne längere Planung durchgeführt werden, so daß sie bereits kurzfristig wirken.

---

[58] Die Entscheidung für solche Alternativen resultiert bisweilen aus einer abwartenden Grundhaltung oder einer fehlenden Entschlußkraft der Entscheidungsträger. Vgl. zu diesem Phänomen CLASEN, J.P. (1992), S. 31ff.; HÜTTEMANN, H.H. (1993), S. 28ff.

[59] Diese Art der Fortführung wird im folgenden Kapitel betrachtet.

[60] Systemisch-kybernetisch betrachtet wird auf eine Störung des Systems *Umwelt - Unternehmung* dann nicht durch eine Veränderung des Subsystems *Unternehmung* reagiert, das Gesamtgefüge der Elemente, Strukturen und Relationen des Systems *Unternehmung* bleibt im wesentlichen unverändert. Statt dessen behält das System *Unternehmung* seinen Zustand bei, und wartet ab, bis sich aufgrund einer Veränderung des Subsystems *Umwelt* wieder ein Gleichgewicht des Gesamtsystems einstellt. Vgl. zu derartigen kybernetischen Regelungsmechanismen ASHBY, W.R. (1974), S. 290.

[61] Vgl. dazu die in Kap. 4.3.2.2 dargestellten Normstrategien der Des-/Investitionsmatrix.

[62] In solchen Krisenfällen ist eine Anpassung der Strategie per se ausgeschlossen, zumal dann auch die personellen Ressourcen sowie die notwendige Zeit für die Formulierung und Implementierung neuer Strategien fehlen. Vgl. dazu auch die Ausführung zur Finanzanalyse in Kap. 4.2.2.

Tab. 4: Kurzfristig wirksame Maßnahmen zur Verbesserung der finanziellen Situation der Unternehmung bzw. eines Unternehmungsteils

Verbesserung der Liquidität	Senkung der Auszahlungen	Erhöhung der Einzahlungen
1) Bareinzahlung der Gesellschafter: – Erhöhung des Haftungskapitals – Gesellschafterdarlehen 2) Umschichtung von Vermögensteilen: – Auflösung stiller Reserven – neues Anlagevermögen leasen oder mieten statt kaufen – Verkauf des nicht betriebsnotwendigen Vermögens (evtl. sale & lease back) – Abbau von Vorräten und Lagern – Abbau von Forderungen – Straffung des Zahlungsverkehrs 3) Auszahlungsstop: – Investitionsstop – Materialeinkäufe einschränken – reduzierte Annahme von Großaufträgen (um damit oft verbundene Vorleistungen zu meiden) 4) Erhöhung der Fremdkapitals – Kreditlinien bei Banken ausdehnen – Zahlungsziele und Lieferantenkredite nutzen	1) Strukturelle Auszahlungen zur Schaffung und Erhaltung der Leistungsbereitschaft: – Fremdleistungen intensivieren oder abbauen – Investitionen verschieben 2) Produktionsabhängige Auszahlungen (ohne Personalauszahlungen): – Fertigungstiefe erweitern oder einschränken – auszahlungswirksame Kosten für Materialbeschaffung senken – kleinere Beschaffungsmengen (Zukauf statt Lagerung) – Energieverbrauch senken – Transport- und Lagerkosten senken – Losgrößen und Durchlaufzeiten optimieren 3) Personalauszahlungen – Reduzierung der Personalkapazitäten – Verminderung der spezifischen auszahlungswirksamen Kosten der Arbeitskräfte – Veränderung der Personalstruktur 4) Auszahlungen für Administration und Leistungsverwertung: – Strukturen und Prozesse straffen	1) Preiserhöhungen durchsetzen 2) Außendienstprovisionen: – progressive, nach Deckungsbeiträgen gestaffelte Provisionsregeln – Umsatzzuwächse honorieren – Gutschriften einschränken 3) Forderungseinzug beschleunigen: – Fakturierung beschleunigen – Factoring nutzen – Bonitätsprüfung der Kunden verbessern – Zahlungsziele der Kunden einschränken – Mahnwesen intensivieren 4) Forderungen abbauen: – Darlehen zurückfordern – Wertpapiere und Beteiligungen verkaufen

Quelle: Die Tabelle basiert im wesentlichen auf der Zusammenstellung von HESS, H. u.a. (1998), S. 192-244. Darüber hinaus wurden weitere Vorschläge berücksichtigt von BECKER, M. (1977), S. 113-197; UPHUES, P. (1979), S. 135-224; MEFFERT, H./KATZ, R. (1983), S. 20-23; KRYSTEK, U. (1985), S. 599-605; CLASEN, J.P. (1992), S. 235-253; SCHMIDT, G. (1994), 208-224. Für weiter gehende Ausführungen bzgl. der Voraussetzungen, Wirkungen, Implementierungen und Restriktionen der Maßnahmen vgl. die genannten Quellen.

Unter *Maßnahmen zur Senkung der Auszahlungen* sind solche zu verstehen, bei denen eine kurzfristige Kostensenkung im Vordergrund steht. In der Regel haben diese Maßnahmen auch Auswirkungen auf die Liquidität und die Leistungsstruktur der Unternehmung. *Maßnahmen zur Erhöhung der Einzahlungen* hängen stark vom Verhalten der Marktpartner ab, so daß kurzfristige Erfolge dabei nur selten zu erzielen sind. Daher greifen *Sofortmaßnahmen* zur Verbesserung der Liquiditätslage auf der Auszahlungsseite rascher und sicherer.[63]

Wie diese Maßnahmen im Einzelfall zu Maßnahmenpaketen kombiniert werden, hängt von der individuellen Liquiditätssituation der Unternehmung ab. Die einzelnen Maßnahmen beeinflussen nicht nur die Liquidität, sondern wirken mittel- und langfristig auch auf die Art und Intensität der Erfolgsfaktoren und damit auf die Höhe der Eigen- und Gesamtrentabilität einer Unternehmung. Das gilt in besonderer Weise für jene Maßnahmen, die zu einer Veränderung der Fertigungstiefe oder des Investitionsvolumens führen.[64] Nachdem die Liquidität gesichert wurde, sind daher in einem zweiten Schritt weitere Maßnahmen zu treffen, um die Unternehmung wieder in die Lage zu versetzen, die von den Kapitalgebern gewünschte Rentabilität zu erreichen.[65] Weil damit allerdings i.d.R. auch strategische Modifikationen verbunden sind, werden solche Maßnahmen im folgenden Kapitel besprochen.

5.4.1.2 Fortführung mit veränderter Strategie

Wenn ein Unternehmungsteil trotz seiner strategischen Zielverfehlung fortgeführt werden soll, muß das mittel- bis langfristige Ziel sein, die offensichtlich verfehlte Bereichsstrategie zu korrigieren, um neue Erfolgspotentiale zu erschließen. Fortführungsalternativen mit einer für den Unternehmungsteil veränderten Strategie sind daher in Abhängigkeit von der strategischen Zielsetzung der Gesamtunternehmung zu formulieren.[66] In der Textilwirtschaft gibt es zahlreiche Beispiele dafür, daß Unternehmungen Teile ihrer Aktivitäten aufgeben, während sie andere Aktivitäten mit veränderter Strategie fortführen oder sogar neu aufbauen:

- So führte beim Wäschespezialisten VOLMA WIRKWAREN GMBH die Verlagerung der Produktion nach Ungarn und Rumänien dazu, daß die Zahl der Mitarbeiter in Deutschland von 430 um 60 auf 370 reduziert wurde. Während die Tochtergesellschaft MAUTE nur noch als reine Vertriebsfirma mit Musternäherei (Marken: JOCKEY, OTTO KERN) agierte, wurden die Wertaktivitäten *Zuschnitt*, *Qualitätskon-*

[63] HESS unterscheidet in diesem Zusammenhang zwischen *autonomen* und *heteronomen* Maßnahmen. Als *autonom* werden solche Maßnahmen bezeichnet, welche die Geschäftsleitung, Aufsichtsgremien oder die Gesellschafter(-versammlung) beschließen können, ohne daß sie der Zustimmung Externer bedürften. *Heteronome* Maßnahmen sind dagegen durch die Mitwirkung Außenstehender, v.a. der Gläubiger, gekennzeichnet. Dazu gehören beispielsweise Bürgschaften, Patronatserklärungen sowie Hilfen der öffentlichen Hand in Form von Finanzierungshilfen und Sanierungskrediten. Vgl. dazu HESS, H. u.a. (1998), S. 192, 245ff.

[64] Siehe dazu Kap. 4.2.1.

[65] Vgl. CLASEN, J.P. (1992), S. 236.

[66] Vgl. BRÜGGERHOFF, J. (1992), S. 165.

trolle, *Verpackung* und *Buchhaltung* für beide Firmen bei der Muttergesellschaft konzentriert.[67]

- Der österreichische Baby- und Kindermodenhersteller ERICH GASSER GMBH gab aufgrund eines seit 1992 anhaltenden Absatzrückgangs seinen traditionellen Geschäftsschwerpunkt auf. Gleichwohl wirkte sich der Wegfall dieses Leistungsprogrammes auf die Zahl der Mitarbeiter kaum aus, da sich die Unternehmung seit 1994 ein zweites Standbein geschaffen hatte, indem sie für Fremdfirmen Textilien und Bekleidung entwickelt, fertigt und veredelt.[68]
- Ein weiterer Kindermodenhersteller, die RAMBOLD GMBH, sah 1999 in der Betriebsstillegung eine Möglichkeit, ihre Arbeit zu beenden, ohne Schulden zu hinterlassen. Die Kollektion Frühjahr/Sommer 2000 wurde noch ausgeliefert und gleichzeitig ein Käufer für die Marken VANLI und LODENFREY gesucht. Auch in diesem Fall war mit der Entwicklung und dem Vertrieb mobiler Auftragserfassungssysteme bereits frühzeitig ein zweites Tätigkeitsfeld aufgebaut worden.[69]

Die möglichen Richtungen der auf Unternehmungsteile bezogenen Strategien lassen sich durch die Dimensionen *angestrebte Marktposition* und *Ausrichtung des Leistungsprogramms* charakterisieren (vgl. Tab. 5).

Tab. 5: Fortführungsstrategien

Angestrebte Marktposition	**Ausrichtung des Leistungsprogramms** Fokussierung	Differenzierung
Marktführer	1) Fokussierte Marktführerstrategie	2) Differenzierte Marktführerstrategie
Nischenanbieter	3) Fokussierte Nischenstrategie	4) Differenzierte Nischenstrategie

Quelle: MEFFERT, H. (1984), S. 57.

zu 1) Fokussierte Marktführerstrategie

Diese Strategie verfolgt das Ziel der Kostenführerschaft, d.h., der eigene Marktanteil soll durch Verdrängung der Wettbewerber vergrößert und die angestrebte Marktposition unangreifbar werden. Um Kostendegressionseffekte (economies-of-scale) nutzen zu können, werden erhebliche Investitionen in Forschung und Entwicklung sowie in Fertigungsrationalisierungen getätigt. Darüber hinaus wird das Leistungsprogramm zwecks Großserienfertigung gestrafft.[70] Die Strategie verspricht Erfolge in bezug auf die Zielgrößen *Marktanteil* und *Cash-flow.*

---

[67] Vgl. o.V. (1999a), S. 72.

[68] Vgl. o.V. (1999b), S. 72.

[69] Vgl. o.V. (1999c), S. 84.

[70] Vgl. MEFFERT, H. (1984), S. 58.

Wegen des notwendigen hohen Mitteleinsatzes erscheint sie allerdings nur für Unternehmungen mit großen finanziellen Ressourcen geeignet. Die Überschätzung eigener Stärken und die Unterschätzung der Wettbewerber sowie eine falsche Einschätzung der Rahmenbedingungen und der Rückzugsbarrieren sind wesentliche Risiken dieser Strategie.[71] Das zeigt sich beispielsweise darin, daß in der Textilwirtschaft die Position der Kostenführerschaft bezogen auf die Gesamtprozesse an Textil- und Bekleidungsunternehmungen aus den Niedriglohnländern verloren ging, da diese im Vergleich zu den deutschen Herstellern mit deutlich niedrigeren Faktorkosten kalkulieren können.[72]

Daher ist diese Strategie allenfalls für einzelne Wertaktivitäten innerhalb der Wertkette einer Unternehmung erfolgversprechend. Beispielsweise wird durch eine internationale Beschaffung eine Mischkalkulation zwischen den inländischen und den ausländischen Lohnstückkosten angestrebt, da eine ausschließliche Fertigung in Deutschland nicht wettbewerbsfähig ist. Als Formen internationaler Beschaffung sind *eigene Fertigungsstätten im Ausland (Direktinvestitionen)*, die *Passive Lohnveredelung* oder der *Zukauf fertiger Kleidung* zu nennen.[73] Im Bereich der Eingangs- und Ausgangslogistik eröffnen sich einer Unternehmung Möglichkeiten zu Kostensenkungen, indem sie z.B. ihr Fertigwarenlager und ihre Versandaktivitäten im Wege einer horizontalen Kooperation mit anderen Unternehmungen in ein gemeinsames, computergestütztes Versandzentrum ausgliedert.[74]

zu 2) Differenzierte Marktführerstrategie

Ziel dieser Strategie ist es, eine führende Position im Gesamtmarkt zu erlangen, indem die einzelnen Marktsegmente intensiv bearbeitet werden. Durch differenzierte, segmentspezifische und vielfach in Kleinserien gefertigte Leistungsprogramme soll die Preisbereitschaft der Abnehmer erhöht werden. Da an die einzelnen Segmente unterschiedliche Anforderungen bzgl. Technologie, Design, Qualität und Service gestellt werden, sind erhebliche Investitionen in Technologie- und Qualitätsforschung notwendig.[75]

---

[71] Vgl. THIÉTART, R.A./VIVAS, R. (1980), S. 16f. Zur Wirkung von Rückzugs- bzw. Austrittsbarrieren während der Marktanpassung vgl. z.B. PROBST, H. (1976); PORTER, M.E. (1980), S. 20f., S. 259ff.; HARRIGAN, K.R., (1980), S. 165ff.; HINTERHUBER, H.H. (1982) S. 71f.; MEFFERT, H./OHLSEN, G.T. (1982), S. 178ff. Die Problematik der Rückzugsbarrieren wird in Kap. 6 im Zusammenhang mit den Restriktionen und Nebenbedingungen einer Desinvestition vertieft.

[72] Die Preis-/Mengenstrategie i.S. PORTERs ist daher für einen deutschen Textil- oder Bekleidungshersteller keine wirkliche strategische Option; vgl. dazu SCHOELLER, P. (1996), S. 162.

[73] Das zeigt sich u.a. darin, daß sich angesichts der Konkurrenten aus den Niedriglohnländern die deutschen Bekleidungshersteller aus der Inlandsfertigung von Massenware des unteren Genres weitgehend zurückzogen. Insofern sind ausländische Produktionskapazitäten ein Instrument zur Sicherung der in Deutschland verbliebenen Arbeitsplätze; vgl. dazu DAHMEN, M. (1993), S. 92, 96.

Zu den internationalen Beschaffungsstrategien der Textil- und Bekleidungsindustrie vgl. die Untersuchungen von HURCKS, K. (1994) und TÜCKING, E. (1999).

[74] Vgl. zu dieser Art der horizontalen Kooperation DAHMEN, M. (1993), S. 90. Zur Bedeutung der Logistik und der Logistik-Dienstleister in der textilen Pipeline vgl. THESING, A. (1995); WOJACZEK, B. (1996); LANGENHORST, I./STEFFEN, M. (1998).

[75] Vgl. MEFFERT, H. (1984), S. 58.

Tendenziell führt diese Strategie zu positiven Marktanteils- und Gewinnwirkungen, jedoch verursachen die notwendigen Investitionen einen hohen Bedarf an finanziellen Mitteln und eine steigende Kapitalbindung. Dadurch wird die Unternehmung anfälliger gegenüber den Angriffen kleiner und mittlerer Konkurrenten, die sich selbst auf bestimmte Segmente und Nischen spezialisieren und so die angestrebte Marktführerposition stören. Allerdings wird das Gesamtrisiko durch Kompensationswirkungen des Leistungsprogramms reduziert.[76]

Die Analyse einzelner Wertschöpfungsstufen zeigt, daß inländische Textilunternehmungen bei bestimmten Wertaktivitäten (z.B. Produktentwicklung und Ausrüstung) aufgrund von Differenzierungspotentialen (z.B. Innovationsvorsprünge, bessere Fertigungsqualitäten und schnellere Reaktionszeiten) über relative Wettbewerbsvorteile gegenüber ihren ausländischen Konkurrenten verfügen. Dadurch konnten beispielsweise die deutschen Hersteller technischer Textilien in den von ihnen bedienten Segmenten (z.B. technische Textilien für die Automobilindustrie oder den Straßen- und Deponiebau) im weltweiten Vergleich eine führende Wettbewerbsposition aufbauen und behaupten.[77]

zu 3) Fokussierte Nischenstrategie

Diese Strategie ist darauf ausgerichtet, in einem speziellen Segment eine starke Wettbewerbsposition zu erreichen. Durch ein straffes, standardisiertes Leistungsprogramm soll die Kostenführerschaft in der Nische erlangt werden. Gleichzeitig werden Barrieren gegen Wettbewerber errichtet z.B. in Form einer hoch spezialisierten Produktion und/oder der Schaffung eines spezialisierten, (patent-)gesicherten Wissens, wozu es erheblicher Investitionen in Produktentwicklung und Fertigungstechnologie bedarf.

Für Unternehmungen mit geringer Wettbewerbsstärke, die zu schwach sind, um die Marktführerschaft anzustreben, verspricht diese Strategie hohe positive Wirkungen auf Produktivität und Kostenwirtschaftlichkeit. Sinnvoll ist diese Strategie in solchen Nischen, die für stärkere Wettbewerber zu klein sind. Die Unterschätzung des Finanzbedarfs und die Überschätzung der eigenen Wettbewerbsstärke können aber dazu führen, daß die notwendige herausragende Spezialkompetenz trotz hoher Investitionen nicht erreicht wird und die besetzte Nische frühzeitig von Wettbewerbern angegriffen wird.[78]

---

[76] Vgl. HAMERMESH, R.G./SILK, S.B. (1979), S. 164.

[77] Vgl. SCHOELLER, P. (1996), S. 138.

[78] Bei der Auswahl der zukünftig zu bearbeitenden Nischen ist darauf zu achten, daß diese drei Bedingungen erfüllen:
- Sie müssen durch relativ hohe Eintrittsbarrieren geschützt sein oder aufgrund der eigenen Wettbewerbsstärken wenigstens gut verteidigt werden können;
- ihr Marktvolumen darf nicht stagnieren oder schrumpfen;
- und sie müssen gute Gewinnchancen bieten.

Ein Grund für die relativ geringen Erfolgsaussichten solcher Strategien liegt darin, daß diese gerade in rückläufigen Märkten oft von mehreren Unternehmungen gleichzeitig verfolgt werden. Als Konsequenz bleiben die bisherigen Relationen der Wettbewerbsstärken und -schwächen zwischen den Konkurrenten erhalten, so daß keiner von ihnen seine relative Wettbewerbsposition verbessern kann. Auch geht der Kostenabbau häufig nicht so zügig voran, wie es eigentlich erforderlich wäre.

SCHOELLER beurteilt diese Strategie für die deutschen Textil- und Bekleidungsunternehmungen insofern als problematisch, als daß die in Betracht kommenden Märkte bzw. die eingesetzten Technologien eine Entwicklung von Spezialitäten nur selten zuließen. Auch sei es bislang nur wenigen Unternehmungen gelungen, Nischen zu besetzen, die von neuen Konkurrenten schwer zu imitieren oder zu erobern sind. Insbesondere der hohe Reifegrad der Prozeß- und Produkttechnologie spricht tendenziell gegen eine größere Zahl zu isolierender Marktnischen und entsprechender Produkte.[79]

zu 4) Differenzierte Nischenstrategie
Die Strategie zielt darauf ab, ein spezifisches (Hochpreis-)Segment mit einem breiten Leistungsprogramm zu bearbeiten. Um eine optimale Befriedigung der Kundenbedürfnisse zu erreichen, wird eine hochflexible Kleinserien- oder Individualfertigung betrieben, verbunden mit einem breiten Beratungs- und Serviceprogramm. Für kleine und mittlere Unternehmungen ist diese Strategie besonders geeignet, da die Nachfrage nach Spezialleistungen im Verhältnis zum Marktvolumen i.d.R. klein und der Bedarf an finanziellen Ressourcen gering ist. Vor allem in langfristig stabilen Marktnischen erlaubt sie eine relativ hohe Preissetzung und überdurchschnittliche Renditen. Wegen der vergleichsweise niedrigen Eintrittsbarrieren muß sie aber gegen potentielle Konkurrenten und neue Wettbewerber geschützt werden.[80]

Die Unternehmungen der Textilwirtschaft versuchen dem ausländischen Wettbewerbsdruck durch die Differenzierung von Leistungsvorteilen zu begegnen. In diesem Zusammenhang häufig genannte Differenzierungspotentiale sind
- überlegene Produkteigenschaften in Form höherwertiger Produkte, modischer Artikel, hoher Qualität oder rascher Produktinnovationen;
- kundenspezifische, „maßgeschneiderte" Produkte und Serviceleistungen durch Individualisierung, Flexibilität und Marktnähe sowie
- überlegene Logistikleistungen aufgrund von Schnelligkeit, hoher Liefertreue und kurzen Lieferzeiten.

Dabei streben die Unternehmungen nicht so sehr einen herausragenden Vorsprung in einem einzigen Leistungsparameter (z.B. Design oder Lieferservice) als vielmehr eine Kombination diverser Leistungsvorteile an. Auf diese Weise versuchen beispielsweise deutsche Konfektionäre Markenbewußtsein und -loyalität zu entwickeln, indem sie ihre Abnehmer überzeugen, daß der Stil- und Qualitätsvorteil ihrer Produkte im Vergleich zu sonst gleichen Produkten aus Niedriglohnländern deren Preisvorteil übertrifft.[81]

Ein Beispiel für die Anwendung einer differenzierten Nischenstrategie ist das von der Firma KSG TEXTILHOLDING GMBH & CO. KG verfolgte Konzept. Die Unternehmung, die sich selbst als „Spezialitäten-Spinner" bezeichnet, sieht ihre wesentlichen Erfolgsfaktoren in einer auf Flexibilität, Innovation und Marktnähe gegründeten Strate-

---

Vgl. zu den Anforderungen und Risiken dieser Strategien MEFFERT, H. (1984), S. 37, 58f.; HESS, H. u.a. (1998), S. 183ff.

79 Vgl. SCHOELLER, P. (1994), S. 164, 204.

80 Vgl. MEFFERT, H. (1984), S. 63f.

81 Vgl. DAHMEN, M. (1993), S. 73; SCHOELLER, P. (1994), S. 162.

gie sowie in der Kompetenzverknüpfung zwischen den Bereichen *Spinnen, Färben* und *Zwirnen*.[82]

Nach der Darstellung der vier strategischen Optionen ist abschließend auf ein mögliches Dilemma der Fortführung eines Unternehmungsteils mit veränderter Strategie hinzuweisen, welches dann eintritt, wenn der Unternehmungsteil gleichzeitig seine finanziellen und strategischen Ziele verfehlt: Einerseits erfüllt er dann die an ihn gestellten finanziellen Erwartungen nicht; andererseits sind finanzielle Ressourcen gerade erforderlich, damit der Unternehmungsteil neue Erfolgspotentiale aufbauen, die bestehenden absichern und sich gegebenenfalls von früheren trennen kann. Die Verfügbarkeit finanzieller Ressourcen ist folglich die entscheidende Voraussetzung für die Änderung der strategischen Ausrichtung des Unternehmungsteils. Bei der Auswahl und Umsetzung neuer Strategien müssen Mittelherkunft und Mittelverwendung daher permanent durch eine begleitende Cash-flow-Analyse aufeinander abgestimmt werden.[83]

5.4.2 Verkaufsalternativen

5.4.2.1 Überblick über Verkaufsalternativen

Einige Autoren bezeichnen Verkaufsalternativen als die „einfachste Lösung" des Desinvestitionsproblems. Als Begründung verweisen sie darauf, daß dabei angeblich wegen der niedrigeren Rückzugsbarrieren die geringsten Rückzugskosten entstünden.[84] Diese auf den ersten Blick naheliegende Einschätzung beruht jedoch auf einem Irrtum. Die Suche nach potentiellen Käufern oder die Bildung geeigneter Verkaufspakete stellen mindestens ebenso schwierige Probleme dar wie die Kündigung der Arbeitsverhältnisse im Fall einer Stillegung.[85] Auch wird das finanzielle Desinvestitionsergebnis bei einem Verkauf nicht nur von der Höhe der Rückzugskosten, sondern auch von der Höhe des für den veräußerten Unternehmungsteil erzielten Erlöses beeinflußt, wobei die Ermittlung eines angemessenen Kaufpreises der schwierigste Teil des Problems sein dürfte.[86]

Bei der Veräußerung eines Unternehmungsteils ist von Bedeutung, daß dieser wie die Gesamtunternehmung ein nicht rechtsfähiges ökonomisches Gebilde darstellt, bei welchem die Gesamtheit der Sachen und Rechte nach außen in den Markt und nach innen in den oder die Betriebe eingebunden ist. Rechts- und Vermögensträger ist entweder eine juristische Person (z.B. AG, GmbH), eine Personengesellschaft (z.B. oHG, KG, GmbH & Co. KG) oder ein Einzelkaufmann.[87]

---

[82] Vgl. o.V. (1999d), S. 176.

[83] Vgl. HESS, H. u.a. (1998), S. 117, 179ff.

[84] So z.B. OHLSEN, G. (1985), S. 221; NAPP, H. (1990), S. 46; BRÜGGERHOFF, J. (1992), S. 167.

[85] Zum Kündigungsschutz vgl. Kap. 6.3.2.

[86] Eine Lösung dieses Problems wird in Kap. 7 vorgestellt.

[87] Vgl. PERRIDON, L./STEINER, M. (1991), S. 279; HESS, H. u.a. (1998), S. 503. Die beim Verkauf übertragene Sachgesamtheit fällt unter das Kaufrecht. Danach verpflichtet sich der Verkäufer gegenüber dem Käufer, ihm die zum Unternehmungsteil gehörenden Gegenstände (Grundstücke, Ma-

Abb. 28: Bildung von Verkaufsalternativen durch die Kombination von Ausprägungen der Aktionsparameter

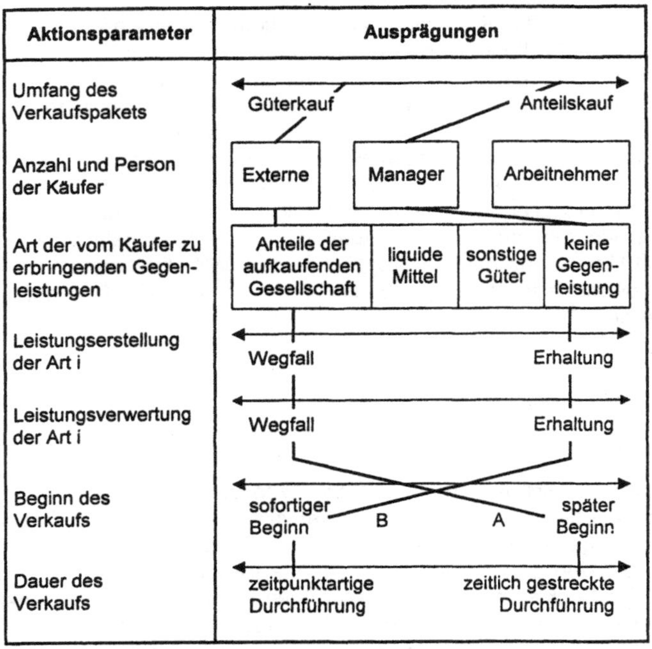

Quelle: Eigene Darstellung in Anlehnung an BRÜGGERHOFF, J. (1992), S. 168ff.

Es existieren daher beim Verkauf mehrere Aktionsparameter, die jeweils diverse Ausprägungen aufweisen können, so z.B.

- der Umfang des Verkaufspaketes,
- die Anzahl und die Rechtspersönlichkeit (natürliche oder juristische Person) der Käufer,
- die Art der vom Käufer zu erbringenden Gegenleistung(en),
- die künftige Verwendung des Unternehmungsteils bzw. der Verkaufsobjekte,
- die Aufgabe oder Erhaltung des bisherigen Leistungsprogramms des Unternehmungsteils sowie
- der Beginn und die Dauer der Verkaufsabwicklung.[88]

schinen, maschinelle Anlagen, Fahrzeuge, Waren, Roh-, Hilfs- und Betriebsstoffe usw.), die Forderungen, die Rechte (Firma, Warenzeichen, Patente, sonstige Nutzungsrechte) sowie den sog. „Goodwill", der einen Teil des Unternehmungs(teil)wertes darstellt, zu übertragen. Zum Problem der Sachmängelhaftung des Verkäufers bzw. der Haftungsrisiken des Käufers bei der Übernahme des vollkaufmännischen Handelsgeschäftes (§§ 419, 459ff. BGB, § 25 HGB) vgl. HESS, H. u.a. (1998), S. 506f., mit umfangreichen Hinweisen auf die einschlägige höchstrichterliche Rechtsprechung.

88 Vgl. zu dieser Liste MENSCHING, H. (1986), S. 37.

Die Abb. 28 gibt einen Überblick über die Ableitung von Verkaufsalternativen durch die Kombination von Ausprägungen dieser Parameter.[89]

Um einen aus Sicht des Verkäufers maximalen Erlös zu erzielen, ist es einerseits notwendig, ein Verkaufspaket zu bilden, welches überwiegend den Vorstellungen und Zielen des Käufers entspricht. Andererseits wird der Desinvestor bestrebt sein, v.a. jene Gegenstände bzw. Einheiten zu veräußern, die aufgrund ihrer finanziellen und/oder strategischen Mißerfolge die Zielerreichung der Gesamtunternehmung beeinträchtigen. Es ist also bezogen auf das Desinvestitionsobjekt zu entscheiden,

- welche Elemente des Anlage- und Umlaufvermögens zum Verkauf stehen,
- welche Auftragsbestände ebenfalls veräußert werden können,
- welche Mitarbeiter die desinvestierende Unternehmung verlassen sollen, und
- ob darüber hinaus auch Wirtschaftsgüter anderer Unternehmungsteile in das Verkaufspaket integriert werden sollen.[90]

Verkäufer und Käufer messen einem Verkaufsobjekt aufgrund abweichender Verwendungen und Erwartungen (z.B. über Synergieeffekte) im allgemeinen unterschiedliche Werte bei.[91] Diese konträren Interessen sind nicht erst bei der Kaufpreisfindung, sondern bereits bei der Bildung des Verkaufspaketes zu berücksichtigen. In Betracht kommt der Verkauf des Unternehmungsteils als Ganzes oder eine Veräußerung einzelner Teile bzw. Wirtschaftsgüter des Unternehmungsteils.[92]

5.4.2.2 Der Einfluß der Rechtsform und der steuerrechtlichen Normen auf die Gestaltung des Verkaufspaketes

Aufgrund der Vielzahl von Rechtsformen im Gesellschaftsrecht führt der Verkauf eines Unternehmungsteils zu sehr unterschiedlichen zivil- und steuerrechtlichen Ergebnissen. Die Bildung eines Verkaufspaketes wird daher auch von der Rechtsform des zu veräußernden Unternehmungsteils bestimmt. Zu unterscheiden ist zwischen der Veräußerung einzelner Wirtschaftsgüter (asset-deal) und dem Verkauf von Anteilen an einer Kapitalgesellschaft (share-deal):[93]

---

89 Bei dieser noch recht übersichtlichen Matrix ergeben sich bereits 384 (= 2x3x4x2x2x2x2) mögliche Verkaufsalternativen, die vor der Auswahl einer Alternative theoretisch alle hinsichtlich ihrer Realisierbarkeit und ihrer Erfolgswirkungen beurteilt werden müßten. Der Verkauf eines Unternehmungsteils ist also alles andere als eine „einfache Lösung". Zur Berechnung der Anzahl der Kombinationen in derartigen Matrizen vgl. KORTE, R.-J. (1977), S. 186.

90 Vgl. BRÜGGERHOFF, J. (1992), S. 171f.

91 Ursachen dieser unterschiedlichen Bewertung können Informationsasymmetrien, divergierende Zukunftserwartungen oder verschiedene Bewertungen von Synergieeffekten sein; vgl. dazu GROB, H.L./LANGENKÄMPER, CH./WIEDING, A. (1999), S. 472.

92 Gleiches gilt hinsichtlich der Veräußerung von Geschäftsanteilen (Beteiligungen) an einer Unternehmung oder an einem Joint-venture-Projekt; vgl. HIBY, T. (1996), S. 80.

93 Als Beispiel sowohl für den Güter- als auch für den Anteilskauf sei die Restrukturierung der PFERSEE-KOLBERMOOR AG genannt: Von Mitte 1992 bis Ende 1993 wurden elf Werke geschlossen (wobei die Maschinen und Anlagen veräußert wurden) und mehrere Konzerngesellschaften verkauft; vgl. dazu o.V. (1993), S. 115.

- Bei einem *Güter*kauf werden die Aktiva und Passiva des Unternehmungsteils einzeln veräußert. Bei den Wirtschaftsgütern kann es sich sowohl um materielle (Sachanlagevermögen, Vorräte, Forderungen usw.) als auch um immaterielle (Geschäftswert, Patente, Lizenzen) Wirtschaftsgüter handeln. Agiert die verkaufende Unternehmung in der Rechtsform des Einzelkaufmanns oder der Personengesellschaft, erwirbt der Käufer diese Wirtschaftsgüter direkt.

  Ein Güterkauf bietet dem Käufer den Vorteil, daß das Verkaufspaket auf die für die Fortführung des Unternehmungsteils betriebsnotwendigen Wirtschaftsgüter beschränkt werden kann, während das nicht betriebsnotwendige Vermögen beim Verkäufer verbleibt. Umgekehrt kann der Verkäufer bestimmte Wirtschaftsgüter von der Übertragung ausnehmen, wenn er für diese zunächst eine anderweitige Verwendung plant oder zukünftig einen höheren Verkaufserlös erwartet. Beispielsweise kann eine Weberei ihre Maschinen und Anlagen veräußern, die Gebäude und Grundstücke jedoch halten, um diese später für andere Gewerbe oder (nach Abriß und Neubau) für Wohnzwecke zu nutzen.[94]

- Bei einem *Anteils*kauf ist zunächst zwischen Personen- und Kapitalgesellschaften zu differenzieren. Werden Anteile einer Personengesellschaft veräußert, wird der Käufer rechtlich Miteigentümer der vorhandenen, an ihn übereigneten Aktiva und Passiva. Bei einer Kapitalgesellschaft dagegen befinden sich die Wirtschaftsgüter des Betriebsvermögens in deren Eigentum. Der Unternehmungsverkauf vollzieht sich daher regelmäßig nicht durch eine Übereignung der Wirtschaftsgüter, sondern es werden die Anteile an der Kapitalgesellschaft veräußert. Diese bleibt Eigentümerin des Betriebsvermögens, lediglich die Anteilseigner wechseln.

  Soweit es sich um Kommanditanteile handelt, vollzieht sich die entgeltliche Übertragung von Unternehmungen in der Rechtsform der GmbH & Co. KG ebenso wie die Übertragung von Anteilen einer Personengesellschaft. Die Anteile der Komplementär-GmbH werden dagegen veräußert, ohne daß die Eigentümer des Betriebsvermögens wechseln.[95]

In den westlichen Bundesländern sind die Bilanzen der Unternehmungen dadurch gekennzeichnet, daß das Sachanlagevermögen ausgehend von historischen An-

---

[94] Vgl. HESS, H. u.a. (1998), S. 508, 529.

[95] Da der Rechtsträger erhalten bleibt, wird i.d.R. die Veräußerung eines Unternehmungsteils durch den bloßen Verkauf von Gesellschaftsanteilen nicht in Frage kommen. Die Erwerber der Anteile müßten nämlich im Außenverhältnis die von der Unternehmung begründeten Verbindlichkeiten in vollem Umfang bedienen. Der alleinige Anteilskauf verbietet sich daher, wenn Verbindlichkeiten vom Käufer nicht oder nur teilweise übernommen werden sollen; vgl. dazu HESS, H. u.a. (1998), S. 503, 508.

Soll ein einzelner Unternehmungsteil ohne eigene Rechtspersönlichkeit als Ganzes in Form eines Anteilskaufs veräußert werden, muß er zunächst durch eine Ausgründung rechtlich verselbständigt werden, indem er mit Eigenkapital ausgestattet wird. Anschließend werden die im Besitz der Muttergesellschaft befindlichen Anteile an der neuen Tochtergesellschaft entweder an die Anteilseigner der Muttergesellschaft in Form einer Dividende ausgeschüttet (spin-off) oder sie werden ganz oder teilweise an Dritte veräußert (split-off). Derartige Konstruktionen werden häufig in Erfüllung kartellrechtlicher Auflagen durchgeführt. Vgl. BRÜGGERHOFF, J. (1992), S. 173; RECHSTEINER, U. (1995), S. 19ff.; HIBY, T. (1996), S. 83.

schaffungs- oder Herstellungskosten bewertet wird, vermindert um plan- und außerplanmäßig aufgelaufene Abschreibungen. Bei gesunden Unternehmungen können daher im Anlagevermögen stille Reserven enthalten sein, d.h. der Verkehrswert der Güter ist größer als ihr Buchwert. Aufgrund dessen hängen die steuerlichen Konsequenzen eines Güter- bzw. eines Anteilskaufs ebenfalls von der Rechtsform der verkaufenden bzw. der kaufenden Unternehmung ab:

- Wird eine Unternehmung in der Rechtsform der Kapitalgesellschaft (z.B. GmbH) durch einen Anteilskauf veräußert, ändert sich ihr Vermögensbestand bilanziell nicht, da die Anteile auf den Käufer übertragen werden und die Buchwerte in der Bilanz der übertragenden Kapitalgesellschaft fortgeschrieben werden. Die im Sachanlagevermögen oder im immateriellen Vermögen (Geschäfts- und Firmenwert) enthaltenen stillen Reserven können also nicht aufgedeckt werden, vielmehr schlägt sich deren Wert im Kaufpreis der Anteile nieder. Da die Anschaffungskosten der Anteile jedoch nicht abschreibungsfähig sind, kann der Käufer die stillen Reserven in diesem Fall steuerlich zunächst nicht verwerten.

- Bei Unternehmungen in der Rechtsform der Personengesellschaft oder bei Einzelkaufleuten ist es dagegen möglich, beim Verkauf die stillen Reserven in der Bilanz bzw. der Ergänzungsbilanz aufzudecken, da die Wirtschaftsgüter einzeln übertragen werden. Der Käufer kann dadurch steuerliche Vorteile erzielen, indem er seine eigene steuerliche Bemessungsgrundlage durch Abschreibungen auf die Anschaffungskosten reduziert.

- Bei einem Güterkauf schließlich muß die veräußernde Unternehmung die durch den Verkauf aufgedeckten stillen Reserven mit ihrem vollen Steuersatz versteuern. Umgekehrt bieten sich dem Käufer steuerliche Vorteile, da er nach § 255 Abs. 4 HGB von den Anschaffungskosten der Wirtschaftsgüter erhöhte Abschreibungen vornehmen kann, welche in Zukunft seine Bemessungsgrundlage und damit seine Steuerzahlungen mindern.

Sofern eine Kapitalgesellschaft über hohe stille Reserven verfügt, muß der Käufer aufgrund dieser Unterschiede überlegen, ob er überhaupt Gesellschaftsanteile kaufen soll, oder ob es aus steuerlichen Gründen für ihn nicht zweckmäßiger ist, einen Güterkauf durchzuführen, bei dem die einzelnen Wirtschaftsgüter auf ihn übertragen werden.[96]

Falls in der Bilanz der veräußernden Unternehmung Verlustvorträge gebildet wurden, ist zu berücksichtigen, daß diese nur von ihr selbst genutzt und nicht übertragen werden können. Will der Käufer durch den Kauf hohe Verlustvorträge nutzen, ist grundsätzlich nur ein Anteilskauf möglich, da bei einem Güterkauf nur die Wirt-

---

[96] Eine weitere Möglichkeit besteht darin, die Kapitalgesellschaft zunächst in eine Personengesellschaft umzuwandeln, um erst im Anschluß daran die Veräußerung durchzuführen. Der Käufer kann dann speziell beim Anlagevermögen die Abschreibungen auf die erhöhten Buchwerte für sich selbst steuerlich nutzen. Vgl. dazu und zu den stillen Reserven in den Bilanzen ostdeutscher Unternehmungen HESS, H. u.a. (1998), S. 514ff.

schaftsgüter verkauft werden, während die Verlustvorträge in der Gesellschaft verbleiben, in welcher sie entstanden.[97]

Als Beispiel sei der französische Textilkonzern DMC genannt. Beim Verkauf der Sparten Stoffdruck und Webereien im Jahr 1999 verursachte die massive Abgabe von Aktiva außerordentliche Aufwendungen in Höhe von umgerechnet ca. 91 Mio. DM; hinzu kamen Rückstellungen für bevorstehende Verkäufe der Sparten *Heimtextilien* und *Accessoires* von umgerechnet rund 24 Mio. DM, die den bilanziellen Erfolg erheblich minderten. Ziel dieser Verkäufe war es, die Schulden des Konzerns zu senken und sich auf die Sparten Sport- und Kreativbekleidung zu konzentrieren.[98]

5.4.2.3 Abgrenzung der Verkaufsalternativen nach Käufern und deren Gegenleistungen

Wirtschaftsgüter und/oder Gesellschaftsanteile können sowohl von natürlichen als auch von juristischen Personen erworben werden. Der Kreis potentieller Käufer ist folglich heterogen; in Betracht kommen
- Wettbewerber der desinvestierenden Unternehmung (z.B. konkurrierende Spinnereien oder Konfektionäre),
- Wettbewerber des potentiellen Desinvestitionsobjektes (z.B. unabhängige Design-Studios, Speditionen),
- Zulieferer oder Abnehmer mit vergleichbaren Produkt- und Leistungsprogrammen (aus der Sicht eines Konfektionärs z.B. vorgelagerte Textilhersteller oder nachgelagerte Bekleidungshändler),
- Joint-venture-Partner (z.B. veredelnde Unternehmungen im Ausland) sowie
- sonstige Koalitionspartner (z.B. Anteilseigner, Lizenzgeber oder -nehmer).

Um aus der Menge potentieller Käufer die aus der Sicht der veräußernden Unternehmung geeigneten auszuwählen, können Kriterien wie z.B. der Fortbestand des zu verkaufenden Unternehmungsteils, die Sicherheit der betroffenen Arbeitsplätze, die Marktnähe, die Größe oder die Finanzkraft der Erwerber herangezogen werden. So will die Insolvenzverwalterin der MONDI TEXTIL GMBH den Kern der Unternehmung an den industriellen Investor verkaufen, der am meisten bietet und die meisten Arbeitsplätze erhält.[99]

Eine Form der Desinvestition ist der Verkauf von Unternehmungsteilen an die (leitenden) Angestellten des Desinvestitionsobjektes in Form eines Management-buy-

---

[97] Allerdings besteht die Möglichkeit, daß eine andere Gesellschaft, die dem Käufer bereits gehört, zunächst Anteile kauft und im Anschluß daran die erworbene Gesellschaft mit der kaufenden Gesellschaft verschmolzen wird. Nach dem UmwStG werden durch diese Verschmelzung die Verlustvorträge, die in der erworbenen Gesellschaft entstanden sind, auf die kaufende Gesellschaft übertragen und können von dieser steuerlich genutzt werden. Vgl. dazu HESS, H. u.a. (1998), S. 527ff.

[98] Vgl. o.V. (1999e), S. 110; o.V. (2000b), S. 134.

[99] Vgl. o.V. (1999f), S. 73. Vgl. zu diesen Auswahlkriterien auch BRÜGGERHOFF, J. (1992), S. 174; HESS, H. u.a. (1998), S. 508. Zur Suche nach möglicherweise an einem Kauf interessierten Lieferanten, Kunden oder Wettbewerbern siehe die Ausführungen zum Wertketten-Modell in Kap. 5.2.2.

out.[100] Den Käufern bietet sich dadurch der Vorteil, ihre Ziele und Vorstellungen als Manager in der Funktion eigenverantwortlicher Unternehmer verwirklichen zu können. Hinzu kommt, daß ihnen im Gegensatz zur Neugründung die Strukturen und Prozesse ihrer Unternehmung genau bekannt sind, und ein definierter Absatzmarkt bereits besteht. Auch die Tatsache, daß Verkäufer und Käufer sich aufgrund ihres bisherigen Arbeitsverhältnisses kennen, darf als Vorteil gegenüber anderen Verkaufsformen gewertet werden.

Grundsätzlich werfen derartige Übernahmen keine wesentlich anderen juristischen Probleme auf als andere Arten von Unternehmungsverkäufen. Allerdings bestehen insoweit Unterschiede, als daß die Manager des zu verkaufenden Unternehmungsteils i.d.R. über kein oder nur geringes Eigenkapital zur Finanzierung des Kaufpreises verfügen. Der Umfang des für die Finanzierung des Kaufpreises aufzunehmenden Fremdkapitals hängt dabei insbesondere vom Beleihungswert des Unternehmungsteils und damit auch vom Umfang des Verkaufpaketes ab.[101]

Als Beispiel eines MBO in der Textilindustrie sei die Entwicklung der Wollindustrie in der Region um die italienische Stadt Prato genannt: Die wenigen dort ansässigen Großwebereien sahen sich nicht mehr in der Lage, die vom Markt geforderte Flexibilität zu erfüllen. Als Lösung wurden die Unternehmungen zerschlagen und die daraus resultierenden kleineren Einheiten rechtlich den Mitarbeitern übertragen.[102] Auch die frühere KULMBACHER SPINNEREI-Gruppe wurde im Zuge eines MBO an die Mitarbeiter veräußert und firmiert nun als KSG TEXTILHOLDING GMBH & CO. KG.[103] Als ausländisches Beispiel sei die französische Firma SETILA S.A. genannt. Diese wurde nach ihrem Konkurs im Juni 1999 im Rahmen eines Management-buy-out an vier Manager verkauft; die Schulden wurden vom früheren Eigentümer beglichen.[104]

In der Praxis hat sich allerdings auch gezeigt, daß selbst Personen, die bereits in leitender Funktion tätig waren, nicht in der Lage sind, unternehmerische Entscheidungen zu fällen. Die fachlichen und persönlichen Fähigkeiten der kaufenden Manager sind für den Erfolg eines MBO insoweit entscheidend, als daß die zukünftigen Unternehmer dann nicht nur Angestellten-, sondern auch Unternehmerfunktionen erfüllen. Sie müssen unternehmerische Entscheidungen nicht nur vorbereiten, sondern auch selbständig und in eigener Verantwortung treffen können.[105]

Als weitere Desinvestitionsalternative ist schließlich die Übernahme einer Unternehmung oder eines Unternehmungsteils durch die Belegschaft (Employee-buy-out) denkbar. In Deutschland wurden Übertragungen an die Mitarbeiter in der Vergangenheit v.a. dann vollzogen, wenn es darum ging, wirtschaftlich extrem notleidende

---

[100] Zur Definition vgl. Kap. 2.1.2. Einen umfangreichen Überblick über die MBO-Literatur gibt GRAML, R. (1996), S. 14f. Vgl. dazu auch MARTIN, A. (1988) und FORST, M. (1992) sowie die dort angegebene Literatur.

[101] Vgl. HESS, H. u.a. (1998), S. 509. Zur Wertermittlung von Immobilien vgl. BERENS, W./HOFFJAN, A. (1995); MAURER, R./STEPHAN, T.G. (1996).

[102] Vgl. SCHOELLER, P. (1994), S. 261.

[103] Vgl. o.V. (1999d), S. 176.

[104] Vgl. o.V. (1999g), S. 110.

[105] Vgl. HESS, H. u.a. (1998), S. 513.

Betriebe vor der Schließung zu bewahren und Arbeitsplätze zu erhalten. Teilweise gewähren Kommunen, Länder oder der Bund für diese Zwecke hohe direkte oder indirekte Subventionen.[106] Im Sinne WALTER EUCKENS ist aus ordnungspolitischer Sicht gegen diese Subventionierung einzuwenden, daß sie den Wettbewerbsprozeß verzerrt, weil unrentable Unternehmungen u.U. vor Konkurrenz geschützt werden und länger als notwendig im Markt verbleiben.[107]

Die Art der vom Käufer zu entrichtenden Gegenleistung beeinflußt unmittelbar das finanzielle Ergebnis der Desinvestitionsalternative *Verkauf*. Als Zahlungsformen kommen *liquide Mittel*, die *Übernahme der persönlichen Haftung* für Verbindlichkeiten des Unternehmungsteils, *Anteile an der übernehmenden Gesellschaft*, *sonstige Güter* oder Kombinationen dieser Ausprägungen in Frage.[108] Insbesondere durch einen variablen Kaufpreis wird die Fungibilität eines Unternehmungsteils erhöht, weil sie das Risiko der zukünftigen Entwicklung des Verkaufsobjektes zwischen Käufer und Verkäufer verteilt. Ausprägungen variabler Kaufpreise sind *Besserungsscheine*, *bedingte Kaufpreise*, *umsatz- oder gewinnabhängige Raten* und die *verzögerte Kaufpreiszahlung*.[109]

5.4.2.4 Beginn und Dauer der Durchführung des Verkaufs

Bezüglich der zeitlichen Dimension eines Verkaufs kann zwischen den Aktionsparametern *Zeitpunkt* und *Zeitraum* des Verkaufs unterschieden werden. Die Wahl des Zeitpunktes wird v.a. von der vom Verkäufer erwarteten Marktentwicklung bestimmt.

---

[106] Vgl. HIBY, T. (1996), S. 82f. Zu den finanziellen Sanierungshilfen der Öffentlichen Hand in Form von Bürgschaften, Investitionszulagen oder steuerlichen Entlastungen vgl. z.B. HESS, u.a. (1998), S. 245ff.

[107] Vgl. EUCKEN, W. (1990-1952e), insb. S. 251: „Die Wirtschaftspolitik hat die Neigung, entweder in einen unrealistischen Doktrinarismus zu verfallen, welcher die jeweilige historische Situation nicht berücksichtigt, oder in einem ungrundsätzlichen Punktualismus, welcher die Wirtschaftspolitik zu einem Chaos unzusammenhängender oder widerspruchsvoller Maßnahmen macht. In jedem Falle wird das Ziel verfehlt."

[108] Vgl. zu dieser Aufzählung DOHM, L. (1988), S. 108. In Ausnahmefällen ist auch ein Verzicht auf jegliche Art der Gegenleistung denkbar. Letzteres wird bisweilen im Fall eines Employee-buy-out vereinbart, wenn einerseits kein Käufer gefunden wird und die Weiterführung oder Stillegung zu einem negativen Finanzergebnis führt, andererseits aber die Mitarbeiter bereit sind, bei Verzicht auf eine Gegenleistung den Unternehmungsteil vom Verkäufer zu übernehmen, um ihre Arbeitsplätze zu erhalten. Im allgemeinen wird der Kaufpreis jedoch in Form von liquiden Mitteln, Gesellschaftsanteilen oder der Übernahme von Verbindlichkeiten erbracht. Vgl. dazu BRÜGGERHOFF, J. (1992), S. 177f.

[109] *Besserungsscheine* räumen dem Verkäufer das Recht ein, einen nachträglichen Zuschlag zum eigentlichen Kaufpreis zu verlangen, wenn der Unternehmungsteil nach der Übertragung zuvor vereinbarte Ergebnisverbesserungen erzielt. Bei *bedingten Kaufpreisen* hängt die Höhe der Zahlung im wesentlichen vom Eintritt zukünftiger, ungewisser Aufwendungen, z.B. für Gewährleistungen, Garantien usw. ab. Bei *umsatz- oder gewinnabhängigen Raten* zahlt der Käufer nachträglich einen zuvor vereinbarten Prozentsatz seiner Periodenerfolge an den Verkäufer. Wird eine *verzögerte Kaufpreiszahlung* vereinbart, führt der Verkäufer (!) den Unternehmungsteil zunächst weiter; sobald eine zuvor festgelegte Umsatz-, Cash-flow-, Gewinn- oder Rentabilitätsschwelle überschritten wird, erhöht sich der Kaufpreis um einen festgelegten Beitrag. Zur Unterscheidung der genannten Kaufpreismodalitäten vgl. BRÜGGERHOFF, J. (1992), S. 179.

Für einen frühzeitigen Verkauf spricht, daß das in einem Unternehmungsteil gebundene Kapital durch einen Verkauf in der Frühphase des Niedergangs besser zurückgewonnen werden kann als durch eine vorherige Abschöpfung, weil dann noch Unsicherheit über Art und Ausmaß des Nachfragerückgangs herrscht. Bei Informationsasymmetrie zugunsten des Verkäufers wird der Käufer seine Chancen höher bewerten als der Verkäufer die Risiken; der Erlös wird dann c.p. vermutlich um so höher sein, je früher der Unternehmungsteil veräußert wird.

Auch sind die Chancen größer, nicht mehr benötigte Wirtschaftsgüter des Anlage- und Umlaufvermögens verkaufen zu können, weil die Ausweichmärkte für diese Güter zu diesem Zeitpunkt noch nicht gesättigt sind. Wenn der Nachfragerückgang erst einmal allgemein erkannt wird, stärkt das die Verhandlungsposition der Käufer und wirkt sich negativ auf den Verkaufserlös aus. Umgekehrt kann ein zu früher Verkauf auch zu entgangenen operativen Cash-flows führen, wenn die negative Marktentwicklung nicht in dem vom Verkäufer prognostizierten Ausmaß eintritt oder der Markt sich wider Erwarten sogar positiv entwickelt.[110]

Auch ein späterer Verkauf kann ökonomisch sinnvoll sein, wenn kurzfristig kein Käufer zu finden ist, der bereit ist, den von der Unternehmung angestrebten Verkaufspreis zu zahlen. Ein weiterer Grund für einen späteren Verkauf kann darin liegen, daß zunächst die Attraktivität des Verkaufsobjektes erhöht werden soll, um anschließend einen höheren Verkaufspreis fordern zu können. Solche vorbereitenden Maßnahmen können sich z.B. auf die Sicherung des Ansehens, des technischen Wissens oder der Kapazitätsauslastung beziehen.[111]

Der Aktionsparameter *Zeitraum* des Verkaufs im Sinne der Durchführungsdauer ist insofern von untergeordneter Bedeutung, als daß die Übertragung von Wirtschaftsgütern zeitpunktartig erfolgt. Etwas anderes gilt, wenn Anteile an einer Gesellschaft an voneinander unabhängige Käufer veräußert werden, da die Übertragung der Anteile durch Eintragung in das Handelsregister sowohl gleichzeitig als auch sukzessive erfolgen kann.

5.4.3 Stillegungsalternativen

5.4.3.1 Überblick über Stillegungsalternativen

Stillegungsalternativen werden von Entscheidungsträgern vielfach erst dann in Erwägung gezogen, wenn alle anderen Alternativen entweder nicht realisiert werden können oder nicht den erwarteten Erfolg brachten.[112] Im Rahmen dieser Arbeit wurde die Stillegung als die planmäßige, dauerhafte Einstellung der betrieblichen Tätigkeit definiert. Die Existenz des Unternehmungsteils (des Stillegungsobjektes i.w.S.) wird

---

[110] Vgl. PORTER, M.E. (1983), S. 339; HARRIGAN, K.R. (1989), S. 39f. Vgl. dazu auch die Darstellung der Normstrategien in Kap. 4.3.2.2 und 5.2.4.

[111] Vgl. BRÜGGERHOFF, J. (1992), S. 182.

[112] Vgl. die Fallstudien bei DOHM, L. (1988), S. 100-128; WEIHER, G.C. (1996), S. 174-200.

beendet, indem dessen wesentliche Grundlagen (die Stillegungsobjekte i.e.S.) veräußert oder innerhalb der Gesamtunternehmung anders verwandt werden.[113]

Wie die statistische Analyse in Kapitel 3 zeigt, lagen in den beiden zurückliegenden Jahrzehnten in der Textilwirtschaft die Zahlen stillgelegter Unternehmungen und Betriebe stets über dem Durchschnitt des Verarbeitenden Gewerbes.[114] Auch in jüngster Zeit gibt es zahlreiche Beispiele dafür, daß Textil- und Bekleidungsunternehmer durch die Konzentration auf ein Kerngeschäft, verbunden mit der teilweisen oder völligen Stillegung von Unternehmungsteilen den Bestand der (Rest-)Unternehmung sicherten:

- Im Zuge einer Sanierung gab der Strumpfspezialist ERGEE TEXTILWERK GMBH seine Sparten *Oberbekleidung* und seine *Kinderlinie* auf und reduzierte den Bereich *Feinstrümpfe*, um sich auf sein Kerngeschäft *Strickstrümpfe* zu konzentrieren. In der Folge wurden vier Betriebe in Tschechien zu einem großen Werk zusammengefaßt und ein Drittel der 1.450 Mitarbeiter mit einem Sozialplan entlassen.[115]

- Aufgrund der schwierigen Marktlage für zellulosische Filamentgarne und einem Faser-Überangebot infolge der Asien-Krise sah sich die zur niederländischen ACORDIS-Gruppe gehörende ENKA veranlaßt, ihren Viskose-Betrieb in Kelsterbach zu schließen und 570 Mitarbeiter zu entlassen.[116]

- Nachdem die MUSTANG-Gruppe bereits 1998 im Zuge der Schließung ihres Künzelsauer Betriebes 90 Mitarbeiter entlassen hatte, plante sie Ende 1999 zur Kostenreduzierung erneut Stillegungen und den Abbau weiterer 50 Arbeitsplätze.[117]

Ähnlich wie bei den Verkaufsalternativen ergeben sich Stillegungsalternativen durch die Kombination der Ausprägungen diverser Aktionsparameter. Als solche werden in den folgenden Abschnitten
- die Art und der Umfang der Stillegungsobjekte i.e.S.,
- die Verfügung über das Leistungsprogramm des Stillegungsobjektes,
- die künftige Verfügung über stillgelegte Potentialfaktoren,
- die Käufer stillgelegter Potentiale,
- die Art der Gegenleistung für die verkauften Potentiale sowie
- der Beginn und die Dauer der Durchführung der Stillegung

näher erläutert, soweit sie sich von der Alternative *Verkauf* unterscheiden.[118]

---

[113] Vgl. dazu und zu der folgenden Liste RUDHART, P.M. (1978), S. 178. Stillegungsobjekte i.e.S. sind
- die Aktionsstruktur des Unternehmungsteils als Ausdruck seiner spezifischen Prozesse,
- die Struktur der Aktionsobjekte als Ausdruck der Einsatzmengen und Bestände an Rohstoffen, Finanzressourcen und Informationen sowie
- die Struktur der Potentialfaktoren als Ausdruck der Gesamtheit der Betriebsmittel und Mitarbeiter des Unternehmungsteils.

[114] Siehe Kap. 3.5.1.

[115] Vgl. o.V. (2000c), S. 279.

[116] Vgl. o.V. (2000d), S. 170.

[117] Vgl. o.V. (1999h), S. 114.

[118] Vgl. zu dieser Liste HASENACK, W. (1956), Sp. 5218f.; RUDHART, P.M. (1978), S. 172ff.

5.4.3.2 Art und Umfang der Stillegungsobjekte i.e.S.

Ähnlich wie bei den Verkaufsalternativen ist auch bei der Stillegung zu entscheiden, welche Elemente eines Unternehmungsteils (Stillegungsobjekte i.e.S.) in welchem Umfang stillgelegt werden.[119] Die Entscheidung, ob alle Elemente oder nur Teile davon stillgelegt werden, hängt eng mit der auch beim Verkauf zu treffenden Entscheidung über die Erhaltung und den Wegfall des Leistungsprogramms zusammen. Allerdings verfügt der Entscheidungsträger bei der Stillegung gegenüber dem Verkauf über größere Handlungsspielräume, da er den Stillegungsumfang im Rahmen seiner Restriktionen weitgehend autonom bestimmen kann, während der Umfang des Verkaufspaketes auch von den Wünschen des Käufers abhängt.[120]

Die mögliche Bandbreite des Umfangs stillzulegender Elemente bewegt sich ausgehend von einer reinen Leistungseinstellung über die Einstellung aller die Betriebsbereitschaft der Potentialfaktoren erhaltenden Aktionen bis hin zum Abbau der gesamten Potentialstruktur, d.h. der Zerlegung und Desintegration aller Potentialfaktoren des Unternehmungsteils.[121] Die extreme Ausprägung, keines der Potentiale stillzulegen, ist logisch irrelevant, weil sie voraussetzt, daß alle Potentiale eines Desinvestitionsobjektes im Rahmen desselben wenigstens temporär noch sinnvoll zu nutzen sind. Dann aber bestünde kein Anlaß, über eine Stillegung zu entscheiden.

Die Entscheidung über die (temporäre) Erhaltung eines Elementes des Stillegungsobjektes muß danach erfolgen, ob die Erhaltung gegenüber dem Wegfall des Elementes einen positiven Zielerreichungsbeitrag liefert. Das ist z.B. der Fall, wenn einzelne Leistungen des Unternehmungsteils einen positiven Deckungsbeitrag aufweisen, während der Unternehmungsteil insgesamt nicht die ihm gesetzten finanziellen Ziele erreicht. Weiterhin wird der Umfang stillzulegender Elemente davon beeinflußt, ob Leistungen des Stillegungsobjektes (z.B. Kundendienstleistungen oder Ersatzteillieferungen) aufgrund von Verträgen mittel- oder langfristig aufrechtzuerhalten sind.[122]

5.4.3.3 Umfang der Leistungserstellung und -verwertung nach der Stillegung

Mit der Stillegung eines Unternehmungsteils entfällt grundsätzlich das bislang von ihm erstellte Leistungsprogramm, also die Gesamtheit der Arten und Mengen der in einer Periode hergestellten Zwischen- und Fertigerzeugnisse bzw. Dienstleistungen. Für die Entscheidungsträger stellt sich die Frage, ob die Gesamtunternehmung auf dieses Leistungsprogramm vollständig verzichten kann bzw. will, oder ob dieses Lei-

---

[119] Unter den Elementen eines Unternehmungsteils werden hier dessen Mitarbeiter sowie materielle (Maschinen und Anlagen, Grundstücke und Gebäude, Zwischen- oder Endproduktlager) und immaterielle Potentialfaktoren (Lizenzen, Patente und vertragliche Rechte gegenüber anderen Unternehmungen) verstanden; vgl. dazu RUDHART, P.M. (1978), S. 178.

[120] Vgl. BRÜGGERHOFF, J. (1992), S. 186.

[121] Vgl. RUDHART, P.M. (1978), S. 184f., der als weitere Zwischenstufe noch den *Abbau der Funktionsfähigkeit der Potentiale* nennt.

[122] Vgl. BRÜGGERHOFF, J. (1992), S. 186f.

stungsprogramm zumindest teilweise substituiert wird. Alternativen bestehen in zweifacher Hinsicht:

In einem ersten Schritt ist zu entscheiden, welche und wieviel der bislang vom Unternehmungsteil erbrachten Sach- und Dienstleistungen entfallen oder ersetzt werden sollen. Entscheidungen über die Kontraktion des Leistungsprogramms können sich auf die Mengen, die Arten (Leistungsbreite) und/oder die Fertigungsstufen (Leistungstiefe) der Leistungen beziehen. Beibehaltung oder Bereinigung des Programms können allerdings nicht völlig autonom festgelegt werden. Arten und Mengen der trotz Stillegung des Unternehmungsteils weiterhin anzubietenden bzw. benötigten (Vor-)Leistungen werden sowohl von externen Verhältnissen (z.B. der tatsächlichen oder der erwarteten Entwicklung der Absatzmärkte) als auch von der gegebenen bzw. für die Zukunft geplanten Programmstruktur der Gesamtunternehmung bestimmt.[123] Verbundeffekte innerhalb der Wertschöpfungskette können sowohl die Anpassung der Leistungserstellung als auch der Leistungsverwertung behindern. So können beispielsweise bislang genutzte positive Verbundeffekte durch eine Desinvestition verlorengehen oder neue negative Verbundeffekte entstehen.[124]

Sofern trotz der Stillegung eines Unternehmungsteils dessen Leistungsprogramm ganz oder teilweise beibehalten werden soll, ist in einem zweiten Schritt zu entscheiden, ob diese Beibehaltung intern, d.h. durch die Gesamtunternehmung selbst, oder extern, also durch Dritte, erfolgen soll. Bei interner Beibehaltung bleiben das Fertigungs- *und* das Leistungsprogramm der Gesamtunternehmung unverändert. Die bislang vom Stillegungsobjekt erbrachten Leistungen werden, soweit sie art- oder mengenmäßig erhalten werden sollen, in andere Subsysteme der Unternehmung verlagert. Das setzt voraus, daß dort geeignete freie Kapazitäten verfügbar sind oder durch Verdrängung anderer Leistungen geschaffen werden können. Es ist dann auch zu entscheiden, ob die weitere Leistungserstellung am gleichen Ort oder in einem anderen, räumlich getrennten Betrieb erfolgen soll. Dabei sind die Kosten einer Verlagerung an einen neuen Standort mit den Kosten einer verzögerten Aufgabe des bisherigen Standortes zu vergleichen.

Bei externer Beibehaltung bleibt lediglich das Leistungsprogramm konstant. Die bislang vom Stillegungsobjekt selbstgefertigten art- und/oder mengenmäßigen Leistungen kauft die Unternehmung dagegen auf externen Beschaffungsmärkten (Fremdbezug).[125] Wenn nicht erhebliche Beschaffungsrisiken bestehen, wird i.d.R. zwischen

---

[123] Zur Planung des Produktions- und Absatzprogramms vgl. z.B. AHLERT, D. (1984), S. 63ff.; MEFFERT, H. (1998), S. 317ff.; ADAM, D. (1993b), S. 53ff.

Zur selektiven Programmbereinigung vgl. AHLERT, D. (1984), S. 86f., der auch auf die Formen sowie die quantitativen und qualitativen Kriterien der Eliminierung von Produkten eingeht.

[124] Vgl. RUDHART, P.M. (1978), S. 186ff. Mit Hilfe des Wertketten-Modells können die mit einer Handlungsalternative verbundenen positiven oder negativen Verbundeffekte hinsichtlich ihrer Wirkungen auf den finanziellen und strategischen Desinvestitionserfolg analysiert werden. Vgl. dazu PORTER, M.E. (1999), S. 113ff. sowie Kap. 5.2.2 und 6.4.

[125] Unter *Fremdbezug* soll hier *nicht* die bloße Ausgliederung der Leistungserstellung auf externe Funktionsträger, bei der die Gesamtunternehmung jedoch weiterhin maßgeblichen Einfluß (v.a. auf die Programmplanung) ausübt, verstanden werden. Vgl. dazu SELCHERT, F.W. (1973), S. 44: „Beim Fremdbezug erstellt die liefernde Betriebswirtschaft ihre ... „Leistungen" typischerweise in eigener

vollständiger interner Fertigungsübernahme und dem vollständigen externen Fertigungsersatz gewählt. Zwar gibt es auch hier Zwischenformen, allerdings ist nicht jede beliebige Abstufung möglich und zweckmäßig. Eine teils interne, teils externe Fertigung derselben Leistung widerspricht häufig wirtschaftlichen und technischen Optimalkriterien.[126]

Soll die Eigenfertigung der Leistungen grundsätzlich ganz oder in wesentlichen Teilen aufgegeben werden, so stellt sich die Frage, ob und in welchem Umfang ein Fremdbezug der Leistungen notwendig oder zweckmäßig ist. Notwendig ist ein Fremdbezug, wenn z.B. die bisherigen Leistungen des Unternehmungsteils von nachgeordneten Produktionsstufen benötigt werden, oder Lieferverpflichtungen gegenüber Abnehmern zu erfüllen sind. Zweckmäßig ist ein Fremdbezug, wenn dadurch die finanzielle und/oder strategische Position der Gesamtunternehmung gestärkt wird.

5.4.3.4 Verfügung über stillgelegte Potentialfaktoren

Im Zusammenhang mit der Auflösung von Potentialkombinationen im Sinne von Kapazitätsreduktionen sind auch Entscheidungen über den Verbleib der Mitarbeiter zu treffen. So ist zu entscheiden, in welchem Umfang die Mitarbeiter des stillzulegenden Unternehmungsteils in Zukunft weiterbeschäftigt werden und welche von ihnen zu entlassen sind. Dabei sind auch Weiterbildungs- und Umschulungsmaßnahmen in Erwägung zu ziehen, um Entlassungen zu vermeiden.[127]

Für die im Eigentum der Unternehmung stehenden Potentialfaktoren ist zu prüfen, ob im Hinblick auf eine weitere Verwendung eine grundlegende Funktionsänderung möglich und sinnvoll ist. Gepachtete oder geleaste Potentialfaktoren erlauben oft nur eine funktionserhaltende bzw. leicht veränderte Verwendung. Bei Zwischen- oder Endprodukten wird vorrangig die funktionserhaltende Veräußerung am Markt oder die Weiterverwendung in der Unternehmung im Vordergrund stehen. Immaterielle Potentialfaktoren erfordern im allgemeinen periphere Veränderungen, um z.B. Lizenzen an eine Nutzung in anderen Unternehmungsteilen oder an veränderte Stückzahlen anzupassen.[128]

Beim Abbau von Potentialkombinationen mit *Auflösung* der Potentiale werden die Mitarbeiter des stillzulegenden Unternehmungsteils entlassen und die bislang eingesetzten Betriebsmittel aufgelöst, indem z.B. Einrichtungen zerlegt, Anlagen und Maschinen verschrottet und die Gebäude abgerissen werden. Dagegen werden beim

---

Regie, d.h. aufgrund eigener Planungen und Entscheidungen, und sie versucht, die ... Leistungen abzusetzen." Zum Problem der Standortverlagerung vgl. HELMES, M. (1996).

[126] Vgl. RUDHART, P.M. (1978), S. 193.

[127] Vgl. dazu die Studie des BUNDES KATHOLISCHER UNTERNEHMER „Engagiertes u(U)nternehmen [!] gegen Arbeitslosigkeit", welche anhand von 100 Praxisbeispielen innovative Instrumente und Initiativen zur Vermeidung von Kündigungen darstellt. Neben *flexiblen Arbeits- und Betriebszeiten* werden z.B. *beschäftigungsfördernde Entgeltmodelle* und *Modelle zur Beschäftigungsanpassung vor Entlassung* detailliert erläutert; vgl. dazu BUND KATHOLISCHER UNTERNEHMER (1995).

[128] Vgl. BRÜGGERHOFF, J. (1992), S. 188.

Abbau von Potentialkombinationen mit *Erhaltung* der Potentiale die im stillgelegten Unternehmungsteil freigesetzten Mitarbeiter in anderen Subsystemen der Unternehmung weiterbeschäftigt oder (befristet) in andere Unternehmungen versetzt (z.B. als Leiharbeiter).[129] Die Betriebsmittel werden dann entweder innerhalb der Gesamtunternehmung genutzt oder an Dritte vermietet oder verkauft. Während bei der internen Nutzung ein Abfluß von Zahlungsmitteln verhindert wird, führt die externe Verwendung i.d.R. zu einem Zufluß an Liquidität.

5.4.3.5 Beginn und Dauer der Durchführung der Stillegung

Der Zeitpunkt, zu dem die Einstellung bzw. der Abbau des Stillegungsobjektes beginnt, stellt einen bedeutenden zeitbezogenen Aktionsparameter der Stillegungsplanung dar. Dabei ist der Zeitraum zwischen der Verabschiedung des Plans und dem Beginn der Stillegung (Vorlaufzeit) zu unterscheiden von dem Zeitintervall zwischen dem Beginn der Stillegung und dem Ende der letzten Stillegungsmaßnahme (Ausführungszeit). Die Stillegung kann sofort, d.h. zum frühestmöglichen Zeitpunkt (minimale Vorlaufzeit), oder verzögert zum spätesten möglichen Termin (maximale Vorlaufzeit) beginnen. Ein früher Beginn hat den Vorteil, daß die Planungsprämissen bezüglich der unternehmungsinternen und -externen Entwicklungen mit hoher Wahrscheinlichkeit noch gültig sind, was bei einem späten Beginn nicht unbedingt der Fall ist.[130]

Hinsichtlich der Ausführungszeit kann zwischen einer *sofortigen*, innerhalb eines möglichst kurzen Zeitraums abzuwickelnden Stillegung und einer *sukzessiven*, über einen längeren Zeitraum gestreckten Durchführung der Stillegungsmaßnahmen unterschieden werden. Die sofortige Stillegung ist allerdings nur in Ausnahmefällen möglich oder sinnvoll, weil in Industriebetrieben (anders als im Handel) die technischen Voraussetzungen für eine plötzliche Stillegung nur selten gegeben sind.[131] Sieht man von jenen Fällen ab, in denen aus Gründen des Fertigungsprozesses, des Umweltschutzes und der Sicherheit (z.B. bei der Produktion von Chemiefasern oder

---

[129] Bei der Entscheidung über die zukünftige Beschäftigung und Verwendung ist zu berücksichtigen, daß viele Potentialfaktoren ebenso wie bestimmte Gruppen und Teams von Mitarbeitern nicht beliebig geteilt werden können (Problem der Ganzzahligkeit). Aufgrund dessen sind bei manchen Potentialfaktoren hinsichtlich ihrer zukünftigen Verwendung keine kontinuierlichen, sondern nur diskrete Abstufungen möglich.

Einer der Gründe für die hohe Flexibilität der Textil- und Bekleidungsunternehmungen bezüglich der kapazitätsmäßigen Anpassung bzw. der weiteren Verwendung der im Inland stillgelegten Kapazitäten liegt in der (bezogen auf die Zahl der eingesetzten Aggregate) im Prinzip beliebigen Teilbarkeit von Spinn-, Web- und Nähkapazitäten.

[130] Werden sowohl das Leistungsprogramm als auch die Potentialfaktoren abgebaut, kann darüber hinaus zwischen dem *Beginn der Leistungseinstellung* und dem *Beginn des Potentialabbaus* unterschieden werden. Leistungseinstellung und Potentialabbau können zeitlich nicht vollständig synchronisiert werden, da vor einem Abbau der Potentialfaktoren zunächst die mit diesen gefertigte Leistung vollständig eingestellt werden muß. Vgl. dazu RUDHART, P.M. (1978), S. 201ff.

[131] Vgl. RUDHART, P.M. (1978), S. 208f. Daher gibt es im Gegensatz zu der Alternative *Verkauf als Ganzes* im Grunde genommen keine *in* einem Zeitpunkt durchgeführte Stillegung.

bei der Textilveredlung)[132] eine sofortige Stillegung ausgeschlossen ist, sind es v.a. juristisch-ökonomische Erwägungen, die für einen auslaufenden Betrieb sprechen können. So müssen u.U. Leistungsprozesse und Potentialfaktoren für die Erfüllung von Gewährleistungspflichten oder Restaufträgen aufrechterhalten werden, weil andernfalls Konventionalstrafen oder Abstandssummen wegen vorzeitiger Vertragsauflösungen fällig werden.[133]

Die Kriterien, anhand derer die Vor- und Nachteile einer zeitlichen Ausdehnung zu beurteilen sind, sind für Vorlauf- und Ausführungszeit identisch. Eine Ausdehnung muß aus finanziellen und/oder strategischen Gründen gerechtfertigt sein, weil z.B. später ein höherer Verkaufserlös für abzubauende Potentialfaktoren erzielt werden kann, oder weil eine auslaufende Fertigung immer noch kostengünstiger ist als eine sonst fällige Konventionalstrafe. Allerdings darf die Gesamtdauer der Durchführung eine maximale Länge nicht überschreiten, weil sonst mit hoher Wahrscheinlichkeit oder sogar Sicherheit die mit der Stillegung verfolgten Ziele und Wirkungen aufgrund zwischenzeitlicher Umweltänderungen nicht mehr erreicht werden können.[134]

Die Auslaufzeit des Leistungsprogramms ist aus den zuvor getroffenen Entscheidungen über dessen zukünftige Verfügbarkeit abzuleiten. Die Zeiträume, innerhalb derer Mitarbeiter entlassen und Potentialfaktoren abgebaut werden können, werden bestimmt durch die jeweiligen Fristen und Termine, die bei der Kündigung bzw. der Aufgabe einzuhalten sind. Zu unterscheiden sind Verträge bzw. Potentialfaktoren, die
1) ohne einen fixierten Termin und
   1a) ohne eine bestimmte Frist oder
   1b) mit einer bestimmter Frist; oder
2) mit einem fixierten Termin und
   2a) ohne eine bestimmte Frist oder
   2b) mit einer bestimmter Frist

gekündigt bzw. aufgegeben werden können.

Verträge bzw. Potentialfaktoren ohne fixierte Kündigungstermine und -fristen bewirken keine Verzögerung von Vorlauf- und Ausführungszeit. Als Beispiele seien Maschinen und Anlagen genannt, die im Prinzip sofort abgeschaltet und demontiert werden können, wenn auch wirtschaftliche Gründe die vorherige Suche nach einer geeigneten Verwendung nahelegen. Eine hohe Bedeutung für die Dauer der Ausführung haben Potentialfaktoren, die zwar ohne Termin, aber mit Frist aufgegeben werden müssen, weil sie beispielsweise eine technisch bestimmte Mindestauslaufzeit haben (z.B. die Kläranlage eines Textilveredlers). Ebenso wichtig sind jene Verträge und Potentialfaktoren mit fixierten Terminen, die ausschließlich am Beginn oder Ende einer Periode kündbar oder abbaufähig sind. Die Zeit bis zur endgültigen Ausgliederung verlängert sich, wenn bestimmte Fristen einzuhalten sind, was bei den meisten Miet- und Leasingverträgen, v.a. aber bei Arbeitsverträgen der Fall ist.[135]

[132] Zum Einfluß des Umweltrechts auf die Standortwahl und Des-/Investitionsentscheidungen vgl. JÄGER, B./RECKFORT, J./TÜCKING, E. (1997), S. 107ff., 201ff.; siehe auch Kap. 6.3.4.

[133] Vgl. HASENACK, W. (1956), Sp. 5225. Die Imageschäden, die aus nicht erfüllten Verträgen resultieren, müßten eigentlich ebenfalls als Opportunitätskosten berücksichtigt werden, allerdings lassen sich deren monetäre Wirkungen nicht oder nur ungenau quantifizieren.

[134] Vgl. BRÜGGERHOFF, J. (1992), S. 191.

[135] Vgl. BRÜGGERHOFF, J. (1992), S. 192. Vgl. auch Kap. 6.4.

5.4.4 Kombinierte Alternativen und Insolvenzalternativen

Fortführungs-, Verkaufs- und Stillegungsalternativen wurden bislang getrennt betrachtet. Grundsätzlich sind jedoch durch Kombination einzelner Alternativen auch Mischformen möglich. Die Erfolgswahrscheinlichkeit kombinierter Alternativen ist um so höher, je umfangreicher und diversifizierter die Prozesse und Strukturen des Desinvestitionsobjektes sind. Sofern auch innerhalb eines Unternehmungsteils einzelne Bereiche räumlich und sachlich getrennt werden können, kann es durchaus zweckmäßig sein, jeweils unterschiedliche Lösungen anzustreben. So kann die Unternehmung beispielsweise rentable Teilbereiche eines Desinvestitionsobjektes fortführen, während sie solche Bereiche oder Güter, für die ein Kaufinteresse besteht, veräußert und finanziell oder strategisch unzureichende Bereiche gänzlich stillegt. Stellt sich heraus, daß der ursprünglich angestrebte Verkauf als Ganzes nicht möglich ist, weil der Käufer nicht alle Elemente übernehmen will, muß der Verkäufer prüfen, ob es nicht wirtschaftlicher ist, die nicht erwünschten Elemente herauszulösen und sie eigenständig fortzuführen, stillzulegen oder separat zu verkaufen.

Als „ultima ratio" ist schließlich noch die Insolvenz in Erwägung zu ziehen. Bislang wurde in der unternehmerischen Praxis die Liquidation im Zuge eines Vergleichs- oder Konkursverfahrens über das Vermögen einer Unternehmung oder eines rechtlich selbständigen Unternehmungsteils erst in Betracht gezogen, nachdem sich gezeigt hatte, daß alle anderen Alternativen nicht durchzuführen waren und keine Chance bestand, den Unternehmungsteil als intakte Einheit zu desinvestieren. Der Grund dafür lag darin, daß eine Liquidation i.d.R. wirtschaftlich hinter den ursprünglichen Erwartungen zurückbleibt, und darüber hinaus weitreichende (auch psychologische) Folgen für die betroffenen Mitarbeiter, Gläubiger und Eigentümer hat.[136]

Die neue Insolvenzordnung (InsO) bietet jedoch Anlaß, in der Suchphase auch ein Insolvenzverfahren als gleichrangige Handlungsalternative zu berücksichtigen, da der neu eingeführte Insolvenzgrund „drohende Zahlungsunfähigkeit" (§ 18 InsO) dem Schuldner ein eigenes Antragsrecht eröffnet.[137] Dadurch haben Schuldner und Gläubiger früher als bisher die Möglichkeit, aufgrund eines ausgehandelten Insolvenzplans (§ 217ff.) gemeinsam eine finanzielle Sanierung zu versuchen. Voraussetzung für ein solches Verfahren ist nach § 11 InsO die Insolvenzfähigkeit des Schuldners. Daher ist die Desinvestitionsalternative *Insolvenz* nur insoweit zu betrachten, als daß sie sich auf Unternehmungsteile bezieht, die selbst juristische Personen oder eine Gesellschaft ohne Rechtspersönlichkeit (oHG, KG, GbR) sind.

---

[136] Durch eine Liquidation werden in der Öffentlichkeit die fehlenden Möglichkeiten des verantwortlichen Managements sichtbar, den Fortbestand des betroffenen Unternehmungsteils durch Fortführung oder Verkauf zu sichern. Dieser Eindruck kann zu Imageschäden und zu Problemen bei der Führung der verbleibenden Gesamtunternehmung führen. Vgl. dazu DOHM, L. (1989), S. 165ff.

[137] Die unfreiwillige Insolvenz wird nicht thematisiert, weil sie nicht dem oben definierten Desinvestitionsbegriff entspricht. Zum einen fehlt es an der freien unternehmerischen Planung und Entscheidung, da die Verfügungsmacht des Unternehmers nach Eröffnung des Verfahrens gänzlich verloren oder zumindest eingeschränkt ist (§§ 80f. InsO). Zum anderen endet mit Abschluß des Verfahrens die Existenz der Unternehmung, ein aktives Rumpfgebilde bleibt also nicht bestehen.

6 Nebenbedingungen und Restriktionen der Desinvestition

6.1 Überblick über Nebenbedingungen und Restriktionen

Die finanziellen und strategischen Wirkungen der Handlungsalternativen und Maßnahmenbündel werden u.a. bestimmt von der Art und Intensität diverser Anpassungsbarrieren. Diesem Begriff werden in der Literatur eine Vielzahl von Sachverhalten und Rahmenbedingungen subsumiert, die den Austritt aus einem Markt bzw. die Einstellung einer Aktivität erschweren oder sogar unmöglich machen.[1] Aus volkswirtschaftlicher Sicht beeinflussen Anpassungsbarrieren die Marktstrukturen und damit die Funktionsfähigkeit und das Ergebnis des Wettbewerbsprozesses. Unter wettbewerbspolitischen Aspekten sind sie unerwünscht, weil unrentable Unternehmungen aufgrund von Austrittsbarrieren unnötig lange im Markt verbleiben (bzw. etablierte Anbieter durch Eintrittsbarrieren vor neuen, kosten- und preisgünstigeren Konkurrenten geschützt werden). Wenn ein teilweiser, gleichgerichteter Kapazitätsabbau oder ein vollständiger Rückzug einiger oder aller Konkurrenten verhindert wird, kommt es in solchen Marktsituationen häufig zu harten Kämpfen um Marktanteile und zu einer Verschärfung des Wettbewerbs.[2]

Systematisch schränken solche Barrieren die Lenkungsvarietät einer Unternehmung ein oder erhöhen sogar die zu bewältigende Komplexität, indem sie eine erfolgreiche Anpassung der Systemstrukturen und -prozesse behindern oder verzögern. Darüber hinaus bestehen zwischen den diversen Barrieren verstärkende und abschwächende Interdependenzen, so daß ex ante deren eindeutige Isolierung und Gewichtung (z.B. zwecks Senkung oder Umgehung) schwierig ist.[3]

Vor einer Bewertung der Handlungsalternativen ist daher zunächst zu prüfen, welche Probleme bei deren Durchführung aufgrund des situativen Kontextes[4], der jeweils unternehmungsindividuell zu ermitteln ist, entstehen können. Die Notwendigkeit, oberste Wert-, Sach- und Sozialziele der Unternehmung sowie gegebene ökonomische und nichtökonomische Rahmenbedingungen inner- und außerhalb der Unternehmung berücksichtigen zu müssen, wirkt insbesondere bei einer Desinvestition als Restriktion oder Nebenbedingung.[5] Ziel dieser Zwischenprüfung innerhalb des Entscheidungsprozesses ist es, jene Alternativen, die offensichtlich suboptimal im Sinne der unternehmerischen Zielsetzung sind oder ökonomische bzw. nichtökonomische Restriktionen verletzen, aus der weiteren Betrachtung auszuschließen. Damit wird

[1] Zu Arten und Aufbau von Eintrittsbarrieren vgl. SIMON, H./HOMBURG, C. (1995), Sp. 1748ff.
Zu den Austrittsbarrieren vgl. z.B. PORTER, M.E. (1983), S. 324ff.; OHLSEN, G. (1985), S. 210ff.; DOHM, L. (1988), S. 19ff.; HARRIGAN, K.R. (1989), S. 99ff.; NAPP, H. (1990), S. 87ff.; HÜTTEMANN, H.H. (1993), S. 19ff.; SCHMIDT, G. (1994), S. 36ff.

[2] Vgl. PORTER, M.E., (1983), S. 324; SIMON, H./HOMBURG, C. (1995), Sp. 1753ff. Allerdings sind die wenigsten Barrieren auf Dauer wirksam, v.a. der weltweite Wettbewerb auf Beschaffungs- und Absatzmärkten reduziert bzw. beseitigt solche Hemmnisse in zunehmendem Maße.

[3] Vgl. NAPP, H. (1990), S. 87.

[4] Vgl. WEIHER, G.C. (1996), S. 73ff.

[5] Vgl. RUDHART, P.M. (1978), S. 153; JACOB, H. (1990b), S. 388; ADAM, D. (1993a), S. 381. Im Folgenden werden die Begriffe *Restriktion* und *Nebenbedingung* synonym verwendet. Siehe dazu auch Kap. 2.2 und 5.3.

die Menge der zulässigen und erwünschten Handlungsalternativen abgegrenzt.[6] Aus Gründen der Übersichtlichkeit erfolgt die Erläuterung der Barrieren und Restriktionen hier im Anschluß an die Suchphase. Bei der praktischen Anwendung sollte die interne Selektion suboptimaler Lösungen jedoch nicht erst nach, sondern bereits während der Generierung der Handlungsalternativen sukzessive erfolgen. Eine Überschneidung der beiden Phasen ist durchaus möglich und i.d.R. auch wünschenswert.[7] Desinvestitionsbarrieren können wie folgt gruppiert werden:[8]

a) Unabdingbare Nebenbedingungen sind solche, deren Verletzung dazu führt, daß eine Alternative als „nicht realisierbar" identifiziert wird:
   - Finanzielle Nebenbedingungen: Da Illiquidität und Überschuldung die Existenz der Unternehmung gefährden, ist die Erhaltung der Liquidität und des Eigenkapitals sowohl der mehrgliedrigen Unternehmung insgesamt als auch ihrer Subsysteme eine von jeder Handlungsalternative zu erfüllende Nebenbedingung.[9]
   - Juristische Nebenbedingungen: Die Beachtung bestehender Gesetze, Verordnungen und Rechtsprechungen aus dem Arbeits-, Umwelt- und Steuerrecht (um nur einige Rechtsgebiete zu nennen) ist grundsätzlich ebenfalls eine unabdingbare Nebenbedingung.[10]

b) Abdingbare Nebenbedingungen, die im Gegensatz zu den finanziellen und rechtlichen Barrieren de facto nicht verletzt werden können, führen zur Identifizierung bzw. zum Ausschluß jener Alternativen, die zwar grundsätzlich realisierbar, jedoch unerwünscht sind. Derartige Anforderungen sind nicht zwingend einzuhalten, vielmehr ist eine Verletzung dieser Nebenbedingungen bis zu einem gewissen,

---

6 Vgl. CHMIELEWICZ, K. (1970), 242f.; HEINEN, E. (1990), S. 333, 358.

7 Vgl. AHLERT, D. (1990), S. 41f.; Dagegen lehnt RUDHART aus grundsätzlichen Erwägungen eine solche Verkürzung des Planungsprozesses durch einen a priori-Ausschluß von Alternativen ab. Er betrachtet die vollständige Beurteilung *aller* Alternativen vielmehr als logisch und zweckmäßig. Die Unzulässigkeit einer Alternative könne sich logisch erst bei Kenntnis aller ihrer Folgen zeigen. Vorgezogene (Teil-)Entscheidungsprozesse oder verkürzte Beurteilungen seien im übrigen nicht zweckmäßig, weil dann einzelne Prozeßphasen mehrfach zu vollziehen seien. Vgl. dazu RUDHART, P.M. (1978), S. 230f.

Dem ist entgegen zu halten, daß die später notwendige Ermittlung und Berechnung der relevanten Daten und Größen mit erheblichem Aufwand verbunden ist, der sich durch sukzessive Aussonderung ohnehin unzulässiger Alternativen reduzieren läßt.

8 Diese Systematik ist nicht in jedem Fall trennscharf. So resultieren z.B. finanzielle Restriktionen bzgl. der Liquidität aus rechtlichen Anforderungen (§ 130a, 177a HGB).

9 Vgl. RUDHART, P.M. (1978), S. 154ff.; BRÜGGERHOFF, J. (1992), S. 204f.

10 Vgl. RUDHART, P.M. (1978), S. 158.; JÄGER, B./RECKFORT, J./TÜCKING, E. (1997), S. 246ff.

AHLERT/SCHRÖDER bezeichnen diesen Prozeß („legal check") als ein zentrales Instrument des präventiven Rechtsmanagements. Drei Prozeßphasen sind zu unterscheiden:

1) Es sind alle für die jeweiligen Anpassungsmaßnahmen relevanten Rechtsnormen zu erfassen. Dazu gehören auch solche, die nur möglicherweise oder nur unter bestimmten Umständen in Frage kommen.
2) Die geplanten Anpassungsmaßnahmen sind unter die Tatbestandsmerkmale der einschlägigen Rechtsnormen zu subsumieren.
3) Die Risiken rechtlicher Sanktionen sind aufzuzeigen und juristisch einwandfreie Alternativen zu entwickeln.

Vgl. zu dieser Prognose der Rechtsfolgen und der Planungsrevision AHLERT, D./SCHRÖDER, H. (1996), 70f.

individuell zu bestimmenden Ausmaß zu tolerieren. Sobald allerdings die Wirkungen einer Alternative zu einer Unter- bzw. Überschreitung dieser Toleranzgrenze führen, ist die entsprechende Alternative als unzulässig zu verwerfen:

- Strategisch-strukturelle Barrieren entstehen aus den negativen Wirkungen, welche die Desinvestition auf die übrigen Erfolgsfaktoren und Subsysteme der Gesamtunternehmung hat. Solche Beeinträchtigungen sind zu vermeiden bzw. auf ein bestimmtes Maß zu beschränken, um aus Sicht der Gesamtunternehmung den Erfolg einer Desinvestition nicht zu gefährden.[11]
- Personelle Barrieren resultieren aus den Fähigkeiten und Einstellungen sowohl der Entscheidungsträger als auch der übrigen Mitarbeiter und der Öffentlichkeit gegenüber einer Desinvestition.[12]
- Unter Umständen sind auch einige der juristischen Restriktionen „nur" als abdingbare Nebenbedingungen zu betrachten, wenn nach sorgfältiger Güterabwägung die Übertretung einzelner Normen bis zu einem bestimmten Ausmaß billigend in Kauf genommen wird (z.B. Bußgelder für die Überschreitung von Immissionsgrenzwerten).

Anhand dieser Gliederung werden in den folgenden Kapiteln die Wirkungen der diversen Restriktionen bzw. Barrieren aufgezeigt.

6.2 Finanzielle Nebenbedingungen

Die Wahl einer Handlungsalternative ist aus Sicht der äquifinalen Gesamtunternehmung insoweit beschränkt, als daß die damit verbundenen Maßnahmen nicht die Zahlungsfähigkeit und/oder den Erhalt des bilanziellen Eigenkapitals der Gesamtunternehmung gefährden dürfen, da Illiquidität und Überschuldung gem. §§ 17 und 19 InsO Insolvenzgründe darstellen.[13]

Bei einer Desinvestition entsteht das Risiko der Illiquidität durch besonders hohe, punktuelle Auszahlungen oder entgangene Einzahlungen, z.B. aufgrund von Abbruchkosten, Sozialplänen oder entfallender Umsätze und Absatzmengen. Auch in den mit dem Desinvestitionsobjekt beschaffungs-, fertigungs- oder absatzmäßig verbundenen Subsystemen der Unternehmung kann es zu Kostensteigerungen bzw. Erlösschmälerungen kommen, welche die Liquidität belasten.

Strenggenommen gibt es in einer mehrgliedrigen Unternehmung zwar keine partielle Liquidität bzw. Illiquidität, jedoch kann auch die Sicherung der Liquidität einzelner Gliedbetriebe, die von der Desinvestition eines anderen Gliedbetriebes betroffen sind, eine Restriktion der Desinvestitionsplanung sein. Das gilt insbesondere dann, wenn regional weit verstreute Gliedbetriebe finanzwirtschaftlich dezentral geführt werden, weil sie in voneinander weitgehend unabhängigen Märkten tätig sind.

---

[11] Vgl. RUDHART, P.M. (1978), S. 159ff.; DOHM, L. (1988), S. 20ff.; NAPP, H. (1990), S. 89ff.

[12] Vgl. DOHM, L. (1988), S. 24ff.; NAPP, H. (1990), S. 91ff.

[13] Der Tatbestand der Überschuldung als Insolvenzgrund ist nach § 19 InsO auf juristische Personen und Gesellschaften ohne Rechtspersönlichkeit beschränkt.

Das Anspruchsniveau der Liquiditätserhaltung, dessen Erreichen bzw. Überschreiten durch die Desinvestitionswirkungen die zulässigen von den unzulässigen Alternativen trennt, ist unter Berücksichtigung der tatsächlichen Gegebenheiten individuell unter zwei Gesichtspunkten festzulegen:[14]

- Das Ausmaß des Liquiditätsziels kann in Höhe der Sicherung der Zahlungsbereitschaft oder in Höhe einer diese überschreitenden - und dann separat zu optimierenden - Kassenhaltung formuliert werden.
- Der zur Sicherung dieser qualitativen oder quantitativen Liquidität zu haltende Bestand an Zahlungsmitteln wird wiederum determiniert durch die geplante Liquiditätsreserve, die ihrerseits u.a. von den Kreditlinien der Unternehmung oder der Zinsstruktur am Kapitalmarkt beeinflußt wird.

Das Anspruchsniveau des Liquiditätsziels wird außerdem bestimmt von den anderen partiellen Zahlungsplanungen (z.B. Cash-flow-, Investitions- und Finanzierungsplanung) für die Gesamtunternehmung bzw. für einzelne Gliedbetriebe, von den Zahlungsgewohnheiten der Abnehmer und von der Diskontierungsfähigkeit und -willigkeit der Banken (bei Wechselfinanzierung).

Eine bilanzmäßige Überschuldung liegt vor, wenn das vorhandene Vermögen der Unternehmung deren Verbindlichkeiten nicht mehr deckt, also die Passiva die Aktiva übersteigen. Das kann insbesondere dann eintreten, wenn eine Desinvestitionsalternative zu einem hohen Rückstellungsbedarf (z.B. für Bodensanierungen oder Sozialpläne) führt.[15] Die Überprüfung und Feststellung der Überschuldung führt regelmäßig zu Schwierigkeiten, weil die Bewertung des Anlage- und Umlaufvermögens kompliziert ist, zumal eine juristische Legaldefinition fehlt. So ist in § 19 Abs. 2 InsO die Bewertung des Vermögens mit Fortführungswerten (going concern) nur gestattet, wenn „diese (die Fortführung der Unternehmung; der Verf.) nach den Umständen überwiegend wahrscheinlich ist". Die Fortführung der Gesamtunternehmung muß also wahrscheinlicher sein als deren Stillegung. So einfach sich diese Grunddefinition liest, so vielschichtig sind die Auffassungen über die Einzelheiten, da völlig unklar bleibt, welches Bewertungsprinzip anzuwenden ist.[16]

6.3 Juristische Nebenbedingungen

6.3.1 Einfluß der Rechtsnormen auf die Desinvestitionsplanung

Staatliche Rechtsnormen, v.a. im Bereich des Arbeits-, Umwelt- und Steuerrechts, führen bei einer Desinvestition zu vielfältigen Anzeige- und Leistungspflichten. Die dadurch entstehenden zeitlichen Verzögerungen und Kosten behindern oftmals eine erfolgreiche Anpassung.[17] Insofern ist AHLERT zuzustimmen, daß „im Zusammenhang mit der Konzeption von Marketingstrategien und deren Durchsetzung ... vielfältige

[14] Vgl. zu diesen Kriterien RUDHART, P.M. (1978), S. 154f.

[15] Vgl. HESS, H. u.a. (1998), S. 669ff., Rn. 1217-1232.

[16] Vgl. zu dieser Problematik ausführlich HAARMEYER, H./WUTZKE, W./FÖRSTER, K. (1997), 38-43.

[17] ALBACH nennt diese Kosten „Transaktionskosten des Strukturwandels", ALBACH, H. (1984), S. 1170; vgl. dazu auch NAPP, H. (1990), S. 102f.; PÜCKLER, B./WIENKE, D.F. (1996), S. 465; JÄGER, B./RECKFORT, J./TÜCKING, E. (1997), S. 96.

Rechtsfragen auf(treten), deren Bearbeitung einen eigenständigen Aufgabenkomplex des Managements in den Unternehmungen bildet."[18] Demzufolge können in den Phasen des Managementprozesses vier Arten von Rechtsproblemen unterschieden werden:[19]

1) Rechtsprobleme als Ausgangspunkt der strategischen Planung
Änderungen des Rechtsrahmens oder der Rechtsprechung (objektiver Informationsstand) sowie eine veränderte Wahrnehmung oder Interpretation geltenden Rechts (subjektiver Informationsstand) veranlassen Unternehmungen, neue Strategien zu planen oder bisher verfolgte zu revidieren. Darüber hinaus können rechtlich fragwürdige Verhaltensweisen anderer Wirtschaftssubjekte oder rechtliche Schritte gegen eine Unternehmung dazu führen, daß diese ihre bestehenden Strategien revidiert oder neue plant.

2) Rechtsprobleme als Gegenstand der Strategieplanung
Bei der Strategieplanung wirken Rechtsprobleme häufig als Restriktionen. Daher erscheint deren frühzeitige Berücksichtigung geboten, um realistische Planungsvorgaben zu formulieren. Zugleich ergibt sich durch die Antizipation von Rechtsnormen die Möglichkeit, auch solche Rechtsinstrumente als Strategiekomponenten zu nutzen, die sich positiv auf die Wettbewerbschancen der Unternehmung auswirken (z.B. Schutzrechte, Vertragsgestaltung).

3) Rechtsprobleme als antizipierte Konsequenzen der Strategiedurchführung
Die rechtlichen Probleme treten oft erst bei der Durchsetzung geplanter Strategien auf. Bei deren Antizipation ist die Bewältigung von Rechtsproblemen ein in das Maßnahmenpaket integrierter Teil der Strategiedurchführung. Als Beispiele sind der Abschluß von Verträgen oder die Einflußnahme auf restriktive Rechtsnormen im Sinne der unternehmerischen Ziele zu nennen.

4) Rechtsprobleme als unvorhergesehene Konsequenzen der Strategiedurchführung
Unvorhergesehene Rechtsprobleme können die Implementierung einer geplanten Strategie behindern, aber auch begünstigen. Die damit verbundenen Managementaufgaben lassen sich dementsprechend ebenfalls nicht oder nur unvollkommen im voraus planen. Sofern solche unvorhergesehenen Rechtsprobleme bei der Kontrolle strategischer Pläne auftreten, bilden sie häufig den Anlaß zur Neuplanung (Umgehungsstrategien) oder Planrevision (Anpassungsstrategien). Zugleich wird dadurch der Planungszyklus im Sinne eines kybernetischen Regelkreises erneut angestoßen.

Im Folgenden werden die grundsätzlichen Wirkungen einiger Rechtsnormen auf die Desinvestitionsalternativen exemplarisch anhand der Textil- und Bekleidungsindustrie dargestellt. Diese Darstellung ist notwendig, weil die damit verbundenen Auszahlungen in das spätere Entscheidungskalkül eingehen.[20]

---

[18] AHLERT, D. (1988), S. 3.

[19] Vgl. zu dieser Aufzählung AHLERT, D./SCHRÖDER, H. (1996), S. 39ff.

[20] Von einer Berechnung wird hier abgesehen, weil die arbeits- oder umweltrechtlich bedingten Auszahlungen zu sehr von den Bedingungen des Einzelfalls abhängen.

6.3.2 Personalrechtliche Nebenbedingungen

Sofern eine Desinvestition zu personellen Überkapazitäten führt, muß die Unternehmungsleitung geeignete Maßnahmen zum Abbau der Personalkapazität in ihre Planungsüberlegungen einbeziehen. Diese Anpassungsmaßnahmen sind zum einen dahin gehend zu analysieren, welche Wirkungen sich aus dem Umfang der eingesparten Personalkosten sowie aus den Kosten zur Durchführung der Maßnahme(n) ergeben. Zum anderen ist zu prüfen, inwieweit die Maßnahmen in zeitlicher und wirtschaftlicher Hinsicht gesteuert und durchgeführt werden können.[21]

Beide Parameter werden im wesentlichen von den einschlägigen Normen des Personalrechts beeinflußt.[22] Aufgrund der hohen Regelungsdichte in der Bundesrepublik liegen in diesem Bereich die wichtigsten rechtlichen Barrieren einer Desinvestition. Das ergibt sich sowohl aus der Vielzahl erlassener Gesetze, Verordnungen und Ordnungen[23] als auch aus der Fortschreibung des Personalrechts im Zuge der Rechtsprechung. Beides führt dazu, daß die kurzfristige und flexible Anpassung der Personalkapazitäten an die betrieblichen Erfordernisse zunehmend erschwert oder teilweise sogar verhindert wird.[24]

In der Literatur werden zwei grundsätzliche Arten der Personalanpassung unterschieden:[25] Während der Personalbestand bei der *zeitlichen* Anpassung unverändert bleibt, wird er bei der *kapazitätsmäßigen* Anpassung vermindert. Zur erst genannten Art zählen der Abbau von Überstunden, unbezahlter Urlaub, die Einführung von Kurzarbeit und Änderungskündigungen von Voll- in Teilzeitarbeit. Eine Reduzierung des Personalbestandes wird dagegen durch einen Einstellungsstop, einen geringeren Einsatz von Leiharbeitnehmern, Versetzungen in einen anderen Betrieb, vorzeitige Pensionierungen, Aufhebungsverträge mit Abfindung, eine ordentliche Einzelentlassung oder eine Massenentlassung erreicht. Höhe und Intensität der rechtlichen Schranken, die einer Anpassung der Personalkapazität entgegenstehen, differieren in Abhängigkeit von der gewählten Maßnahme.

---

[21] Vgl. HÜTTEMANN, H.H. (1993), S. 28.

[22] Da das Arbeitsrecht in der Bundesrepublik grundsätzlich keine branchen- oder sektorspezifischen Regelungen kennt, müssen sich manche der folgenden Ausführungen notwendigerweise auf die Gesamtwirtschaft beziehen. Zugleich wird geprüft, welche branchenspezifischen Lösungen der Textil- und Bekleidungsindustrie aufgrund ihrer positiven Beispielfunktion auf andere Branchen übertragen werden können.

[23] So rechnet KITTNER, M. (1991) allein 42 ausgewählte Gesetze und Ordnungen der Arbeits- und Sozialordnung zu. ALBACH, H. (1984), S. 1170, nennt mit 1.300 Gesetzen (davon 600 kostenwirksame!) eine noch weitaus größere Zahl, ohne diese allerdings zu belegen.

[24] Vgl. STOCKERT, A.M. (1988), S. 41. Sogar bei steigender Auslastung werden Neueinstellungen - selbst auf der Basis befristeter Arbeitsverträge - möglichst lange hinausgezögert, da die Unternehmungen fürchten, sich bei wieder sinkender Auslastung gar nicht oder nur gegen hohe Abfindungen von überzähligen Mitarbeitern trennen zu können. Im Extremfall wird aufgrund dieser Zusammenhänge sogar die Annahme zusätzlicher Aufträge abgelehnt; vgl. JÄGER, B./RECKFORT, J./TÜCKING, E. (1997), S. 96, 156, 164.

[25] Die folgende Auflistung der Maßnahmen - in der Rangfolge ihrer tendenziellen Einsparungspotentiale - orientiert sich an STOCKERT, A.M. (1988), S. 43; FITTING, K. u.a. (1992), S. 1268, Rn. 19; BRÜGGERHOFF, J. (1992), S. 206ff.; HÜTTEMANN, H.H. (1993), S. 28f.

Die Maßnahmen *Einstellungsstop*[26] und *Abbau von Überstunden*[27] sind juristisch betrachtet recht einfach durchzuführen. Bei der *Einführung von Kurzarbeit*[28] werden die Personalkosten durch eine vorübergehende Verkürzung der regelmäßigen, betriebsüblichen Arbeitszeit reduziert mit dem Ziel, Arbeitsplätze zu erhalten und Massenentlassungen zu vermeiden. Für die Unternehmung ist Kurzarbeit v.a. dann finanziell interessant, wenn das Arbeitsamt Kurzarbeitergeld zahlt.[29] Mit Zustimmung des Landesarbeitsamtes ist die Einführung von Kurzarbeit auch dann zulässig, wenn der Arbeitgeber nicht in der Lage ist, die Arbeitnehmer bis zur Wirksamkeit einer anstehenden Massenentlassung voll zu beschäftigen. In diesem Fall kann das Arbeitsentgelt entsprechend gekürzt werden, sobald das Arbeitsverhältnis nach den allgemeinen oder vereinbarten Bestimmungen enden würde (§ 19 Abs. 1+2 KSchG). In diesem Fall verzögern die gesetzlichen oder vertraglichen Kündigungsfristen eine Reduzierung der Personalkosten.

Die *Umwandlung von Voll- in Teilzeitverträge* unterliegt vielfältigen Regelungen, welche die Durchsetzungszeit der an die Änderungskündigungen gebundenen Maßnahmen verlängern und die Kostenreduzierung mindern.[30] Unter der *Versetzung* ist jede

---

[26] Beim *Einstellungsstop* haben der Betriebsrat und die Vertrauensleute grundsätzlich nur Unterrichtungs- und Beratungsrechte gemäß §§ 80 und 92 BetrVG. Beim *Abbau von Überstunden* hat der Betriebsrat hingegen ein Mitbestimmungsrecht, wenn Überstunden entweder zuvor jahrelang praktiziert wurden (§ 87 Abs. 1 Nr. 3 BetrVG) oder deren Abbau über eine Änderungskündigung der Arbeitsverträge oder über Betriebsvereinbarungen bezogen auf die Dauer der Arbeitszeit erreicht wird. Vgl. dazu FITTING, K. u.a. (1992), S. 1115, Rn. 53.

[27] Auch der *reduzierte Einsatz von Leiharbeitnehmern* ist relativ problemlos möglich. Da zwischen der entleihenden Unternehmung und der Leiharbeitskraft kein Arbeitsvertrag besteht, ist von der Unternehmung lediglich der mit dem Verleiher bestehende Vertrag zu kündigen. Auch dabei können zwar Hindernisse (z.B. Einhaltung von Vertragslaufzeiten und -kündigungsfristen) auftreten, diese sind jedoch nicht personalrechtlicher Natur. Vgl. dazu KITTNER, M. (1991), S. 67f. Gerade in der Tatsache, daß solche Überlassungsverträge leichter aufzulösen sind als „normale" Arbeitsverträge, liegt ein Vorteil dieser Art der Personalbeschaffung. Allerdings ist einschränkend auf die mögliche Fiktion eines Arbeitsverhältnisses zwischen Entleiher und Leiharbeitnehmer nach § 9 Nr. 1 i.V.m. § 10 Abs. 1 AÜG hinzuweisen.

[28] Dabei sind diverse rechtliche Rahmenbedingungen zu beachten: Der Betriebsrat hat auch hier umfangreiche Mitbestimmungsrechte darüber, ob und in welchem Umfang und von welchen Arbeitnehmern Kurzarbeit geleistet werden soll. Außerdem besteht ein Mitbestimmungsrecht, weil die Reduzierung des Entgeltes i.d.R. eine Änderungskündigung erfordert (§§ 87 Abs. 1 Nr. 3, 102 BetrVG). Vgl. KITTNER, M. (1991), S. 102; FITTING, K. u.a. (1992), S. 1114, Rn. 50.

[29] Die Arbeitsverwaltung leistet diese Zahlungen nur unter bestimmten Bedingungen (§§ 63-73 AFG):
- Der aufgrund wirtschaftlicher Ursachen einschließlich betrieblicher Strukturveränderungen unvermeidbare Arbeitsausfall darf nur vorübergehender Natur sein.
- Die Chance zum Erhalt der Arbeitsplätze und zur Rückkehr zur vollen Arbeitszeit muß bestehen.
- In einem zusammenhängenden Zeitraum von mindestens vier Wochen fällt für mindestens ein Drittel der tatsächlich im Betrieb Beschäftigten jeweils mehr als 10% der regelmäßigen betrieblichen und tariflich zulässigen Arbeitszeit aus.
- Der Arbeitsausfall muß dem Arbeitsamt zuvor angezeigt worden sein.

Diese engen Voraussetzungen beschränken die Einführung bzw. Durchführung von Kurzarbeit und verzögern die angestrebte Kostenreduzierung; vgl. dazu BRÜGGERHOFF, J. (1992), S. 207.

[30] Für Änderungskündigungen gelten grundsätzlich dieselben Normen wie bei einer Kündigung des gesamten Arbeitsverhältnisses (§§ 99, 102 BetrVG, § 2 KSchG). So ist auch eine Änderungskündigung ohne vorherige Zustimmung des Betriebsrates unwirksam, allerdings kann diese auf Antrag des Arbeitgebers durch ein Arbeitsgericht ersetzt werden (§§ 99 Abs. 4, 102 BetrVG). Auch bei ei-

nicht nur vorübergehende Zuweisung eines Arbeitnehmers an einen anderen Arbeitsplatz zu verstehen.[31] Es gelten dabei die o.g. Mitwirkungs- und Mitbestimmungsrechte des Betriebsrates (§ 99 BetrVG). Falls eine Versetzung im gegenseitigen Einvernehmen nicht möglich ist, bedarf es ebenfalls einer Änderungskündigung. Weder kann die Beteiligung des Betriebsrates eine individualrechtlich erforderliche Zustimmung des Arbeitnehmers ersetzen, noch macht eine individualrechtlich mögliche Versetzung die Beteiligung des Betriebsrates entbehrlich. Gerade diese Normen schränken die Flexibilität der Unternehmung beim Personaleinsatz stark ein, weil es schwierig ist, Arbeitnehmer an verschiedenen Stellen des Betriebes zu beschäftigen, ohne daß es zuvor einer Änderungskündigung oder der Zustimmung des Betriebsrates bedarf.[32]

Eine weitere Möglichkeit, den Personalbestand ohne Entlassungen zu reduzieren, sind *vorzeitige Pensionierungen.* Der Betriebsrat hat dabei grundsätzlich keine Mitbestimmungsrechte, weil es sich um eine einvernehmliche Auflösung der Arbeitsverhältnisse handelt. Schließlich stellen *Aufhebungsverträge mit Abfindungen* eine letzte Alternative dar, um die Zahl der Mitarbeiter ohne Entlassungen zu senken.[33]

Darüber hinaus besteht die Möglichkeit, statt der Mengen- bzw. Kapazitätskomponente der Personalkosten und -auszahlungen die Wertkomponente zu vermindern, z.B. durch unbezahlten Urlaub, Werksferien oder durch eine Reduzierung der Entgelte (Löhne, Gehälter, Zuschläge) sowie der tariflichen und freiwilligen Sozialleistungen (13. Gehalt, Weihnachts-/Urlaubsgeld, vermögenswirksame Leistungen).

Wenn die bisher genannten Anpassungsmaßnahmen nicht ausreichen, um den personellen Kapazitätsüberhang und damit die Personalkosten zu senken, müssen Mitarbeiter entlassen werden. Bei *Einzelentlassungen* muß die Unternehmung vielfältige Kündigungsvorschriften beachten, aus denen erhebliche Verzögerungen und Kosten bei der Durchführung dieser Anpassungsmaßnahme resultieren können:[34] Beispielsweise stehen dem Betriebsrat in diesem Fall umfangreiche Mitwirkungs- und Mitbestimmungsrechte zu (z.B. aus §§ 80 Abs. 2, 92, 102 BetrVG, § 1 KSchG). Diese betreffen die Auswahlrichtlinien (§ 95 BetrVG) ebenso wie die Wirksamkeit jeder einzelnen Kündigung (§ 102 Abs. 1 Satz 3, Abs. 3 BetrVG).[35]

---

ner solchen Umwandlung sind die Rechte einzelner Beschäftigungsgruppen zu berücksichtigen (z.B. Schwerbehinderte (§§ 15ff. SchwbG), Schwangere (§§ 9ff. MuSchG), Auszubildende (§ 15 Abs. 2 BBiG), Arbeitnehmervertreter (§ 15 KschG)). Vgl. dazu FITTING, K. u.a. (1992), S. 1364, Rn. 6, S. 1322, Rn. 2.

[31] Dazu gehören räumliche, technische und organisatorische Veränderungen ebenso wie veränderte Verantwortungsbereiche, Aufgabeninhalte oder materielle Arbeitsbedingungen.

[32] Vgl. FITTING, K. u.a. (1992), S. 1329, Rn. 21ff.; JÄGER, B./RECKFORT, J./TÜCKING, E. (1997), S. 96.

[33] Da auch dabei die Arbeitsverhältnisse einvernehmlich und ohne Kündigung beendet werden, gelten die Erfordernisse und Beschränkungen einer Kündigung nicht. Zwar sind Abfindungszahlungen des Arbeitgebers überwiegend von der Steuer und der Sozialversicherung befreit, allerdings können durch Vorruhestandsgesetze (z.B. § 128 AFG) und Tarifverträge hohe Folgebelastungen entstehen. Vgl. dazu HESS, H. u.a. (1998), S. 212, Rn. 79.

[34] Vgl. BRÜGGERHOFF, J. (1992), S. 210.

[35] Darüber hinaus ist der Handlungsspielraum des Arbeitgebers schon bei der Auswahl der zu entlassenden Mitarbeiter insoweit eingeschränkt, als daß er dabei soziale (§ 1 Abs. 3 KSchG) und, sofern

Wenn die Zahl der ordentlichen Kündigungen die durch § 17 Abs. 1 KSchG vorgegebenen, nach Betriebsgrößen gestaffelten Grenzen überschreitet, liegt eine *Massenentlassung* vor. Diese ist über die bereits genannten Normen hinaus zusätzlich reglementiert. Die Unternehmung ist verpflichtet, die anstehenden Entlassungen zuvor dem Arbeitsamt anzuzeigen. Diese Anzeige ist sogar schon ein Jahr im voraus notwendig, wenn „erkennbare Veränderungen des Betriebes innerhalb der nächsten zwölf Monate voraussichtlich" (§ 8 AFG) zu einer Massenentlassung führen. Besondere rechtliche Folgen ergeben sich auch daraus, daß eine Massenentlassung im Zuge einer Stillegung eine Betriebsänderung nach §§ 111ff. BetrVG ist. Aufgrund dessen ist der Arbeitgeber verpflichtet, mit dem Betriebsrat einen Sozialplan zu formulieren.[36]

Der Zeitpunkt der Wirksamkeit der Kündigungen ist in § 18 KSchG geregelt. Grundsätzlich beginnt mit dem Eingang der Anzeige beim Arbeitsamt eine einmonatige Sperrfrist. Diese kann mit Zustimmung des Landesarbeitsamtes verkürzt, aber auch auf bis zu zwei Monate verlängert werden (§ 18 Abs. 2 KSchG). Das hat zur Folge, daß die Arbeitnehmer bis zum Ende der Sperrfrist bei Fortzahlung ihrer Bezüge weiterhin zu beschäftigen sind. Allerdings ist in diesem Fall nach § 19 KSchG die Einführung von Kurzarbeit möglich. Im Anschluß an die Sperrfrist beginnt eine einmonatige Freifrist (§ 18 Abs. 4 KSchG), innerhalb derer die anstehenden Entlassungen durchzuführen sind. Da die individualrechtlichen Kündigungsfristen weiterhin gelten, sind die Kündigungen so rechtzeitig auszusprechen, daß das Ende der Kündigungsfristen in diese Freifrist fällt. Andernfalls wären die Entlassungen unwirksam, so daß die Kündigungen und die Anzeige der Massenentlassung wiederholt werden müßten. Erschwerend kommt hinzu, daß die auch nur fahrlässige Mißachtung dieser Normen erhebliche finanzielle Strafen (§ 119 BetrVG) oder eine Verlängerung der Sperrfristen nach sich ziehen kann.

Da die Unternehmungen im Falle betriebsbedingter Kündigungen häufig gezwungen sind, die jüngeren Mitarbeiter wegen deren kürzerer Betriebszugehörigkeit zuerst zu entlassen, ergeben sich daraus negative Auswirkungen auf die Leistungs- und Altersstruktur der Belegschaften. Darüber hinaus werden mitbestimmungspflichtige Maßnahmen von manchen Arbeitnehmervertretern bisweilen zum Anlaß genommen werden, neben Abfindungszahlungen weitere Kompensationsleistungen und Zugeständnisse an anderer Stelle zu fordern.[37]

Auswahlrichtlinien nach § 95 BetrVG bestehen, fachliche und persönliche Belange der betroffenen Arbeitnehmer berücksichtigen muß. Zur Formulierung der Auswahlrichtlinien vgl. FITTING, K. u.a. (1992), S. 1291, Rn. 4ff.

Allein die Möglichkeit, einen Mitarbeiter sofort oder in absehbarer Zeit auf einem anderen Arbeitsplatz in der Unternehmung zu beschäftigen, läßt eine Kündigung sozial ungerechtfertigt erscheinen (§ 1 Abs. 2 Nr. 1b). Abgesehen davon, daß hier die Prämisse eines Personalüberhangs unterstellt wird, greifen bei der Versetzung an einen anderen Arbeitsplatz wiederum die Vorschriften bzgl. der Änderungskündigung, die im wesentlichen denen der Beendigungskündigung entsprechen.

[36] Dieser soll den entlassenen Mitarbeitern einen wirtschaftlichen Ausgleich für den Verlust des Arbeitsplatzes bieten, indem darin z.B. die soziale Auswahl, Abfindungen, laufende Ausgleichszahlungen oder Pauschalierungen nach einem Punktesystem geregelt werden. Vgl. dazu ausführlich FITTING, K. u.a. (1992), S. 1450ff.

[37] Vgl. dazu BRÜGGERHOFF, J. (1992), S. 211; JÄGER, B./RECKFORT, J./TÜCKING, E. (1997), S. 95ff.

Insgesamt schränken diese Restriktionen und Barrieren aus betriebswirtschaftlicher Sicht die quantitative und sachlich qualifizierte Auswahl der zu entlassenden Arbeitnehmer im Sinn einer selektiven Anpassung der Personalkapazität stark ein. Auch die Vorlauf- und Ausführungszeit sowie die Kosten der Anpassung werden durch die Rechtsnormen verlängert bzw. erhöht. In diesem Zusammenhang weist STOCKERT nach, daß die vom Gesetzgeber vorgesehenen (normativen) und die faktischen Handlungsspielräume bei personellen Anpassungsmaßnahmen teilweise erheblich auseinander klaffen.[38]

6.3.3 Exkurs: Bedeutung des § 613a BGB für den Verkauf von Unternehmungsteilen

Im Zusammenhang mit den personalrechtlichen Barrieren einer Veräußerung oder Verpachtung von Unternehmungen, Betrieben oder Teilen derselben nimmt § 613a BGB eine herausragende Stellung ein.[39] Diese Rechtsnorm besagt, daß bei einem Betriebsübergang der neue Inhaber in die Rechte und Pflichten der im Zeitpunkt des Übergangs bestehenden Arbeitsverhältnisse eintritt. Rechte und Pflichten aus Tarifverträgen und Betriebsvereinbarungen (§ 77 BetrVG) dürfen grundsätzlich nicht vor Ablauf eines Jahres zum Nachteil der Arbeitnehmer verändert werden (§ 613a Abs. 1 Satz 2 BGB). Etwas anderes gilt, wenn diese Rechte und Pflichten durch die Normen anderer Tarifverträge oder Betriebsvereinbarungen des neuen Inhabers geregelt werden (§ 613a Abs. 1 Satz 3 BGB) oder auch beim Veräußerer nach dem Übergang nicht mehr gelten würden (§ 613a Abs. 1 Satz 4 BGB).

Da ein Betriebsübergang keine Betriebsänderung ist, unterliegt er grundsätzlich nicht den Regelungen des BetrVG.[40] Wenn jedoch im Zuge des Inhaberwechsels

- der ganze Betrieb oder wesentliche Teile davon eingeschränkt, stillgelegt, verlegt oder mit anderen Betrieben zusammengelegt werden (Fusion),
- oder die Organisation, der Zweck, die Anlagen, die Arbeitsmethoden und Fertigungsverfahren des Betriebes grundlegend verändert werden,

liegt eine Betriebsänderung i.S.v. § 111 Nr. 1-5 vor, so daß der Betriebsrat umfassende Mitbestimmungs- und Mitwirkungsrechte hat. In jedem Fall ist der Betriebsrat gem. §§ 1 Abs. 1 und 74 Abs. 1 BetrVG vorab über einen geplanten Verkauf oder Kauf von Teil- oder Gesamtunternehmungen bzw. -betrieben zu informieren. Sofern daraus langwierige Verhandlungen über einen Interessenausgleich resultieren, kann das sowohl zu Verzögerungen als auch zu höheren Kosten und Auszahlungen bei der Durchführung der Desinvestitionsalternative *Verkauf* führen.

---

[38] Zum Begriff der *selektiven Anpassung* vgl. GUTENBERG, E. (1955), S. 265; vgl. STOCKER, A.M. (1988), S. 42ff.

[39] Vgl. JÄGER, B./RECKFORT, J./TÜCKING, E. (1997), S. 156. Anhand einer Umfrage hat die Bundesvereinigung der deutschen Arbeitgeberverbände 1996 untersucht, welche Schwierigkeiten und Konsequenzen sich aus der Umsetzung dieser Vorschrift für Erwerber und Veräußerer von Unternehmungen oder Betrieben ergeben, vgl. dazu ausführlich PÜCKLER, B./WIENKE, D.F. (1996), S. 465-469. Eine 1997 durchgeführte Untersuchung der FATM kam für die Textil- und Bekleidungsindustrie zu übereinstimmenden Ergebnissen, vgl. dazu JÄGER, B./RECKFORT, J./TÜCKING, E. (1997), S. 100f.

[40] Vgl. FITTING, K. u.a. (1992), S. 90, Rn. 58, S. 1455, Rn. 12.

Durch nationale und europäische Rechtsprechung wurde der Anwendungsbereich dieser Vorschrift noch erweitert. Dadurch hat diese Norm eine Tragweite erreicht, die vom Gesetzgeber in dieser Form nicht gewollt war. Im Einzelfall reicht nun schon

- die bloße Funktionsnachfolge,
- ein Rechtsgeschäft mit Dritten, z.B. ein Pachtverhältnis,
- der Zugang zum Kundenkreis (ohne daß dabei ein Übergang von Sachmitteln eindeutig vorausgesetzt wird) oder
- der Übergang von wesentlichen Betriebsmitteln und die Möglichkeit der Weiterführung des Betriebes (ohne daß es dabei auf die Absicht des Erwerbers ankommt)

zur Erfüllung der Tatbestandsmerkmale des § 613a BGB aus.[41]

Selbst bei einer kompletten Stillegung und späteren Wiedereröffnung (nach 6 bis 12 Monaten) oder bei einem Interessenausgleich und Masseansammlung im Konkursfall urteilen die Arbeitsgerichte auf „Umgehung und Mißbrauch". Durch diese restriktive Auslegung ist es nahezu unmöglich, die Wirkungen dieser Norm selbst durch ein Insolvenzverfahren zu umgehen.[42] Sowohl bei Verkäufern als auch bei Erwerbern von Unternehmungsteilen und Betrieben führt die Kompliziertheit dieser Norm zu großer Unsicherheit über deren Anwendungsbereich. Die Folge sind oftmals schwierige Verhandlungen oder sogar langwierige Rechtsstreitigkeiten zwischen allen Beteiligten (Verkäufer, Erwerber, Betriebsrat, Mitarbeiter). In vielen Fällen werden aufgrund des § 613a BGB wirtschaftlich sinnvolle Maßnahmen zwar nicht verhindert, jedoch können sie oft erst nach einer der Norm entsprechenden Modifizierung durchgeführt werden. Neben der zeitlichen Verzögerung des ohnehin schwierigen Anpassungsprozesses darf unterstellt werden, daß die modifizierten Maßnahmen im betriebswirtschaftlichen Sinne nur suboptimal sind.[43]

Bei Übernahmen erschweren die mit dem § 613a BGB verbundenen Konsequenzen in erheblichem Maße die ökonomisch notwendigen Anpassungsmaßnahmen zur Umstrukturierung der Unternehmungen, weil wenig Chancen auf die Durchsetzung betriebswirtschaftlich notwendiger Rationalisierungen bestehen. Viele Investoren scheuen sich daher, eine für sie interessante Unternehmung zu übernehmen, weil sie auch den kompletten sozialen Besitzstand übernehmen müssen. Gerade in der von zahlreichen Konkursen und Stillegungen betroffenen Textil- und Bekleidungsindustrie hätte eine große Anzahl von Unternehmungen und Arbeitsplätzen gerettet

---

[41] Vgl. dazu PÜCKLER, B./WIENKE, D.F. (1996), S. 465.

[42] In anderen EU-Ländern sind die dem § 613a BGB verwandten Normen in der Insolvenz aufgehoben. Zwar wird durch die seit dem 1. Januar 1999 gültige InsO der Kündigungsschutz im Konkursfall einschränkt, der deutsche Gesetzgeber hat es jedoch unterlassen, die Tatbestandsvoraussetzungen des § 613a BGB ebenfalls dahin gehend zu modifizieren, daß diese in der Krise ausgesetzt werden (z.B. durch eine gesetzliche Öffnungsklausel). Zwar wären damit im Einzelfall zu Lasten der Mitarbeiter schnelle Entlassungen und keine oder nur geringe Abfindungen verbunden, aber gesamtwirtschaftlich wäre es für viele Branchen besser, wenn personelle Umstrukturierungen und Rationalisierungen vor oder während einer Insolvenz einfacher geregelt werden könnten. Vgl. dazu JÄGER, B./RECKFORT, J./TÜCKING, E. (1997), S. 100.

[43] Zu den negativen Folgen dieser Norm vgl. ausführlich PÜCKLER, B./WIENKE, D.F. (1996), S. 466f.

werden können, wenn der Betriebsübergang auf einen neuen Inhaber hätte leichter gestaltet werden können.[44]

Im außergerichtlichen Bereich kann eine Krise vernünftiger und betriebswirtschaftlich besser gelöst werden als in der Insolvenz. Das ist nicht nur aus Gründen der Publizität so, sondern weil im außergerichtlichen Bereich die betriebswirtschaftlichen Fragen im Vordergrund stehen und die gesetzlichen Auflagen geringer sind. Auch die neue InsO hilft hier nicht entscheidend weiter. Sie eröffnet zwar das Wahlrecht zwischen Liquidation und Reorganisation, aber letztere muß über einen Insolvenzplan den Gläubigern dargelegt werden, die dann in Gruppen darüber abstimmen. Dieses System ist zu starr, denn in der Krise müssen betriebswirtschaftliche Lösungen schnell und zielorientiert durchgeführt werden.[45] Im Interesse eines Konsenses mit dem Erwerber und den Mitarbeitern sind daher möglichst rasch personalpolitisch befriedigende Maßnahmen zu ergreifen, die den ökonomischen Zwecken dienen.

6.3.4 Umweltrechtliche Nebenbedingungen

Durch die in den letzten Jahren stetig wachsende Zahl umweltrechtlicher Normen wurde der wirtschaftliche Freiheits- und Gestaltungsspielraum der Unternehmungen ebenfalls verändert und beschränkt. Für die Unternehmungen ist es daher wichtig zu wissen, ob und wie sich die zum Teil restriktiven Regelungen des Umweltrechts auf die Durchführungsdauer und Kosten einer Desinvestition auswirken.[46]

Die umweltrechtlichen Bestimmungen begegnen den Unternehmungen in den Bereichen Abgase, Gerüche, Abwässer, Lärm, Erschütterungen, bei der Abfallproblematik, dem Arbeitsschutz und bei der Genehmigungspflicht von Anlagen.[47] Auch die zeitweilige oder dauerhafte Änderung oder Stillegung von Betrieben, Betriebsteilen, Gebäuden oder Anlagen ist gesetzlich geregelt. Zum einen ergeben sich aus diesen Vorschriften zahlreiche Anzeige- und Genehmigungspflichten (z.B. §§ 7 Abs. 1 Nr. 4d, 15 Abs.1, 16 Abs. 2 BImSchG[48], §§ 1, 2.2.3 TA Luft, §§ 2.2.2 TA Lärm), zum anderen regeln sie die Entsorgung, Altlastensanierung[49] und Rekultivierung von Böden

---

[44] Die von der FATM befragten Rechtsanwälte und Konkursverwalter wiesen auf die paradoxe Folge hin, daß de facto überlebensfähige Unternehmungen oder Betriebe häufig vor einer Übernahme mit allen negativen Folgen liquidiert werden. In extremen Fällen würden sie sogar in die Insolvenz geführt, um wenigstens zu versuchen, die Folgen des § 613a BGB zu vermeiden; vgl. JÄGER, B./RECKFORT, J./TÜCKING, E. (1997), S. 100f., 158.

[45] Vgl. JÄGER, B./RECKFORT, J./TÜCKING, E. (1997), S. 101.

[46] Vgl. MEFFERT, H./KIRCHGEORG, M. (1993), S. 13; JÄGER, B./RECKFORT, J./TÜCKING, E. (1997), S. 205. Angesichts der hohen Regelungsdichte und des stark verzweigten Ordnungsrechts sind selbst von den zuständigen Behörden die schätzungsweise 200 umweltrelevanten (z.T. sogar widersprüchlichen) gesetzlichen Vorschriften nur schwer oder gar nicht zu überblicken. Das gilt erst recht für kleine und mittlere Unternehmungen; vgl. HEINACHER, P. (1995), S. 4.

[47] Vgl. MARZINKOWSKI, J.M. (1992), S. 438.

[48] Vgl. BImSchG vom 14.5.1990 (BGBl I S. 881) mit späteren Änderungen; außerdem REETZ, H. (1994), S. 847ff.

[49] Von *Altlasten* spricht man grundsätzlich, wenn aus dem Umgang mit Stoffen oder aus dem Vorhandensein von Stoffen in Böden oder Gewässern, insbesondere im Grundwasser, Gefahren für Leben

und Gewässern. Die Kosten für Maßnahmen des Umweltschutzes sind bei der Bewertung von Desinvestitionsalternativen ebenso zu berücksichtigen wie die Dauer eventueller Genehmigungsverfahren (zum Teil mit Beteiligung der Öffentlichkeit) oder die dadurch entstehenden Kosten für Rechtsberatungen und Gutachten.[50]

Die Inhaber stillzulegender Anlagen oder die Eigentümer kontaminierter Grundstücke haften für die Entsorgung der Altlasten entweder aufgrund öffentlich- oder zivilrechtlicher Umwelthaftung.[51] Öffentlich-rechtliche Umwelthaftung entsteht z.B. aufgrund des Umwelthaftungsgesetzes (§ 2 Abs. 2 i.V.m. Anhang 1 UmweltHG[52]), des Wasserhaushaltsgesetzes (§§ 22, 26, 32b, 34 Abs. 2 i.V.m. § 41 WHG[53]), des Abfallgesetzes (§§ 3, 4, 11 Abs. 4 Nr. 5+6 AbfG) oder des Polizei- und Ordnungsrechts des Bundes (§§ 324-330 StGB), der Bundesländer und der Kommunen (Entsorgungssatzungen). Zivilrechtliche Umwelthaftung ergibt sich u.a. aus den Aspekten des Schadenersatzes (§§ 249ff. BGB) oder der Sachmängelhaftung (§§ 459ff. BGB).

Im Folgenden werden die bei Stillegungen und Betriebsänderungen möglicherweise auftretenden Kosten und Verzögerungen anhand einiger Beispiele aus der Textil- und Bekleidungsindustrie veranschaulicht. Es lassen sich im wesentlichen vier ökologische Problemfelder unterscheiden:[54]

1) Planungs- und Genehmigungsverfahren

Gerade die Textil- und Bekleidungsindustrie sind aufgrund der sich durch Mode und Saison schnell ändernden Bedürfnisse der Nachfrager und Anforderungen der Märkte auf eine schnelle Antizipation und Reaktion mittels neuer oder veränderter Verfahrenstechniken und -prozesse angewiesen. Auch im Hinblick auf eine rasche Umsetzung der Anpassungsmaßnahmen kommt der Länge der Genehmigungsverfahren daher besondere Bedeutung zu. Obwohl die gesetzlich vorgeschriebene Genehmigungsfrist hierzulande ca. sieben Monate beträgt, dauert sie im Durchschnitt faktisch ein Jahr. Im europäischen Vergleich dauern die deutschen Genehmigungsverfahren damit überdurchschnittlich lange. Die gesetzlichen Genehmigungsfristen der Nach-

---

und Gesundheit der Allgemeinheit oder einzelner Personen zu erwarten sind. Allerdings ist die Definition des Begriffs *Altlasten* insofern problematisch, weil das Umweltmedium *Boden* von mehreren Regelungsbereichen (z.B. BauGB, BNatSchG, AbfG, ChemG) berührt wird, und ein einheitliches Bundesrecht nicht besteht; vgl. HESS, H. u.a. (1998), S. 298, Rn. 79ff.

[50] Vgl. BRÜGGERHOFF, J. (1992), S. 291; JÄGER, B./RECKFORT, J./TÜCKING, E. (1997), S. 107, 109.

[51] Basierend auf dem Verursachungs- und Kausalitätsprinzip werden mit der Umwelthaftung zwei Ziele verfolgt: Zum einen sollen entstandene Gefahren und Schäden behoben bzw. ausgeglichen und der Ursprungszustand wiederhergestellt werden. Zum anderen sollen Vorsorge und Anreize geschaffen werden, zukünftige Gefahren und Schäden zu vermeiden bzw. zu verhindern. Vgl. dazu MEFFERT, H./KIRCHGEORG, M. (1993), S. 86.

[52] Vgl. Gesetz über die Umwelthaftung vom 10.12.1990 (BGBl I S. 2634).

[53] Vgl. WHG vom 23.9.1986 (BGBl I S. 1529) mit späteren Änderungen.

[54] Aufgrund der Art ihrer Produktionsprozesse ist die Bekleidungsindustrie von umweltrechtlichen Regulierungen weniger stark betroffen als die Textilindustrie. Daher wird die Diskussion an dieser Stelle im wesentlichen auf die für die Textilindustrie relevanten Bestimmungen beschränkt, wobei der Textilveredlung als extrem umweltabhängiger und -beinflussender Produktionsstufe eine besondere Bedeutung zukommt. Vgl. dazu JÄGER, B./RECKFORT, J./TÜCKING, E. (1997), S. 107ff., 201ff.

barstaaten liegen bei vier bis maximal sechs Monaten; tatsächlich sind dort solche Verfahren im Durchschnitt nach spätestens acht Monaten beendet.[55]

Weitere Verzögerungen ergeben sich aus der engen Verknüpfung von Umweltrecht und Baurecht. So besteht beispielsweise zwischen dem BImSchG und der BauNVO ein enger Zusammenhang. Das BImSchG fordert in § 4 Abs. 1 Satz 1:

> „Die Einrichtung und der Betrieb von Anlagen, die aufgrund ihrer Beschaffenheit oder ihres Betriebes in besonderem Maße geeignet sind, schädliche Umwelteinwirkungen hervorzurufen oder in anderer Weise die Allgemeinheit oder die Nachbarschaft zu gefährden, erheblich zu benachteiligen oder erheblich zu belästigen, sowie von ortsfesten Abfallentsorgungsanlagen zur Lagerung oder Behandlung von Abfällen bedürfen einer Genehmigung."

Vergleicht man diese Norm mit den §§ 8, 9 BauNVO, zeigen sich Parallelen der Definitionen:

> „Gewerbegebiete dienen vorwiegend der Unterbringung von nicht erheblich belästigenden Gewerbebetrieben." (§ 8 Abs. 1 BauNV)

> „Industriegebiete dienen ausschließlich der Unterbringung von Gewerbebetrieben und zwar überwiegend solcher Betriebe, die in anderen Baugebieten unzulässig sind." (§ 9 BauNV)

Da im Sinne des BImSchG alle genehmigungspflichtigen Anlagen „erheblich belästigend" sind, wären genehmigungspflichtige Anlagen in Gewerbegebieten überhaupt nicht zulässig, sondern müßten gem. § 9 BauNVO in Industriegebieten errichtet werden. Denn nach der BauNVO können Anlagen, die der Genehmigung im förmlichen Verfahren unterliegen, nur in baurechtlich ausgewiesenen Industriegebieten überhaupt erst genehmigungsfähig sein. Diese enge Verknüpfung der beiden Rechtsgebiete führt dazu, daß bei wesentlichen Änderungen innerhalb eines Betriebes die dafür notwendigen Änderungsgenehmigungen häufig allein aufgrund des Standortes des Betriebes nicht erteilt werden. Zwar bedeutet dies keine Verschärfung der materiellen Anforderungen, jedoch eine enorme Einschränkung bei der Durchführung notwendiger Anpassungsmaßnahmen, zumal den meisten Betrieben die Zeit und die finanziellen Mittel für einen Rechtsstreit fehlen.[56]

2) Problemfeld Immissionen

In den §§ 1-5, 7 BImSchG, ergänzt durch Rechtsverordnungen, werden die für die Textilindustrie bedeutsamen Sachverhalte geregelt. Die dem förmlichen oder dem vereinfachten (Änderungs-)Genehmigungsverfahren unterliegenden Anlagen bzw. Anlagenteile werden in der 4. BImSchV[57] aufgelistet (Anhang Nr. 10.10, 10.11 und

---

[55] Vgl. HEINACHER, P. (1995), S. 4; VERBAND DER NORD-WESTDEUTSCHEN TEXTILINDUSTRIE (1995), S. 25. Durch das in der Legislaturperiode 1994 - 1998 in Kraft gesetzte Gesetzespaket zur Beschleunigung der Planungs- und Genehmigungsverfahren sollten diese Verfahren flexibler, schneller und investorengerechter gestaltet werden; vgl. dazu ausführlich BUNDESMINISTERIUM FÜR WIRTSCHAFT (Hrsg.) (1997).

[56] Vgl. SCHÜER, H.U. (1994), S. 49. Ähnliches gilt für die Verknüpfung von Brand- und Lärmschutzvorschriften: Bei einer Nutzungsänderung bestehender Gebäude schreiben einerseits aktuelle Brandschutzbestimmungen u.U. das Einreißen eines Teils der Wände vor, um die nötige Zugluft für eine Rauchabzugsanlage zu gewährleisten. Das Öffnen der Wände und Decken kann aber andererseits vom zuständigen Umweltamt aus Gründen des Lärmschutzes untersagt werden. Vgl. zu diesem Beispiel JÄGER, B./RECKFORT, J./TÜCKING, E. (1997), S. 110, 208.

[57] Vgl. 4. BImSchV vom 24.07.1985 (BGBl I S. 1586) mit späteren Änderungen.

10.23). Aufgrund des § 15 BImSchG i.V.m. § 1 9. BImSchV[58] sind wesentliche Änderungen der Lage, der Beschaffenheit oder des Betriebes solcher Anlagen, also auch deren Stillegung, genehmigungsbedürftig.[59] Zu den davon betroffenen Anlagen gehören solche

- zum Färben von Flocken, Garnen oder Geweben, die unter Verwendung von Färbebeschleunigern mit einer täglichen Färbekapazität von über einer Tonne arbeiten (Nr. 10.10);
- zum Bleichen von Garnen oder Geweben unter Verwendung von alkalischen Stoffen, Chlor oder Chlorverbindungen (Nr. 10.11);
- zur Textilveredlung durch Sengen, Thermofixieren, Thermoisolieren, Beschichten, Imprägnieren oder Appretieren, einschließlich der zugehörigen Trocknungsanlagen, wenn pro Stunde mehr als 500 m² Textilien behandelt werden (Nr. 10.23).

3) Problemfeld Wasserhaushalt und Abwasser

Die Textilindustrie ist sehr auf die Verfügbarkeit von Wasser, das wichtigste Medium der Branche, angewiesen. Im Verlauf der diversen Bearbeitungsstufen wird dieses nach Gebrauch zum größten Teil zu Brauch- und Abwasser. Die darin enthaltenen Chemikalien zeigen sehr gute bis schwierige biologische Abbaufähigkeiten. Mit dem Abwasser verlassen jedes Jahr ca. 400.000 Tonnen Chemikalien die Betriebe der Textilveredlungsindustrie.[60]

Insbesondere beim Umgang mit wassergefährdenden Stoffen und bei der Einleitung gefährlicher Stoffe in Gewässer will der Gesetzgeber durch das WHG einen wirksamen Gewässerschutz erreichen. Nach § 19i Abs. 2 Nr. 1+5 WHG ist der Betreiber von Anlagen, in denen mit wassergefährdenden Stoffen umgegangen wird, verpflichtet, diese Anlagen nach einer wesentlichen Änderung oder Stillegung überprüfen zu lassen. Die zuständigen Behörden können darüber hinaus auch nach der Stillegung Auflagen zur Beobachtung der Gewässer und des Bodens oder geeigneten Vermeidungsmaßnahmen nach dem „Stand der Technik" erlassen (§ 19i Abs. 3 WHG).[61]

4) Problemfeld Abfall und Entsorgung

Im Zusammenhang mit der Stillegung von Betrieben und Anlagen treten regelmäßig Probleme des Abbruchs von Gebäuden oder Gebäudeteilen, der Demontage von Maschinen oder des Abtransports nicht mehr benötigter Rohstoffe, Materialien oder Abfälle auf. Auch diese Sachverhalte sind durch diverse Vorschriften geregelt.

So schreibt das AbfG vor, wie, wo und von wem verschiedene Abfallarten zu entsorgen sind (§§ 3, 4 AbfG). Das in ökologischer Hinsicht bedeutsamste Abfallprodukt der Textilwarenproduktion ist der bei der Abwasserfilterung anfallende Klärschlamm. Sofern dessen Behandlung und Entsorgung in betriebseigenen Kläranlagen vorgenommen wird, ist deren Inhaber verpflichtet, die Stillegung der Anlage anzuzeigen

---

58 Vgl. 9. BImSchV vom 29.05.1992 (BGBl I S. 1002) mit späteren Änderungen.

59 Selbst bei Verringerung der Immissionen ist ein Änderungsgenehmigungsverfahren erforderlich.

60 Zur Veredlung von einem Kilogramm Textilware werden ca. 100 Liter (= 100 Kilogramm) Wasser benötigt; vgl. HEIMANN, S. (1991), S. 567; VERBRAUCHERZENTRALE BAYERN (1984), S. 24.

61 Vgl. zum WHG auch MARZINKOWSKI, J.M. (1992), S. 441.

und auf seine Kosten Maßnahmen zur Rekultivierung durchzuführen (§ 10 Abs. 1+2 AbfG).

Zur Textilveredlung genutzte Anlagen können nicht ohne weiteres als Gebrauchtanlagen verkauft oder als Altmetall verschrottet werden. Da viele der in solchen Anlagen verwandten Stoffe als sogenannte *umweltgefährliche* bzw. *gefährliche Stoffe* klassifiziert sind (§3a ChemG), müssen die Anlagen zuvor ordnungsgemäß gereinigt und u.U. sogar zerlegt werden. Die dafür anfallenden Kosten liegen i.d.R. über dem Restwerterlös derartiger Anlagen und beeinflussen die finanziellen Wirkungen einer Desinvestition.[62]

Die Schadstoffbelastung von Gebäuden (z.B. durch Teer oder Asbest) wird in jedem Fall bei einem geplanten Abbruch des Gebäudes oder bei baulichen Maßnahmen, die zur Freisetzung der Schadstoffe führen können, relevant. Zur Vorbereitung derartiger, i.d.R. genehmigungsbedürftiger Maßnahmen müssen detaillierte Informationen über Statik, Bauausführung, Bauzustand und bisherige Nutzung erhoben und den zuständigen Behörden mitgeteilt werden.[63]

6.3.5 Steuerrechtliche Nebenbedingungen

Die Desinvestition eines Betriebes oder eines Betriebsteils unterliegt regelmäßig zahlreichen steuerrechtlichen Nebenbedingungen. Sowohl die teilweise oder völlige Veräußerung von Gesellschaftsanteilen, Grundstücken und Anlagen als auch die Durchführung der oben genannten Personal- und Umweltschutzmaßnahmen sowie anderer Anpassungsmaßnahmen ziehen umfangreiche steuerliche Konsequenzen nach sich. Die wichtigsten Normen finden sich im Einkommensteuergesetz (EStG), den Einkommensteuerrichtlinien (EStR), der Abgabenordnung (AO) und dem Körperschaftsteuergesetz (KStG). Die daraus resultierenden Steuerzahlungen beeinflussen die jeweiligen Zahlungsströme der Handlungsalternativen und müssen daher im Desinvestitionskalkül berücksichtigt werden. Einige Problemfelder werden im Folgenden beispielhaft erörtert.

- **Abbruchkosten als Betriebsausgaben**

Sofern die Stillegung von Betrieben oder Betriebsteilen zu Überkapazitäten an Gebäuden oder Grundstücken bzw. Teilen derselben führt, ist zu prüfen, wie diese Flächen alternativ genutzt werden können. Neben der Möglichkeit, die Gebäude(-teile) zu verkaufen oder zu vermieten, ist auch deren Abbruch in Erwägung zu ziehen, falls durch eine anschließende neue Nutzung der Wert des Grundstücks gesteigert werden kann.

Vor allem in jenen Fällen, in denen Grundstücke und Gebäude aus dem (Sonder-)-Betriebsvermögen entnommen bzw. in ein anderes (Sonder-)Betriebsvermögen überführt werden, ergeben sich aus der steuerrechtlichen Behandlung des Gebäudewertes und der Abbruchkosten weitreichende finanzielle Folgen für die spätere Nut-

---

62 Vgl. HEIMANN, S. (1991), S. 569; JÄGER, B./RECKFORT, J./TÜCKING, E. (1997), S. 203f.

63 Vgl. HESS, H. u.a. (1998), S. 298ff., Rn. 88f., S. 307, Rn. 146ff.

zung (§ 6 EStG i.V.m. Abschn. 33a Abs. 5 EStR). Eine Berücksichtigung der Abschrift des Restbuchwertes und der Abbruchkosten als sofort absetzbare Betriebsausgaben kommt demnach nur in Frage, wenn der Steuerpflichtige das Gebäude

- auf einem ihm bereits gehörenden Grundstück errichtet hatte, oder
- in der Absicht erwarb, es als Gebäude zu nutzen (Erwerb *ohne* Abbruchabsicht).

Dagegen werden der Buchwert des Gebäudes und die Abbruchkosten grundsätzlich den Herstellungskosten eines neu zu errichtenden Gebäudes zugerechnet, wenn es sich um einen Erwerb *mit* Abbruchabsicht handelt. Ein solcher wird unterstellt, wenn mit dem Abbruch innerhalb von drei Jahren nach dem Erwerb begonnen wird.[64] Allerdings kann der Steuerpflichtige diesen Beweis des ersten Anscheins durch den Gegenbeweis eines ungewöhnlichen Verlaufs des Geschehens widerlegen. Ein solcher ist gegeben, wenn ernsthafte Bemühungen unternommen wurden, das Gebäude zu vermieten, die jedoch letztlich erfolglos blieben.[65]

- **Rückstellungen für Sozialpläne**

Soweit Rückstellungen nach den steuerrechtlichen Vorschriften berechnet sind, stellen sie einen abzugsfähigen Aufwand dar, der den steuerpflichtigen Gewinn bzw. das steuerpflichtige Vermögen mindert (§§ 4c; 4d Abs. 2; 5; 6a EStG i.V.m. den Abschnitten 27 Abs. 5; 27a Abs.12; 31c; 38; 41 EStR). Der dadurch mögliche Stundungs- und Zinseffekt bei den Ertrag- und Substanzsteuern macht deutlich, daß bei der Planung und Bewertung von Desinvestitionsalternativen und -maßnahmen die Vorschriften des Personal- und Steuerrechts simultan zu berücksichtigen sind, um mögliche positive Finanzierungseffekte zu nutzen und negative zu vermeiden.[66]

- **Umweltschutz**

Die Bewertung der von den umweltrechtlichen Restriktionen und Nebenbedingungen ausgehenden Wirkungen erfordert ebenfalls die gleichzeitige Berücksichtigung der

---

[64] Bei der Übertragung von einem (Sonder-)Betriebsvermögen in ein anderes (Sonder-)Betriebsvermögen wird dem neuen Eigentümer die Besitzdauer des vorherigen Eigentümers angerechnet.

[65] Der entsprechende Nachweis kann z.B. durch Verhandlungsprotokolle oder Bestätigungen der potentiellen Mietinteressenten geführt werden.

[66] Die Bildung solcher Rückstellungen ist an bestimmte Voraussetzungen gebunden: Wenn bei einer geplanten Betriebsänderung (z.B. in Form einer (teilweisen) Stillegung oder Veräußerung) nach den §§ 111, 112 BetrVG ein Sozialplan aufzustellen ist, so sind die aufgrund dessen zu erbringenden Leistungen häufig zwar dem Grund, nicht jedoch ihrer Höhe oder des Zeitpunktes ihres Eintritts nach bekannt. § 249 Abs. 2 HGB sieht für derartige Verbindlichkeiten ein Wahlrecht zur Bildung von Rückstellungen vor.

In der Steuerbilanz sind solche Rückstellungen von folgenden Zeitpunkten an zulässig (Abschn. 31c Abs. 2 Sätze 10ff. EStR):

1) Der Unternehmer hat den Betriebsrat *vor* dem Bilanzstichtag über die geplante Betriebsänderung gem. § 111 BetrVG unterrichtet, oder
2) der Unternehmer hat den Betriebsrat erst *nach* dem Bilanzstichtag, aber vor der Auf- oder Feststellung der Bilanz unterrichtet und
   a) sich bereits vor dem Bilanzstichtag zur Betriebsänderung entschlossen, oder
   b) es bestand schon vor dem Bilanzstichtag eine wirtschaftliche Notwendigkeit, eine sozialplanpflichtige Maßnahme durchzuführen.

Die genannten Grundsätze gelten sinngemäß auch für Leistungen, die aufgrund einer sozialplanähnlichen Vereinbarung zu erbringen sind. Zu den weiteren Voraussetzungen der (Innen-)Finanzierung aus Rückstellungen vgl. ausführlich PERRIDON, L./STEINER, M. (1991), S. 391, 407ff.

steuerrechtlichen Nebenbedingungen. Anhand von zwei Beispielen kann das verdeutlicht werden:

- Nach § 7d EStG i.V.m. Abschn. 77 Abs. 3 EStR sind für Wirtschaftsgüter, die dem Umweltschutz dienen, erhöhte Absetzungen möglich. Gerade im Hinblick auf Sanierungsmaßnahmen im Zuge einer (Teil-)Stillegung oder Betriebsaufspaltung sind die dadurch entstehenden Minderungen des steuerpflichtigen Gewinns und der Steuerzahlungen in das Entscheidungskalkül einzubeziehen.
- Die Notwendigkeit, der Zeitpunkt und die Kosten ökologischer Sanierungsmaßnahmen an Böden und Gewässern aufgrund umweltrechtlicher Vorschriften[67] sind häufig unsicher; es handelt sich daher um ungewisse Verbindlichkeiten i.S.v. § 249 HGB. In der Steuerbilanz darf dafür eine aufwandswirksame Rückstellung jedoch nur unter den engen Voraussetzungen des § 5 EStG i.V.m. Abschn. 31c EStR gebildet werden.[68]

Selbst wenn die Bildung einer Rückstellung zulässig ist, wird die Problematik dadurch erschwert, daß der Rückstellungsbetrag nicht durch eine einmalige Buchung in die Bilanz eingestellt werden darf, sondern in den Wirtschaftsjahren anzusammeln ist, in denen der laufende Betrieb der Unternehmung Ursache für die Entstehung der Verpflichtung ist (Abschn. 38 Abs. 2 EStR). Auch aufgrund dieser Norm sollten Desinvestitions- und Stillegungsplanungen bereits frühzeitig, u.U. sogar schon in Expansionsphasen, Teil der Gesamtplanung der Unternehmung sein.

6.4 Strukturelle Nebenbedingungen

Strategisch-strukturelle Desinvestitionsbarrieren resultieren aus den negativen Einflüssen der Auflösung eines Unternehmungsteils oder der Beendigung einer Aktivität auf die Erfolgsfaktoren der Gesamtunternehmung.[69] Dazu gehören u.a. die bei einer Desinvestition befürchteten Imageschäden bei den Koalitionspartnern der Unternehmung. Gute Beziehungen zu den Abnehmern sind für die meisten Unternehmungen die wichtigste Erfolgsgrundlage - und zugleich die am schwierigsten zu erreichende. Befürchtungen hinsichtlich abnehmerorientierter Desinvestitionsbarrieren betreffen den möglichen Schaden, den andere Unternehmungsteile oder Wertaktivitäten erleiden könnten, wenn bestimmte Abnehmerbeziehungen unterbrochen, ein spezielles Produkt gestrichen oder eine einzelne Wertaktivität aufgegeben wird.[70]

Die Innovationsfähigkeit bei Produkten und Prozessen kann ein weiterer wesentlicher Wettbewerbsvorteil einer Unternehmung sein. Sofern die Auflösung eines Unternehmungsteils auch Auswirkungen auf den Bereich der Forschung und Entwick-

---

[67] Vgl. Kap. 6.3.4.

[68] Für die Bildung von Rückstellungen wegen unterlassener Abraumbeseitigung und für die Auflösung von Rückstellungen vgl. Abschn. 31c Abs. 12, 14 EStR.

[69] Vgl. HARRIGAN, K.R. (1989), S. 100ff.

[70] Vgl. MEFFERT, H./KATZ, R. (1983), S. 37ff.; NAPP, H. (1990), S. 91.

lung hat, kann die Sorge, bestehendes Wissen zu verlieren oder die Innovationsfähigkeit einzubüßen, ebenfalls hemmend wirken.[71]

Strukturelle Barrieren entstehen, wenn ein potentielles Desinvestitionsobjekt stark mit der Gesamtunternehmung verflochten ist, so daß ein Rückzug zum Verzicht auf positive und zur Erzeugung negativer Verbundwirkungen führt. Solche Wirkungen treten häufig bei einem hohen Integrationsgrad der Gesamtunternehmung auf. Ein- oder wechselseitige Verbundwirkungen ergeben sich aus einem gemeinsam genutzten Anlagevermögen (Grundstücke, Gebäude, Maschinen und Anlagen), der gemeinschaftlichen Nutzung von Abteilungen zur Datenverarbeitung und Verwaltung oder dem gemeinsamen Zugang zu Beschaffungs- und Absatzkanälen sowie zu den Kapitalmärkten.[72] Durch eine Desinvestition kann es in diesen Bereichen zu überdimensionierten (Leer-)Kapaziäten, zu schlechteren Bezugs- und Absatzkonditionen und zu erhöhten Finanzierungskosten kommen. Treten diese Wirkungen auf, sind sie bei der Bewertung der Alternativen als Kosten der Desinvestition zu berücksichtigen.

Im Hinblick auf eine horizontale oder vertikale Integration ergibt sich bei einer Desinvestition ein Dilemma: Einerseits bietet ein hoher Integrationsgrad Vorteile durch die Ausnutzung von Synergieeffekten. Andererseits verkehren sich diese Vorteile in Nachteile, wenn es nicht gelingt, den Grad, die Bandbreite, die Phasen und die Form der Integration an die Situation einer stagnierenden oder schrumpfenden Branche anzupassen.[73] Die in der Wertkette vorgelagerten Wertaktivitäten sind i.d.R. abhängiger von den Einkäufen bzw. Abnahmemengen der nachgelagerten Aktivitäten, während umgekehrt die nachgelagerten weniger abhängig von den Bereitstellungsmengen vorgelagerter Wertaktivitäten sind. Daher ist ein hoher Grad an Rückwärtsintegration tendenziell schwieriger aufzulösen als ein hoher Grad an Vorwärtsintegration. Auch die bei einem Rückzug entfallenden Durchsatzmengen wirken grundlegender, wenn zuliefernde Wertaktivitäten ausgegliedert werden als wenn Lieferbeziehungen am Ende der Wertkette aufgelöst werden.[74]

Die Wirkung dieser Desinvestitionsbarrieren hängt davon ab, welchen Stellenwert ein aufzugebender Unternehmungsteil innerhalb der Gesamtunternehmung als Lieferant von Vorprodukten für die nachgelagerten Unternehmungsteile hat. Sofern die Belieferung durch externe Lieferanten nicht möglich oder teurer ist, wird sich durch

---

[71] Vgl. DOHM, L. (1988), S. 22f.

[72] Vgl. PORTER, M.E. (1983), S. 327f.; MEFFERT, H./KATZ, R. (1983), S. 36; NAPP, H. (1990), S. 90. RUDOLPH, F. (1994), S. 45, weist darauf hin, daß Verbundwirkungen strenggenommen nur innerhalb einer Aktivität, aber nicht zwischen den Aktivitäten entstehen können. Vgl. dazu auch die Ausführungen in Kap. 5.2.2 und 5.4.3.3.

[73] Die *Phasen* sind die einzelnen Wertschöpfungsschritte in der vertikalen Produktionskette einer Unternehmung vom Rohstoff bis hin zum Endverbraucher. Der *Grad der Integration* gibt den Prozentsatz eines bestimmten Bedarfs weiter unten oder oben in der Wertkette an, den eine Wertaktivität durch den Transfer von Produkten und Dienstleistungen an andere Wertaktivitäten deckt. Die *Bandbreite* der integrierten Tätigkeit wird bestimmt durch den Umfang der internen Tätigkeiten einer Unternehmung auf einer bestimmten Ebene der vertikalen Wertkette. Die *Form* meint den Besitz von Stammkapital an bestimmten, vertikal verknüpften Wertaktivitäten; vgl. HARRIGAN, K.R. (1989), S. 104f.

[74] Zum Einfluß des Integrationsgrades auf die Höhe der Desinvestitionsbarrieren vgl. ausführlich PORTER, M.E. (1983), S. 328, 386ff.

die Auflösung des betroffenen Unternehmungsteils die Wettbewerbsposition der Gesamtunternehmung verschlechtern. Die hemmende Wirkung solcher Abhängigkeiten wird noch verstärkt, wenn der zu desinvestierende Unternehmungsteil einer Gruppe gleichartiger Unternehmungsteile zugeordnet ist oder sogar das Kernstück der Strategie der Gesamtunternehmung bildet. Wenn die Auflösung eines einzelnen Unternehmungsteils die Gesamtstrategie der Gruppe bzw. der Gesamtunternehmung schwächt, entsteht das Problem, für die verbleibenden Unternehmungsteile bzw. die Gesamtunternehmung eine neue Strategie formulieren zu müssen.[75]

Im Zusammenhang mit vertraglichen Pflichten gilt der Grundsatz „pacta sunt servanda". Bestehende Vertragsverhältnisse (z.B. Arbeits-, Ausbildungs- und Tarif-, Miet-, Pacht- und Leasing-, Abnahme- und Liefer-, Lizenz- und Konzessions- sowie Versicherungs-, Darlehens- und Kreditverträge) wirken daher bei allen Handlungsalternativen als Nebenbedingungen. Im Einzelfall hängen die Möglichkeiten und Bedingungen einer Verletzung bzw. Modifikation der Verträge und damit Eintritt und Umfang von Sanktionen wesentlich davon ab, ob die Verträge mit anderen Unternehmungsteilen derselben Unternehmung oder mit externen Partnern geschlossen wurden. Letztere werden tendenziell auf der Erfüllung der Verträge bestehen. In jedem Fall sind Vertragsänderungen und -modifikationen nur soweit denkbar und zulässig, wie ihre monetären Wirkungen die Liquidität der übrigen Unternehmungsteile und der Gesamtunternehmung nicht gefährden bzw. deren Ergebnisse nicht über ein festgelegtes Maß hinaus beeinträchtigen.[76]

In der Literatur werden in diesem Zusammenhang einige Sachverhalte auch als „ökonomische oder technisch-natürliche" Barrieren bezeichnet. So führt z.B. ein kleiner oder sogar fehlender Absatzmarkt für zu verkaufende Desinvestitionsobjekte zu nur geringen Verkaufserlösen oder Abbruchkosten. Das gilt insbesondere für hoch bewertete, gering abgeschriebene und spezialisierte Gegenstände des Anlage- und Umlaufvermögens, deren Verkauf oder Stillegung dann u.U. zur Realisierung von Buchverlusten führt. Häufig ist eine Desinvestition im zunächst geplanten Umfang nicht möglich, weil die zu verkaufenden oder stillzulegenden Potentialfaktoren nicht beliebig teilbar sind. Solche Ganzzahligkeitsprobleme erfordern dann eine erneute Planung des Umfangs der Desinvestition. Schließlich können lang- und mittelfristige Vertragspflichten gegenüber Lieferanten und Abnehmern, evtl. verbunden mit Konventionalstrafen oder Abstandssummen, einer beliebigen Gestaltung der Desinvestition entgegenstehen.[77]

---

[75] Einschränkend muß darauf hingewiesen werden, daß die irrtümliche Überbewertung von Synergieeffekten, indem z.B. nicht zwischen anfänglichen und laufenden Synergien unterschieden wird, ebenfalls eine Desinvestition verhindern kann. Die Furcht vor hohen Desinvestitionsbarrieren kann sogar dazu führen, daß eine Unternehmung rückwärts integriert, um die Input-Versorgung zu sichern, obwohl die Auflösung oder Aufgabe eines Unternehmungsteils billiger wäre als der Rückgriff auf Zulieferer. Derartige Investitionen erhöhen die Desinvestitionsbarrieren noch zusätzlich, weil sie die Unternehmung noch stärker an die Branche binden. Vgl. dazu HARRIGAN, K.R. (1989), S. 104f.; PORTER, M.E. (1983), S. 327ff.

[76] Vgl. RUDHART, P.M. (1978), S. 160; BRÜGGERHOFF, J. (1992), S. 220.

[77] NAPP weist zutreffend darauf hin, daß es sich dabei eigentlich nicht um originäre Barrieren oder Hemmnisse, sondern um wertmäßige Wirkungen einer Desinvestition handelt. Als solche sind sie im Rahmen eines Kalküls zu beurteilen, zumal sich ihre hemmenden Wirkungen erst zusammen mit

6.5 Personelle Nebenbedingungen

Führt eine Desinvestition aufgrund personeller Überkapazitäten zu einem Personalabbau, können diese Entlassungen dysfunktionale, negative Auswirkungen entfalten. Deutlich abnehmende Produktivität, Motivation und Arbeitsmoral der verbleibenden Mitarbeiter gefährden dann den Anpassungserfolg. Steigende Arbeitsplatzunsicherheit, geringere Karriereaussichten und mangelnde Anreize können die Fluktuationsrate des qualifizierten Personals erhöhen. Werden darüber hinaus Einstellungsstops und Frühpensionierungen vollzogen, führen das steigende Durchschnittsalter der Belegschaft sowie der Mangel an leistungsorientiertem Nachwuchs zu einer Auszehrung der Mitarbeiterstruktur.

Da es während der Anpassung an Wissenstransfer fehlt und sich das notwendige Wissen nach der Anpassung auf dem Arbeitsmarkt nur schwer finden läßt, läuft eine Unternehmung schließlich Gefahr, ihre Innovationsfähigkeit für Produkte und Prozesse zu verlieren.[78] Vor allem bei stark divergierenden Personalkosten der Konkurrenten sind hoch qualifizierte und motivierte Mitarbeiter ein wichtiger, existenzsichernder Wettbewerbsvorteil, der gerade während einer Desinvestition erhalten werden sollte.[79]

Neben diesen allgemeinen Personalbarrieren können spezielle Managementbarrieren einer Desinvestition entgegenstehen. Das sind solche Hemmnisse, die sich aus der ablehnenden Grundhaltung der Entscheidungsträger gegenüber einer Desinvestition ergeben. Solche Widerstände gegen die Einführung von Innovationen, die Veränderung von Strategien oder auch gegen die Entscheidung und Durchführung einer Desinvestition führen dazu, daß selbst unrentable Betriebe nicht aufgegeben werden und ansonsten gut geführte Unternehmungen zu lange im Wettbewerb verharren. Dabei handelt es sich keineswegs um irrationales Verhalten, vielmehr ist ein Teil dieser Widerstände rational zu erklären, wie die folgenden Überlegungen verdeutlichen.[80]

Die erhöhte Komplexität solcher Umweltsituationen überfordert bisweilen die Kenntnisse und Fähigkeiten der Entscheidungsträger. Mangels Wissens sind sie trotz guten Willens nicht in der Lage, die Situation zutreffend zu beurteilen und die richtigen Maßnahmen zu ergreifen (Fähigkeitsbarrieren). So kann eine falsche, weil zu optimistische Beurteilung der zukünftigen Marktentwicklung dazu führen, daß ein Unternehmungsteil zu lange im Wettbewerb verbleibt oder ein Unternehmungsteil nicht rechtzeitig desinvestiert wird.[81] Bei der Entwicklung und Implementierung von Desin-

---

anderen Barrieren, z.B. den psychologischen Vorbehalten gegen die Realisierung von Buchverlusten, ergeben. Vgl. NAPP, H. (1990), S. 87.

[78] Vgl. zu diesen personalbezogenen Problemen z.B. HÜTTEMANN, H.H. (1993), S. 21, 28f.

[79] Vgl. BREITENACHER, M. (1989), S. 70.

[80] Vgl. zu den folgenden Ausführungen DOHM, L. (1988), S. 24ff.; HARRIGAN, K.R. (1989), S. 101, 108; NAPP, H. (1990), S. 91ff.

[81] Vgl. SCHMIDT, G. (1994), S. 64. Führungskräfte beurteilen die Wettbewerbsposition und die Zukunftsaussichten der eigenen Unternehmung tendenziell positiver als die Entwicklung der Branche, in der sie sich befinden, vgl. MEFFERT, H./KATZ, R. (1983), S. 13ff.; HARRIGAN, K.R. (1989), S. 101, 108.

vestitionsalternativen ergibt sich ein weiteres Hindernis aus der Tatsache, daß Daten und Maßnahmen der strukturellen Veränderungen mangels Erfahrung erst im Verlauf des Desinvestitionsprozesses gesammelt werden müssen.[82]

Häufig erkennen die betroffenen Werks- oder Markenmanager zwar die Probleme des Betriebes oder der Abteilung, für die sie verantwortlich sind. Sie verschweigen diese jedoch den übergeordneten Führungsebenen, weil sie negative Folgen für die Erreichung ihrer individuellen ökonomischen Ziele befürchten (z.B. durch den Wegfall von Tantiemen, die Gefährdung der eigenen Karriere oder sogar den Verlust des Arbeitsplatzes).[83]

Solche Widerstände sind also einzelwirtschaftlich durchaus rational begründet. Dagegen sind die häufig psychologisch bedingten Willensbarrieren der Manager differenzierter zu betrachten: Da die Entscheidung zur Desinvestition generell als eine der schwierigsten und unangenehmsten Entscheidungen betrachtet wird, impliziert diese allgemeine Einschätzung bereits ein Hemmnis. Leitende Mitarbeiter befürchten häufig, der Rückzug werde als ihr persönliches (Management-)Versagen interpretiert. Aus Sorge um die eigene Reputation und ihren Sozialstatus sowie aus Loyalität gegenüber ihren Mitarbeitern scheuen sich viele Führungspersonen, bei ihren Planungsaktivitäten Desinvestitionsalternativen überhaupt in Erwägung zu ziehen oder sich gar zugunsten solcher zu entscheiden.[84]

Derartige Managementbarrieren führen dazu, daß in den einzelnen desinvestitionsverdächtigen Unternehmungsteilen Ziele und Maßnahmen beschlossen werden, die auch nach einer „offiziellen" Entscheidung zugunsten einer Desinvestition weiterhin Sanierungs- oder Konsolidierungsstrategien präferieren. Der Erfolg der eigentlich angestrebten Desinvestition wird damit untergraben bzw. im Ansatz verhindert.

6.6 Wirkungen der Nebenbedingungen und Restriktionen

Die in diesem Kapitel nur exemplarisch behandelten Nebenbedingungen und Barrieren können die Zahl der realistischen Handlungsalternativen und damit den Aktionsraum einschränken. Handlungsalternativen, die unabdingbare Nebenbedingungen verletzen, sind aus der weiteren Betrachtung auszuschließen, so daß sich für diese eine Bewertung erübrigt. Bei jenen Handlungsalternativen, denen abdingbare Nebenbedingungen und Barrieren entgegenstehen, ist im Einzelfall zu prüfen, ob die Umgehung bzw. Verletzung solcher Restriktionen unter finanziellen und strategischen Gesichtspunkten möglich und zu vertreten ist. Sollte das nicht der Fall sein, werden diese Alternativen in der folgenden Bewertungsphase ebenfalls nicht weiter analysiert.[85]

---

[82] Vgl. DOHM, L. (1989), S. 29; NAPP, H. (1990), S. 89.

[83] Vgl. MEFFERT, H./KATZ, R. (1983), S. 37; HÜTTEMANN, H.H. (1993), S. 53ff.

[84] Vgl. DOHM, L. (1988), S. 24ff.; NAPP, H. (1990), S. 92; SCHMIDT, G. (1994), S. 67ff.

[85] Vgl. BRÜGGERHOFF, J. (1992), S. 221.

Im Hinblick auf Desinvestitionen können die Wirkungen der genannten Regelungen wie folgt zusammengefaßt werden: Ihre große Zahl sowie die zum Teil gegensätzlichen Effekte erhöhen die ohnehin schon große Komplexität einer Desinvestition. Die Normen schränken die Fähigkeit der Unternehmungen, ihre Produktionsvolumina und ihre Kapazitätsauslastungen an steigende oder sinkende Nachfrage anzupassen, ein. Dadurch reduzieren sie zugleich die zur Bewältigung der Komplexität notwendige Anpassungsfähigkeit. Im Vergleich zu europäischen und internationalen Wettbewerbern führt das unter strategischen Aspekten zu relativen Wettbewerbsnachteilen deutscher Unternehmungen. Schließlich wirken sich die mit der Anwendung und Umsetzung der Normen verbundenen Kosten und Auszahlungen negativ auf das finanzielle Desinvestitionsergebnis und damit auf den Eigentümerwert aus.

7 Die Beurteilungs- und Auswahlphase des Desinvestitionsprozesses

7.1 Aufgabe und Prozeß der Beurteilungs- und Auswahlphase

In der Suchphase wurden Handlungsalternativen generiert, die grundsätzlich für die Korrektur der in der Initiierungsphase festgestellten finanziellen und strategischen Zielabweichungen in Frage kommen. Die Alternativen, welche keine unabdingbaren Nebenbedingungen und Restriktionen verletzten, sind nun in der Beurteilungsphase des Desinvestitionsprozesses hinsichtlich ihrer quantitativen und qualitativen Konsequenzen zu bewerten.

Dabei ist zu berücksichtigen, daß die Beurteilungsphase weder organisatorisch noch zeitlich eindeutig von der vorhergehenden Suchphase abzugrenzen ist. Eine Überschneidung der beiden Phasen ist durchaus möglich und i.d.R. auch wünschenswert. Auch während der Bewertung der Alternativen sind diese weiterhin bzgl. Suboptimalität und Realisierbarkeit zu überprüfen. Sobald sich eine Alternative als unzulässig oder nicht zweckmäßig im Sinne der Zielsetzung erweist, ist auf eine weiter gehende Bewertung zu verzichten, um nicht unnötig Ressourcen zu binden.[1]

In Anlehnung an das Shareholder-value-Konzept wurde in dieser Arbeit als die zentrale Zielsetzung einer Unternehmung die Maximierung des Eigentümerwertes in einer bestimmten Periode definiert. Auch Desinvestitionsentscheidungen müssen sich an diesem obersten Wertziel der Unternehmung orientieren. Die Zielpräferenz der Eigentümer wird konkretisiert durch Arten-, Höhen-, Zeit- und Sicherheitspräferenzen.[2] Wegen des Postulats eines für Investitions- und Desinvestitionsentscheidungen identischen Kriteriums bilden diese Präferenzen gleichzeitig die Grundlage eines Modells, um die Handlungsalternativen im Hinblick auf ihren Beitrag zur Wertsteigerung zu beurteilen.[3]

Die Bewertungsphase endet mit der *Finalentscheidung,*[4] d.h. mit der Auswahl der im Sinne der unternehmerischen Zielsetzung optimalen Alternative.

7.2 Das Bewertungskriterium der Desinvestitionsentscheidung

7.2.1 Darstellung und Kritik bisheriger Vorschläge in der Literatur

In der Literatur finden sich für die Bewertung von Fortführungs-, Verkaufs- und Stillegungsalternativen verschiedene Kriterien (vgl. Tab. 6).

---

[1] Vgl. dazu KORTE, R.-J. (1977), S. 190; BRÜGGERHOFF, J. (1992), S. 223. Im Grundmodell des Desinvestitionsprozesses sind daher Rückkoppelungen vorgesehen, siehe Kap. 2.3.3.

[2] Der Vermögenszuwachs eines Investors kann sich a) durch Dividenden oder Ausschüttungen oder b) durch Kurs- bzw. Wertsteigerungen seines Gesellschaftsanteils vollziehen. Vgl. dazu die Herleitung der Zielvorschrift in Kap. 2.2.2.

[3] Vgl. RUDHART, P.M. (1978), S. 226ff. Siehe dazu auch Kap. 4.2.1.

[4] Vgl. zu diesem Begriff BRÜGGERHOFF, J. (1992), S. 321. In der Literatur wird diese „letzte" Entscheidung auch als eigenständige *Optimierungsphase* bezeichnet; vgl. z.B. HEINEN, E. (1990), S. 334.

Tab. 6: Übersicht über Desinvestitionskriterien[5]

Autor	Kriterium	Problemstellung
THIELE (1937)	kosten-/liquiditäts-orientierte PUG	Stillegung von Betrieben
HASENACK (1938)	kostenorientierte PUG	Vorübergehende oder endgültige Stillegung einer Einprodukt-Unternehmung unter Kostenaspekten
BECKER (1969)	langfristiges Gewinnmaximum	Gewinnmaximale Betriebsgröße einer Mehrprodukt-Unternehmung mittels linearer Programmierung
BÄHR (1975)	kurzfristiges Gewinnmaximum	Kurzfristig gewinnmaximale Produktionsprogramm-planung mittels Linearer Programmierung
RUDHART (1978)	Kapitalwert	Prozeß der Stillegungsplanung mit Auswahl der Stillegungsart durch Konstruktion eines nichtlinearen, multivariablen und dynamischen Rechenmodells
MEFFERT (1984)	strategischer Wert	Entwicklung von Behauptungs- und Rückzugs-strategien in gesättigten und stagnierenden Märkten
OHLSEN (1985)	strategischer Wert	Entwicklung von Behauptungs- und Rückzugsstrategien in stagnierenden Märkten
MENSCHING (1986)	Kapitalwert, Portfolio-, Punktwert-Modelle	Desinvestition von Unternehmungsteilen
DOHM (1988)	Kapitalwert, strategischer Wert in Portfolio-Modellen	Desinvestitionsverhalten U.S.-amerikanischer Großunternehmungen
HARRIGAN (1989)	strategischer Wert in Portfolio-Modellen	Entwicklung von Behauptungs- und Rückzugs-strategien in reifen und rückläufigen Märkten
NAPP (1990)	Kapitalwert	Bestimmung der optimalen Weiterführungs- oder Austrittsalternative, insb. Stillegungsalternative
BRÜGGERHOFF (1992)	Kapitalwert	Weiterführung, Verkauf oder Stillegung unter Berücksichtigung des finanziellen und strategischen Wertes des Stillegungsobjektes
SCHMIDT (1994)	strategischer Wert in Portfolio-Modellen	Austritt aus Märkten und Beendigung von Aktivitäten und Neuverteilung von Ressourcen
HIBY (1996)	Kapitalwert, strategischer Wert, juristische Kriterien	Vermeidung und Lösung von Konflikten bei Beendigung ausländischer und internationaler Unternehmungsaktivitäten
FORST (1992)	Cash-flow	Gestaltung von Desinvestitionen mittelständischer Unternehmungen in Form des Management-buy-out
RECHSTEINER (1995)	Shareholder-value	Beitrag von Desinvestitionen zur Wertsteigerung von Unternehmungen
GRAML (1996)	Shareholder-value	Beitrag von Desinvestitionen zur Wertsteigerung von Unternehmungen, insb. durch Management-buy-out

(Fortsetzung der Tabelle auf der folgenden Seite)

[5] Vgl. zu dieser Liste NAPP, H. (1990), S. 143f.; BRÜGGERHOFF, J. (1992), S. 224-227.

(Fortsetzung der Tab. 6)

WEIHER (1996)	Shareholder-value	Entflechtung diversifizierter Unternehmungen
BRÜCK (1998)	Shareholder-value	Beteiligung an Unternehmungen und Auflösung von Engagements
GEHRKE (1999)	Shareholder-value	Bestimmung des Zeitpunktes von Desinvestitionen zur Wertsteigerung von Unternehmungen

Quelle: Eigene Darstellung.

Die Verfahren können in vier, sich teilweise überschneidende Gruppen gegliedert werden:[6]

1) Berechnung von Preisuntergrenzen

Preisuntergrenzen (PUG) waren lange Zeit das dominante Kriterium zur Beurteilung von Stillegungen als Anpassungsalternativen. Als PUG wird jener kritische Preis bezeichnet, bei dem es für eine Unternehmung oder einen Betrieb gerade noch vorteilhaft ist, ein Erzeugnis anzubieten.[7] Dabei wird unterschieden zwischen der *totalen* Kostendeckung, die auch die fixen Kosten umfaßt, und der *partiellen* Kostendekkung, welche nur die variablen Kosten berücksichtigt.[8] Anhand der *kurzfristigen* PUG wird über die nur vorübergehende Anpassung bzw. Stillegung eines Unternehmungsteils entschieden. Dagegen stellt die *langfristige* PUG den kritischen Wert dar, bei dessen Realisierung die Erfolge einer Fortführung des Unternehmungsteils und dessen endgültiger Stillegung gerade gleich hoch sind.[9]

In Mehrprodukt-Unternehmungen ist die PUG kaum zu ermitteln, weil die totalen Stückkosten eines Produktes aufgrund von Kostenträger-Gemeinkosten nicht eindeutig zu bestimmen sind.[10] Ein im Rahmen dieser Arbeit zu entwickelndes Entscheidungskriterium für Desinvestitionen muß jedoch in der Lage sein, die interdependenten Kosten- und Absatzwirkungen der realiter überwiegenden Mehrprodukt-Unternehmungen zu berücksichtigen. Darüber hinaus sind Kosteninformationen für Entscheidungen über die Art und den Umfang von Kapazitätsveränderungen als nicht

---

[6] Da die dynamisch-finanzmathematischen Verfahren heute am weitesten verbreitet sind, konzentrieren sich die folgenden Ausführungen auf diese Verfahren.

[7] Vgl. THIELE, W. (1937), S. 33; HASENACK, W. (1939), Sp. 1758ff.

[8] Die PUG wird entweder kosten- oder liquiditätsorientiert berechnet:
- Für eine langfristig wirkende Stillegungsentscheidung ist als *kostenorientierte* PUG jener Preis zu ermitteln, der die durch eine Stillegung vermeidbaren (= variablen) Kosten und die abbaufähigen fixen Kosten deckt. Eventuelle Liquidationserlöse aus dem Verkauf nicht mehr benötigter Anlagegüter sind zu addieren; Anlauf- und Stillegungskosten, die durch die fortgesetzte Produktion vermieden werden, sind in Abzug zu bringen. Vgl. dazu THIELE, W. (1937), S. 34ff.; BÄHR, J. (1978), S. 858ff.
- Die *liquiditätsorientierte* PUG berücksichtigt die finanzielle Situation der Unternehmung. Gesucht ist dabei jener Preis, bei dem alle in der betrachteten Periode auszahlungswirksamen Kosten sowie die sonstigen Zahlungsverpflichtungen durch die Einzahlungen gedeckt sind. Vgl. dazu THIELE, W. (1937), S. 41ff.; GROB, H.L. (1999), S. 395ff.

[9] Es gilt dann die Formel (langfristige PUG = Grenzkosten + Opportunitätskosten - Opportunitätserlöse). Vgl. dazu AHLERT, D./FRANZ, K.-P. (1992), S. 135.

[10] Vgl. BECKER, C. (1969), S. 145; MEFFERT, H. (1999), S. 498.

ausreichend zu beurteilen, da sie aus einer statischen, einperiodischen Partialbetrachtung resultieren. Kosten- und liquiditätsorientierte Preisuntergrenzen sind daher als Kriterium für grundlegende Desinvestitionsentscheidungen nicht geeignet; allenfalls sind sie als Auslösekriterium für einen Desinvestitionsprozeß nützlich.[11]

2) Statische Verfahren

Zu den statischen Verfahren gehören Lineare Programmierungen, Vergleiche der jährlich anfallenden Kosten, Zahlungen oder Liquidationserlöse sowie Deckungsbeitragsrechnungen. Da die Analyse sich dabei jeweils nur auf eine Periode bezieht, werden die zeitlichen Unterschiede im Auftreten der Einnahmen und Ausgaben bzw. der Ein- und Auszahlungen nicht oder nur unvollkommen berücksichtigt.[12] Für die Bewertung und anschließende Auswahl von Desinvestitionsalternativen, deren Durchführung und Wirkungen sich im allgemeinen über mehr als eine Periode erstrecken, sind diese Verfahren daher ebenfalls ungeeignet.

3) Strategieorientierte Verfahren

Ausgehend von den in Kap. 4.3.1.1 dargestellten Portfolio-Konzepten leiten die strategieorientierten Verfahren analoge Kriterien ab, anhand derer Handlungsalternativen beurteilt und Desinvestitionsentscheidungen getroffen werden. Die Bewertung der Alternativen erfolgt dabei durch Punktwert-Modelle. Da wesentliche, insbesondere finanzielle Wirkungen der Alternativen bei diesen Verfahren gar nicht oder nur sehr oberflächlich berücksichtigt werden, eignen auch sie sich allenfalls dazu, einen Entscheidungsprozeß auszulösen, nicht jedoch Desinvestitionsentscheidungen zu fundieren.[13]

4) Dynamische, finanzmathematische Verfahren

Die für die Beurteilung von Fortführungs- und Desinvestitionsalternativen vorgeschlagenen dynamischen Verfahren basieren überwiegend auf Kapital- bzw. Barwertkalkülen.[14] Dabei werden zunächst die Kapitalwerte der betrachteten Alternativen berechnet; die Alternative mit dem maximalen Kapitalwert ist dann als die optimale auszuwählen. Auch die Vertreter des Shareholder-value-Konzeptes berechnen den Marktwert des Eigenkapitals im Prinzip auf der Basis von Kapitalwertkalkülen. Die verwendeten bzw. empfohlenen Verfahren (z.B. das *Ertragswert-Verfahren*[15]

---

[11] Vgl. AHLERT, D./FRANZ, K.-P. (1992), S. 118.

[12] Vgl. SCHIERENBECK, H. (1989), S. 304; PERRIDON, L./STEINER, M. (1991), S. 54.

[13] Vgl. BRÜGGERHOFF, J. (1992), S. 231. Eine ausführliche Darstellung dieser Verfahren gibt RECHSTEINER, U. (1995), S. 155ff. Zur Kritik an diesen Verfahren wird auf die Kap. 4.3.1.1.3 und 4.3.1.2.2. verwiesen.

[14] Für einen Überblick über die „klassischen" Investitionsrechenverfahren (Kapitalwert-, Vermögensendwert-, Interner Zinssatz- und Soll-Zinssatz-Methode) vgl. BLOHM, H./LÜDER, K. (1991), S. 54ff.; PERRIDON, L./STEINER, M. (1991), S. 56ff.

Das Kapitalwertkalkül ist ein auf Zahlungsgrößen basierendes Partialmodell, welches im Gegensatz zu einem Totalmodell keinen vollständigen Vorteilsvergleich der Alternativen bietet. Daher sind pauschale Annahmen über die Finanzierungs- und Reinvestitionsmöglichkeiten während des Planungszeitraums sowie über die Rendite der Unternehmung jenseits des Planungshorizontes notwendig; vgl. dazu SCHNEIDER, D. (1971), S. 157ff.

[15] Der *Ertragswert* ist die Summe der auf den Bewertungszeitpunkt abgezinsten zukünftigen Zahlungen der Unternehmung an die Eigenkapitalgeber in Form von Entnahmen bei Personengesell-

oder die *Discounted Cash-flow-Methode*[16]) unterscheiden sich lediglich graduell hinsichtlich des jeweils endgültigen Beurteilungskriteriums.

Allen Verfahren - den „klassischen" wie den „modernen" - ist gemeinsam, daß der ökonomische Wert einer Unternehmung bzw. einer Investition geschätzt wird, indem prognostizierte, zukünftig frei verfügbare Zahlungsströme (Cash-flows) mit einem Kapitalkostensatz diskontiert werden. Allerdings unterscheiden sich die modernen Verfahren darin, daß die für die einzelnen Handlungsalternativen berechneten Kapitalwerte ins Verhältnis zum Eigenkapital der Unternehmung gesetzt werden. Indem die optimale Alternative anhand einer dynamischen Eigenkapitalrentabilität bestimmt wird, soll - so die Befürworter dieser Verfahren - auch bei der Entscheidung über eine Desinvestition den Interessen der Eigentümer entsprochen werden.[17] Gegen die Eignung dieser Verfahren, Desinvestitionsentscheidungen zu fundieren, sprechen jedoch mehrere Gründe, die im Folgenden erläutert werden.

Die Verwendung eines einheitlichen bzw. eines gewichteten Kalkulationszinssatzes führt zu methodenspezifischen Problemen.[18] Der Kalkulationszinssatz übernimmt in diesen Verfahren vielfältige Aufgaben: Er stellt die Verzinsung der Opportunität dar. Darüber hinaus muß er dem Zinssatz zwischenzeitlicher Reinvestitionen entsprechen; das Barwertkalkül unterstellt nämlich implizit, daß die an die Eigenkapitalgeber fließenden Zahlungen, soweit sie nicht zu Konsumzwecken verwendet werden, wieder zum Kalkulationszinssatz angelegt werden. Außerdem bildet der Kalkulationszinssatz bei der DCF-Methode auch die Art der Unternehmungsfinanzierung ab.[19]

Nur unter der Prämisse eines vollkommenen Kapitalmarktes lassen sich die vielfältigen Anforderungen an den Kalkulationszinssatz in einer einzigen Größe erfassen.[20]

---

schaften und Einzelkaufleuten bzw. Ausschüttungen bei Kapitalgesellschaften. Vgl. zur Darstellung des Verfahrens RECHSTEINER, U. (1995), S. 140ff.; GROB, H.L./LANGENKÄMPER, CH./WIEDING, A. (1999), S. 456f.

[16] Bei der *Discounted Cash-flow-Methode* werden drei Verfahrensvarianten unterschieden: Der *Entity- bzw. Bruttoansatz*, der *Equity- bzw. Nettoansatz* und der *Adjusted-present-value-Ansatz*. Zur Darstellung der DCF-Methode und ihrer Varianten vgl. z.B. BÜHLER, R. (1998), S. 415ff.; SCHIERENBECK, H./LISTER, M. (1998), S. 26ff.; GEHRKE, I. (1999), S. 57f.; GROB, H.L./LANGENKÄMPER, CH./WIEDING, A. (1999), S. 458f.

[17] Gegen die Verwendung von Rentabilitätszahlen ist allerdings einzuwenden, daß eine Beurteilung von Basisinvestitionen anhand solcher Kennzahlen weder dem Ziel der Vermögensmaximierung noch dem Ziel der Entnahmemaximierung entspricht. Rentabilitätszahlen drücken relative Ziele aus, während die beiden anderen zur Klasse der absolut formulierten Ziele gehören; vgl. dazu ADAM, D. (1996), S. 132.

[18] Zu der folgenden Beurteilung der dynamischen Verfahren vgl. MENSCHING, H. (1986), S. 184ff.; GROB, H.L./LANGENKÄMPER, CH./WIEDING, A. (1999), S. 467.

[19] Zur Bestimmung des Diskontierungssatzes der DCF-Methode vgl. RECHSTEINER, U. (1995), S. 174; SCHIERENBECK, H./LISTER, M. (1998), S. 29; KUNZ, R.M. (1998), S. 396ff.; GROB, H.L./LANGENKÄMPER, CH./WIEDING, A. (1999), S. 456, 459.

[20] „Bei einem unvollkommenen Kapitalmarkt führen willkürliche Kalkulationszinssätze in Partialmodellen im allgemeinen nicht zur zielsetzungsgerechten Lösung des Entscheidungsproblems, da die Vorgaben i.d.R. nicht den Steuerungssätzen entsprechen. Als willkürlich sind dabei auch Zinssätze zu bezeichnen, die aus den Marktzinssätzen abgeleitet werden." ADAM, D. (1996), S. 69f. Zu den Implikationen der Prämisse eines vollkommenen Kapitalmarktes vgl. PERRIDON, L./STEINER, M. (1991), S. 81, 86; ADAM, D. (1996), S. 61, 102.

Aufgrund der Realitätsferne dieser Prämisse ist der Kalkulationszinssatz als „überfordert“ zu betrachten.[21] Das gilt um so mehr, als daß bereits eine nur geringfügige Änderung des Kalkulationszinssatzes regelmäßig einen erheblichen Einfluß auf den Unternehmungswert bzw. den Wertbeitrag einer Handlungsalternative hat.[22]

Darüber hinaus sind bei den dynamischen Verfahren zur Berechnung der Marktwerte des Eigenkapitals umfangreiche Nebenrechnungen notwendig, um die relevanten Daten in der komplizierten Barwertformel verarbeiten zu können. Beispielsweise wird die private Situation eines Eigenkapitalgebers nur insoweit berücksichtigt, als daß sein persönlicher Einkommensteuersatz in der Formel erfaßt wird. Die im Entscheidungs- und/oder Bewertungszeitpunkt bestehende private Vermögenssituation des Des-/Investors wird dagegen bei den genannten Verfahren ebenso systematisch vernachlässigt wie die ihm zugänglichen Finanzierungs- und Reinvestitionsmöglichkeiten.[23]

Die in Kapitel 5 ermittelten Handlungsalternativen unterscheiden sich u.a. in der Höhe ihres Kapitaleinsatzes, den daraus resultierenden Kapitalkosten sowie in der Höhe etwaiger Erlöse aus dem Verkauf von Wirtschaftsgütern.[24] Werden diese Erlöse inner- oder außerhalb der Unternehmung in Sachanlagen bzw. am Kapitalmarkt in Wertpapieranlagen reinvestiert, ergeben sich bei den einzelnen Alternativen unterschiedliche Zinszahlungen. Solche Unterschiede der finanziellen Wirkungen können mit dem Kapitalwertkalkül nur ungenau oder gar nicht abgebildet werden, weil die Prämissen über die zwischenzeitliche Wiederanlage und Verzinsung liquider Mittel unrealistisch sind.[25]

Der Vergleich von Kapitalwerten setzt einen für alle zu beurteilenden Alternativen einheitlichen Planungshorizont voraus. Auch diese Prämisse wird von den generierten Handlungsalternativen regelmäßig nicht erfüllt. Aufgrund unterschiedlicher Rückzugsbarrieren weichen z.B. die zeitlichen Abläufe der Planung und Durchführung eines Verkaufs von jenen einer Stillegung ab.[26] Im Fall der Fortführung eines Unternehmungsteils strebt der Planungshorizont theoretisch sogar gegen unendlich. Zwar können diese Mängel des Kapitalwertkalküls durch modifizierte Prämissen über Er-

---

[21] ALBACH bezeichnet den Kalkulationsszinssatz als „außerordentlich schillernd“; ALBACH, H. (1959), S. 37. Selbst die Vertreter des Shareholder-value-Konzeptes räumen ein, „daß weder theoretische Kapitalmarktmodelle noch statistische Untersuchungen bislang eine genaue Ermittlung der Eigenkapitalkosten erlauben. Sie können nur näherungsweise bestimmt werden, so daß die Schätzungen zwangsläufig mit Unsicherheit behaftet bleiben.“; KUNZ, R.M. (1998), S. 401.

[22] Auf das Problem unterschiedlicher Alternativ- und Wiederanlagerenditen weist auch SIEGEL hin: „Schon eine Abweichung von einem Prozentpunkt zwischen beiden Renditen kann gravierende Auswirkungen auf den Grenzpreis haben, ...“; SIEGEL, T. (1991), S. 233.

[23] Vgl. GROB, H.L./LANGENKÄMPER, CH./WIEDING, A. (1999), S. 467.

[24] Bei einer Stillegung muß u.U. Fremdkapital aufgenommen werden, um einmalige oder laufende Stillegungskosten (z.B. für Demontagen oder Sozialpläne) zu finanzieren, die bei der Fortführung oder dem Verkauf eines Unternehmungsteils nicht entstünden.

[25] Vgl. MENSCHING, H. (1986), S. 187, der außerdem bemängelt, daß bei den dynamischen Verfahren die Restriktion der Liquiditätssicherung im Kalkül vernachlässigt wird.

[26] Vgl. MENSCHING, H. (1986), S. 186.

gänzungsinvestitionen geheilt werden, jedoch wird dadurch nicht der systematische Fehler der Verfahren korrigiert.

Darüber hinaus wirken sich die einzelnen Handlungsalternativen sehr unterschiedlich auf die Höhe der Aufgabegewinne oder -verluste, der Abschreibungen und der Rückstellungen sowie der Verlustvorträge oder -rückträge aus, so daß die steuerlichen Wirkungen der Alternativen voneinander abweichen. So können einzelne Alternativen beim Des-/Investor zu Steuererstattungen führen (z.B. durch Nutzung eines Verlustrücktrags), während andere mit Steuernachzahlungen verbunden sind (z.B. durch die Besteuerung aufgedeckter stiller Reserven).[27] Daher sind Steuern aus Gründen der Entscheidungslogik und der Abbildungsgenauigkeit in das Desinvestitionskalkül einzubeziehen.[28] Grundsätzlich können Steuerwirkungen im Kapitalwertkalkül zwar durch einen steuerkorrigierten Kalkulationszinssatz erfaßt werden, jedoch werden durch einen solchen die teilweise konträren steuerlichen Folgen der Alternativen unzulässig nivelliert.

Insgesamt führen die genannten Mängel zu einer undifferenzierten Bewertung der an die Eigentümer fließenden Zahlungsströme. Daher sind weder die „klassischen" noch die „modernen" dynamischen Verfahren in der betrieblichen Praxis geeignet, aus der Sicht eines Des-/Investors Fortführungs- und Desinvestitionsalternativen im Hinblick auf ihren Beitrag zur Wertsteigerung zu beurteilen. Ausgehend von diesen Mängeln werden im folgenden Abschnitt Anforderungen an ein Desinvestitionskalkül entwickelt.

7.2.2 Anforderungen an ein Desinvestitionskalkül

Das im Sinne der unternehmerischen Zielsetzung optimale Investitions- und Desinvestitionsprogramm einer Unternehmung kann nur ermittelt werden, wenn in allen Ebenen und Bereichen der Unternehmung für alle Handlungsalternativen ein einheitliches Bewertungs- und Entscheidungskriterium herangezogen wird.[29] Dementsprechend sind Desinvestitionsrechnungen auch Wirtschaftlichkeitsrechnungen, die der Beantwortung und Entscheidung ähnlicher Fragen dienen:[30]

- Ist eine Desinvestition vorteilhafter als eine Fortführung?
- Welche der möglichen Desinvestitionsalternativen ist aus der Sicht des Des-/Investors die vorteilhafteste?
- Wann ist der beste Zeitpunkt für eine Desinvestition erreicht?
- Ist es vorteilhafter, begrenzte (finanzielle) Ressourcen für das betrachtete Desinvestitionsobjekt oder für ein konkurrierendes Des-/Investitionsobjekt einzusetzen?

---

[27] Vgl. Kap. 5.4.2.2 und 6.3.5.

[28] Das betrifft sowohl die Rangfolge der Alternativen als auch die Höhe der absoluten Beträge der Entscheidungskonsequenzen; vgl. GROB, H.L. (1999), S. 272.

[29] Vgl. NAPP, H. (1990), S. 131.

[30] Vgl. zu diesem Fragenkatalog SCHNEIDER, D. (1971), S. 226; NAPP, H. (1990), S. 128f.; BLOHM, H./LÜDER, K. (1991), S. 49; BRÜGGERHOFF, J. (1992), S. 234.

Aufgrund dieser Fragestellungen sind an Desinvestitionsrechnungen bzw. an das Bewertungskriterium mehrere Anforderungen zu stellen:[31]

- **Finanzwirtschaftliche Betrachtungsweise**
Nachdem bereits die Kontrolle der finanziellen Zielerreichung der Unternehmung und der Unternehmungsteile anhand der von ihnen erwirtschafteten Cash-flows erfolgte,[32] muß konsequenterweise auch die Bewertung der Handlungsalternativen auf der Basis der durch sie verursachten Ein- und Auszahlungen erfolgen (Postulat des identischen Kriteriums).[33] Zugleich kann dadurch parallel zur Bewertung einer Alternative geprüft werden, ob diese die unabdingbare Nebenbedingung der Liquiditätssicherung erfüllt.[34]

- **Periodische, zukunftsbezogene Betrachtungsweise**
Wegen der langfristigen Wirkungen von Desinvestitionen sowie der bei den einzelnen Alternativen unterschiedlichen Zahlungszeitpunkte kommen nur dynamische Rechenverfahren in Frage, wobei nur zukünftige Perioden betrachtet werden dürfen. Einige Autoren vertreten dabei mit Hinweis auf sog. „sunk costs" die Meinung, Werte, die aus vergangenen Auszahlungen resultieren, und durch die zu treffende Entscheidung nicht mehr verändert werden können, seien für die Beurteilung der Desinvestitionsalternativen irrelevant.[35]

Zwar trifft diese Auffassung für Investitionsentscheidungen zu, bezogen auf Desinvestitionsentscheidungen ist sie jedoch falsch. Da die früheren Anschaffungsauszahlungen die Grundlage der Buchwerte der stillzulegenden oder zu veräußernden Wirtschaftsgüter bilden, determinieren sie bei einer Stillegung oder einem Verkauf die Höhe eventueller (Sonder-)Abschreibungen und/oder stiller Reserven und damit mittelbar über die steuerlichen Wirkungen das finanzielle Ergebnis einer Desinvestition. Daher müssen die aus der Vergangenheit resultierenden Buchwerte und die daraus aktuell oder zukünftig folgenden Abschreibungen bzw. Gewinne in das Kalkül eingehen.

- **Totale Betrachtungsweise**
Weiterhin wird vertreten, es dürften nur die durch die Alternativen hervorgerufenen Veränderungen der Zahlungsströme betrachtet werden (Partialmodell). Jene Zahlungen, die für alle Alternativen hinsichtlich ihrer Höhe und ihres zeitlichen Anfalls iden-

---

31 Vgl. zu den folgenden Postulaten und Bewertungsprinzipien NAPP, H. (1990), S. 128ff.; BRÜGGERHOFF, J. (1992), S. 234f.

32 Vgl. Kap. 4.2 und 5.2.3.

33 Die fehlende Eignung kalkulatorischer Kosten- und Leistungsgrößen wurde bereits oben dargestellt. Auch pagatorische Ertrags- und Aufwandsgrößen sind aufgrund der divergierenden handels- und steuerrechtlichen Bewertungspflichten und -wahlrechte als direkte Wertkategorien für die Beurteilung der Handlungsalternativen ungeeignet. Vgl. dazu auch RUDHART, P.M. (1978), S. 259ff., der die Vor- und Nachteile der drei Wertkategorien als Zielgrößen im Rahmen der Desinvestitionsplanung ausführlich diskutiert. Zur Abgrenzung der pagatorischen, wertmäßigen und kalkulatorischen Kosten vgl. AHLERT, D./FRANZ, K.-P. (1992), S. 18ff.

34 Vgl. dazu Kap. 6.2.

35 So z.B. RUDHART, P.M. (1978), S. 264; NAPP, H. (1990), S. 129; BRÜGGERHOFF, J. (1992), S. 235.

tisch sind, könnten unberücksichtigt bleiben, weil sie die Vorteilhaftigkeit der Alternativen nicht beeinflußten.[36]

Auch dieser Ansicht ist zu widersprechen. Bei Investitionsentscheidungen ist die Frage „Investition durchführen oder unterlassen?" zu beantworten; dagegen wird bei Desinvestitionsentscheidungen das Wahlproblem durch die Frage „Unternehmungsteil fortführen oder verkaufen oder stillegen?" beschrieben. Die drei Handlungsalternativen wirken sich unterschiedlich, teilweise sogar konträr auf die Ertrags- sowie die Vermögens- und Kapitalsituation einer Unternehmung aus. Daraus ergeben sich für die Alternativen unterschiedliche Ertrags- und Substanzsteuerzahlungen. Die Bemessungsgrundlagen beider Steuerarten werden jeweils nicht bezogen auf einzelne Unternehmungsteile, sondern bezogen auf die Gesamtunternehmung ermittelt. Da bei der Berechnung der Steuerschuld außerdem nichtlineare Tarife verwendet werden, bedarf es eines Totalmodells, um die jeweiligen steuerlichen Zahlungswirkungen der Handlungsalternativen analysieren zu können.[37]

- **Kausale Betrachtungsweise**

Es sind jeweils sowohl die unmittelbaren als auch die mittelbaren Auswirkungen der Handlungsalternativen auf andere Unternehmungsteile oder die Gesamtunternehmung zu berücksichtigen.[38] Dabei sind die aus strukturellen Nebenbedingungen resultierenden *Kostenremanenzen*[39] in anderen Unternehmungsteilen, welche das finanzielle Ergebnis einer Desinvestition negativ beeinflussen, zu berücksichtigen. Im Bereich der Gemeinkosten können sich aber auch positive Einsparmöglichkeiten er-

---

[36] Dieses Postulat vertreten bspw. RUDHART, P.M. (1978), S. 148; NAPP, H. (1990), S. 130; BRÜGGERHOFF, J. (1992), S. 235.

[37] Vgl. ADAM, D. (1996), S. 144ff. Aus diesem Grund sind auch jene (fixen) Kosten, die durch die Desinvestitionsentscheidung nicht direkt zu beeinflussen sind, in das Kalkül einzubeziehen.

Wird ein Totalmodell verwendet, entfällt auch die Notwendigkeit, den Kalkulationszinssatz „richtig" zu beziffern. „Ein explizit formulierter Kalkulationszinsfuß ist für die Investitionsrechnung nur dann erforderlich, wenn mit Partialmodellen gearbeitet wird. Der Zins dient dann als externes Beurteilungskriterium. Ein Kalkulationszinssatz als explizierter Maßstab zur Beurteilung von Investitionen wird nicht benötigt, wenn mit Hilfe eines VOFIs oder eines simultanen Planungsansatzes gearbeitet wird. Bei einem VOFI bzw. einem Simultanmodell steuern die explizit formulierten Soll- und Habenzinsfüße das Entscheidungsproblem." ADAM, D. (1996), S. 69f.

[38] Vgl. ADAM, D. (1993a), S. 25, 124ff.; RUDHART, P.M. (1978), S. 240. Dieses Postulat legt für das Entscheidungskalkül ebenfalls die Verwendung eines Gesamtunternehmungsmodells nahe.

[39] Kosten gelten immer dann als remanent, wenn ein Beschäftigungsniveau in Abhängigkeit von der Veränderungsrichtung zwei Kostenniveaus induzieren kann. Das trifft regelmäßig bei solchen Kostenarten zu, die weder völlig abhängig noch gänzlich unabhängig von dem Beschäftigungsniveau oder der Kapazitätsauslastung sind. Unter Kostenremanenz i.w.S. werden solche Kosten verstanden, die bei einer Variation der Unternehmungsgröße, also auch bei einer Desinvestition, resistent gegenüber Veränderungen sind. Bei einem engen Begriffsverständnis werden nur solche Kosten, die bei einer Variation der Beschäftigung, nicht jedoch bei einer Veränderung der Betriebsgröße, konstant bleiben, erfaßt; vgl. dazu WELGE, M.K, HÜTTEMANN, H.H. (1993), S.19ff.

Die Ursachen dieser in bezug auf die Beschäftigung und die Kapazitätsauslastung fixen Kosten liegen in den technologischen, wirtschaftlichen Nebenbedingungen (Mindestbetriebsgröße, economies-of-scale, flächendeckende Distribution) und rechtlichen Nebenbedingungen (gesetzliche, vertragliche Verpflichtungen gegenüber Mitarbeitern, Lieferanten, Kunden). Vgl. PORTER, M.E. (1983), S. 326f.; MEFFERT, H. (1984), S. 47; DOHM, L. (1988), S. 20f.; HARRIGAN, K.R. (1989), S. 105ff. Siehe auch Kap. 6.3 - 6.5.

geben, wenn eine Desinvestition zum Anlaß genommen wird, bisherige Strukturen und Prozesse effektiver zu organisieren.[40]

Die Anforderungen an ein Desinvestitionskalkül können wie folgt zusammengefaßt werden: „Bei Entscheidungen über die optimale Betriebsgröße, bei denen also über grundlegende Kapazitätsveränderungen nachgedacht wird, ist eine einperiodische Partialbetrachtung nicht mehr angezeigt. Hier sollten mehrperiodische Investitionsrechnungen auf der Grundlage von Zahlungsströmen angestellt werden, auch wenn dieser Schritt in Richtung auf eine Totalplanung hohe Anforderungen an die Informationsgewinnung und -verarbeitung stellt."[41] Ausgehend von diesen Anforderungen an ein Desinvestitionskalkül wird im folgenden Abschnitt mit dem Vollständigen Finanzplan ein Instrument vorgestellt, welches die genannten Kriterien erfüllt.

7.3 Der Vollständige Finanzplan - ein Instrument zur Bewertung von Desinvestitionsalternativen

7.3.1 Charakterisierung des VOFI-Modells

Der Vollständige Finanzplan - abgekürzt VOFI - ist ein standardisiertes Verfahren der Investitionsrechnung.[42] Der Begriff *vollständig* soll besagen, daß periodenbezogene Finanzierungs- und Steuerzahlungen im Kalkül explizit erfaßt und ausgewiesen werden. Dabei ist es keinesfalls zwingend notwendig, die Konditionen von Finanzierungsmitteln zu konkretisieren, auch pauschale Annahmen z.B. in Form durchschnittlicher Kapitalkostensätze sind möglich. Auf eine finanzmathematische Verdichtung zwischenzeitlicher Reinvestitions- und Finanzierungszahlungen, wie sie bei den klassischen Verfahren der Investitionsrechnung erfolgt, wird also verzichtet.[43]

Von seiner Grundkonzeption her ist der VOFI ein am Endwert einer Handlungsalternative orientiertes Modell, weil die Endwerte der zu beurteilenden Alternativen aus den entsprechenden Finanzplänen jeweils direkt abgelesen werden können. Ein positiver Endwert entspricht der Höhe des Guthabens am Ende des betrachteten Planungshorizontes, während ein negativer Endwert den Kreditbestand am Ende des Planungshorizontes abbildet.[44] Folglich stellt der VOFI-Endwert eine geeignete Größe dar, um die oberste Zielsetzung der Eigentümer, die Maximierung ihres Vermögens in einer bestimmten Periode, abzubilden. Entsprechend dem oben formulierten Postulat, daß Investitions- und Desinvestitionsentscheidungen anhand desselben

---

40 Auch diese Überlegungen sprechen für die Berücksichtigung der in bezug auf die Desinvestitionsentscheidung fixen Kosten; vgl. NAPP, H. (1990), S. 130.

41 AHLERT, D./FRANZ, K.-P. (1992), S. 118.

42 Zur Darstellung der historischen Ursprünge der Vollständigen Finanzplanung sowie zur Investitionsrechnung mit VOFI vgl. ausführlich GROB, H.L. (1989); GROB, H.L. (1999), S. 74ff.

43 Vgl. GROB, H.L./LANGENKÄMPER, CH./WIEDING, A. (1999), S. 468.

44 Da *Guthaben-* und *Kreditbestand* am Planungshorizont Begriffe des Rechnungswesens sind, bietet das Endwert-Konzept den Vorteil, den Zielwert unmittelbar darzustellen. Prinzipiell können aber alle Zielwert-Konzepte, die auf einer finanziellen Basis aufbauen, mit dem VOFI dargestellt werden. Vgl. dazu und zum Anfangswert-Konzept GROB, H.L. (1999), S. 79ff.

Auswahlkriteriums zu treffen seien,[45] ist daher bei einer rein finanziellen Zielsetzung jene Handlungsalternative als die optimale auszuwählen, die den höchsten Endwert erwarten läßt. Führen alle Alternativen zu negativen Endwerten, ist statt der Zielsetzung, das Guthaben am Planungshorizont zu maximieren, eine Minimierung der Verbindlichkeiten anzustreben. In diesem Fall ist die Alternative mit dem kleinsten negativen Endwert als die optimale zu betrachten.

In einem VOFI werden die der Gesamtunternehmung zurechenbaren Zahlungen bei der Fortführung oder der Desinvestition eines Unternehmungsteils sowie die Konsequenzen finanzieller Dispositionen tabellarisch darstellt.[46] Mit dem von GROB definierten Standardtyp eines Vollständigen Finanzplans[47] werden die finanzwirtschaftliche und die steuerliche Seite des VOFI-Modells spezifiziert (vgl. Abb. 29):

- Auf der finanzwirtschaflichen Seite werden die aus der Sicht des Des-/Investors relevanten Kapitalmarktkonditionen von Krediten, Geldanlagen und anderen Finanzierungs- bzw. Reinvestitionsmöglichkeiten (z.B. Tilgungsmodalitäten oder im Zeitablauf variierende Zinssätze) unmittelbar berücksichtigt.
- Die steuerliche Dimension bezieht die nach Steuerarten spezifizierten, periodenindividuellen Steuerzahlungen und -erstattungen in das Kalkül ein. Dabei kann sowohl die steuerliche Situation der Unternehmung als auch die ihrer Eigentümer berücksichtigt werden.[48]
- Schließlich wird auf der Grundlage der Zahlungsfolge einer Handlungsalternative unter Berücksichtigung ihrer steuerlichen Wirkungen analysiert, in welchem Umfang finanzwirtschaftliche Dispositionen notwendig sind, um am Ende einer jeden Periode ein liquiditätsmäßiges Gleichgewicht, also einen Finanzierungssaldo von Null, zu gewährleisten.[49]

Bei den in einem VOFI enthaltenen Daten handelt es sich um originäre und um derivative Zahlungen. Die *originären* Zahlungen stellen die vom Entscheidungsträger bei

---

[45] Vgl. Kap. 7.2.2.

[46] Als wesentliche Charakteristika der tabellarischen Darstellung sind zu nennen:
- Spaltenweise sind die Zeitpunkte, zeilenweise die Bewegungs- und Bestandsgrößen definiert.
- Die zu betrachtenden Zeitpunkte bzw. Perioden beziehen sich auf den Jahresrhythmus und das Jahresende.
- Um das finanzwirtschaftliche Gleichgewicht der Bewegungsgrößen explizit aufzuzeigen, werden die Finanzierungssalden, die stets Null sind, vor den Bestandsgrößen für Kredite und Guthaben notiert.

Auf eine Aufzählung der Prämissen standardisierter Vollständiger Finanzpläne wird hier aus Platzgründen verzichtet und dazu auf GROB, H.L. (1989), S. 33ff. verwiesen.

[47] Zu den Prämissen des sogenannten „VOFI-Standardtyps F2-S2"0 vgl. GROB, H.L. (1989), S. 27ff.

[48] Vgl. GROB, H.L./LANGENKÄMPER, CH./WIEDING, A. (1999), S. 454, 468. Mit dem Hinweis auf die Vielzahl von Anteilseignern einer Publikumsgesellschaft wird dagegen bei den o.g. „modernen" Verfahren (Ertragswert-, DCF-Methode) die individuelle Steuersituation der Anteilseigner regelmäßig vernachlässigt. Vgl. zu dieser Argumentation SCHIERENBECK, H./LISTER, M. (1998), S. 43.

[49] Vgl. GROB, H.L. (1990), S. 5. Auch insofern ist der VOFI als Desinvestitionskalkül den „klassischen" Verfahren überlegen, da die Einhaltung der unabdingbaren Nebenbedingungen „Vermeidung der Illiquidität" und „Vermeidung der Überschuldung" beim Rechengang direkt überwacht werden können; vgl. dazu Kap. 6.2.

Durchführung der betrachteten Handlungsalternative prognostizierten Elemente der Zahlungsfolge dar. Dazu gehören die mit den Handlungsalternativen jeweils verbundenen Ein- und Auszahlungen[50] sowie zwischenzeitliche Einlagen[51] und Entnahmen[52]. Finanzierungs- und Steuerzahlungen sind dagegen als *derivative* Zahlungen anzusehen, die aus der Datenbasis der Handlungsalternativen resultieren, also nicht exogen vorgegeben werden. Zu den derivativen Finanzierungszahlungen gehören sowohl kompensatorische Beträge (z.B. die Aufnahme und Tilgung von Krediten oder die Auflösung und Anlage von Guthaben) als auch die aus Kredit- und Guthabensalden resultierenden Zinszahlungen. Um die derivativen Zahlungen berechnen zu können, müssen Soll- und Habenzinssätze sowie Abschreibungs- und Steuersätze vorgegeben sein und durch Nebenrechnungen in den VOFI integriert werden (vgl. Abb. 29).[53]

Bei der Verwendung von Zahlungsfolgen ist eine entscheidungstheoretische Besonderheit des VOFIs zu beachten. Da es sich bei den „klassischen" Verfahren der Investitionsrechnung um Partialmodelle handelt, werden dort die Elemente der Zahlungsfolge als Differenzbeträge definiert. Dagegen sind bei einem VOFI jeweils die effektiven finanziellen bzw. bilanziellen (wegen der Steuerwirkungen) Beträge der Alternativen zu erfassen. Daher wird hier der in der Literatur teilweise vertretenen Auffassung, den Desinvestitionsalternativen seien vermiedene Auszahlungen als Einzahlungen und fortfallende Einzahlungen als Auszahlungen zuzurechnen, nicht gefolgt.[54] Da die zu zahlenden bzw. zu vereinnahmenden Zinsen vom effektiven Kredit- bzw. Guthabenbestand abhängen und nicht von Differenzbeträgen berechnet werden können, müssen die Alternativen aus Gründen der Vergleichbarkeit einzeln betrachtet werden.

Die Aufteilung des Gesamtkapitals zur Finanzierung der Handlungsalternativen in Eigen- und Fremdkapital ist eine Besonderheit des VOFIs gegenüber den klassischen Verfahren. Wegen der für beide Kapitalarten unterschiedlichen Zinssätze und Konditionen ist diese Unterscheidung sinnvoll.[55]

---

[50] Für die Zurechnung der Ein- und Auszahlungen auf ein Investitionsobjekt vgl. PERRIDON, L./STEINER, M. (1991), S. 83.

[51] *Einlagen* stellen exogen vorgegebene liquide Mittel dar, die der Unternehmung von außen zur Durchführung einer Alternative gewährt werden. Dabei muß geprüft werden, ob die Einlagen unabhängig von der Entscheidung zufließen. Sofern sie nur im Falle der Desinvestition (Zuschüsse) relevant sind, erhöhen sie nur die Vorteilhaftigkeit der Desinvestition, nicht jedoch die der Fortführungsalternative bzw. der Opportunität. Da eine in $t = 0$ beabsichtigte Zuführung von liquiden Mitteln per definitionem als Eigenkapital betrachtet wird, kann die Position Einlage frühestens ab dem Zeitpunkt $t = 1$ auftreten.

[52] *Entnahmen* stellen bei Einzelkaufleuten und Personengesellschaften Konsumentnahmen und bei Kapitalgesellschaften Ausschüttungen dar. Deren steuerliche Konsequenzen müssen im Modell als derivative Zahlungen erfaßt werden.

[53] Vgl. GROB, H.L. (1989), S. 6, 25ff.; GROB, H.L. (1999), S. 77. Siehe auch Kap. 2.2.2 und 4.2. Der Rechenweg zur Ermittlung der Steuerzahlungen wird in Kap. 7.3.3.3.2 vorgestellt.

[54] Vgl. zu dieser Art der Zurechnung NAPP, H. (1990), S. 129, 149; BRÜGGERHOFF, J. (1992), S. 234.

[55] Vgl. GROB, H.L. (1989), S. 26.

Abb. 29: Aufbau eines standardisierten VOFIs

Zahlungsgrößen		t = 1	t = 2	t = 3	...	t = n
Zahlungsfolge						
Investitionen (-)						
Reinvestitionen (-)						
Eigenkapital:	- Entnahmen / + Einlagen					
Kredite:	+ Aufnahme / - Tilgung					
	- Sollzinsen					
Kapitalanlage:	- Anlage / + Auflösung					
	+ Habenzinsen					
Steuern:	- Steuerzahlungen / + Steuererstattungen					
Finanzierungsaldo		0	0	0	0	0
Bestandsgrößen:	Kredite (-)					
	Guthaben (+)					
= Bestandssaldo						

Nebenrechnung Abschreibungen:	t = 1	t = 2	t = 3	...	t = n
Restbuchwert Jahresbeginn					
- degressive Abschreibungen					
- lineare Abschreibungen					
Restbuchwert Jahresende					

Nebenrechnung Gewerbeertragsteuer:	t = 1	t = 2	t = 3	...	t = n
Zahlungsüberschuß					
+/- Liquiditätskorrekturen					
- Abschreibungen (Sachanlagen)					
- Abschreibungen (Disagio)					
- Zinsaufwendungen / + Zinserträge					
- Zuführungen zu / + Auflösungen von Rückstellungen					
+ Hinzurechnungen (50% der Dauerschuldzinsen)					
= Bemessungsgrundlage BGG					
- GewESt-Zahlung					
+ GewESt-Erstattung					

Nebenrechnung Einkommen- bzw. Körperschaftsteuer:	t = 1	t = 2	t = 3	...	t = n
Zahlungsüberschuß					
+/- Liquiditätskorrekturen					
- Abschreibungen (Sachanlagen)					
- Abschreibungen (Disagio)					
- Zinsaufwendungen / + Zinserträge					
- Zuführungen zu / + Auflösungen von Rückstellungen					
- GewESt-Zahlung / + GewESt-Erstattung					
= Bemessungsgrundlage BGE					
- ESt- bzw. KSt-Zahlung					
+ ESt- bzw. KSt-Erstattung					

Quelle: GROB, H.L. (1989), S. 42f.; GROB, H.L. (1999), S. 84ff.

Die in diesem Zusammenhang als Hauptproblem des VOFI betrachtete Zurechnung von Eigen- und Fremdkapital auf ein einzelnes Investitionsobjekt kann bei der Desinvestition eines Unternehmungsteils umgangen werden, indem der VOFI dem obigen Postulat entsprechend als Totalmodell betrachtet wird, welches die Gesamtunternehmung abbildet.[56] Zwar ist damit insgesamt ein größerer Aufwand der Datenerhebung und -berechnung verbunden, dieser wird jedoch dadurch gerechtfertigt, daß Vollständige Finanzpläne einfacher nachzuvollziehen sind und Fehler bei der Zurechnung von Eigen- und Fremdkapital auf einzelne Unternehmungsteile vermieden werden.

Der Begriff *Eigenkapital* ist zu erläutern, um Mißverständnisse zu vermeiden. In einem VOFI ist mit Eigenkapital keine bilanzielle Größe gemeint, sondern der Bestand an eigenen liquiden Mitteln, der für die Vorbereitung und Durchführung der Fortführungs- bzw. Desinvestitionsalternativen zur Verfügung steht. Diese Residualgröße ergibt sich jeweils aus der Differenz von Kapitalbedarf und Fremdkapitalbeschaffung.[57] Gleichwohl muß auch die aus den Handlungsalternativen jeweils resultierende Entwicklung des bilanziellen Eigen- und Fremdkapitals in einer Nebenrechnung dargestellt werden, um das Risiko der Überschuldung nach § 19 InsO[58] zu überwachen und die steuerlichen Wirkungen der Alternativen zu erfassen.

7.3.2 Festlegung des Planungshorizontes

Es wurde bereits dargestellt, daß die grundsätzlichen Handlungsalternativen hinsichtlich des Zeitpunktes und der Dauer ihrer Durchführung sowie bezüglich der zeitlichen Struktur der Zahlungsströme differieren.[59] Theoretisch kann in Totalmodellen auf die Verwendung von Zeitpräferenzen verzichtet werden, weil das Finanzierungs- und das Des-/Investitionsprogramm simultan optimiert werden.[60] Die Beurteilung der Vorteilhaftigkeit der Alternativen mittels eines VOFIs setzt jedoch deren zeitbezogene Vergleichbarkeit voraus. Die vergleichbaren Eigenschaften ergeben sich aus der Fiktion, zum Zeitpunkt der Investition auf ein knappes Gut verzichten zu wollen, um in der Zukunft aus diesem Verzicht einen Vorteil zu erzielen. Während es sich bei dem knappen Gut um das zu investierende Eigenkapital handelt, entspricht der zukünftige Vorteil dem durch die Investition erwirtschafteten zusätzlichen Endwert.

---

[56] Angesichts der weitreichenden Konsequenzen einer Desinvestition ist eine Totalbetrachtung zweckmäßig, zumal bei dem Verkauf oder der Stillegung eines Unternehmungsteils das Übrige gerade nicht gleich bleibt. Damit ist eine für Partialmodelle notwendige ceteris-paribus-Bedingung unrealistisch und nicht erfüllt.

Für die Zurechnung des Eigen- und Fremdkapitals sowie der Ein- und Auszahlungen vgl. PERRIDON, L./STEINER, M. (1991), S. 83. Vgl. dazu auch die in Kap. 5.2 dargestellte finanzielle Kontrolle der Wertaktivitäten bzw. der Unternehmungsteile.

[57] Vgl. GROB, H.L. (1999), S. 82.

[58] Zur Durchführung einer Überschuldungsrechnung vgl. HAARMEYER, H./WUTZKE, W./FÖRSTER, K. (1997), S. 29f., Rn. 65ff. Siehe dazu auch die in Kap. 1 erwähnten Änderungen der InsO, die eine solche Überwachung nahelegen.

[59] Vgl. Kap. 5.4.2.4 und 5.4.3.5.

[60] Vgl. zu dieser Argumentation GEHRKE, I. (1999), S. 90.

Analog soll durch eine Desinvestition ein zukünftiger Nachteil vermieden werden, indem bislang gebundenes Eigenkapital freigesetzt und umgeschichtet, also in eine andere, ertragreichere Verwendung reinvestiert wird.[61] Die Forderung nach Vergleichbarkeit verlangt, daß zunächst der Anfangszeitpunkt, in dem das Eigenkapital investiert wird, für alle betrachteten Handlungsalternativen identisch ist. Bei der Frage, ob eine Desinvestition sofort oder zu einem späteren Zeitpunkt durchgeführt wird, ist zu beachten, daß die Endwerte der zu beurteilenden Handlungsalternativen auf einen einheitlichen Zeitpunkt bezogen werden.[62] Indem für den VOFI ein Planungszeitraum gewählt wird, werden die bei offenen Entscheidungsfeldern nicht operationalen Zielvorschriften in eindeutige Zielvorschriften überführt.[63] Beim ersten Basisziel der Eigentümer wird dann mit der Durchführung einer Handlungsalternative ein möglichst großes Vermögen am Planungshorizont angestrebt. Dagegen ist beim zweiten Basisziel die Breite des Entnahmestroms während des Planungszeitraums zu maximieren.[64]

Die Bestimmung eines willkürlich zu wählenden Planungshorizontes führt allerdings zu einem neuen Problem: Aufgrund der zeitlich-vertikalen Interdependenzen[65] hängt bei einer dynamischen Betrachtung die Vorteilhaftigkeit einer Desinvestitionsentscheidung davon ab, ob einem Kalkül ein langer oder ein kurzer Planungshorizont zugrunde gelegt wird. Bei einer Planungsperiode, die kürzer ist als die Nutzungsdauer eines Investitionsobjektes, sei es eine Maschine oder ein Unternehmungsteil, wird

---

[61] Vgl. dazu die verschiedenen Begriffsverständnisse und die Definition in Kap. 2.1.

[62] Wenn die Planungshorizonte der konkurrierenden Alternativen divergieren, müssen *zukünftige* Ergänzungsinvestitionen in das Kalkül integriert werden, um einen einheitlichen Endzeitpunkt zu fixieren. Hinsichtlich zukünftiger Ergänzungsinvestitionen bietet die Vollständige Finanzplanung gegenüber den „klassischen" Verfahren den Vorteil, daß die individuell geschätzte Verzinsung sowohl des Kapitals, welches am Ende des Planungshorizontes reinvestiert werden kann, als auch die Verzinsung der eventuellen Neuverschuldung explizit in das Kalkül integriert werden kann.

Eine *aktuelle* Ergänzungsinvestition ist für den Fall zu berücksichtigen, daß zur Finanzierung einer Alternative weniger Eigenkapital benötigt wird als bei den anderen Alternativen. In der „klassischen" Investitionstheorie wird eine aktuelle Ergänzungsinvestition bei abweichenden Anschaffungsauszahlungen der konkurrierenden Alternativen verlangt. Dagegen spricht in diesem Zusammenhang, daß nicht die Höhe der Anschaffungsauszahlung, sondern die Höhe des zu investierenden Eigenkapitals relevant ist.

Bei unterschiedlich hohen Anschaffungsauszahlungen, die alle höher sind als das verfügbare Eigenkapital, ist eine aktuelle Ergänzungsinvestition nicht notwendig. Nur für den Fall, daß die Anfangsauszahlungen einer Handlungsalternativen (z.B. für Stillegungs- oder Abrißkosten) geringer sind als das im Betrachtungszeitpunkt verfügbare Eigenkapital, muß das Entscheidungsfeld durch eine Ergänzungsinvestition erweitert werden.

Zur Wahl des Zeitpunktes und der Durchführungsdauer eines Verkaufs bzw. einer Stillegung vgl. Kap. 5.4.2.4 und 5.4.3.5.

[63] Vgl. ADAM, D. (1993a), S. 84f.

[64] Diese Zielvorschrift hat jedoch den Nachteil, daß jenseits des Planungshorizontes der Kapitalstock verbraucht und der Unternehmung die Existenzbasis entzogen ist. Für eine auf Dauer angelegte Unternehmung, wie sie in dieser Arbeit unterstellt wird, ist daher bei gegebenem Planungshorizont eine allein entnahmeorientierte Zielsetzung ungeeignet. Vgl. dazu ADAM, D. (1996), S. 29.

[65] Zur Unterscheidung zeitlich-vertikaler und zeitlich-horizontaler Interdependenzen vgl. JACOB, H. (1978), S. 256; ADAM, D. (1993a), S. 163ff.

von den Interdependenzen mit dem hinter dem Planungshorizont liegenden Teil des Wirtschaftsprozesses abstrahiert.[66]

GROB empfiehlt daher aus Gründen der Praktikabilität, den Planungszeitraum in zwei Phasen aufzuteilen:

1) Für die erste Phase, die z.B. eine Dauer von fünf Jahren umfaßt, wird angenommen, daß die jeweiligen Ein- und Zahlungen der Alternativen periodenindividuell prognostiziert werden können.
2) Da nach diesem Zeitpunkt annahmegemäß eine erhöhte Prognoseunsicherheit besteht, werden die in der zweiten Phase anfallenden Zahlungssalden nach Verrechnung der Steuerzahlungen als ewige Rente mit einem adäquaten Kalkulationszinsfuß auf den Planungshorizont abgezinst und zum Bestandssaldo am Planungshorizont addiert.[67]

Gegen diese Vorgehensweise könnte eingewandt werden, daß der Ansatz eines einheitlichen Kalkulationszinsfußes im Des-/Investitionskalkül durch Verwendung des VOFIs gerade vermieden werden soll. Dieser Einwand ist jedoch zu entkräften, da durch die Abzinsung der Barwert der zeitlich entfernteren Zahlungssalden stetig kleiner wird, so daß deren Einfluß auf den Endwert am Planungshorizont beständig sinkt. Hinzu kommt, daß die Differenz zwischen dem Barwert einer endlichen Rente und dem Barwert einer unendlichen Rente um so kleiner ist, je länger die Laufzeit der endlichen Rente und je höher der angesetzte Kalkulationszinsfuß ist.[68]

7.3.3 Ermittlung der Zahlungsfolgen

7.3.3.1 Überwachung des finanziellen und bilanziellen Gleichgewichtes

Um die Zahlungsfolgen der Desinvestitionsalternativen ermitteln zu können, ist es zweckmäßig, einerseits zwischen einmaligen und laufenden, andererseits zwischen finanziellen und bilanziellen Wirkungen einzelner Maßnahmen der Alternativen zu unterscheiden. Aus Gründen der Vollständigkeit empfiehlt ist es sich, diese Zahlungs- und Bilanzgrößen besonders sorgfältig zu erheben, weil sich die Zahlungsfol-

---

[66] Sachlogisch kann nicht entschieden werden, wieviel Perioden der Planungszeitraum umfassen soll oder muß. Eine Desinvestitionsentscheidung kann nur für einen plausibel gewählten Planungszeitraum optimiert werden. Kurzfristige Kalküle erfassen keine zeitlich-vertikalen Interdependenzen, dafür bieten sie den Vorteil, weniger aufwendig und komplex zu sein. Dagegen sind Kalküle mit längerem Planungshorizont zwar theoretisch exakter, jedoch erfordern sie mehr Informationen, deren Prognosesicherheit wiederum mit zunehmender Länge des Planungshorizontes sinkt. Eine Lösung dieses Dilemmas ist nur eingeschränkt möglich, indem z.B. durch Sensitivitätsanalysen untersucht wird, ob Entscheidungen bei einer Variation der Länge des Planunghorizontes stabil sind. Desinvestitionskalküle sind in der unternehmerischen Praxis daher stets Kompromisse zwischen Exaktheit, Datengenauigkeit und einer nur bedingten Vergleichbarkeit der Handlungsalternativen. Vgl. MENSCHING, H. (1986), S. 27; ADAM, D. (1996), S. 30f., 38.

[67] Vgl. zu diesem Vorschlag GROB, H.L./LANGENKÄMPER, CH./WIEDING, A. (1999), S. 455, 469.

[68] Vgl. zu dieser Argumentation BRÜGGERHOFF, J. (1992), S. 252.

gen der Desinvestitionsalternativen gerade darin von der Zahlungsfolge der Fortführungsalternative unterscheiden (vgl. Tab. 7).[69]

Tab. 7: Bilanzielle und finanzielle Wirkungen einzelner Maßnahmen

Maßnahmen	bilanziell		finanziell	
	Aufwand	Ertrag	Auszahl.	Einzahl.
Neubewertung Sachanlagevermögen	X			
Verkauf Sachanlagevermögen	(X)	(X)		X
Neubewertung Umlaufvermögen	X			
Verkauf Umlaufvermögen	(X)	(X)		X
Rückabwicklung geleisteter Anzahlungen	(X)			X
Veräußerung / Geldeingang Forderungen	(X)	(X)		X
Veräußerung immaterieller Werte		X		X
Zuführung zu (Pensions-)Rückstellungen	X			
Neubewertung sonstiger Rückstellungen	X			
Auflösung von Rückstellungen	(X)	(X)	X	
staatliche Stillegungsprämien		X		X
Altlastensanierung, Rekultivierung	X		X	
Sozialpläne, Vorruhestandsregelungen	X		X	
Ausgleichsansprüche der Handelsvertreter	X		X	
Abstandszahlungen, Konventionalstrafen	X		X	
Rückzahlung erhaltener Subventionen	(X)		X	
Tilgung Fremdkapital			X	
Tilgung anderer Verbindlichkeiten			X	
Rückzahlung erhaltener Anzahlungen		(X)	X	

Quelle: NAPP, H. (1990), S. 148ff.

Die bei der Durchführung einer Alternative entstehenden Ein- und Auszahlungen seien als *einmalige finanzielle* Zahlungen bezeichnet; bei den entsprechenden Erträgen und Aufwendungen handelt es sich analog um *einmalige bilanzielle* Daten. Die durch eine Desinvestition gegenüber der Fortführung erreichbaren *laufenden* (d.h. pro Planperiode) finanziellen bzw. bilanziellen Veränderungen resultieren aus entgangenen Einzahlungen bzw. Erträgen und vermiedenen Auszahlungen bzw. Aufwendungen. Dabei handelt es sich beispielsweise um entgangene Umsätze bzw. sonstige Erlöse und um vermiedene Auszahlungen für Personal, Material, Mieten und Pachten, Lizenzgebühren und Provisionen. Dazu zählen auch Auszahlungen für Investitionen und Reparaturen, die bei einer Fortführung anfallen würden. Wegen ihrer steuerlichen Wirkungen sind auch bilanzielle Zu- und Abschreibungen sowie die Veränderungen der Rückstellungen zu erfassen.[70]

---

[69] Vgl. dazu und zu Tab. 7 NAPP, H. (1990), S. 148f.

[70] Vgl. zu dieser Aufzählung NAPP, H. (1990), S. 150ff.

7.3.3.2 Ermittlung originärer Zahlungen der Handlungsalternativen

Zunächst müssen die aus den Handlungsalternativen resultierenden originären Zahlungen bis zum Ende des Planungshorizontes in ihrer Höhe und zeitlichen Fälligkeit isoliert und prognostiziert werden. Die Prämisse, Zahlungen isolieren zu können, setzt voraus, daß für jede Alternative die Zahlungsfolge vollständig identifiziert und zugerechnet werden kann.[71] Eine vollständige Erfassung der Zahlungsfolgen wäre nur entbehrlich, wenn die Höhe und zeitliche Verteilung einzelner Zahlungen bei allen Alternativen identisch wäre. BRÜGGERHOFF behauptet eine solche Identität der Zahlungen, falls bei der Verkaufs- und Stillegungsalternative die gleichen Synergieeffekte entfallen.[72] Schon wegen der unterschiedlichen steuerlichen Konsequenzen dieser beiden Alternativen ist diese Vereinfachung jedoch unzulässig, so daß in jedem Fall eine Totalbetrachtung notwendig bleibt.

In einer tatsächlichen Entscheidungssituation hängen die Höhe und der zeitliche Anfall der Zahlungen davon ab, welche der in Kapitel 5 genannten Aktionsparameter die Entscheidungsträger auswählen, wie sie diese zu Handlungsalternativen und Maßnahmenpaketen kombinieren, und wie sich die Umweltsituation der Unternehmung darstellt. Über die Detaillierung der Zahlungsfolge ist daher im Einzelfall zu entscheiden. Die Bandbreite reicht von der ausschließlichen Berücksichtigung von Auszahlungen bis hin zu einer detaillierten Formulierung der Zahlungsfolge, die zwischen produktionsmengenabhängigen und konstanten Ein- und Auszahlungen unterscheidet.[73]

Unabhängig von der Art der Anpassung stellen Kostenarten mit verzögertem Anpassungsverhalten (Kostenremanenzen) ein grundsätzliches Problem aller Handlungsalternativen dar. Da die Fortführungs- und Desinvestitionsalternativen sich hinsichtlich der Höhe und des zeitlichen Anfalls solcher Kosten unterscheiden, sind bei der Ermittlung der Zahlungsfolgen die daraus jeweils resultierenden originären Zahlungen zu berücksichtigen.[74] So treten z.B. bei der Stillegung, aber auch bei der Fortführung oder dem Verkauf eines Unternehmungsteils häufig personelle Überkapazitäten auf. Die dann notwendigen Versetzungen oder sogar Entlassungen der betroffenen Mitarbeiter führen bei den einzelnen Handlungsalternativen zu unterschiedlich hohen Kosten für Sozialpläne, Abfindungen und Umschulungen, aber auch zu Gerichts- und Rechtsanwaltsgebühren.[75]

Außerdem erfordert die Generierung, Planung und Durchführung der Handlungsalternativen den Einsatz internen und externen Personals, verbunden mit entsprechen-

---

[71] Vgl. dazu GROB, H.L. (1989), S. 25f.; PERRIDON, L./STEINER, M. (1991), S. 81. Die Problematik der Prognose bzw. Entscheidung unter Unsicherheit wird in Kap. 7.3.5 vertieft.

[72] Vgl. BRÜGGERHOFF, J. (1992), S. 237.

[73] Daher wird hier auf Aussagen über die konkrete betragsmäßige oder zeitliche Entwicklung der Zahlungen verzichtet. Vgl. dazu auch GROB, H.L. (1989), S. 25.

[74] NAPP weist zutreffend darauf hin, daß diese Kosten nicht, wie von einigen Autoren behauptet, originäre ökonomische, finanzielle Austrittsbarrieren oder Rückzugshemmnisse darstellen. Vielmehr handelt es sich um finanzielle Konsequenzen einer Desinvestition, die als rechenbare Größen im Desinvestitionskalkül beurteilt werden können. Vgl. dazu NAPP, H. (1990), S. 87.

[75] Siehe Kap. 6.3.2.

den Kosten. Obwohl letztere z.T. Fixkostencharakter haben, sind sie bei der Ermittlung originärer Zahlungen dennoch relevant, weil sie bei einer Desinvestition als grundsätzlich disponibel betrachtet werden. Solange eigenes Personal mit der Durchführung einer Desinvestition befaßt ist, sind die damit verbundenen Personalkosten allerdings nicht disponibel.[76]

7.3.3.3 Ermittlung derivativer Zahlungen

7.3.3.3.1 Derivative Finanzierungszahlungen

Die monetären Folgen finanzieller Dispositionen sowie die aus einer Desinvestition resultierenden Steuerzahlungen werden als *derivative* Zahlungen bezeichnet, weil beide sich grundsätzlich aus den Daten des Modells ergeben.[77]

Derivative Finanzierungszahlungen resultieren aus den jeweiligen Krediten, die zur Durchführung einer Handlungsalternative gegebenenfalls aufgenommen werden müssen, und/oder aus den möglichen Kapitalrückflüssen, die am Kapitalmarkt reinvestiert bzw. in der Unternehmung umgeschichtet werden. Deren unterschiedliche Konditionen der Mittelaufnahme bzw. -anlage sowie deren Zins- und Rückzahlungsmodalitäten werden im VOFI jeweils explizit berücksichtigt. Kredite mit Ratentilgung oder endfälliger Tilgung können mit ihren spezifischen Konditionen ebenso in das Modell integriert werden wie Annuitätendarlehen oder Kontokorrentkredite. Bei der Geldanlage können ebenfalls die der Unternehmung tatsächlich zur Verfügung stehenden Anlageformen mit ihren spezifischen Ertragszinssätzen erfaßt werden.[78]

Bei der Ermittlung der derivativen Finanzierungszahlungen ist zu berücksichtigen, daß sich durch die Desinvestition eines Unternehmungsteils die Risikostruktur der Gesamtunternehmung verändert. Sofern es nicht gelingt, die Kapitalgeber von den Vorteilen der Desinvestition zu überzeugen, werden diese z.B. wegen reduzierter Kreditsicherheiten die Bonität der Gesamtunternehmung schlechter einstufen. Das kann den Zugang zu Kapitalmärkten erschweren und zu einer Einschränkung des Finanzierungspotentials der Gesamtunternehmung bzw. der verbleibenden Unternehmungsteile führen.[79] Insbesondere die Desinvestition solcher Unternehmungsteile, die stark in die Gesamtunternehmung eingebunden oder relativ groß sind, kann das Vertrauen der Kapitalgeber und damit die Kreditwürdigkeit der Gesamtunternehmung schwächen. Trotz einer ökonomisch sinnvollen Desinvestition können dadurch die

---

76 Vgl. PORTER, M.E. (1983), S. 326f.; SCHMIDT, G. (1994), S. 51.

77 Siehe Kap. 7.3.1.

78 Unter der Prämisse identischer Laufzeiten wird, sofern keine Kreditbearbeitungsgebühr entsteht, die Rangfolge der beanspruchten Kredite grundsätzlich durch die Höhe des Sollzinssatzes determiniert; analoges gilt für die Reihenfolge der Geldanlagen.

79 Das Problem tritt insbesondere dann auf, wenn Vermögensgegenstände verkauft werden, die zuvor als dingliche Sicherheiten für Kredite dienten; vgl. dazu BRÜGGERHOFF, J. (1992), S. 293f.

Kapitalkosten wegen höherer Zinsen oder zusätzlich geforderter Kreditsicherheiten steigen und das Ertragswachstum beeinträchtigt werden.[80]

7.3.3.3.2 Derivative Steuerzahlungen

Aus Sicht des Des-/Investors sind Steuerzahlungen negative Zielbeiträge, welche seine Zielerreichung beeinträchtigen. Bei bestimmten Sachverhalten räumt das Steuerrecht einer Unternehmung bzw. deren Eigentümer Gestaltungsspielräume ein, so daß die steuerrechtlichen Nebenbedingungen und Wirkungen der Handlungsalternativen differieren. Bei der Ermittlung der Zielwerte müssen daher die Steuerzahlungen jeweils berücksichtigt werden. Zu unterscheiden ist zwischen steuerspezifischen Variablen (z.B. die Höhe der außerplanmäßigen Abschreibungen) und steuerspezifischen Daten (z.B. die Höhe der planmäßigen Abschreibungen von Vermögensgegenständen oder der Tarif, mit dem die Bemessungsgrundlage einer Steuerart zu multiplizieren ist).[81]

In der Literatur werden verschiedene Vorschläge unterbreitet, wie die Ertragsteuerzahlungen in das Investitionskalkül zu integrieren sind. Häufig wird empfohlen, als Korrektur einen Multifaktor s zu verwenden.[82] GROB schlägt statt dessen vor, bei der Vollständigen Finanzplanung auf den Ansatz solcher Multifaktoren zu verzichten und die Ertragsteuerzahlungen sukzessiv zu berechnen:[83]

Für *Personen*gesellschaften:[84]

$$\text{GewESt} = \frac{s_{\text{GewESt}}}{1+s_{\text{GewESt}}}\cdot \text{BGG} = \frac{m\cdot H}{1+m\cdot H}\cdot \text{BGG} \quad (1)$$

$$\text{ESt} + \text{KiSt} = \frac{s_{\text{ESt}}\cdot(1+s_{\text{KiSt}})}{1+s_{\text{KiSt}}\cdot s_{\text{ESt}}}\cdot \text{BGE} \quad (2)$$

---

[80] Vgl. PORTER, M.E. (1983), S. 327ff.; HARRIGAN, K.R. (1989), S. 105ff. Zur Berücksichtigung und Berechnung der Fremdkapitalkosten vgl. auch GEHRKE, I. (1999), S.97ff.

[81] Vgl. dazu auch Kap. 5.4.2.2 und 6.3.5.

[82] So z.B. von BLOHM, H./LÜDER, K. (1991), S. 123f.

[83] Wegen der Langfristigkeit der Des-/Investitionsplanung sind Darlehensverbindlichkeiten einer Unternehmung regelmäßig Dauerschulden i.S.v. § 8 Nr. 1 GewStG. Daher weichen die Bemessungsgrundlagen von Einkommen- bzw. Körperschaftsteuer und Gewerbesteuer systematisch voneinander ab. Infolgedessen existiert auch bei im Zeitablauf unveränderten Sätzen für beide Steuerarten kein periodisch konstanter Ertragsteuermultifaktor. Vgl. dazu und zur Herleitung der folgenden Rechenwege GROB, H.L. (1989), S. 28ff., 68ff.; GROB, H.L. (1999), S. 300ff., 304ff.

[84] Durch die GewESt-Formel (1) wird die Abzugsfähigkeit der Gewerbeertragsteuer von ihrer eigenen Bemessungsgrundlage berücksichtigt.

Durch die ESt+KiSt-Formel (2) wird die Abzugsfähigkeit der Kirchensteuer von der Bemessungsgrundlage der Einkommensteuer berücksichtigt.

Für *Kapital*gesellschaften:

$$GewESt = \frac{s_{GewESt}}{1+s_{GewESt}} \cdot BGG$$

$$KSt^{T} = \frac{s_{KSt}^{T}}{1-s_{KSt}^{T}} \cdot \text{Thesaurierungsbetrag}$$

$$\text{bzw. } KSt^{A} = s_{KSt}^{A} \cdot \text{Bruttoausschüttung}$$

mit:

GewESt	Gewerbeertragsteuerzahlung
m	Steuermeßzahl
H	kommunaler Hebesatz
ESt	Einkommensteuerzahlung
KiSt	Kirchensteuerzahlung
KSt^{T}	Körperschaftsteuerzahlung auf thesaurierte Gewinne
KSt^{A}	Körperschaftsteuerzahlung auf ausgeschüttete Gewinne
s_{ESt}	Einkommensteuersatz
s_{KiSt}	Kirchensteuersatz
s_{GewESt}	Gewerbeertragsteuersatz
s_{KSt}^{T}	Körperschaftsteuersatz auf thesaurierte Gewinne
s_{KSt}^{A}	Körperschaftsteuersatz auf ausgeschüttete Gewinne
BGE	Bemessungsgrundlage für die Einkommensteuer (ohne Kirchensteuer)
BGG	Bemessungsgrundlage für die Gewerbeertragsteuer

Zur Berechnung der Bemessungsgrundlagen der Einkommen- bzw. der Körperschaftsteuer und der Gewerbeertragsteuer wird auf die in der Abb. 29 dargestellten Nebenrechnungen verwiesen. Im Folgenden wird exemplarisch gezeigt, wie die Wirkungen der für Desinvestitionen wichtigen steuerlichen Nebenbedingungen im VOFI berücksichtigt werden können.[85]

- **Abschreibungen**

Im Interesse einer realistischen Bewertung der Handlungsalternativen sind die Höhe und der zeitliche Anfall der jeweiligen steuerlichen Abschreibungen (AfA) im Kalkül zu erfassen. Vor allem spezialisierte materielle und immaterielle Gegenstände des Anlage- und Umlaufvermögens eines Desinvestitionsobjektes können nur selten anderweitig eingesetzt werden. Eine Veräußerung ist dann häufig nur zu einem unter dem Buchwert liegenden Preis möglich.[86] Die in solchen Fällen notwendigen außerplanmäßigen Abschreibungen können ebenso wie die planmäßigen Abschreibungen im VOFI durch Nebenrechnungen problemlos berücksichtigt werden.[87]

---

[85] Für eine Darstellung der steuerlichen Folgen einer Betriebsbeendigung und einer Betriebsverpachtung vgl. DRÖGE, H.-G. (1993).

[86] Vgl. DOHM, L. (1988), S. 20f. Zum Problem einer verlängerten Restnutzungsdauer einzelner Maschinen und Anlagen bei rückläufigen Märkten vgl. HARRIGAN, K.R. (1989), S. 88.

[87] Neben linearen und degressiven Abschreibungen können auch Abschreibungsvergünstigungen nach §§ 7 d-g EStG oder § 82 d EStDV i.V.m. § 51 Abs. 1 Nr. 2 (u) EStG einbezogen werden. Vgl. dazu GROB, H.L. (1999), S. 272ff., 283ff. Zur Ermittlung des optimalen Liquidationszeitpunktes mittels VOFI vgl. GROB, H.L. (1989), S. 14f.; GROB, H.L. (1999), S. 464ff.

- **Rückstellungen**

Die bei einzelnen Handlungsalternativen gebotenen bzw. möglichen Zuführungen[88] und Auflösungen[89] von Rückstellungen (z.B. für Sozialpläne oder Bodensanierungen) haben unterschiedliche Auswirkungen auf die Höhe der Steuerzahlungen. Um diese Effekte in den VOFI zu integrieren, ist die im Standardmodell gesetzte Prämisse der Periodengleichheit von Auszahlungen und Aufwendungen bzw. von Einzahlungen und Erträgen aufzuheben zugunsten einer Verknüpfung zwischen den Zahlungsgrößen und den für die Berechnung der Steuerzahlungen notwendigen Daten über Aufwendungen und Erträge.[90]

- **Verlustausgleich**

Wie bereits im Zusammenhang mit der Bildung von Verkaufspaketen dargestellt, hängt sowohl bei der Fortführung als auch bei der Desinvestition das finanzielle Ergebnis einer Handlungsalternative u.a. davon ab, ob und in welcher Höhe der Desinvestor bzw. der Investor Verlustrückträge bzw. -vorträge gem. § 10d EStG nutzen kann. Die daraus resultierenden Steuererstattungen bzw. zukünftig reduzierten Steuerzahlungen können im VOFI anhand der individuellen Daten der Entscheidungssituation ebenfalls durch Prämissen oder Nebenrechnungen berücksichtigt werden.[91]

7.3.4 Festlegung der Opportunität

In der Definition des Desinvestitionsbegriffs dieser Arbeit wird die Möglichkeit, die bei einer Desinvestition erzielten Kapitalrückflüsse zu reinvestieren, ausdrücklich erfaßt.[92] Da die verschiedenen Handlungsalternativen zu unterschiedlichen Zahlungs-

---

88 Eine Zuführung ist aufwandswirksam zu verbuchen und mindert, soweit es sich um eine Pflichtrückstellung handelt, den Jahreserfolg und damit die Bemessungsgrundlage der Unternehmung in der betroffenen Periode. Dabei ist es gleichgültig, ob es sich bei der Zuführung um eine aufgrund veränderter Zukunftserwartungen nachgeholte Rückstellung oder um einen periodengerechten Aufwand für einen zukünftigen Geschäftsvorfall handelt. Zur Berücksichtigung von (Pensions-)-Rückstellungen vgl. GEHRKE, I. (1999), S. 100f., 103; GROB, H.L./LANGENKÄMPER, CH./WIEDING, A. (1999), S. 456, Fn. 9.

89 Hinsichtlich der Erfolgswirksamkeit bei der Auflösung von Rückstellungen gilt es zu differenzieren: Die bestimmungs- oder planmäßige Auflösung von Rückstellungen ist erfolgsneutral, sie beeinflußt daher die Steuerzahlung der Unternehmung nicht, und ist also für den VOFI bedeutungslos. Es liegt jedoch im Wesen der Rückstellungen, daß bei deren Bemessung Schätzfehler auftreten, so daß im allgemeinen die Höhe der Zuführungen von den tatsächlichen Auszahlungen abweichen. Soweit die passivierte Rückstellung höher ist als die entsprechende Auszahlung, ist die Rückstellung in Höhe der Differenz erfolgswirksam aufzulösen; zugleich wird dadurch die steuerliche Bemessungsgrundlage erhöht. Soweit die passivierte Rückstellung niedriger ist als die Auszahlung, wird die Bemessungsgrundlage entsprechend reduziert. Für solche unvermeidlichen Abweichungen zwischen Aufwands- und Auszahlungsbeträgen ist der VOFI um Korrekturposten (sogenannte *Liquiditätskorrektur*) sowie um eine Zeile für die Zuführung zu den Rückstellungen zu ergänzen.

90 Vgl. GROB, H.L. (1989), S. 67ff.

91 Siehe dazu Kap. 5.4.2.2. Da die zeitliche Verlagerung der ertragsteuerlichen Bemessungsgrundlage wesentlich von den Umständen des Einzelfalls abhängt, erscheint eine standardisierte Behandlung der Verluste nicht sinnvoll. Vgl. GROB, H.L. (1989), S. 64f.; GROB, H.L. (1999), S. 277ff.

92 Vgl. Kap. 2.1.2.

strömen an die Eigentümer der Unternehmung führen, wird eine Höhenpräferenz benötigt, um die Vorteilhaftigkeit der verschiedenen Zahlungsströme bzw. Handlungsalternativen beurteilen zu können. Bei der Wertsteigerungsanalyse werden die Höhenpräferenzen begrenzt auf die Kosten des Eigenkapitals. Diese entsprechen der Mindestrendite, welche die Eigentümer fordern, um a) sich weiterhin an der Unternehmung zu beteiligen, also von einer Desinvestition abzusehen, bzw. um b) zusätzliches Eigenkapital in die Unternehmung zu investieren. Daher sind als Eigenkapitalkosten grundsätzlich die Opportunitätskosten aus risikobehafteten Alternativanlagen zu betrachten.[93]

Die o.g. „modernen" Verfahren der Investitionsrechnung sind kapitalmarktorientiert und transformieren subjektive Renditeforderungen der Investoren in Mindestrenditeforderungen für unternehmerische Handlungsalternativen.[94] Die Eigenkapitalkosten börsengehandelter Publikumsgesellschaften werden demnach unternehmungsextern am Kapitalmarkt festgelegt. Gegen die kapitalmarktorientierten Verfahren ist zunächst einzuwenden, daß die Berechnung von risikogerechten Marktrenditen selbst bei börsennotierten Unternehmungen u.a. wegen meßtechnischer Probleme äußerst schwierig ist. In nichtbörsennotierten Unternehmungen, die den Objektbezug dieser Arbeit bilden, versagen die Verfahren gänzlich, weil mangels des Publikumshandels von Gesellschaftsanteilen die zur Berechnung notwendigen Daten gar nicht ermittelt bzw. veröffentlicht werden.[95]

Wird dagegen als Desinvestitionskalkül ein VOFI verwendet, treten derartige Probleme der Quantifizierung von Eigenkapitalkosten nicht auf. Die dem Des-/Investor zur Verfügung stehenden Anlagemöglichkeiten (Opportunitäten) können mit ihrer gesamten Konditionenvielfalt explizit im Kalkül berücksichtigt werden. Mittels einer Sensitivitätsanalyse[96] können die Handlungsalternativen dahin gehend untersucht werden, ob und wie sich ihre relative Vorteilhaftigkeit bei verschiedenen Opportunitäten verändert. Welche Anlagemöglichkeiten im konkreten Fall als Opportunität betrachtet werden, hängt vom Kapitalmarktzugang und der individuellen Risikoneigung des Des-/Investors ab.

---

[93] Vgl. in diesem Sinne STUDER, T. (1998), S. 370; GEHRKE, I. (1999), S. 164.

[94] Vgl. GEHRKE, I. (1999), S. 140f. Bei dieser Transformation wird auf zwei Verfahren der Kapitalmarkttheorie zurückgegriffen, das *Capital Asset Pricing Model* (CAPM) und das *Arbitrage Pricing Model* (APM), die beide auf der Portfolio-selection-Theorie von MARKOWITZ basieren. Vgl. dazu MARKOWITZ, H.M. (1952, 1959) sowie die Ausführungen in Kap. 4.3.1.1.1. In beiden Verfahren richtet sich die Höhe der Eigenkapitalkosten nach dem Preis des risikofreien Kapitals und nach der Höhe der Risiken, welche die Eigenkapitalgeber der Unternehmung beimessen. Zur Darstellung der beiden Verfahren vgl. z.B. PERRIDON, L./STEINER, M. (1991), S. 245ff.; GEHRKE, I. (1999), S. 144ff. Zur Kritik an diesen Verfahren vgl. STUDER, T. (1998), S. 368ff.; KUNZ, R.M. (1998), S. 401.

[95] Vgl. dazu GROB, H.L./LANGENKÄMPER, CH./WIEDING, A. (1999), S. 454. Dagegen vertritt STUDER die Ansicht, die Ermittlung von Eigenkapitalkosten stelle in klein- und mittelständischen Unternehmungen insofern kein Problem dar, als daß bei Personalunion von Unternehmungsleitung und Eigentümer im allgemeinen kein Anlaß bestehe, die Schaffung von Shareholder-value zahlenmäßig zu belegen. Vgl. STUDER, T. (1998), S. 370. Dieser Meinung kann nicht gefolgt werden, da unabhängig von einer notwendigen Rechtfertigung, auch in diesen Unternehmungen die Eigenkapitalkosten der Fundierung von Des-/Investitionsentscheidungen dienen.

[96] Die Verwendung des VOFIs im Rahmen einer Sensitivitätsanalyse wird im Kap. 7.3.5 erläutert.

7.3.5 Berücksichtigung der Unsicherheit

Wegen der langfristigen Wirkungen von Desinvestitionsentscheidungen sind Aussagen über die Wertsteigerungspotentiale der Handlungsalternativen nur möglich, wenn deren Zielbeiträge vor dem Hintergrund verschiedener Datenszenarien überprüft werden. Ein Kalkül, welches auf die Berücksichtigung unsicherer Datenentwicklungen verzichtet, wird den Anforderung einer rationalen Entscheidungsfindung nicht gerecht.[97]

Alle Planungsrechnungen stehen vor der Frage, wie die Unsicherheit über die zukünftige Datenentwicklung im Entscheidungskalkül zu berücksichtigen ist. Insofern ist die Schwierigkeit, die Zahlungsfolgen der Alternativen zu prognostizieren, kein methodenspezifisches Problem des VOFIs, sondern letztlich allen Planungsrechnungen gemeinsam. In der Literatur werden daher zahlreiche Methoden zur Unterstützung von Des-/Investitionsentscheidungen unter Unsicherheit diskutiert.[98] Allerdings ist „keine noch so progressiv erscheinende Form der Investitionsrechnung ... in der Lage, die Ungewißheit zu beseitigen - die Konsequenzen der Entscheidung können bei entscheidungstheoretischer Fundierung nur *transparenter* gemacht werden."[99] Die Prognose der originären Zahlungen wird bei Desinvestitionen zusätzlich dadurch erschwert, daß im allgemeinen keine Erfahrungen bzw. Erfahrungswerte vorliegen, auf die ersatzweise zurückgegriffen werden könnte.[100]

Der VOFI kann trotz seiner nur einwertigen[101] Datenbasis zur Analyse von Unsicherheitsproblemen genutzt werden, indem beliebige[102] Datensituationen in Form von Szenarien angenommen oder einfache bzw. mehrfach-parallele Variationen der Parameter durchgeführt werden.[103] Die Konsequenzen verschiedener unsicherer Parameterkonstellationen können dann in ihren Wirkungen auf die Desinvestitionsziele berechnet und in einer Ergebnismatrix (bei einstufigen Entscheidungen) bzw. in einem Entscheidungsbaum (bei mehrstufigen Entscheidungen) gegenübergestellt wer-

---

97 Siehe zu diesen Anforderungen Kap. 2.2.2 und 7.2.2.

98 Daher ist es auch nicht Ziel dieser Arbeit, die Problematik der Zahlungsprognose unter Unsicherheit lösen zu wollen. Vielmehr soll dargestellt werden, wie mit dem VOFI, einer bekannten und bewährten Methode der Investitionsrechnung, Desinvestitionsentscheidungen auch unter Unsicherheit fundiert werden können.

Unter Hinweis auf die diesbezüglich umfangreiche Literatur wird hier auf eine Darstellung der diversen Verfahren zur Handhabung der Unsicherheitsproblematik (z.B. Korrekturverfahren, Erwartungswertverfahren, Risiko-Chancen-Profile) verzichtet. Vgl. zu deren Anwendung bei Investitionen z.B. BLOHM, H./LÜDER, K. (1991), S. 231ff.; ADAM, D. (1996), S. 306ff.; GROB, H.L. (1999), S. 375ff., 448ff. Für den Einsatz dieser Verfahren im Rahmen des Desinvestitionsprozesses vgl. NAPP, H. (1990), S. 136ff.; BRÜGGERHOFF, J. (1992), S. 252ff.

99 GROB, H.L. (1999), S. 376 (Anm.d.V.: Hervorhebung im Original). Darüber hinaus kann die Theorie ein konsistentes Entscheidungsverhalten gewährleisten. Zu den Kriterien *Transparenz* und *Konsistenz* vgl. derselbe, S. 382ff.

100 Vgl. BRÜGGERHOFF, J. (1992), S. 238.

101 Es gibt nur einen Zielwert, nämlich den Endwert.

102 Im allgemeinen werden in der Literatur Drei-Punkte-Prognosen für *optimistische*, *pessimistische* und *normale* Schätzungen vorgeschlagen.

103 Zur Szenariotechnik vgl. GROB, H.L. (1999), S. 421ff.

den.[104] Mittels einer Sensitivitätsanalyse können z.B. Stabilitätsgrenzen oder kritische Werte der Parameter bestimmt werden.[105] Im Gegensatz zu den klassischen Verfahren der Investitionsrechnung bietet der VOFI für solche Sensitivitätsanalysen eine größere Datenbasis, weil er sowohl die Finanzierungswirkungen als auch die steuerlichen Wirkungen der Handlungsalternativen explizit berücksichtigt.[106]

Ein kritischer Wert ist erreicht, wenn die VOFI-Endwerte zweier betrachteter Alternativen gleich hoch sind, wenn also Entscheidungsindifferenz besteht. Je größer die Abweichung zwischen dem tatsächlich erwarteten und dem kritischen Wert ist, als desto „unproblematischer" wird der Prognosewert betrachtet. Während bei den Sensitivitätsanalysen der klassischen Verfahren die strenge ceteris-paribus-Bedingung gilt, wird diese Prämisse beim VOFI aufgelockert. Die Vorentscheidungen über die Finanzierung und Wiederanlage liquider Mittel sind keine exogenen Determinanten, sondern werden bei der Variation der kritischen Variablen gegebenenfalls angepaßt. Grundsätzlich lassen sich für sämtliche Parameter eines VOFIs Sensitivitätsanalysen erstellen. Die einer solchen Analyse zu unterziehenden Parameter können z.B. Einzahlungsüberschüsse, Anschaffungsauszahlungen, (Rest-)Verkaufserlöse des Anlage- und Umlaufvermögens, Entsorgungs- und Sanierungsauszahlungen, Auszahlungen für Personalmaßnahmen, Steuerzahlungen und -erstattungen, Zins- und Tilgungssätze für Darlehen und Guthaben oder Entnahmen und Einlagen der Gesellschafter sein.[107]

7.4 Bestimmung der Zahlungsfolgen der Alternativen

7.4.1 Fortführungsalternativen

Ausgangspunkt jeder Desinvestitionsrechnung ist die Ermittlung der Basisentwicklung, d.h. der Entwicklung, welche die Gesamtunternehmung nähme, wenn der betrachtete Unternehmungsteil fortgeführt würde, die Desinvestition also unterbliebe. Analog zur Suchphase wird daher in der Beurteilungsphase zunächst die bei einer

---

[104] Das Arbeiten mit Entscheidungsbäumen erfordert keineswegs die Existenz von Wahrscheinlichkeitsverteilungen, weil das Rekursionsverfahren auch dann anwendbar ist, wenn eine Verdichtung zum Erwartungswert des Risikonutzens oder einem ähnlichen Zielwert unterbleibt; vgl. GROB, H.L. (1989), S. 58f.

[105] Die Ermittlung eines kritischen Wertes macht nur Sinn, wenn der Entscheidungsträger über die Höhe des Parameters unsicher ist und ein Intervall der möglichen Ausprägungen benennen kann. Falls kein Intervall, sondern nur diskrete Ausprägungen denkbar sind, sollten Alternativrechnungen anstelle einer Sensitivitätsanalyse durchgeführt werden.

[106] Zum Einsatz des VOFIs bei der Sensitivitätsanalyse vgl. GROB, H.L. (1999), S. 412ff. Zur Anwendung des VOFIs bei der Risiko-Chancen-Analyse vgl. GROB, H.L. / MRZYK, A.P. (1997); GROB, H.L. (1999), S. 448ff.

[107] Sofern bestimmten Produkten finanzielle Zielbeiträge zugerechnet werden können, können auch Absatzmengen und -preise sowie fixe und variable Auszahlungen pro Stück erfaßt werden. Auch vektorielle Prognosedaten können auf diese Weise analysiert werden, z.B. das kritische Anfangsniveau einer Variablen, das kritische Einheitsniveau für alle Vektorelemente, kritische Steigerungsraten bei gegebenem Anfangsniveau, kritische Anfangsniveaus bei gegebenen Steigerungsraten oder die kritischen Änderungsraten aller Vektorelemente.

Fortführung des Unternehmungsteils zu erwartende Zahlungsfolge ermittelt. Unter Berücksichtigung der in der Suchphase generierten Fortführungsalternativen ist zu klären, welche von zwei möglichen Arten der Fortführung zu unterstellen ist:[108]

1) Entweder wird als Basiszustand die „beste" Fortführungsalternative definiert, also jene, welche unter Berücksichtigung und Kalkulation sämtlicher (vorteilhafter) Rationalisierungs- und Sanierungsmaßnahmen den maximalen Endwert bzw. die größte Rentabilität erwarten läßt;
2) oder als Basiszustand wird eine Fortführungsalternative „vor Maßnahmen" definiert. Dann wird die Entwicklung betrachtet, welche die Gesamtunternehmung angesichts aller erwarteten Änderungen der Umsysteme ohne Rationalisierungs- und Sanierungsmaßnahmen nähme.[109]

Die Ermittlung des Basiszustandes entspricht, unabhängig von Desinvestitionsüberlegungen, der ohnehin notwendigen Langfristplanung der Unternehmung. Dabei gilt es zu antizipieren, wie sich die Fortführung des Unternehmungsteils, der ja immerhin aufgrund finanzieller und/oder strategischer Mißerfolge als potentielles Desinvestitionsobjekt identifiziert wurde, voraussichtlich auf die finanzielle und strategische Zielerreichung der Gesamtunternehmung auswirken wird. Zur Ermittlung der Zahlungsfolgen sind periodenbezogen alle erwarteten Entwicklungen und Veränderungen auf der Mengen-, Ertrags- und Aufwandsseite (bilanzielle Betrachtung) sowie die daraus resultierenden Ein- und Auszahlungsströme (finanzielle Betrachtung) zu erfassen. Dabei müssen auch eventuell notwendige Ersatz- und Erweiterungsinvestitionen zur Aufrechterhaltung des Unternehmungsteils berücksichtigt werden.

Abb. 30: Prognose periodenindividueller Zahlungen bei einer Fortführung

Zahlungsgrößen	t = 1	t = 2	t = 3	...	t = n
Künftige Einzahl.-Überschüsse bei unveränderter Fortführung					
+/- zusätzliche Zahlungen bei der Durchführung von Restrukturierungsmaßnahmen					
+/- zusätzliche Zahlungen bei veränderter Strategie					
+/- zusätzliche Zahlungen aufgrund leistungs- und/oder finanzwirtschaftlicher Synergieeffekte					
= Zahlungsfolge bei Fortführung					

Quelle: Eigene Darstellung in Anlehnung an BRÜGGERHOFF, J. (1992), S. 323.

Die Prognose der zukünftigen Cash-flows kann auf der Basis der Zahlungsfolgen der Vergangenheit aufbauen. Ausgehend von den Ergebnissen der in den Kapiteln 2 und 4 geschilderten finanziellen Analyse können langfristige Trends einzelner Cash-flow-Komponenten absolut (z.B. die Höhe der Nettoinvestitionen) und relativ zu an-

---

[108] Vgl. dazu und zur folgenden Fallunterscheidung NAPP, H. (1990), S. 145. Siehe auch Kap. 5.4.1.

[109] Sofern die Entscheidungsträger erwägen, vor einer Desinvestition zunächst eine Sanierung der Unternehmung bzw. des Unternehmungsteils durchzuführen, sind die damit verbundenen Rationalisierungsmaßnahmen und -investitionen gesondert zu bewerten. Sie treten dann im Fall b) in Konkurrenz zu den Desinvestitionsalternativen. Hier zeigt sich erneut, wie wichtig identische Bewertungskriterien für Investitionen und Desinvestitionen sind.

deren Komponenten (z.B. zum Umsatz) abgeleitet werden. Die in der Initiierungsphase ex post durchgeführte Kontrolle liefert somit analytische Anhaltspunkte für eine Prognose der periodenindividuellen Zahlungen bei einer Fortführung (vgl. Abb. 30).[110]

Auf der Basis dieser Prognose kann für die betrachtete Fortführungsalternative die Zahlungsfolge des an die Eigentümer fließenden Cash-flows nach Körperschaftsteuer ermittelt werden. Diese Zahlungsfolge bildet die Grundlage für den anschließend aufzustellenden Fortführungs-VOFI, in dem auch die persönlichen Finanzierungs- und Anlagekonditionen der Eigentümer abgebildet werden. Unter Verwendung der individuellen Steuersätze der Eigentümer werden die sie betreffenden Steuerzahlungen berechnet und ihn den VOFI übertragen.[111] In einem dritten Schritt wird der Endwert des VOFIs berechnet.[112] Um den Endwert zu ermitteln, wird der nach dem Planungshorizont anfallende Überschuß nach Verrechnung der Steuerzahlungen als ewige Rente mit einem adäquaten Kalkulationszinsfuß auf den Planungshorizont abgezinst und zum Bestandssaldo am Planungshorizont addiert.[113]

Als Ergebnis dieser Berechnung ergibt sich am Ende des Planungshorizontes ein Endwert bei Fortführung (EW_F), der aus Sicht der Eigentümer den Wert der Unternehmung bei Fortführung des Unternehmungsteils repräsentiert. Dieser Wert bildet die Referenzgröße, anhand derer die Vorteilhaftigkeit der Verkaufs- bzw. der Stillegungsalternative zu messen ist.[114]

7.4.2 Verkaufsalternativen

7.4.2.1 Überblick

Nachdem der Endwert bei Fortführung ermittelt wurde, ist nunmehr zu prüfen, welche Entnahmepotentiale die Eigentümer erwarten können, wenn eine Entscheidung zugunsten einer Desinvestition getroffen und umgesetzt wird. Daher sind im nächsten Schritt die Zahlungsströme der Verkaufsalternativen, die in der Suchphase generiert wurden, zu berechnen. Dabei ist es zweckmäßig, auf der Basis der für die Fortführungsalternative prognostizierten Entwicklung die Cash-flow-Komponenten dahin gehend zu analysieren, wie diese sich im Fall eines Verkaufs verändern (vgl. Abb. 31).

---

[110] Vgl. dazu GEHRKE, I. (1999), S. 110.

[111] Die u.U. von der Unternehmung abzuführende Körperschaftsteuer auf Ausschüttungen wird als anrechenbare Steuergutschrift in den VOFI übernommen.

[112] Eine ausführliche Darstellung des Algorithmus´ gibt GROB, H.L. (1999), S. 87f. Vgl. dazu Kap. 7.3.

[113] Zwar wurde der Ansatz eines Kalkulationszinsfußes oben kritisiert, dennoch ist er hier gerechtfertigt, da er sich nicht auf den Planungshorizont selbst, sondern auf die Zeit danach bezieht. Zum Problem der Bestimmung des Planungshorizontes vgl. Kap. 7.3.2.

[114] Vgl. zur o.g. Vorgehensweise GROB, H.L./LANGENKÄMPER, CH./WIEDING, A. (1999), S. 469.

Abb. 31: Prognose periodenindividueller Zahlungen bei einem Verkauf

Zahlungsgrößen	t = 1	t = 2	t = 3	...	t = n
Geschätzter Verkaufspreis auf Basis des Ertrags- oder Liquidationswertes inklusive möglicher Restrukturierungsmaßnahmen					
- Minderung des Verkaufserlöses durch Herauslösung administrativen oder technischen Wissens					
+ Wegfall von Auszahlungen zum Aufbau eines gleichwertigen Wissens					
+ Erhöhung des Verkaufserlöses durch vorherige Frei- oder Umsetzung nicht mehr benötigter Mitarbeiter					
- Auszahlungen für die Entlassung, Umsetzung und Umschulung von Mitarbeitern					
- Minderung des Verkaufserlöses durch Herauslösung von Sachpotentialen					
+ Verkaufserlöse für Einzelverkäufe von Sachpotentialen					
+/- Änderung des Verkaufserlöses durch die Ausklammerung von Auftragsbeständen					
+/- Nettoerfolge bei der Selbstabwicklung bestehender Aufträge					
+/- Änderung des Verkaufserlöses durch Einschluß zusätzlicher Potentiale außerhalb des Desinvestitionsobjektes					
= Bruttoverkaufserlös beim Verkauf des Unternehmungsteils als Ganzes					
+ Einzahlungen bei Aufrechterhaltung des Leistungserstellungsprogramms					
- Auszahlungen für die Aufrechterhaltung des Leistungserstellungsprogramms aufgrund von Eigenfertigung oder Fremdbezug					
- Auszahlungen bei Aufgabe des Leistungsprogramms aufgrund von Vertragsverletzungen, Rückzahlung erhaltener Anzahlungen, soweit der Käufer diese Verträge nicht erfüllt					
+/- bisheriger Auszahlungs-/Einzahlungsüberschuß des zu verkaufenden Unternehmungsteils					
- Auszahlungen für Rechts- und Beratungskosten					
= Bruttoerlös beim Verkauf des Unternehmungsteils unter Berücksichtigung der Veränderungen des Leistungsprogramms					

Quelle: Eigene Darstellung in Anlehnung an BRÜGGERHOFF, J. (1992), S. 323ff.

Die Bewertung von Verkaufsalternativen wird von den individuellen Reinvestitionsmöglichkeiten der beim Verkauf erzielten Erlöse bestimmt.[115] Die aus der Wiederanlage liquider Mittel resultierenden Zahlungsfolgen sowie die damit einhergehenden steuerlichen Konsequenzen sind daher ebenfalls im VOFI zu berücksichtigen. Erfolgt

[115] Vgl. dazu auch die Ausführungen über die *Gegenleistung des Käufers* als einen Parameter der Verkaufsalternative in Kap. 5.4.2.3.

die Reinvestition in Sachanlagen muß - wenigstens am Planungshorizont - der Bestand an liquiden Mitteln um den Wert der Reinvestition ergänzt werden. Der VOFI ist in diesem Fall als Teil eines zukünftigen (partiellen) Vermögensstatus zu interpretieren.[116]

Beim Verkauf von dauerhaften Gegenständen des materiellen Anlage- und Umlaufvermögens (Fabriken, Anlagen und Maschinen, Ausrüstungen und Einrichtungen, Lagerbestände) die speziell auf eine Unternehmung, Geschäftseinheit oder einen bestimmten Standort zugeschnitten sind, werden oft nur geringe Erlöse erzielt. Die Nachfrage nach solchen Spezialkapazitäten bzw. -beständen ist aufgrund der eingeschränkten Nutzungsmöglichkeiten und der hohen Kosten der Eingliederung in bestehende Prozesse häufig gering oder fehlt sogar ganz. Wenn es nicht gelingt, spezialisierte Aktiva an eine Unternehmung zu verkaufen, die sie in derselben Branche (und vielleicht sogar am selben Standort) einsetzen will, sinkt ihr Wert so stark, daß sie meistens verschrottet werden müssen. Um den Marktwert der zu veräußernden Vermögensgegenstände abschätzen zu können, ist zu prüfen, welche Nachfrage nach solchen Aktiva besteht.[117]

Insbesondere in inhabergeführten Unternehmungen ist der VOFI als Desinvestitionskalkül geeignet, weil er bei der Bewertung von Verkaufsalternativen die Möglichkeit bietet, die private Vermögens- und Finanzierungssituation des Des-/Investors in überschaubarer Form zu berücksichtigen. Bei einem Verkauf eines Unternehmungsteils haben die Vermögensausstattung des Verkäufers bzw. Käufers Einfluß auf deren jeweils subjektiven Grenzpreis und sind daher in das Kalkül zu integrieren.[118] Die Vermögenssituation der beiden Akteure wird durch deren private Verschuldung bestimmt, mit der das in den Unternehmungsteil eingebrachte Eigenkapital finanziert wurde (Verkäufersicht) bzw. zu finanzieren sein wird (Käufersicht).[119] Des weiteren sind ihre jeweiligen individuellen Finanzierungskonditionen und Steuersätze zu berücksichtigen, die im allgemeinen von denen der Unternehmung abweichen.[120] Daher werden im Folgenden der VOFI des Käufers und der VOFI des Verkäufers getrennt behandelt.

---

[116] Vgl. GROB, H.L. (1989), S. 70.

[117] Vgl. PORTER, M.E. (1999), S. 324ff.

[118] Für die Bewertung der Verkaufsalternative ist zur Bestimmung des im Zeitpunkt $t = 0$ geltenden Grenzpreises auf das Anfangswert-Konzept des VOFI-Modells zurückzugreifen. Dabei wird der Wert des Eigenkapitals durch ein algorithmisches Suchverfahren, der sogenannten Zielwertsuche, bestimmt. Die Zielwertsuche ist ein Iterationsverfahren, welches unter Veränderung einer unabhängigen Variablen die abhängige Variable solange neu berechnet, bis letztere einen vorher definierten Wert erreicht. Vgl. dazu und zum Anfangswert-Konzept GROB, H.L. (1999), S. 80f.

[119] Dabei wird nicht das gesamte Privatvermögen des Des-/Investors betrachtet, sondern nur der Teil seines Vermögens, der in unmittelbarer Beziehung zum Bewertungsobjekt steht.

[120] Vgl. GROB, H.L./LANGENKÄMPER, CH./WIEDING, A. (1999), S. 468.

7.4.2.2 VOFI des Verkäufers

Neben der Fortführung hat der Verkäufer die Alternative, den Unternehmungsteil zum Bewertungszeitpunkt zu verkaufen und den Veräußerungserlös anderweitig oder in der eigenen Unternehmung zu reinvestieren. Er kann auch, sofern das vertraglich möglich ist, private oder betriebliche Kredite teilweise oder sogar restlos tilgen. Damit der Verkäufer bei einem Verkauf nicht schlechter steht als bei einer Fortführung des Unternehmungsteils, darf der Endwert dieser Opportunität (EW_O) nicht geringer sein als der Endwert der Zahlungen, die bei einer Fortführung an den Verkäufer fließen. Um den gesuchten Grenzpreis zu ermitteln, muß folglich Gleichheit zwischen den beiden Endwerten herbeigeführt werden. Als Opportunität zur Alternative „Fortführung der Gesamtunternehmung *mit* dem Unternehmungsteil" ist dabei die Alternative „Fortführung der Gesamtunternehmung *ohne* den Unternehmungsteil und *mit* Reinvestition des Verkaufserlöses" zu betrachten, da per definitionem nach der Durchführung eines Verkaufs ein aktives Rumpfgebilde bestehen bleibt.[121]

Es wurde bereits dargestellt, wie auf der Grundlage der für die Zukunft prognostizierten Unternehmungsentwicklung als Zahlungsfolge die an den Verkäufer fließenden Cash-flows im Fall einer Fortführung des Unternehmungsteils ermittelt werden.[122] Darauf aufbauend sind zur Ermittlung der Preisuntergrenze des Verkäufers im VOFI-Desinvestitionskalkül folgende Schritte durchzuführen:[123]

1) Zunächst ist zu prognostizieren, welche Entwicklung die Unternehmung ohne den betrachteten Unternehmungsteil nehmen wird. Aufgrund dieser Prognose wird als Zahlungsfolge der nach der Aufgabe des Unternehmungsteils an den Eigentümer fließende Cash-flow nach Körperschaftsteuer ermittelt.

2) Im zweiten Schritt ist der VOFI des Verkäufers aufzustellen. Neben der ermittelten Zahlungsfolge werden in diesem wiederum die persönliche Vermögenssituation des Verkäufers und dessen individuelle Finanzierungs- und Anlagekonditionen abgebildet. Unter Verwendung seiner persönlichen Steuersätze werden erneut die ihn betreffenden Steuerzahlungen berechnet und in den VOFI übertragen.[124]

3) Der für die Fortführungsalternative errechnete Endwert (EW_F) ist als Vorgabe für den Endwert der Verkaufsalternative zu verwenden ($EW_F = EW_V$). Gesucht ist dann der Betrag, der zum Bewertungszeitpunkt $t = 0$ in eine andere Verwendung oder in die eigene Unternehmung investiert werden müßte, um die geforderte Gleichheit herzustellen. Dieser Wert ist mittels eines VOFIs der Opportunität zu ermitteln, wobei Verfahren der algorithmischen Zielwertsuche eingesetzt werden.[125]

---

121 Vgl. dazu die Definition des Desinvestitionsbegriffs dieser Arbeit in Kap. 2.1.2.

122 Vgl. Kap. 7.5.1.

123 Vgl. dazu und zu dem folgenden Berechnungsverfahren GROB, H.L./LANGENKÄMPER, CH./WIEDING, A. (1999), S. 469f.

124 Zu den steuerlichen Konsequenzen eines Verkaufs vgl. Kap. 5.4.2.2 und 6.3.5.

125 Falls kein privates Fremdkapital aufgenommen wurde, und ein einheitlicher Opportunitätskostensatz verwendet werden soll, kann der Betrag auch durch Abzinsung des vorgegebenen Endwertes bestimmt werden.

Der so berechnete Betrag entspricht dem Marktwert der vom Verkäufer eingesetzten eigenen Mittel. Wurde Fremdkapital privat aufgenommen, ist dessen Marktwert gegebenenfalls zu addieren, um die gesuchte Mindestpreisforderung des Verkäufers zu ermitteln.[126]

7.4.2.3 VOFI des Käufers

Neben dem Erwerb des Unternehmungsteils hat der potentielle Käufer die Alternative, seine eigenen Mittel bestmöglich anderweitig zu investieren. Soll der Käufer bei einem Erwerb des Unternehmungsteils nicht schlechter gestellt sein als bei der Realisierung dieser Opportunität, darf der Endwert seiner Opportunität (EW_O) nicht größer sein als der Endwert (EW_K), der sich beim Kauf des Unternehmungsteils mit der prognostizierten Zahlungsfolge ergibt. Auch hier muß also Gleichheit zwischen den Endwerten bestehen, um den Grenzpreis zu ermitteln ($EW_K \overset{!}{=} EW_O$). Zur Bestimmung der Preisobergrenze des Käufers sind im VOFI-Desinvestitionskalkül vier Schritte zu vollziehen:[127]

1) Auf der Basis der eigenen verfügbaren Mittel wird der Endwert der Opportunität (EW_O) berechnet. Entweder geschieht das mittels eines Opportunitäts-VOFIs oder, falls die Rendite bekannt ist, durch Aufzinsung der eigenen Mittel auf den Planungshorizont.

2) Auf der Grundlage der vom Käufer für den Unternehmungsteil prognostizierten Entwicklung ist die an den Verkäufer fließende Zahlungsfolge nach Körperschaftsteuer zu ermitteln.[128]

3) Neben der erwarteten Zahlungsfolge sind im VOFI des Käufers dessen für den Erwerb des Unternehmungsteils in $t = 0$ verfügbaren eigenen Mittel abzubilden. Dabei werden auf der Grundlage der persönlichen Steuersätze des Käufers die ihn betreffenden Steuerzahlungen in Nebenrechnungen berechnet und in den VOFI übernommen.[129]

4) Als Vorgabe für den zu erzielenden Endwert beim Erwerb des Unternehmungsteils wird im Käufer-VOFI der zu Anfang errechnete Endwert der Opportunität zugrunde gelegt ($EW_K = EW_O$). Zielgröße ist dann jener Betrag, der für den Erwerb des Unternehmungsteils investiert werden darf, um diese Gleichheit herzustel-

---

[126] Für ein Anwendungsbeispiel dieses dreistufigen Verfahrens vgl. GROB, H.L./LANGENKÄMPER, CH./WIEDING, A. (1999), S. 470ff.

[127] Vgl. dazu und zum folgenden Verfahren GROB, H.L./LANGENKÄMPER, CH./WIEDING, A. (1999), S. 472f.

[128] Zu Ermittlung der auf den Unternehmungsteil entfallenden Cash-flow-Komponenten vgl. Kap. 5.2.3. Zum Problem unterschiedlicher Prognosewerte von Käufer und Verkäufer vgl. Kap. 5.4.2.1.

[129] Die möglichen steuerlichen Wirkungen aus Sicht des Käufers wurden in Kap. 5.4.2.2 dargestellt. Analog zum Verkäufer-VOFI wird die anteilige von der Unternehmung abzuführende Körperschaftsteuer auf Ausschüttungen als beim Käufer anrechenbare Steuergutschrift in den VOFI übernommen.

len.[130] Die Ermittlung der kritischen Anschaffungsauszahlung als Preisobergrenze zum vorgegebenen Endwert EW_K erfolgt im VOFI des Käufers ebenfalls durch eine algorithmische Zielwertsuche.[131]

Die ermittelte kritische Anschaffungsauszahlung entspricht aus der Sicht des Käufers dem gesuchten subjektiven Marktwert des Unternehmungsteils. Sie stellt zugleich die obere Preisgrenze des Käufers unter Berücksichtigung seiner persönlichen Finanzierungssituation dar.

7.4.3 Stillegungsalternativen

Die in der Suchphase generierten Stillegungsalternativen bilden erneut die Grundlage einer Prognose der Unternehmungsentwicklung *nach* der Stillegung des betrachteten Unternehmungsteils.[132] Um den daraus resultierenden an die Eigentümer fließenden Cash-flow ermitteln zu können, sind die finanziellen Wirkungen einer Stillegung zu analysieren.[133]

Zu unterscheiden sind unmittelbare und mittelbare finanzielle Wirkungen der Stillegung eines Unternehmungsteils:
- Unmittelbare finanzielle Wirkungen entstehen beispielsweise durch die Zahlung von Kurzarbeitergeld oder durch Steuerzahlungen auf Gewinne aus dem Verkauf nicht mehr benötigter Wirtschaftsgüter.
- Mittelbare finanzielle Wirkungen entstehen, wenn aufgrund von Entlassungen einerseits die Auszahlungen für Löhne, Gehälter und Sozialabgaben sinken, andererseits aber neue Auszahlungen für Sozialpläne oder Umschulungen anfallen. Im Bereich des Anlage- und Umlaufvermögens wirken sich vermiedene Investitionen, Abschreibungen (wegen der Steuerwirkungen), Zinsen, Instandhaltungen und Reparaturen ebenfalls auf den Cash-flow der Restunternehmung aus.

Insbesondere bei der Stillegung eines Unternehmungsteils können Kosten und Auszahlungen durch Konventionalstrafen wegen der Nichterfüllung von Liefer- oder Abnahmeverträgen, durch die Pflicht zu Erfüllung bestehender Verträge, durch die Aufrechterhaltung von Serviceleistungen und Ersatzteillagern oder durch die Übertragung solcher Verpflichtungen an Dritte entstehen.[134] Auch der Abriß von Anlagen und Gebäuden des stillzulegenden Unternehmungsteils verursacht neben den eigentlichen Kosten für Demontagen und Abbrüche oftmals weitere Kosten für die Sa-

---

[130] Die Verfahrensweise ist also umgekehrt zu jener beim Verkäufer; dort wird der Endwert bei Fortführung als Vorgabe für den Endwert der Opportunität angesetzt.

[131] Sofern die Preisobergrenze und damit der Wert des anteiligen Eigenkapitals des Unternehmungsteils den Umfang der eigenen Mittel des Käufers übersteigt, muß dieser zur Finanzierung der Anschaffungsauszahlung Fremdkapital aufnehmen. Die Kredithöhe, die daraus resultierenden Zins- und Tilgungszahlungen sowie die damit verbundenen Steuerwirkungen werden als Ergebnis der Zielwertsuche ebenfalls im VOFI ausgewiesen.

[132] Zu den Aktionsparametern der Stillegungsalternative und den damit verbundenen Wirkungen vgl. Kap. 5.4.3.

[133] Vgl. dazu und zu der folgenden Abgrenzung RUDHART, P.M. (1978), S. 274ff.

[134] Vgl. PORTER, M.E. (1983), S. 326f.

nierung des Betriebsgeländes (z.B. aufgrund einer Rekultivierung kontaminierter Böden oder der Entsorgung von Schadstoffen).[135] Anhaltspunkte für die Analyse der Zahlungswirkungen ergeben sich aus Abb. 32.

Abb. 32: Prognose periodenindividueller Zahlungen bei einer Stillegung

Zahlungsgrößen	t = 1	t = 2	t = 3	...	t = n
Einzahlungen aus dem Verkauf materieller Gegenstände des Anlage- und Umlaufvermögens sowie immaterieller Werte					
- Auszahlungen aufgrund der Entlassung von Mitarbeitern sowie für deren betriebliche Altersversorgung					
+ Einzahlungen bei Aufrechterhaltung des Leistungsprogramms aufgrund von Eigenfertigung oder Fremdbezug					
- Auszahlungen bei Aufgabe des Leistungsprogramms aufgrund von Vertragsverletzungen oder der Rückzahlung erhaltener Auszahlungen					
+/- bisheriger Auszahlungs-/Einzahlungsüberschuß des stillzulegenden Unternehmungsteils					
- Auszahlungen für Demontagen und ähnliche Kosten					
- Rückzahlung früher erhaltener Subventionen					
- Auszahlung für die Sanierung und Rekultivierung von Böden und Gewässern					
= Zahlungsstrom bei Stillegung des Unternehmungsteils					

Quelle: Eigene Darstellung in Anlehnung an BRÜGGERHOFF, J. (1992), S. 325.

Diese finanziellen Wirkungen sind im VOFI-Desinvestitionskalkül bei der Ermittlung der originären und derivativen Zahlungen zu berücksichtigen. Als Ergebnis der Berechnung ergibt sich ein Endwert bei Stillegung (EW_S), der aus der Sicht der Eigentümer den Wert der Unternehmung nach der Stillegung des Unternehmungsteils darstellt.

7.5 Anwendung des VOFIs in einer Fallstudien-Unternehmung

Im Folgenden soll anhand einer Fallstudie gezeigt werden, wie der VOFI als Instrument zur Fundierung einer Desinvestitionsentscheidung genutzt werden kann. Aus Gründen der Anschaulichkeit wird darauf verzichtet, die reale Konditionenvielfalt des Kapitalmarktes zu berücksichtigen. Statt dessen werden einige der desinvestitionsspezifischen Sachverhalte, wie sie in den vorangegangenen Kapiteln diskutiert wurden, berücksichtigt. Dem Beispiel liegt folgende Fallstudie zugrunde:

Eine in Deutschland produzierende Unternehmung der Bekleidungsindustrie sieht sich seit zwei Jahren mit einem verstärkten Wettbewerbsdruck durch Anbieter aus den Niedriglohnländern konfrontiert. Das führte in der Vergangenheit zu sinkenden Absatzmengen und Umsatzerlösen bei gleichzeitig steigenden Produktions-, insbe-

[135] Vgl. dazu die Darstellung der umwelt- und steuerrechtlichen Nebenbedingungen einer Stillegung in Kap. 6.3.4 und 6.3.5.

sondere Lohnkosten im Inland. In der Folge erodierten die Gewinne der Unternehmungen und sank die Verzinsung des Eigenkapitals unter die von den Eigentümern geforderte Vorsteuer-Rendite in Höhe von 15%.

Da angesichts dieser Entwicklung dringender Anpassungsbedarf bestand, wurde zu Beginn des Jahres 2000 ein Desinvestitionsprozeß initiiert. In der Suchphase wurde festgestellt, daß insbesondere im Bereich der Fertigung die Wertaktivitäten *Zuschnitt*, *Näherei* und *Finishing* nicht die in sie gesetzten finanziellen und strategischen Erwartungen erfüllten. Diese Wertaktivitäten wurden daher als potentielle Anpassungs- bzw. Desinvestitionsobjekte bestimmt.

Um weiteren Schaden von der Unternehmung abzuwenden und deren Wettbewerbsfähigkeit für die Zukunft zu sichern, wurden folgende Anpassungsziele vereinbart:
- Wertziel der Unternehmung ist und bleibt die von den Eigentümern geforderte Verzinsung ihres Eigenkapitals.
- Als Sozialziel wurde vereinbart, daß die Folgen eventuell notwendiger Entlassungen für die betroffenen Mitarbeiter durch einen Sozialplan gemildert werden.

Vor diesem Hintergrund wurden in der Suchphase schließlich die folgenden grundsätzlichen Handlungsalternativen generiert:
1) Durch eine Differenzierungsstrategie der Gesamtunternehmung und der drei fortzuführenden Wertaktivitäten soll den Bedürfnissen der Händler und Endverbraucher besser entsprochen werden. (Die Handlungsalternative „Fortführung mit unveränderter Strategie" wurde bereits frühzeitig aus der Betrachtung ausgeschlossen, da sie als nicht zielführend und also unerwünscht erkannt wurde.)
2) Die bislang von den drei o.g. Wertaktivitäten erbrachten Leistungen werden in Zukunft zugekauft; die drei Wertaktivitäten werden stillgelegt.
3) Darüber hinaus hat ein Bekleidungshändler Interesse am Ankauf der drei Wertaktivitäten bekundet, da er sich durch eine Rückwärtsintegration finanzielle und strategische Wettbewerbsvorteile verspricht.

Sämtliche Handlungsalternativen haben eine Vorlaufzeit von einem Jahr, mit der Durchführung kann jeweils frühestens im Jahr 2001 begonnen werden.

Da die klassischen Verfahren der Investitionsrechnung wenig bis gar nicht geeignet sind, Desinvestitionsentscheidungen zu fundieren, soll die Bewertung der Handlungsalternativen mittels der Vollständigen Finanzplanung erfolgen. Wegen des großen Einflusses rasch wechselnder Modetrends und der daraus resultierenden erhöhten Prognoseunsicherheit wird der Planungshorizont auf vier Jahre beschränkt. Bevor die VOFIs berechnet werden, sind die allgemeinen und speziellen Modellannahmen darzustellen.

Allgemeine Prämissen der VOFIs

Bei der Aufstellung der Plan-Bilanz, der Plan-GuV sowie der VOFIs werden folgende allgemeine Prämissen unterstellt:[136]

[136] Auf eine ausführliche Aufzählung der grundsätzlichen Prämissen eines VOFIs wird hier aus Platzgründen verzichtet; es sei statt dessen verwiesen auf GROB, H.L. (1989), S. 33ff.

- Umsatzerträge, Material-, Personal- und sonstige Aufwendungen, Zinserträge und -aufwendungen führen jeweils in der Periode ihrer Entstehung zu Ein- bzw. Auszahlungen. Als Werteinheit gilt [TDM].
- Steuern werden jeweils in den Perioden ihrer Entstehung gezahlt. Es gelten folgende Steuersätze:
  - Einkommensteuersatz (inkl. Solidaritätszuschlag) s_{ESt} 52,75%
  - Kirchensteuersatz s_{KiSt} 9,00%
  - Steuermeßzahl m 5,00%
  - Hebesatz der Gewerbesteuer H 400,00%
  - Körperschaftsteuersatz auf thesaurierte Gewinne s^T_{KSt} 45,00%
  - Körperschaftsteuersatz auf ausgeschüttete Gewinne s^A_{KSt} 30,00%
  - steuerkorrigierter Kalkulationszinssatz 6,77%
- Das Geldvermögen der GmbH wird mit 2,5% p.a. verzinst.
- Für die GmbH beträgt der durchschnittliche Fremdkapital-Zinssatz 5,56% p.a.; die jährliche Tilgungsleistung beläuft sich auf 1% p.a. Für die Berechnung der Gewerbesteuer sind alle Verbindlichkeiten der GmbH als Dauerschulden anzusehen.
- Der Betrag, der für Erhaltungsinvestitionen, Rentenzahlungen und Tilgungen von Fremdkapital erforderlich ist, wird thesauriert. Dabei ist zu beachten, daß ein Teil dieses Betrages bereits in Höhe der nicht ausschüttungsfähigen Abschreibungen und Zuführungen zu den Pensionsrückstellungen vorliegt. Es verbleibt daher ein zu thesaurierender Mittelbedarf in der Periode t in Höhe von: I + R + T - Ab - ZPR. Die Körperschaftsteuer auf den einbehaltenen Gewinn errechnet sich wie folgt:[137]

$$S^T_{KSt} = \frac{s^T_{KSt}}{1 - s^T_{KSt}} \cdot (I - Ab + R - ZPR + T) = 0{,}8182 \cdot (I - Ab + R - ZPR + T)$$

- Der Marktwert des Eigenkapitals der Unternehmung entspricht dem Marktwert der eigenen Mittel des Eigentümers, da dieser seine Einlage nicht fremdfinanziert hat.

Prämissen bei einer Fortführung mit veränderter Strategie

Aufgrund von Lieferanten- und Abnehmerbefragungen sowie anhand detaillierter Kosten- und Erlösplanungen werden von der Unternehmung bei einer Fortführung mit veränderter Strategie die in der Plan-Bilanz und -GuV jeweils ausgewiesenen Entwicklungen der Ertrags- und Aufwandsgrößen prognostiziert.

Prämissen bei einer Stillegung der Aktivitäten

Bei einer Stillegung wird gegenüber einer Fortführung mit folgenden abweichenden Wirkungen und Konsequenzen gerechnet:

- Der Wechsel zu Fremdfabrikaten erfordert Preiszugeständnisse gegenüber den Abnehmern; einige Händler listen die Unternehmung als Anbieter aus. Aufgrund

[137] Vgl. dazu GROB, H.L./LANGENKÄMPER, CH./WIEDING, A. (1999), S. 461.

dessen wird im Vergleich zur Fortführung ein jährlicher Umsatzrückgang von 0,5% erwartet.

- Durch den Fremdbezug der Ware steigt der Materialaufwand um 1% p.a. Im Übrigen wird mit einem Anstieg der sonstigen Aufwendungen von 0,75% p.a. gerechnet, da der Fremdbezug zu vermehrten Logistikaktivitäten führt.

- Die Stillegung der drei Wertaktivitäten führt zur Entlassung der dort beschäftigten Mitarbeiter. Dadurch können in Zukunft die Personalaufwendungen dauerhaft um 15% gegenüber der Entwicklung bei einer Fortführung gesenkt werden. Dementsprechend sinken auch die Zuführungen zu den Pensionsrückstellungen, jedoch bleiben die Rentenzahlungen davon unberührt.

- Im Interesse einer einvernehmlichen Auflösung der Arbeitsverträge und um die Folgen einer Kündigung abzumildern, erhält jeder gekündigte Mitarbeiter eine Abfindung in Höhe von sechs Monatsbezügen, die sofort ausgezahlt wird. Zu diesem Zweck wird mit dem Betriebsrat und der Gewerkschaft ein mit 660.000 DM dotierter Sozialplan vereinbart, der sofort ausgezahlt wird.

- Nach der Stillegung der Aktivitäten werden diverse Maschinen und Anlagen nicht mehr benötigt. Aufgrund der am Markt vorhandenen Überkapazitäten sind diese unverkäuflich, so daß ein außerordentlicher Abschreibungsbedarf in Höhe der Buchwerte von 100.000 DM entsteht. (Von Verschrottungsaufwand wird hier abgesehen.)

- Darüber hinaus wird damit gerechnet, zukünftig Teile des Betriebsgeländes wegen Bodenkontaminationen stellenweise sanieren zu müssen. Daher werden die sonstigen Rückstellungen um 145.000 DM erhöht.

- Das Investitionsvolumen wird gegenüber der Fortführungsalternative einmalig im Jahr der Stillegung um 10% gekürzt; auf dieser Basis soll es in den Folgejahren um 2,5% p.a. steigen.

- Mit der Bank wurde vereinbart, im Jahr der Stillegung ein Drittel der vertraglichen Tilgungen (= 50.000 DM) zu stunden. In den Folgejahren sollen die Darlehen der Unternehmung wieder regulär mit 1% p.a. getilgt werden.

Prämissen bei einem Verkauf der Aktivitäten

Bei einem Verkauf der Wertaktivitäten mögen grundsätzlich dieselben Prämissen gelten wie bei der Stillegung, allerdings mit folgenden Modifikationen:

- Der an einem Ankauf interessierte Händler ist bereit, den Anlagen- und Auftragsbestand der Wertaktivitäten für 1,0 Mio. DM zu erwerben. Eine Sonderabschreibung für die Anlagen fällt nicht an.

- Die Arbeitsverträge der Mitarbeiter, die in den zu verkaufenden Aktivitäten beschäftigt sind, werden vom Käufer fortgesetzt. Die Personalkosten für die verbleibenden Mitarbeiter können daher ebenfalls dauerhaft um 15% gesenkt werden, ohne daß in diesem Fall jedoch die Notwendigkeit eines Sozialplans entsteht.

- Da die Betriebsgrundstücke nicht veräußert werden, bleibt der Sanierungsbedarf der Böden weiterhin bestehen, so daß auch beim Verkauf eine Rückstellung in Höhe von 145.000 DM zu bilden ist.
- Der Verkaufserlös wird noch im selben Jahr in voller Höhe innerhalb der Unternehmung zugunsten der verbleibenden Wertaktivitäten in neue Anlagen und Vorräte investiert.

Interpretation der Berechnungsergebnisse

Auf der Grundlage dieser Prämissen kann für jede der drei Handlungsalternativen ein Vollständiger Finanzplan aufgestellt werden.[138] Aufgrund der jeweiligen Marktwerte des Eigenkapitals bzw. der Eigenmittel ergibt sich für die drei Alternativen folgende Präferenzfolge (vgl. Tab. 8 bis 13):

1) Stillegung: 36.148.000 DM,
2) Verkauf: 33.572.000 DM,
3) Fortführung: 29.931.000 DM.

Entsprechend der oben beschriebenen Entscheidungsregel müßte die Stillegung als die optimale Alternative ausgewählt werden, da sie von allen drei Alternativen den höchsten Eigentümerwert erwarten läßt. Einschränkend ist zu bemerken, daß in der Realität angesichts der großen Tragweite einer Desinvestitionsentscheidung bei einer derart geringen Differenz zwischen dem Zielwert bei einer Stillegung und bei einem Verkauf weiter gehende und detailliertere Prognosen angestellt werden müßten.

---

[138] Im Interesse einer realitätsnahen Konstruktion wurden die im Modell verwendeten Plandaten weitgehend aus den von der DEUTSCHEN BUNDESBANK veröffentlichen Jahresabschlüssen der Bekleidungsindustrie generiert; vgl. DEUTSCHE BUNDESBANK (1998).

Tab. 8: Plan-Bilanz und Plan-GuV bei einer Fortführung

Plan-Bilanz der GmbH	**2000**	**2001**	**2002**	**2003**	**2004**	**t > 2005**
Aktiva						
Anlagevermögen	3.000	3.074	3.150	3.228	3.308	3.308
Umlaufvermögen	7.600	7.791	7.986	8.187	8.392	8.392
Geldvermögen	8.000	8.000	8.000	8.000	8.000	8.000
Bilanzsumme	18.600	18.865	19.137	19.415	19.700	19.701
Passiva						
Eigenkapital	1.700	2.082	2.468	2.859	3.254	3.254
Pensionsrückstellungen	640	645	650	656	661	661
sonstige Rückstellungen	1.160	1.189	1.219	1.249	1.280	1.280
Fremdkapital	15.100	14.949	14.800	14.652	14.505	14.505
Bilanzsumme	18.600	18.865	19.137	19.415	19.700	19.701

Plan-GuV der GmbH		**2001**	**2002**	**2003**	**2004**	**t > 2005**
Umsatzerträge, Bestandsänderungen, sonstige Erträge	+	41.500	46.700	49.800	55.300	61.000
Materialaufwand	-	24.600	27.600	28.900	31.300	35.000
Personalaufwand	-	8.800	9.600	10.100	10.900	12.100
sonstiger Aufwand	-	5.100	5.900	6.700	7.700	9.000
Abschreibungen auf Anlage- und Umlaufvermögen	-	890	913	935	959	983
Sonder-Abschreibungen	-	0	0	0	0	0
Zuführ. zu Pensionsrückstellungen	-	102	105	107	109	112
Zuführ. zu sonstigen Rückstellungen	-	29	30	30	31	0
Zinsaufwand (5,56%)	-	840	831	823	815	806
Zinsertrag (2%)	+	160	160	160	160	160
Gewinn vor Steuern	=	1.299	1.881	2.364	3.646	3.159
Gewerbesteuer (16,67%)	-	287	383	463	676	594
Gewinn nach Gewerbesteuern	=	1.013	1.499	1.902	2.971	2.565
Thesaurierung	-	382	386	391	395	0
KSt. auf Thesaurierung (81,82%)	-	312	316	320	323	0
Bruttoausschüttung	=	318	796	1.191	2.252	2.565
KSt. auf Bruttoausschüttung (30%)	-	95	239	357	676	769
Nettoausschüttung	=	223	558	834	1.576	1.795

Quelle: Eigene Darstellung.

Tab. 9: VOFI des Eigentümers bei einer Fortführung

Zahlungsfolge		**2001**	**2002**	**2003**	**2004**	**t > 2005**
- Marktwert des Eigenkapitals der Unternehmung	14.831					
+ Cash Flow an Eigentümer n. KSt (= Nettoausschüttung der GmbH)		223	558	834	1.576	1.795
Eigenkapital						
+ Marktwert eigener Mittel	14.831					
Kredite						
+ Aufnahme						
- Tilgung						
- Sollzinsen		0	0	0	0	0
Kapitalanlage						
- Anlage		144	369	572	1.089	
+ Auflösung						
+ Habenzinsen		0	22	77	163	
Steuern						
- Steuerzahlungen		175	449	696	1.325	1.408
+ Steuererstattungen		95	239	357	676	769
Finanzierungssaldo (bzw. ewige Rente)	0	0	0	0	0	**1.157**
Bestandsgrößen						
Kreditsaldo	0	0	0	0	0	
Guthaben-Saldo	0	144	513	1.085	2.174	
Bestandssaldo	0	144	513	1.085	2.174	
Gegenwartswert der ewigen Rente					17.097	1)
Endwert des VOFIs					**19.271**	
Marktwert der eigenen Mittel in t = 0	14.831		2)			
Marktwert des FK in t = 0	15.100					
Gesamtwert der Untern. in t = 0	**29.931**					

Nebenrechnung Einkommensteuer	**2001**	**2002**	**2003**	**2004**	**t > 2005**
Einkünfte GmbH-Beteiligung:					
+ Nettoausschüttung	223	558	834	1.576	1.795
+ Gutschrift Körperschaftsteuer	95	239	357	676	769
- Sollzinsen Kredit	0	0	0	0	0
+ Habenzinsen Anlage	0	22	77	163	0
= Bemessungsgrundlage	318	818	1.268	2.415	2.565
Einkommensteuer (54,89%)	175	449	696	1.325	1.408

Anmerkungen (Abweichungen durch Rundung):

1) $\frac{1.157}{0{,}0677} = 17.090$

2) $\frac{19.271}{1{,}0677^4} = 14.828$

Quelle: Eigene Darstellung.

Tab. 10: Plan-Bilanz und Plan-GuV bei einer Stillegung

Plan-Bilanz der GmbH	2000	2001	2002	2003	2004	t > 2005
Aktiva						
Anlagevermögen	3.000	3.041	3.087	3.135	3.188	3.188
Umlaufvermögen	7.600	7.607	7.723	7.848	7.983	7.983
Geldvermögen	8.000	8.015	8.015	8.015	8.015	8.015
Bilanzsumme	18.600	18.663	18.824	18.999	19.185	19.185
Passiva						
Eigenkapital	1.700	1.700	1.992	2.295	2.608	2.608
Pensionsrückstellungen	640	630	619	609	598	598
sonstige Rückstellungen	1.160	1.334	1.364	1.394	1.425	1.425
Fremdkapital	15.100	14.999	14.849	14.701	14.554	14.554
Bilanzsumme	18.600	18.663	18.824	18.999	19.185	19.185

Plan-GuV der GmbH		2001	2002	2003	2004	t > 2005
Umsatzerträge, Bestandsänderungen, sonstige Erträge	+	41.293	46.467	49.551	55.024	60.695
Materialaufwand	-	24.846	27.876	29.189	31.613	35.350
Personalaufwand	-	7.480	8.160	8.585	9.265	10.285
Sozialplan	-	660	0	0	0	0
sonstiger Aufwand	-	5.138	5.944	6.750	7.758	9.068
Abschreibungen auf Anlage- und Umlaufvermögen	-	882	894	908	923	938
Sonder-Abschreibungen	-	100	0	0	0	0
Zuführ. zu Pensionsrückstellungen	-	87	89	91	93	112
Zuführ. zu sonstigen Rückstellungen	-	174	30	30	31	0
Zinsaufwand (5,56%)	-	840	834	826	817	809
Zinsertrag (2%)	+	160	160	160	160	160
Gewinn vor Steuern	=	1.246	2.799	3.332	4.684	4.293
Gewerbesteuer (16,67%)	-	278	536	624	849	783
Gewinn nach Gewerbesteuern	=	968	2.263	2.708	3.835	3.510
Thesaurierung	-	0	292	303	313	0
KSt. auf Thesaurierung (81,82%)	-	0	239	248	256	0
Bruttoausschüttung	=	968	1.732	2.157	3.266	3.510
KSt. auf Bruttoausschüttung (30%)	-	290	520	647	980	1.053
Nettoausschüttung	=	678	1.212	1.510	2.286	2.457

Quelle: Eigene Darstellung.

Tab. 11: VOFI des Eigentümers bei einer Stillegung

Zahlungsfolge		**2001**	**2002**	**2003**	**2004**	**t > 2005**
- Marktwert des Eigenkapitals der Unternehmung	21.048					
+ Cash Flow an Eigentümer n. KSt (= Nettoausschüttung der GmbH)		678	1.212	1.510	2.286	2.457
Eigenkapital						
+ Marktwert eigener Mittel	21.047					
Kredite						
+ Aufnahme						
- Tilgung						
- Sollzinsen		0	0	0	0	0
Kapitalanlage						
- Anlage		449	812	1.058	1.630	
+ Auflösung						
+ Habenzinsen		0	67	189	348	
Steuern						
- Steuerzahlungen		532	988	1.288	1.983	1.927
+ Steuererstattungen		290	520	647	980	1.053
Finanzierungssaldo (bzw. ewige Rente)	-1	-12	0	0	0	**1.583**
Bestandsgrößen						
Kreditsaldo	0	0	0	0	0	
Guthaben-Saldo	0	449	1.261	2.319	3.949	
Bestandssaldo	0	449	1.261	2.319	3.949	1)
Gegenwartswert der ewigen Rente					23.401	
Endwert des VOFIs					**27.350**	
Marktwert der eigenen Mittel in t = 0	21.048					
Marktwert des FK in t = 0	15.100			2)		
Gesamtwert der Untern. in t = 0	**36.148**					

Nebenrechnung Einkommensteuer	**2001**	**2002**	**2003**	**2004**	**t > 2005**
Einkünfte GmbH-Beteiligung:					
+ Nettoausschüttung	678	1.212	1.510	2.286	2.457
+ Gutschrift Körperschaftsteuer	290	520	647	980	1.053
- Sollzinsen Kredit	0	0	0	0	0
+ Habenzinsen Anlage	0	67	189	348	0
= Bemessungsgrundlage	968	1.799	2.346	3.613	3.510
Einkommensteuer (54,89%)	532	988	1.288	1.983	1.927

Anmerkungen (Abweichungen durch Rundung):

1) $\frac{1.583}{0{,}0677} = 23.383$ 2) $\frac{27.350}{1{,}0677^4} = 21.046$

Quelle: Eigene Darstellung.

Tab. 12: Plan-Bilanz und Plan-GuV bei einem Verkauf

Plan-Bilanz der GmbH	2000	2001	2002	2003	2004	t > 2005
Aktiva						
Anlagevermögen	3.000	3.321	3.367	3.414	3.461	3.509
Umlaufvermögen	7.600	8.327	8.445	8.565	8.686	8.810
Geldvermögen	8.000	8.000	8.000	8.000	8.000	8.000
Bilanzsumme	18.600	19.648	19.812	19.979	20.148	20.319
Passiva						
Eigenkapital	1.700	2.685	2.980	3.275	3.571	3.742
Pensionsrückstellungen	640	630	619	609	598	598
sonstige Rückstellungen	1.160	1.334	1.364	1.394	1.425	1.425
Fremdkapital	15.100	14.999	14.849	14.701	14.554	14.554
Bilanzsumme	18.600	19.648	19.812	19.979	20.148	20.319

Plan-GuV der GmbH		2001	2002	2003	2004	t > 2005
Umsatzerträge, Bestandsänderungen, sonstige Erträge	+	41.293	46.467	49.551	55.024	60.695
a.o. Ertrag aus Verkauf von AV	+	1.000	0	0	0	0
Materialaufwand	-	24.846	27.876	29.189	31.613	35.350
Personalaufwand	-	7.480	8.160	8.585	9.265	10.285
Sozialplan	-	0	0	0	0	0
sonstiger Aufwand	-	5.138	5.944	6.750	7.758	9.068
Abschreibungen auf Anlage- und Umlaufvermögen	-	882	978	992	1.006	1.020
a.o. Aufwand aus Abgang von AV	-	100	0	0	0	0
Zuführ. zu Pensionsrückstellungen	-	87	89	91	93	112
Zuführ. zu sonstigen Rückstellungen	-	174	30	30	31	0
Zinsaufwand (5,56%)	-	840	834	826	817	809
Zinsertrag (2%)	+	160	160	160	160	160
Gewinn vor Steuern	=	2.906	2.715	3.247	4.600	4.211
Gewerbesteuer (16,67%)	-	554	522	610	835	769
Gewinn nach Gewerbesteuern	=	2.352	2.193	2.637	3.765	3.441
Thesaurierung	-	985	295	295	296	171
KSt. auf Thesaurierung (81,82%)	-	806	241	242	242	140
Bruttoausschüttung	=	561	1.656	2.100	3.228	3.130
KSt. auf Bruttoausschüttung (30%)	-	168	497	630	968	939
Nettoausschüttung	=	393	1.159	1.470	2.260	2.191

Quelle: Eigene Darstellung.

Tab. 13: VOFI des Eigentümers bei einem Verkauf

Zahlungsfolge		2001	2002	2003	2004	t > 2005
- Marktwert des Eigenkapitals der Unternehmung	18.472					
+ Cash Flow an Eigentümer n. KSt (= Nettoausschüttung der GmbH)		393	1.159	1.470	2.260	2.191
Eigenkapital						
+ Marktwert eigener Mittel	16.929					
Kredite						
+ Aufnahme						
- Tilgung						
- Sollzinsen		0	0	0	0	0
Kapitalanlage						
- Anlage		159	648	884	1.444	
+ Auflösung						
+ Habenzinsen		0	24	121	254	
Steuern						
- Steuerzahlungen		308	922	1.219	1.911	1.718
+ Steuererstattungen		168	497	630	968	939
Finanzierungssaldo (bzw. ewige Rente)	-1.543	94	110	118	127	**1.412**
Bestandsgrößen						
Kreditsaldo	0	0	0	0	0	
Guthaben-Saldo	0	159	807	1.691	3.135	
Bestandssaldo	0	159	807	1.691	3.135	1)
Gegenwartswert der ewigen Rente					20.867	
Endwert des VOFIs					**24.002**	
Marktwert der eigenen Mittel in t = 0	18.472					
Marktwert des FK in t = 0	15.100		2)			
Gesamtwert der Untern. in t = 0	**33.572**					

Nebenrechnung Einkommensteuer	2001	2002	2003	2004	t > 2005
Einkünfte GmbH-Beteiligung:					
+ Nettoausschüttung	393	1.159	1.470	2.260	2.191
+ Gutschrift Körperschaftsteuer	168	497	630	968	939
- Sollzinsen Kredit	0	0	0	0	0
+ Habenzinsen Anlage	0	24	121	254	0
= Bemessungsgrundlage	561	1.680	2.221	3.482	3.130
Einkommensteuer (54,89%)	308	922	1.219	1.911	1.718

Anmerkungen (Abweichungen durch Rundung):

1) $\frac{1.421}{0,0677} = 20.857$

2) $\frac{24.002}{1,0677^4} = 18.469$

Quelle: Eigene Darstellung.

7.6 Die Finalentscheidung: Auswahl der optimalen Alternative

Unabhängig von dem dargestellten Anwendungsbeispiel können mit Hilfe des VOFIs für jene Handlungsalternativen, deren Durchführung nach Berücksichtigung der Nebenbedingungen und Restriktionen noch in Betracht kommt, die jeweiligen Endwerte berechnet werden. Auf der Basis dieser Endwerte ist dann im Rahmen des Desinvestitionsprozesses die im Hinblick auf die Ziele der Eigentümer optimale Alternative auszuwählen. Zwar wurden in dieser Arbeit nur die drei grundsätzlichen Alternativen *Fortführung*, *Verkauf* und *Stillegung* betrachtet. Durch die Variation der jeweiligen Aktionsparameter können sich jedoch Unterformen ergeben, so daß im Entscheidungsfeld gegebenenfalls mehr als nur drei Alternativen zu berücksichtigen sind.

Grundsätzlich gilt bei dieser Finalentscheidung die Alternative mit dem höchsten positiven Endwert als die optimale, weil sie bezüglich der obersten Zielsetzung der Unternehmung die höchste Wertsteigerung des Eigenkapitals erwarten läßt. Ergeben sich bei allen Alternativen negative Endwerte, weil die Durchführung aller Alternativen zu einem teilweisen oder vollständigen Verlust des Eigenkapitals bzw. zu einer höheren Verschuldung der Gesamtunternehmung und ihrer Eigentümer führt, ist im Sinne einer Verlustminimierung die Alternative mit dem kleinsten negativen Endwert auszuwählen.[139] Sollte der Verkauf eines Unternehmungsteils als optimale Alternative erkannt werden, ist zu prüfen, ob die im Verkäufer-VOFI ermittelte Preisuntergrenze des Verkäufers auch am Markt erzielt werden kann, ob es also tatsächlich einen Kaufinteressenten gibt, der bereit ist, für den Unternehmungsteil diesen Grenzpreis zu zahlen.

Bei der Bewältigung der Unsicherheit, die jeglicher Prognose zukünftiger Umwelt- und damit auch Unternehmungsentwicklungen zu eigen ist, kommt dem VOFI die Aufgabe zu, durch eine deterministische Simulation denkbarer unsicherer Datensituationen die Tragweite der Handlungsalternativen bzw. der endgültigen Desinvestitionsentscheidung transparent zu machen. Die optimale Handlungsalternative wird insofern nicht berechnet oder abgeleitet. Statt dessen muß der Entscheidungsträger durch inhaltliche Argumentation jene Handlungsalternativen ausschließen, die in bestimmten Datensituationen zu Endwerten bzw. nachgeordneten Zielgrößen führen, die unterhalb seiner Soll-Vorgabe liegen. Diese Vorgehensweise bietet den Vorteil, daß die Unsicherheit nicht aufgrund eines Rechenmodells schematisch „eliminiert“ wird, sondern daß die Vor- und Nachteile bestimmter Handlungsalternativen durch sachliche Argumentation abgewogen werden müssen.

Kritiker betrachten dieses Verfahren insofern als Notlösung, als daß dadurch nicht die optimale Alternative gefunden, sondern allenfalls das Entscheidungsfeld eingeengt wird. Angesichts der hohen Komplexität und der strategischen Bedeutung von Desinvestitionsentscheidungen erscheint es jedoch gerechtfertigt, sich bei der Finalentscheidung nicht ausschließlich auf einen schematischen Algorithmus zu verlassen, der qualitative Faktoren nicht zu berücksichtigen vermag.[140]

---

[139] Siehe dazu Kap. 7.3.1. Zur Verwendung von VOFI-Rentabilitätszahlen als Entscheidungskriterien vgl. GROB, H.L. (1990), S. 187ff.

[140] Vgl. GROB, H.L. (1989), S. 3, 59; ADAM, D. (1996), S. 342f.

Aus der Perspektive klein- und mittelständischer Unternehmungen, die den Großteil der Unternehmungen in Deutschland darstellen, bietet die Anwendung des VOFIs im Rahmen eines Desinvestitionsprozesses darüber hinaus eine Reihe von Vorteilen:

In der aktuellen Diskussion werden Fusionen, Unternehmungsverkäufe und Betriebsstillegungen zunehmend mit der Zielsetzung einer „dauerhaften Steigerung des Unternehmungswertes" begründet. Als Maßstab für den Shareholder-value wird dabei überwiegend der Marktwert des Eigenkapitals einer Unternehmung genannt. In klein- und mittelständischen Unternehmungen, die nicht börsennotiert sind, kann ein solcher typischerweise nicht ermittelt werden. Mit Hilfe des VOFIs kann jedoch aufgezeigt werden, wie sich die Fortführung, die Stillegung oder der Verkauf eines Unternehmungsteils auf die Ertrags- und Vermögenssituation der Gesamtunternehmung bzw. der Eigentümer, also auf deren Shareholder-value, auswirkt.

Im Gegensatz zu börsennotierten Publikumsgesellschaften werden klein- und mittelständische Unternehmungen überwiegend von den Eigentümern selbst geführt. Deren persönliche Einkommens-, Vermögens- und Steuersituation kann durch die VOFI-Methodik - anders als bei den „klassischen" Verfahren - im Desinvestitionskalkül ebenso explizit berücksichtigt werden, wie die den Eigentümern zugänglichen Finanzierungs- und Reinvestitionsmöglichkeiten.

Schließlich wird dadurch auch in nichtdiversifizierten Unternehmungen ein „Management des Gesundschrumpfens" unterstützt, mit dem Ziel, durch den rechtzeitigen Rückzug aus erfolglosen Aktivitäten und die anschließende Umschichtung der Ressourcen in erfolgversprechende Aktivitäten die Existenz und das Wachstum einer Unternehmung und damit auch das Einkommen und Vermögen ihrer Eigentümer langfristig zu sichern.

8 Schlußbetrachtung und Ausblick

Desinvestitionen und die von ihnen ausgehenden Wirkungen stellen mittlerweile in Deutschland sowohl aus volks- als auch aus betriebswirtschaftlicher Sicht ein nicht mehr zu übersehendes marktwirtschaftliches Phänomen dar. Der hohe und rasche Rückgang der Zahl der Unternehmungen, Betriebe und Arbeitsplätze in den 90er Jahren belegt diese Tatsache leider eindrucksvoll. Trotz ihrer offensichtlich weitreichenden Konsequenzen insbesondere für den Arbeitsmarkt findet diese Problematik jedoch in der wissenschaftlichen Literatur und in der unternehmerischen Praxis nur relativ wenig Beachtung. Die vorhandenen Ansätze zur Bewertung und Auswahl von Desinvestitionsalternativen beziehen sich überwiegend auf diversifizierte Konzerne oder börsennotierte Publikumsgesellschaften. Es fehlt jedoch an Ansätzen, mit denen in Unternehmungen, die diese Merkmale nicht aufweisen, Fortführungs-, Verkaufs- und Stillegungsentscheidungen fundiert werden können.

Daher besteht die Zielsetzung der vorliegenden Arbeit in der Entwicklung von Methoden und Kriterien, anhand derer ein Desinvestitionsprozeß ausgelöst, potentielle Desinvestitionsobjekte erkannt, grundsätzliche Handlungsoptionen entwickelt und schließlich die im Sinne der unternehmerischen Zielsetzung optimale Alternative ausgewählt werden kann. Als Objekt- bzw. Subjektbezug der Untersuchung wurden deutsche Textil- und Bekleidungsunternehmungen bzw. deren Eigentümer gewählt.

Im zweiten Kapitel wurde auf der Basis eines systemisch-kybernetischen und eines entscheidungstheoretischen Ansatzes zunächst der Desinvestitionsbegriff für die Zwecke der Untersuchung abgeleitet. Demzufolge handelt es sich bei einer Desinvestition um die freiwillige Aufgabe eines abzugrenzenden Unternehmungsteils durch endgültige Stillegung oder durch einen teilweisen oder vollständigen Verkauf der Eigentumsanteile an eine oder mehrere nicht verbundene Unternehmungen oder Investoren, wobei Kapitalrückflüsse gegebenenfalls reinvestiert werden, und ein aktives Rumpfgebilde erhalten bleibt.

Anschließend wurde die *Schaffung von Eigentümerwert* als wesentliches Motiv eines Investors, sein Eigenkapital in eine Unternehmung zu investieren, erkannt. Im mehrdimensionalen Zielsystem einer Unternehmung stellt dieses Ziel die oberste Zielsetzung dar, von der alle nachgeordneten finanziellen und strategischen Subziele abzuleiten sind. Die Integration dieser Wertorientierung in den Desinvestitionsprozeß ist Voraussetzung für dessen Einbindung in den Führungsprozeß der Unternehmung. Auf der Grundlage dieser Erkenntnisse wurde das Grundmodell eines Desinvestitionsprozesses entwickelt.

Hinsichtlich des Desinvestitionsverhaltens der deutschen Textil- und Bekleidungsindustrie konnte im dritten Kapitel gezeigt werden, daß die Unternehmungen beider Branchen seit mehr als zwei Jahrzehnten in einem harten internationalen Standortwettbewerb stehen. Die Eigentümer der Unternehmungen reagierten in den vergangenen 20 Jahren auf diese schwierige Wettbewerbssituation mit Desinvestitionen, indem sie annähernd zwei Drittel aller inländischen Unternehmungen und Betriebe stillegten und Produktionskapazitäten verkauften bzw. ins Ausland verlagerten. Infolgedessen gingen in der Textilwirtschaft in den Jahren 1980 bis 1999 nahezu 360.000 Arbeitsplätze verloren. Die Analyse der Eigenkapitalrentabilitäten der verbleibenden Textil- und Bekleidungsunternehmungen belegt, daß sowohl die anlageintensiven Textilunternehmungen als auch die personalintensiven Bekleidungsunternehmungen Eigenkapitalrentabilitäten erzielten, die über jenen des Verarbeitenden Gewerbes lagen. Aus der Sicht der Investoren, die an einer überdurchschnittlichen Verzinsung ihres Eigenkapitals interessiert sind, haben die verbliebenen Unternehmungen den schwierigen Strukturwandel offensichtlich erfolgreich bewältigt. Angesichts dieser Vorreiterrolle kann deren Verhalten als positives Referenzmodell für die Gestaltung von Desinvestitionsprozessen in anderen Branchen dienen.

Bezüglich der Maßstäbe, anhand derer die Eigentümer einer Unternehmung deren Erfolg beurteilen, wurden im vierten Kapitel zunächst die theoretischen Schwächen und Anwendungsmängel der klassischen Methoden der Finanz- und Bilanzanalyse (DuPont-, ZVEI-Kennzahlensystem) sowie der strategischen Analyse (Portfolio-Modelle, PIMS-Studie) aufgezeigt. Insbesondere erlauben diese Methoden keine Erfolgsanalyse bezüglich der Maximierung des Eigentümerwertes. Daher wurden mit der *Cash-flow-Eigenkapitalrentabilität* und der *relativen Wettbewerbsposition* zwei Kriterien entwickelt, mit denen die finanziellen und strategischen Erfolge nichtbörsennotierter und nichtdiversifizierter Unternehmungen an den Zielen der Eigentümer gemessen werden können. Gleichzeitig wurde gezeigt, daß beide Größen geeignete Kriterien zur rechtzeitigen Initiierung eines Desinvestitionsprozesses darstellen.

Angesichts der erkannten Mängel der klassischen Analysemethoden zur Identifizierung potentieller Desinvestitionsobjekte wurde im fünften Kapitel zunächst anhand des Wertketten-Modells von Porter ein Instrumentarium entwickelt, welches die finanziellen und strategischen Beiträge einzelner Unternehmungsteile abzugrenzen vermag. Quasi analog zu den auf die Gesamtunternehmung bezogenen Auslösekriterien wurden eine *unterdurchschnittliche Cash-flow-Gesamtkapitalrentabilität* und eine *relativ schwache Wettbewerbsposition* eines Unternehmungsteils als Bestimmungsfaktoren potentieller Desinvestitionsobjekte erkannt. (Da die Zurechnung von Eigenkapital auf einzelne Unternehmungsteile nicht möglich ist, wurde eine bereichsbezogene Eigenkapitalrentabilität als Auslösekriterium verworfen.) Ausgehend von der Formulierung spezifischer Anpassungsziele wurden danach die *Fortführung*, der *Verkauf* und die *Stillegung* des potentiellen Desinvestitionsobjektes als grundsätzlich mögliche Handlungsalternativen generiert. Rechnerisch ergibt sich aufgrund der Vielzahl der jeweils zu kombinierenden Aktionsparameter rasch eine nicht mehr zu handhabende Menge an Handlungsoptionen.

Daher wurden im sechsten Kapitel Kriterien entwickelt, mittels derer nicht realisierbare und nicht erwünschte Handlungsalternativen aus der weiteren Betrachtung ausgeschlossen werden können. Finanzielle, juristische, strukturelle und personelle Nebenbedingungen wurden als solche Restriktionen erkannt. Anhand ausgewählter Beispiele wurden deren Wirkungen auf die finanziellen und strategischen Erfolgsbeiträge der einzelnen Handlungsalternativen untersucht. Dabei konnte gezeigt werden, daß insbesondere staatliche Regulierungen eine erfolgreiche Anpassung der Unternehmungen an veränderte Wettbewerbssituationen verzögern oder sogar gänzlich verhindern, in jedem Fall aber verteuern. Solche Regulierungen wirken sich folglich negativ auf den Eigentümerwert aus.

Im siebenten Kapitel konnte gezeigt werden, daß sowohl die klassischen als auch die kapitalmarktorientierten Verfahren der Investitionsrechnung wenig geeignet sind, Desinvestitionsentscheidungen zu fundieren. Zu kritisieren sind beispielsweise die statische Ausrichtung mancher Verfahren, die realitätsfernen Prämissen bei der Verwendung von Kalkulationszinssätzen (insbesondere bezüglich zwischenzeitlicher Reinvestitionen) sowie die fehlende Berücksichtigung steuerlicher Wirkungen. Die kapitalmarktorientierten Verfahren sind in nichtbörsennotierten Unternehmungen, für deren Eigentumsanteile kein Publikumshandel existiert, per se nicht anwendbar.

Vor dem Hintergrund dieser Mängel wurden daher Anforderungen an ein Desinvestitionskalkül formuliert. Danach sind Entscheidungen über die Fortführung oder die Aufgabe von Unternehmungsteilen anhand eines mehrperiodischen, auf zukünftigen Zahlungsströmen basierenden Totalmodells zu treffen, welches sowohl die unmittelbaren als auch die mittelbaren Auswirkungen der Handlungsalternativen zu erfassen vermag. Mit dem Vollständigen Finanzplan (VOFI) wurde ein Instrument vorgestellt, welches diese Anforderungen erfüllt und die eingangs postulierte Wertorientierung des Desinvestitionsprozesses gewährleistet. Da es sich um ein am Vermögensendwert orientiertes Modell handelt, erlaubt es eine simultane Beurteilung der finanziellen und der strategischen Beiträge der Handlungsalternativen zum Eigentümerwert.

Die wesentlichen Vorteile des VOFIs gegenüber den klassischen Verfahren der Investitionsrechnung sind seine größere Abbildungsgenauigkeit und Transparenz. Aufgrund seiner hohen Anpassungsfähigkeit stellt der VOFI ein flexibles Instrument zur Bewertung von Desinvestitionsalternativen dar. Die individuelle Vermögenssituation des Des-/Investors und dessen präferierte Konsumentnahmen können ebenso dargestellt werden wie steuerliche Wahlrechte, variierende Steuersätze aufgrund von Einkommenssteuerprogressionen sowie die Wirkungen von Verlustvorträgen und -rückträgen. Auch differenzierte Konditionen beliebiger Finanzierungs- und Kapitalanlageformen können berücksichtigt werden. Indem die Konsequenzen unsicherer Zahlungen (z.B. durch eine Sensitivitätsanalyse) abgebildet werden, ist darüber hinaus eine Analyse der strategischen Wirkungen einer Desinvestition möglich.

Die empirische Analyse der Textil- und Bekleidungsindustrie sowie die Untersuchung der bekannten theoretischen Konzepte hat gezeigt, daß die Desinvestition eine grundsätzlich erfolgversprechende Anpassungsform einer Unternehmung an veränderte Rahmenbedingungen ist. Mit den in dieser Arbeit entwickelten Methoden und Kriterien können die Alternativen Fortführung, Verkauf oder Stillegung eines Unternehmungsteils im Rahmen des originären Führungsprozesses jeweils dahin gehend bewertet werden, welchen finanziellen und strategischen Beitrag zum Eigentümerwert sie leisten. Auf der Basis dieser Beurteilung kann damit auch in Unternehmungen, die weder börsennotiert noch diversifiziert sind, die im Hinblick auf eine Maximierung des Eigentümerwertes optimale Alternative ausgewählt werden.

Angesichts der fortschreitenden Vernetzung der internationalen Finanz- und Gütermärkte werden Unternehmungen in zunehmendem Maße an ihrer Fähigkeit gemessen werden, sich veränderten Rahmenbedingungen rasch anzupassen und gleichzeitig hohe Eigentümerwerte zu schaffen. Aufgrund dieser Perspektive besteht weiterer Forschungsbedarf dahin gehend, wie Anreizsysteme beschaffen sein müssen, damit angestellte Manager bei der Führung einer Unternehmung von sich aus Desinvestitionen als eine Alternative zur Schaffung von Eigentümerwert in Erwägung ziehen. Weiterhin ist zu untersuchen, mit welchen System- und Prozeßstrukturen die Hemmnisse und Barrieren einer Desinvestition zu senken oder zu umgehen sind.

Literaturverzeichnis

ADAM, D. (1990), Produktionsdurchführungsplanung, in: H. JACOB (Hrsg.), Industriebetriebslehre, 4. Aufl., Wiesbaden 1990, S. 677-918.

ADAM, D. (1993a), Planung und Entscheidung: Modelle - Ziele - Methoden, 3. Aufl., Wiesbaden 1993.

ADAM, D. (1993b), Produktionsmanagement, 7. Aufl., Wiesbaden 1993.

ADAM, D. (1996), Investitionscontrolling, München 1996.

ADLER, U./BREITENACHER, M. (1995), Bedeutung, Probleme und Zukunft des passiven Veredelungsverkehrs für die Textil- und Bekleidungsindustrie, ifo-studien zur Industriewirtschaft, München 1995.

AHLERT, D. (1984), Grundzüge des Marketing, 3. Aufl., Düsseldorf 1984.

AHLERT, D. (1988), Marketing-Rechts-Management, Rechtsprobleme des Marketing und ihre kooperative Bewältigung durch Rechtsexperten und Marketingmanager in der Praxis industrieller Unternehmungen, Köln u.a. 1988.

AHLERT, D. (1990), Strategisches Controlling als Kernfunktion des evolutionären Managements - Dargestellt am Beispiel der Betriebstypenevolution im stationären Einzelhandel, in: D. AHLERT, K.-P. FRANZ, H. GÖPPL (Hrsg.), Finanz- und Rechnungswesen als Führungsinstrumente: Herbert Vormbaum zum 65. Geburtstag, Wiesbaden 1990, S. 21-49.

AHLERT, D. (1994), Existenzsicherung in der textilen Kette durch vertikale Kooperation - Realität, Vision oder Utopie?, in: D. AHLERT, G. DIECKHEUER (Hrsg.), Kooperation in der Textilwirtschaft: Perspektiven und Konzepte zur Zusammenarbeit zwischen Industrie und Handel. Dokumentation des 2. FATM-Textil-Symposiums für den Management-Nachwuchs, Schriften zur Textilwirtschaft, Bd. 44, Münster/Westf. 1994, S. 1-50.

AHLERT, D. (1996), Auf der Suche nach Spitzenleistungen in Handel und Distribution: Evolution mit Benchmarking oder Revolution durch Business Process Reengineering als 'Königsweg zum Erfolg'?, in: D. AHLERT, G. DIECKHEUER (Hrsg.), Größenmanagement und kundenorientierte Restrukturierung. Wege in neue Strukturen aus der Perspektive von Industrie und Handel, Schriften zur Textilwirtschaft, Bd. 49, S. 1-44.

AHLERT, D. (1998a), Architektur von Handelsinformationssystemen und betriebswirtschaftliches Umfeld, in: D. AHLERT u.a. (Hrsg.), Informationssysteme für das Handelsmanagement: Konzepte und Nutzung in der Unternehmenspraxis, Berlin u.a. 1998, S. 3-63.

AHLERT, D. (1998b), Strategisches Marketingmanagement in Industrie und Handel, Münsteraner Schriften zur Distributions- und Handelsforschung, Bd. 2, 4. Aufl., Münster/Westf. 1998.

AHLERT, D. (1999), Grundlagen des Controlling, Münsteraner Schriften zur Distributions- und Handelsforschung, Bd. 4, 3. Aufl., Münster/Westf. 1999.

AHLERT, D./FRANZ, K.-P. (1992), Industrielle Kostenrechnung, 5. Aufl., Düsseldorf 1992.

AHLERT, D./HORSTMANN, S. (1994), Die vertikale Kooperation im Spannungsfeld zwischen Konfliktverhalten und Direktvertrieb - Strategische Optionen der Bekleidungsindustrie unter Berücksichtigung neuerer US-amerikanischer Lösungskonzepte, in: D. AHLERT, G. DIECKHEUER (Hrsg.), Kooperation in der Textilwirtschaft: Perspektiven und Konzepte zur Zusammenarbeit zwischen Industrie und Handel. Dokumentation des 2. FATM-Textil-Symposiums für den Management-Nachwuchs, Schriften zur Textilwirtschaft, Bd. 44, Münster/Westf. 1994, S. 51-116.

AHLERT, D./KOLLENBACH, S./KORTE, C. (1996), Strategisches Handelsmanagement: Erfolgskonzepte und Profilierungsstrategien am Beispiel des Automobilhandels, Stuttgart 1996.

AHLERT, D./SCHRÖDER, H. (1996), Rechtliche Grundlagen des Marketing, 2. Aufl., Stuttgart, Berlin, Köln 1996.

AHLERT, D./SCHRÖDER, H. (1998), Strategische Erfolgsforschung und Benchmarking in Handel und Distribution, Münsteraner Schriften zur Distributions- und Handelsforschung, Bd. 3, 2. Aufl., Münster/Westf. 1998.

ALBACH, H. (1959), Wirtschaftlichkeitsrechnung bei unsicheren Erwartungen, Köln u.a. 1959.

ALBACH, H. (1978), Strategische Unternehmensplanung bei erhöhter Unsicherheit, in: ZfB, 46. Jg., 1978, Heft 8, S. 702-715.

ALBACH, H. (1984), Interner und externer Strukturwandel als Unternehmensstrategie, in: ZfB, 54. Jg., 1984, Heft 12, S. 1169-1190.

ALTENHÖVEL, O. (1997), Zwischenbericht zum Forschungsvorhaben: Erstellung einer Datenbasis für das Recycling und die Entsorgung von Produktionsabfällen in der Textil- und Bekleidungsindustrie und für Alttextilien - Analyse der Logistik und des Standes der Technik des Textilrecycling. Teilvorhaben: Ergebnisse zu ausgewählten Einsatzgebieten von Textilien im Objekt- und Kontraktbereich - Automobiltextilien, Krankenhauswesen, Beherbergungsgewerbe und Geotextilien. Arbeitspapier Nr. 34 der FATM, Münster/Westf. 1997.

ALTENHÖVEL, O. (1999), Nachkaufmarketing im Bekleidungseinzelhandel: Eine Analyse unter besonderer Berücksichtigung des Redistributionsverhaltens der Konsumenten und des Redistributions-Mixes des Einzelhandels, in: D. AHLERT (Hrsg.), Schriften zu Distribution und Handel, Bd. 28, Frankfurt/M. u.a. 1999. Zugl.: Münster/Westf., Univ., Diss., 1999.

ANSOFF, H.I. (1965), Corporate Strategy, New York 1965.

ANSOFF, H.I. (1976), Managing Surprise and discontinuity - strategic response to weak signals, in: zfbf, 28. Jg. 1976, S. 129-152.

ANSOFF, H.I./DECLERCK, R.P./HAYES, R.L. (1980), From Strategic Planning to Strategic Management, in: D. HAHN, B. TAYLOR (Hrsg.), Strategische Unternehmungsplanung - Stand und Entwicklungstendenzen, Würzburg u.a. 1980, S. 389-426.

ASHBY, W.R. (1974), Einführung in die Kybernetik, Frankfurt/M. 1974.

BACKHAUS, K. (1986), Rechtseinflüsse auf betriebswirtschaftliche Entscheidungen: Ein Lehrbuch zur Allgemeinen Betriebswirtschaftslehre, Stuttgart u.a. 1986.

BACKHAUS, K. (1997), Industriegütermarketing, 5. Aufl., München 1997.

BACKHAUS, K./VOETH, M. (1994), Strategische Allianzen - Erfolgversprechender Weg zur Existenzsicherung in der Textil- und Bekleidungsindustrie? in: VERBAND DER NORD-WESTDEUTSCHEN TEXTILINDUSTRIE, FATM (Hrsg.), 12. Zukunftssymposium Textil. "Kooperation in der Textilwirtschaft", Schriftenreihe der FATM, Heft 94, Münster/Westf. 1994, S. 10-38.

BAETGE, J. (1974), Betriebswirtschaftliche Systemtheorie - Regelungstheoretische Planungs-Überwachungsmodelle für Produktion, Lagerung und Absatz, Opladen 1974.

BAETGE, J. (1994), Bilanzen, 3. Aufl., Düsseldorf 1994.

BAETGE, J. (1995), Konzernbilanzen, 2. Aufl., Düsseldorf 1995.

BÄHR, J. (1978), Optimale Produktions- und Stillegungsentscheidungen im Mehr-Produkt-Betrieb, in: ZfB, 46. Jg., 1978, Heft 10, S. 858-874.

BATTENFELD, D. (1997), Prozeßorientierte Kostenrechnung im Handel: Konzeptionelle Grundlagen einer internen Marktorientierung durch Verrechnungspreise, in: D. AHLERT (Hrsg.), Schriften zu Distribution und Handel, Bd. 24, Frankfurt/M. u.a. 1997. Zugl.: Münster/Westf., Univ., Diss., 1997.

BECKER, C. (1969), Optimale Betriebsgröße, Köln u.a. 1969.

BECKER, H. (1978), Unternehmenskrise und Krisenmanagement, in: ZfB, 48. Jg., 1978, Heft 8, S. 672-685.

BECKER, M. (1977), Betriebliche Beschäftigungspolitik in der Rezession - speziell in schweizerischen Industrieunternehmungen, Diessenhofen 1977. Zugl.: St. Gallen, Univ., Diss., 1977.

BEER, S. (1972), Kybernetische Führungslehre, Frankfurt/M. u.a. 1972.

BELLINGER, B. (1975), Liquidation, in: E. GROCHLA, W. WITTMANN (Hrsg.), Handwörterbuch der Betriebswirtschaft, Bd. 2, 4. Aufl., Stuttgart, 1975, Sp. 2509-2515.

BENETTON, L. (1994), Benetton. Die Farben des Erfolges, Zürich 1994.

BERENS, W./HOFFJAN, A. (1995), Wertermittlung von Immobilien auf Basis vollständiger Finanzpläne, in: zfbf, 47. Jg., 1995, Heft 4, S. 373-395.

BLEYMÜLLER, J./GEHLERT, G./GÜLICHER, H. (1991), Statistik für Wirtschaftswissenschaftler, 7. Aufl., München 1991.

BLOHM, H./LÜDER, K. (1991), Investition: Schwachstellen im Investitionsbereich des Industriebetriebes und Wege zu ihrer Beseitigung, 7. Aufl., München 1991.

BÖSENBERG, D./METZEN, H. (1992), Lean Management, Vorsprung durch schlanke Konzepte, Landsberg/L. 1992.

BREITENACHER, M. (1971), Textilindustrie, in: IFO-INSTITUT (Hrsg.), Struktur und Wachstum, Reihe Industrie, Heft 1, 2. Aufl., Berlin u.a. 1971.

BREITENACHER, M. (1989), Textilindustrie im Wandel, in: K. NEUNDÖRFER, E.-H. STAHR (Hrsg.), Schriften zur Textilpolitik, Heft 6, Frankfurt/M. 1989.

BRÜCK, M. (1998), Beteiligung an Unternehmen. Desinvestition und Lösung von Engagements. Ein Entscheidungsmodell. Bern u.a. 1998. Zugl.: St. Gallen, Univ., Diss., 1998.

BRÜGGERHOFF, J. (1992), Management von Desinvestitionen, Wiesbaden 1992. Zugl.: Bochum, Univ., Diss., 1991.

BÜHLER, R. (1998), Adjusted Present Value zur Messung von Shareholder value: Darstellung des Bewertungsansatzes anhand einer Fallstudie, in: M. BRUHN u.a. (Hrsg.), Wertorientierte Unternehmensführung: Perspektiven und Handlungsfelder für die Wertsteigerung von Unternehmen, Stuttgart 1998, S. 413-430.

BÜHNER, R. (1990), Das Management-Wert-Konzept: Strategien zur Schaffung von mehr Wert im Unternehmen, Stuttgart 1990.

BÜHNER, R. (1992), Betriebswirtschaftliche Organisationslehre, 6. Aufl., München u.a. 1992.

BÜHNER, R. (1996a), Kapitalmarktorientierte Unternehmenssteuerung. Aktionärsorientierte Unternehmensführung, in: WiSt, 25. Jg., 1996, Heft 7, S. 334-338.

BÜHNER, R. (1996b), Kapitalmarktorientierte Unternehmenssteuerung. Grundidee und Varianten des Shareholder Value, in: WiSt, 25. Jg., 1996, Heft 8, S. 392-396.

BÜHNER, R./SULZBACH, K. (Hrsg.) (1999), Wertorientierte Steuerungs- und Führungssysteme. Shareholder Value in der Praxis, Stuttgart 1999.

BUND KATHOLISCHER UNTERNEHMER (Hrsg.) (1995), Engagiertes U(u)nternehmen gegen Arbeitslosigkeit: 1 Ziel - 10 Wegweiser - 100 Beispiele und Ideen zur Arbeit, 3. Aufl., Köln 1995.

BUNDESMINISTERIUM FÜR WIRTSCHAFT (Hrsg.) (1997), Dokumentation Nr. 413: Beschleunigung von Planungs- und Genehmigungsverfahren, Bonn 1997.

BUSSE VON COLBE, W. (1964), Die Planung der Betriebsgröße, Wiesbaden 1964.

BUSSMANN, K.-F. (1956), Wertumlauf, betrieblicher, in: H. SEISCHAB, K. SCHWANTAG (Hrsg.), Handwörterbuch der Betriebswirtschaft, Bd. 4, 3. Aufl., Stuttgart 1956, Sp. 6340-6345.

BUZZELL, R.D./GALE, B.T. (1989), Das PIMS-Programm: Strategien und Unternehmenserfolg, Wiesbaden 1989.

CHMIELEWICZ, K. (1970), Die Formalstruktur der Entscheidung, in: ZfB, 40. Jg., 1970, Heft 4, S. 239-268.

CLASEN, J.P. (1992), Turnaround Management für mittelständische Unternehmen, Wiesbaden 1992.

COPELAND, T.E./KOLLER, T./MURRIN, J. (1993), Unternehmenswert: Methoden und Strategien für eine wertorientierte Unternehmensführung, Frankfurt/M. u.a. 1993.

COPELAND, T.E./KOLLER, T./MURRIN, J. (1995), Valutation. Measuring and Managing the Value of Companies, 3. Aufl., New York 1995.

COPELAND, T.E./KOLLER, T./MURRIN, J. (1998), Unternehmenswert: Methoden und Strategien für eine wertorientierte Unternehmensführung, 2. Aufl., Frankfurt/M. u.a. 1998.

DAHMEN, M. (1993), Zukunftsstrategien für die deutsche Bekleidungsindustrie: Der internationale Absatz - dargestellt am Beispiel Großbritanniens, Frankfurt/M. u.a. 1993. Zugl.: Freiburg/Br., Univ., Diss., 1993.

DEUTSCH, P. (1956), Abwicklung, in: H. SEISCHAB, K. SCHWANTAG (Hrsg.), Handwörterbuch der Betriebswirtschaft, Bd. 1, 3. Aufl., Stuttgart 1956, Sp. 53-60.

DEUTSCHE BUNDESBANK (1995), Jahresabschlüsse westdeutscher Unternehmen 1971 bis 1993, Sonderdruck Nr. 5, Frankfurt/M. 1995.

DEUTSCHE BUNDESBANK (1998), Jahresabschlüsse westdeutscher Unternehmen 1971 bis 1996, Sonderdruck Nr. 5, Frankfurt/M. 1998.

DEUTSCHE BUNDESBANK (1999), Kapitalverflechtungen mit dem Ausland, Statistische Sonderveröffentlichung Nr. 10, Frankfurt/M. 1999.

DIEKMANN, A. (1992), Flexibilitätsorientierte Strategien in der Textilwirtschaft: eine mikroökonomisch und empirisch fundierte Analyse des Quick-Response-Konzeptes, Stuttgart 1992.

DIW (1995a), Technologische Leistungsfähigkeit der westdeutschen Wirtschaft trotz einzelner Schwachstellen unterschätzt, in: DIW-Wochenbericht 33/95, Berlin 1995, S. 571-578.

DIW (1995b), Betriebszeiten als Standortfaktor, in: DIW-Wochenbericht 48/95, Berlin 1995, S. 821-827.

DIW (1996), Die Lage der Weltwirtschaft und der deutschen Wirtschaft im Herbst 1996, in: DIW-Wochenbericht 43-44/96, Berlin 1996, S. 679-716.

DOHM, L. (1988), Die Desinvestition als strategische Handlungsalternative. Eine Studie des Desinvestitionsverhaltens U.S.-amerikanischer Grossunternehmungen, Frankfurt/M. u.a. 1988. Zugl.: St. Gallen, Univ., Diss., 1988.

DOMSCH, M. (1975), Kosten-Analyse für Aufbau und Betrieb von Personal-Informationssystemen, in: zfbf, 27. Jg., S. 428-413.

DÖNNEBRINK, H. (1996), Zwischenbericht zum Forschungsvorhaben: Erstellung einer Datenbasis für das Recycling und die Entsorgung von Produktionsabfällen in der Textil- und Bekleidungsindustrie und für Alttextilien - Analyse der Logistik und des Standes der Technik des Textilrecycling. Teilvorhaben: Textile Produktionsabfälle nach Prozeßstufen - Produktionsvolumen, Rohstoffeinsatz und Abfallaufkommen von textilen Produktionsabfällen im deutschen Textil- und Bekleidungsgewerbe im Jahr 1993. Arbeitspapier Nr. 22 der FATM, Münster/Westf. 1996.

DÖNNEBRINK, H. (1998), Die Sammlung und Verwertung von Alttextilien. Eine empirische Analyse vor dem Hintergrund des Kreislaufwirtschafts- und Abfallgesetzes, in: D. AHLERT, G. DIECKHEUER (Hrsg.); Schriften zur Textilwirtschaft, Bd. 51, Münster/Westf. 1998. Zugl.: Münster/Westf., Univ., Diss., 1997.

DONNER, E. (1965), Art. "Fertigkleidung", in: P.A. KOCH, G. SATLOW (Hrsg.), Großes Textil-Lexikon, Bd. 1, Stuttgart 1965.

DRÖGE, H.-G. (1993), Die Betriebsverpachtung als Instrument zur Beendigung des unternehmerischen Engagements. Eine ertragsteuerlich orientierte Analyse unter besonderer Berücksichtigung des Wahlrechts zwischen Betriebsfortführung und Betriebsaufgabe, Münster/Westf., Hamburg 1993. Zugl.: Münster/Westf., Univ., Diss., 1993.

EITER, R./ROOS, L. (Hrsg.) (1994), Der Mensch im Betrieb: Arbeit - Verantwortung - Lebenssinn, in: BUND KATHOLISCHER UNTERNEHMER (Hrsg.), Beiträge zur Gesellschaftspolitik, Bd. 34, Trier 1994.

ERN, D./SCHILD, G. (1994), Die Auslandsengagements der Bekleidungsindustrie - Kein Modellfall für die Textilindustrie?, in: GESAMTTEXTIL (Hrsg.), Jahrbuch der Textilindustrie, Eschborn 1994, S. 33-39.

EUCKEN, W. (1990-1952e): Grundsätze der Wirtschaftspolitik, 6. Aufl., hrsg. von E. EUCKEN und K.P. HENSEL / mit einem Vorwort zur Neuausgabe 1990 von E.-J. MESTMÄCKER, Tübingen 1990.

EUROSTAT (1996), Statistik kurzgefaßt, Energie und Industrie, 1996/13.

FISCHER, E.O. (1999), Die relevanten Kalkulationszinsfüße in der Investitionsplanung, in: ZfB, 69. Jg., 1999, Heft 7, S. 777-801.

FITTING, K. u.a. (1992), Betriebsverfassungsgesetz: Handkommentar, 17. Aufl., München 1992.

FORST, M. (1992), Management Buy-Out und Buy-In als Form der Übernahme mittelständischer Unternehmen, Stuttgart 1992.

FRESE, E. (1990), Das Profit-Center-Konzept im Spannungsfeld von Organisation und Rechnungswesen, in: D. AHLERT, K.-P. FRANZ, H. GÖPPL (Hrsg.), Finanz- und Rechnungswesen als Führungsinstrumente: Herbert Vormbaum zum 65. Geburtstag, Wiesbaden 1990, S. 137-155.

FUCHS, H. (1969), Systemtheorie, in: E. GROCHLA (Hrsg.), Handwörterbuch der Organisation, Stuttgart 1969, Sp. 1618-1630.

GABLER (1983a), Wirtschaftslexikon, Bd. 1 A-K, 11. Aufl., Wiesbaden 1983.

GABLER (1983b), Wirtschaftslexikon, Bd. 2 L-Z, 11. Aufl., Wiesbaden 1983.

GÄLWEILER, A. (1987), Strategische Unternehmensführung, Frankfurt/M., New York 1987.

GEHRKE, I. (1999), Desinvestitionen erfolgreich planen und steuern, München 1999. Zugl.: Stuttgart, Univ., Diss., 1998.

GESAMTTEXTIL (1996), Auslandsinvestitionen der deutschen Textilindustrie, Eschborn 1996.

GESAMTTEXTIL (Hrsg.) (1997), Jahrbuch der Textilindustrie 1997, Eschborn 1997.

GESAMTTEXTIL (Hrsg.) (1998), Jahrbuch der Textilindustrie 1998, Eschborn 1998.

GESAMTTEXTIL (Hrsg.) (1999), Jahrbuch der Textilindustrie 1999, Eschborn 1999.

GOMEZ, P. (1978), Die kybernetische Gestaltung des Operations Managements. Eine Systemmethodik zur Entwicklung anpassungsfähiger Organisationsstrukturen, Bern u.a. 1978.

GOMEZ, P. (1990), Wertmanagement: Vernetzte Strategien für Unternehmen im Wandel, Düsseldorf 1990.

GÖRZIG, B./SCHINTKE, J./SCHMIDT, M. (1997), Produktion und Faktoreinsatz nach Branchen des verarbeitenden Gewerbes Westdeutschlands, Berechnungen für 31 Branchen in europäischer Klassifikation; Statistische Kennziffern 1980-1996, DIW (Hrsg.), Berlin 1997.

GRAML, R. (1996), Unternehmungswertsteigerung durch Desinvestitionen. Eine Analyse unter besonderer Berücksichtigung des Management Buy-Out, Frankfurt/M. u.a. 1996. Zugl.: München, Univ. der Bundeswehr, Diss., 1995.

GROB, H.L. (1989), Investitionsrechnung mit vollständigen Finanzplänen, München 1989.

GROB, H.L. (1990), Das System der VOFI-Rentabilitätskennzahlen bei Investitionsentscheidungen, in: ZfB, 60. Jg., 1990, Heft 2, S. 179-192.

GROB, H.L. (1999), Einführung in die Investitionsrechnung: Eine Fallstudiengeschichte, 3. Aufl., München 1999.

GROB, H.L./MRZYK, A.P. (1997), Risiko-Chancen-Analyse in der Investitionsrechnung - Integration von VOFI und Crystal Ball, in: Schriften des Instituts für Wirtschaftsinformatik der Westfälischen Wilhelms-Universität Münster, Reihe Computergestütztes Controlling, Arbeitsbericht Nr. 7, Münster/Westf. 1997.

GROB, H.L./LANGENKÄMPER, CH./WIEDING, A. (1999), Unternehmungsbewertung mit VOFI, in: zfbf, 51. Jg., 1999, Heft 5, S. 454-479.

GUTENBERG, E. (1955), Grundlagen der Betriebswirtschaftslehre, Bd. 1, Die Produktion, 2. Aufl., Berlin u.a. 1955.

HAARMEYER, H./WUTZKE, W./FÖRSTER, K. (1997), Handbuch zur Insolvenzordnung, München 1997.

HABERFELLNER, R. (1975), Die Unternehmung als dynamisches System: Der Prozeßcharakter der Unternehmungsaktivitäten, Zürich 1975.

HAHN, D. (1980), Zweck und Standort des Portfolio-Konzeptes in der strategischen Unternehmungsplanung, in: D. HAHN, B. TAYLOR (Hrsg.), Strategische Unternehmungsplanung - Stand und Entwicklungstendenzen, Würzburg u.a. 1980, S. 114-134.

HAMERMESH, R.G./SILK, S.B. (1979), How to compete in stagnant industries, in: Harvard Business Review, 1979, Vol. 9-10, S. 75-85.

HAMMER, M./CHAMPY, J. (1995), Business Reengineering, Die Radikalkur für das Unternehmen, 5. Aufl., Frankfurt/M. u.a. 1995.

HAMMER, R.M. (1982), Unternehmungsplanung: Lehrbuch der Planung und strategischen Unternehmungsführung, München u.a. 1982.

HAMMER, R.M. (1988), Strategische Planung und Frühaufklärung, München u.a. 1988.

HARRIGAN, K.R. (1980), The Effect of Exit Barriers upon Strategy Flexibility, in: Strategic Management Journal, 1980, Vol. 1, S. 165ff.

HARRIGAN, K.R. (1981), Deterrents to Divesture, in: Academy of Management Journal, 24. Jg., 1981, S. 306-323.

HARRIGAN, K.R. (1989), Unternehmensstrategien für reife und rückläufige Märkte, Frankfurt/M. u.a. 1989.

HARRIGAN, K.R./PORTER, M.E. (1983), End-game strategies for declining industries, in: Harvard Business Review, 1983, Vol. 61, S. 111-120.

HARRIGAN, K.R./PORTER, M.E. (1984), Der Endkampf in schrumpfenden Branchen, in: Harvard Manager, 6. Jg., 1984, Heft 1, S. 7-15.

HARTUNG, J. (1986), Statistik: Lehr- und Handbuch der angewandten Statistik, 5. Aufl., München u.a. 1986.

HASENACK, W. (1939), Stillegung, in: H. NICKLISCH (Hrsg.), HWB, Bd. 2, 2. Aufl., Stuttgart 1939, Sp. 1754-1763.

HASENACK, W. (1956), Stillegung, in: H. SEISCHAB, K. SCHWANTAG (Hrsg.), HWB, Bd. 1, 3. Aufl., Stuttgart 1956, Sp. 5215-5240.

HASENACK, W. (1974), Betriebstillegung, in: E. GROCHLA, W. WITTMANN (Hrsg.), HWB, Bd. 1, 4. Aufl., Stuttgart 1974, Sp. 636-654.

HASSELMANN, S. (1996), Marktorientiertes Umweltmanagement in der deutschen Textil- und Bekleidungsindustrie. Eine theoretische und empirische Analyse, Bergisch Gladbach u.a. Zugl.: Münster/Westf., Univ., Diss., 1995.

HAX, A.C./MAJLUF, N.S. (1988), Strategisches Management: Ein integratives Konzept aus dem MIT, Frankfurt/M. u.a. 1988.

HEDLEY, B. (1980a), A Fundamental Approach to Strategy Development, in: D. HAHN, B. TAYLOR (Hrsg.), Strategische Unternehmungsplanung - Stand und Entwicklungstendenzen, Würzburg u.a. 1980, S. 87-101.

HEDLEY, B. (1980b), Strategy and the "Business Portfolio", in: D. HAHN, B. TAYLOR (Hrsg.), Strategische Unternehmungsplanung - Stand und Entwicklungstendenzen, Würzburg u.a. 1980, S. 102-113.

HEILMANN, H./SMID, S. (1994), Grundzüge des Insolvenzrechts, 2. Aufl., München 1994.

HEIMANN, S. (1991), Textilmittel und Umweltschutz - eine Übersicht, in: Melliand Textilberichte, 1991, S. 567-572.

HEINACHER, P. (1995): Kritik am deutschen Umwelt-Perfektionismus, in: Handelsblatt, 3.1.1995, S. 4.

HEINEN, E. (1990), Grundtatbestände betrieblicher Entscheidungen, in: H. JACOB (Hrsg.), Industriebetriebslehre, 4. Aufl., Wiesbaden 1990, S. 319-380.

HELMES, M. (1996), Das Management von Produktionsverlagerungen: Eine Darstellung am Beispiel der deutschen Bekleidungsindustrie in Mittel-/Osteuropa, Berlin 1996. Zugl.: St. Gallen, Univ., Diss., 1996.

HERZOG, K. (1964), Das Verhältnis der ein- und mehrstufigen Unternehmungen in einzelnen Branchen der Textilindustrie, in: Forschungsberichte des Landes NRW, Bd. 1372, Köln u.a. 1964.

HESS, H. u.a. (1998), Sanierungshandbuch, 3. Aufl., Neuwied u.a. 1998.

HIBY, T. (1996), Desinvestitionen im Internationalen Recht: Vermeidung und Lösung von Konflikten bei der Beendigung von ausländischen und internationalen Unternehmensaktivitäten, Heidelberg 1996. Zugl.: Münster/Westf., Univ., Diss., 1994.

HINTERHUBER, H.H. (1978), Die organisatorische Umsetzung der strategischen Planung im Unternehmen, in: ZfB, 46. Jg., 1978, Heft 5, S. 425-428.

HINTERHUBER, H.H. (1982), Wettbewerbsstrategien, Berlin u.a. 1982.

HINTERHUBER, H.H. (1989a), Strategische Unternehmungsführung, Bd. 1: Strategisches Denken: Vision - Unternehmungspolitik - Strategie, 4. Aufl., Berlin u.a. 1989.

HINTERHUBER, H.H. (1989b), Strategische Unternehmungsführung, Bd. 2: Strategisches Handel: Direktiven - Organisation - Umsetzung - Unternehmungskultur - Strategische Führungskompetenz, 4. Aufl., Berlin u.a. 1989.

HINTERHUBER, H.H. (1990), Wettbewerbsstrategie, 2. Aufl., Berlin, New York 1990.

HOFMANN, C.F. (1995), EU-Arbeitsmarktumfrage Teil 1, in: Bundesarbeitsblatt Nr. 10/1995; OECD, Labour Force Statistics 1995.

HORSTMANN, S. (1997), Vertikale Vertriebskooperationen in der Bekleidungswirtschaft: Eine Analyse innovativer Distributionskonzepte US-amerikanischer und deutscher Bekleidungshersteller, in: D. AHLERT (Hrsg.), Schriften zu Distribution und Handel, Bd. 25, Frankfurt/M. u.a. 1997. Zugl.: Münster/Westf., Univ., Diss., 1997.

Horváth, P. (1996), Controlling, 6. Aufl., München 1996.

HURCKS, K. (1994), Internationale Beschaffungsstrategien in der Textil- und Bekleidungsindustrie: Eine theoretische und empirische Untersuchung, Bergisch Gladbach u.a. 1994. Zugl.: Münster/Westf., Univ., Diss., 1993.

HÜTTEMANN, H.H. (1993), Anreizmanagement in schrumpfenden Unternehmungen, Wiesbaden 1993.

IMAI, M. (1992), Kaizen, München 1992.

INDUSTRIEVERBAND GARNE+GEWEBE (1999), Die deutsche Garnindustrie in Zahlen 1998, Eschborn 1999.

JACOB, H. (1978), Investitionen, betriebswirtschaftliche, in: W. ALBERS u.a. (Hrsg.), HdWW, Bd. 4, Stuttgart u.a. 1978, S. 254-275.

JACOB, H. (1990a), Die Planung des Produktions- und Absatzprogramms, in: H. JACOB (Hrsg.), Industriebetriebslehre, 4. Aufl., Wiesbaden 1990, S. 401-589.

JACOB, H. (1990b), Grundlagen und Grundtatbestände der Planung im Industriebetrieb, in: H. JACOB (Hrsg.), Industriebetriebslehre, 4. Aufl., Wiesbaden 1990, S. 385-400.

JÄGER, B./RECKFORT, J./TÜCKING, E. (1997), Deregulierung. Wirtschaftspolitische Maßnahmen zur Unterstützung unternehmerischer Anpassungsstrategien in der Textil- und Bekleidungsindustrie, in: D. AHLERT, G. DIECKHEUER (Hrsg.), Schriften zur Textilwirtschaft, Bd. 50, Münster/Westf. 1997.

JANSEN, A. (1986), Desinvestitionen - Ursachen, Probleme und Gestaltungsmöglichkeiten, Frankfurt/M. 1986.

KALENBERG, F. (1993), Controlling in Textilunternehmen: eine theoretische und empirische Analyse, Bergisch Gladbach u.a. 1993.

KALTENBACH, H. (1995), Total Quality Management, Aufbruch einer neuen Marketingepoche, in: absatzwirtschaft, 38. Jg., Heft 1, S. 40-42.

KIEßLING, A./MATTHES, M. (1993), Textil-Fachwörterbuch, Berlin 1993.

KIRSCH, W. (1993), Strategische Unternehmensführung, in: W. Wittmann (Hrsg.), Enzyklopädie der BWL, Bd. 3, HWB, 5. Aufl., Stuttgart 1993, Sp. 4094-4111.

KITTNER, M. (1991), Arbeits- und Sozialordnung: Ausgewählte und eingeleitete Gesetzestexte, 16. Aufl., Köln 1991.

KLIEN, W. (1993), Wertsteigerungsanalyse und Messung von Managementleistungen: Technik, Logik und Anwendung, Wiesbaden 1993.

KLOIDT, H. (1956), Betriebsprozeß, in: H. SEISCHAB, K. SCHWANTAG (Hrsg.), HWB, Bd. 1, 3. Aufl., Stuttgart 1956, Sp. 824-828.

KNORREN, N. (1998), Wertorientierte Gestaltung der Unternehmensführung, Wiesbaden 1998. Zugl.: Koblenz, Wissenschaftliche Hochschule für Unternehmensführung, Diss., 1998.

KORTE, R.-J. (1977), Verfahren der Wertanalyse: Betriebswirtschaftliche Grundlagen zum Ablauf wertanalytischer Entscheidungsprozesse, Berlin 1977. Zugl.: Göttingen, Univ., Diss., 1977.

KRAMER, F./KRAMER, M. (1993), Marketing-Kompetenz und Total Quality Management, in: Thexis, 10. Jg., 1993, Heft 5/6, S. 22-31.

KRAMPE, G./MÜLLER, G. (1981), Diffusionsfunktionen als theoretisches und praktisches Konzept zur Frühaufklärung, in: zfbf, 33. Jg., 1981, S. 384-401.

KREIKEBAUM, H. (1995), Strategische Führung, in: A. KIESER (Hrsg.), Enzyklopädie der BWL, Bd. 10, Handwörterbuch der Führung, 2. Aufl., Stuttgart 1995, Sp. 2006-2014.

KREIKEBAUM, H./GRIMM, U. (1983), Die Analyse strategischer Faktoren und ihre Bedeutung für die strategische Planung, in: WiSt, 12. Jg., 1983, Heft 1, S. 6-12.

KRYSTEK, U. (1985), Reorganisationsplanung, in: ZfB, 55. Jg., 1985, Heft 6, S. 583-612.

KUNZ, R.M. (1998), Das Shareholder-Value-Konzept: Wertsteigerung durch eine aktionärsorientierte Unternehmensstrategie, in: M. BRUHN u.a. (Hrsg.), Wertorientierte Unternehmensführung: Perspektiven und Handlungsfelder für die Wertsteigerung von Unternehmen, Stuttgart 1998, S. 391-412.

KÜTING, K. (1983), Kennzahlensysteme in der betrieblichen Praxis, in: WiSt, 12. Jg., 1983, Heft 6, S. 291-296.

LANGENHORST, I./STEFFEN, M. (1998), Logistikprozeßmanagement in der Bekleidungsindustrie, in: FORSCHUNGSGEMEINSCHAFT BEKLEIDUNGSINDUSTRIE / FATM (Hrsg.), Bekleidungstechnische Schriftenreihe, Bd. 130, Köln, Münster/Westf. 1998.

LEWIS, T.G./STELTER, D. (1994), Steigerung des Unternehmenswertes - Total Value Management, 2. Aufl., Landsberg/L. 1994.

LINDHORST, H. (1976), Die intrasektorale und außenwirtschaftliche Verflechtung der Textilwirtschaft - Eine Zeitpunktanalyse der Textilpipeline unter besonderer Berücksichtigung des Außenhandels, in: Forschungsberichte des Landes NRW, Bd. 2581, Köln u.a. 1976.

LOHR, M. (1994), Geschwindigkeit ist keine Hexerei - Quick Response und Moderhythmen, in: D. AHLERT, G. DIECKHEUER (Hrsg.), Kooperation in der Textilwirtschaft: Perspektiven und Konzepte zur Zusammenarbeit zwischen Industrie und Handel. Dokumentation des 2. FATM-Textil-Symposiums für den Management-Nachwuchs, Schriften zur Textilwirtschaft, Bd. 44, Münster/Westf. 1994, S. 171-182.

LÖHR, M.E./REICHMANN, H./SCHÄUBLE W. (HRSG.) (1995), Christliche Verantwortung für die wirtschaftliche und soziale Zukunft Europas, in: BUND KATHOLISCHER UNTERNEHMER (Hrsg.), Beiträge zur Gesellschaftspolitik, Bd. 35, Trier 1995.

LÖSCH, H.P. (1969), Die Textilkonjunktur im Rahmen des allgemeinen Wirtschaftsablaufs: Ausmaß und Ursachen der erhöhten konjunkturellen Instabilität der Textilindustrie, in: Forschungsberichte des Landes NRW, Bd. 2020, Köln u.a. 1969.

LÖSCH, J. (1975), Fachwörterbuch Textil, Frankfurt/M. 1975.

LUHMANN, N. (1973), Zweckbegriff und Systemrationalität, Tübingen 1973.

MAIER, K. (1982), Die Flexibilität betrieblicher Leistungsprozesse. Methodische und theoretische Grundlegung der Problemlösung, Thun u.a. 1982.

MALIK, F. (1989), Strategie des Managements komplexer Systeme, 3. Aufl., Bern u.a. 1989.

MÄNNEL, W./WEBER, J. (1982), Formeln und Kennzahlen im Fertigungsbereich, in: WiSt, 11. Jg., 1982, Heft 12, S. 579-588.

MARKOWITZ, H.M. (1952), Portfolio Selection, in: Journal of Finance, 1952, Vol. 7, S. 77-92.

MARKOWITZ, H.M. (1959), Portfolio Selection. Efficient diversification of investment, New York u.a. 1959.

MARTIN, A. (1988), Management buy out, in: WiSt, 17. Jg., 1988, Heft 5, S. 247-249.

MARZINKOWSKI, J.M. (1992), Umweltschutz in der Textilveredlung - Aufgaben und Chancen, in: Melliand Textilberichte, 1992, S. 438-444.

MAURER, R./STEPHAN, T.G. (1996), Konstruktion einer Immobilien-Benchmark und deren Anwendung im Investment-Management, in: ZfB, 66. Jg., 1996, Heft 12, S. 1527-1546.

MEFFERT, H. (1969), Zum Problem der betriebswirtschaftlichen Flexibilität, in: ZfB, 39. Jg., 1969, Heft 12, S. 779-800.

MEFFERT, H. (1983), Marktorientierte Führung in stagnierenden und gesättigten Märkten, in: WISSENSCHAFTLICHE GESELLSCHAFT FÜR MARKETING UND UNTERNEHMENSFÜHRUNG E.V. (Hrsg.), Arbeitspapier Nr. 9, Münster/Westf. 1983.

MEFFERT, H. (1984), Marketingstrategien in stagnierenden und schrumpfenden Märkten; in: L. PACK, D. BÖRNER (Hrsg.), Betriebswirtschaftliche Entscheidungen bei Stagnation, Wiesbaden 1984, S. 37-72.

MEFFERT, H. (1989), Klassische Funktionenlehre und marktorientierte Führung - Integrationsperspektiven aus der Sicht des Marketing, in: D. ADAM u.a. (Hrsg.), Integration und Flexibilität: Eine Herausforderung für die Allgemeine Betriebswirtschaftslehre. Wissenschaftliche Jahrestagung des Verbandes der Hochschullehrer für Betriebswirtschaft, Wiesbaden 1989, S. 373-408.

MEFFERT, H. (1994), Marketing-Management: Analyse, Strategie, Implementierung, Wiesbaden 1994.

MEFFERT, H. (1998), Marketing: Grundlagen marktorientierter Unternehmensführung; Konzepte - Instrumente - Praxisbeispiele, 8. Aufl., Wiesbaden 1998.

MEFFERT, H./KATZ, R. (1983), Unternehmensverhalten in stagnierenden und schrumpfenden Branchen, in: WISSENSCHAFTLICHE GESELLSCHAFT FÜR MARKETING UND UNTERNEHMENSFÜHRUNG E.V. (Hrsg.), Arbeitspapier Nr. 12, Münster/Westf. 1983.

MEFFERT, H./KIRCHGEORG, M. (1993), Marktorientiertes Umweltmanagement: Grundlagen und Fallstudien, 2. Aufl., Stuttgart 1993.

MEFFERT, H./MÜLLER, N. (1993), Marktorientierte Führung in der Rezession - Ergebnisse einer empirischen Untersuchung, in: WISSENSCHAFTLICHE GESELLSCHAFT FÜR MARKETING UND UNTERNEHMENSFÜHRUNG E.V. (Hrsg.), Arbeitspapier Nr. 81, Münster/Westf. 1993.

MEFFERT, H./OHLSEN, G.T. (1982), Was Sie beim Marktein- und -austritt beachten müssen, in: Absatzwirtschaft, Sonderausgabe 10/1982.

MENSCHING, H. (1986), Desinvestition von Unternehmungsteilen: Grundlagen der Gestaltung des Entscheidungsprozesses, Frankfurt/M. u.a. 1986. Zugl.: Aachen, Univ., Diss., 1986.

MOCK, A. (1983), Unternehmungsplanung und kybernetisches Management, in: J. BAETGE (Hrsg.), Kybernetische Methoden und Lösungen in der Unternehmenspraxis: Vorschläge für betriebliche Regelungsmechanismen, Berlin 1983, S. 25-41.

MÖSSNER, G.-U. (1982), Planung flexibler Unternehmensstrategien, München 1982.

NAPP, H. (1990), Stillegungen: Notwendige Optionen in der Unternehmensplanung, Stuttgart 1990.

NASTANSKY, L. (1977), Stillegungsentscheidungen, in: ZfB, 47. Jg., 1977, Heft 9, S. 593-598.

NEUBAUER, F.F. (1980), Das PIMS-Programm und Portfolio-Management, in: D. HAHN, B. TAYLOR (Hrsg.), Strategische Unternehmungsplanung - Stand und Entwicklungstendenzen, Würzburg u.a. 1980, S. 135-162.

NICKLISCH, H. (1932), Die Betriebswirtschaft, 7. Aufl., Stuttgart 1932.

NIESCHLAG, R./DICHTL, E./HÖRSCHGEN, H. (1991), Marketing, 16. Aufl., Berlin 1991.

NUNNENKAMP, P. (1995), Verschärfte Weltmarktkonkurrenz, Lohndruck und begrenzte wirtschaftspolitische Handlungsspielräume - Die Textil- und Bekleidungsindustrie im Zeitalter der Globalisierung, in: Außenwirtschaft, 1995, Heft 4, S. 545.

o.V. (1993), Becker verläßt Pfersee-Kolbermoor, in: TW, 48. Jg., Nr. 50, S. 115.

o.V. (1998), Deutscher Textilmaschinenbau '97: Rekordproduktion, in: Melliand Textilberichte, 1998, Heft 7/8, S. 489.

o.V. (1999a), Jockey zieht die Zügel strammer, in: TW, 54. Jg., 1999, Nr. 39, S. 72.

o.V. (1999b), Gasser ohne KOB, in: TW, 54. Jg., 1999, Nr. 39, S. 72.

o.V. (1999c), Kindermode-Anbieter Rambold hört auf, in: TW, 54. Jg., 1999, Nr. 41, S. 84.

o.V. (1999d), Eine Kette von Nischenprodukten, in: TW, 54. Jg., 1999, Nr. 50, S. 176.

o.V. (1999e), DMC speckt ab, in: TW, 54. Jg., 1999, Nr. 42, S. 110.

o.V. (1999f), Aufstieg und Niedergang einer Marke, in: TW, 54. Jg., Nr. 37, S. 73.

o.V. (1999g), Setila ist verkauft, in: TW, 54. Jg., 1999, Nr. 42, S. 110.

o.V. (1999h), Unter Druck, in: TW, 54. Jg., 1999, Nr. 49, S. 114.

o.V. (2000a), Gleiches Recht für alle, in: IWD, 26. Jg., 2000, Heft 7, S. 2.

o.V. (2000b), DMC auf dem Weg zur Sanierung, in: TW, 55. Jg., 2000, Nr. 9, S. 134.

o.V. (2000c), Ergee setzt Sanierung fort., in: TW, 55. Jg., 2000, Nr. 4, S. 279.

o.V. (2000d), Enka schließt Werk und spaltet Geschäft, in: TW, 55. Jg., 2000, Sondernr., S. 170.

OCKENFELS, W. (1992), Kleine Katholische Soziallehre: eine Einführung, in: BUND KATHOLISCHER UNTERNEHMER (Hrsg.), Beiträge zur Gesellschaftspolitik, Bd. 31, 4. Aufl., Trier 1992.

OHLSEN, G. (1985), Marketing-Strategien in stagnierenden Märkten, Münster/Westf. 1985. Zugl.: Münster/Westf., Univ., Diss., 1985.

PAPE, U. (1997), Wertorientierte Unternehmensführung und Controlling, Berlin 1997. Zugl.: Berlin, Tech. Univ., Diss., 1996.

PERRIDON, L./STEINER, M. (1991), Finanzwirtschaft der Unternehmung, 6. Aufl., München 1991.

PORTER, M.E. (1976), Please Note Location to Nearest Exit: Exit Barriers and Planning, in: California Management Review, 19. Jg., 1976, S. 21-33.

PORTER, M.E. (1980), Competive Strategy, New York, London 1980.

PORTER, M.E. (1983), Wettbewerbsstrategie: Methoden zur Analyse von Branchen und Konkurrenten, Frankfurt/M. 1983.

PORTER, M.E. (1986), Wettbewerbsvorteile - Spitzenleistungen erreichen und behaupten, Frankfurt/M. 1986.

PORTER, M.E. (1999), Wettbewerbsvorteile - Spitzenleistungen erreichen und behaupten, 5. Aufl., Frankfurt/M. 1999.

PROBST, H. (1976), Theorie des Marktaustritts. Zugl.: Mainz, Univ., Diss., 1976.

PÜCKLER, B./WIENKE, D.F. (1996), § 613a BGB - Grundlegende Reform überfällig, in: Arbeitgeber, 1996, Heft 15/16, S. 465-469.

PÜMPIN, C. (1983), Management strategischer Erfolgspositionen: Das SEP-Konzept als Grundlage wirkungsvoller Unternehmungsführung, 2. Aufl., Bern u.a. 1983.

RAPOPORT, A. (1988), Allgemeine Systemtheorie: Wesentliche Begriffe und Anwendungen, Darmstadt 1988.

RAPPAPORT, A. (1986), Creating Shareholder Value: The New Standard For Business Performance, New York u.a. 1986.

RECHSTEINER, U. (1995), Desinvestitionen zur Unternehmenswertsteigerung, Aachen 1995. Zugl.: St. Gallen, Univ., Diss., 1994.

RECKFORT, J. (1997), Der Markt für Textilien und Bekleidung - Strukturen, Entwicklungen, Trends - Vorabversion des gleichlautenden Beitrages für die 2. Aufl. des Handbuchs Mode-Marketing. Arbeitspapier Nr. 33 der FATM, Münster/Westf. 1997.

RECKFORT, J./RIDDER, J. (1996), Die münsterländische Textilwirtschaft: Bedeutung, Struktur, Entwicklung und Potentiale zur Stärkung der Wettbewerbsfähigkeit aus regionaler Sicht, in: D. AHLERT, G. DIECKHEUER (Hrsg.), Schriften zur Textilwirtschaft, Bd. 48, Münster/Westf. 1996.

REETZ, H. (1994); Umweltgesetzgebung und ihre Bedeutung für die Textilveredlungsindustrie, in: Chemiefasern/Textilindustrie, 1994, S. 847ff.

REICHMANN, T. (1995), Controlling mit Kennzahlen und Managementberichten: Grundlagen einer systemgestützten Controlling-Konzeption, 4. Aufl., München 1995.

ROTH, M. (1997), Geschäfte in Fernost gehören für die Bekleidungsindustrie seit langem zum Alltag, in: FAZ vom 08.10.1997, S. 24.

RUDHART, P.M. (1978), Stillegungsplanung: Grundlagen und Entscheidungsprozeß, Wiesbaden 1978.

RUDOLPH, F. (1994), Controlling für Unternehmen in schrumpfenden Märkten. Funktionen, Prozesse, Instrumente, Wiesbaden 1994. Zugl.: Göttingen, Univ., Diss., 1994.

SCHERF, M. (1987), Überlebensstrategien der deutschen Textilmaschinenunternehmen bei stagnierender Nachfrage, Münster/Westf. 1987.

SCHIERENBECK, H. (1989), Grundzüge der Betriebswirtschaftslehre, 10. Aufl., München, Wien 1989.

SCHIERENBECK, H./LISTER, M. (1998), Finanz-Controlling und Wertorientierte Unternehmensführung, in: M. BRUHN u.a. (Hrsg.), Wertorientierte Unternehmensführung: Perspektiven und Handlungsfelder für die Wertsteigerung von Unternehmen, Stuttgart 1998, S. 13-56.

SCHMEISSER, F. (1986), Marketingstrategien in kurz-/schnellebigen Märkten (modische Bekleidungsindustrie), in: WIESELHUBER, TÖPFER (Hrsg.), Strategisches Management, 2. Aufl., Landsberg/L. 1986, S. 345-358.

SCHMIDT, G. (1994), Marktaustrittsstrategien, Frankfurt/M. u.a. 1994. Zugl.: Bochum, Univ., Diss., 1992.

SCHMIDT, H. (1996), Eigenfertigung im Ausland ist gering, in: TW vom 24.10.1996, S. 80.

SCHMIDT, R.-B. (1993), Zielsysteme der Unternehmung, in: W. WITTMANN u.a. (Hrsg.), HWB, Bd. 3, 5. Aufl., Stuttgart 1993, Sp. 4794-4806.

SCHNEIDER, D. (1971), Investition und Finanzierung, 2. Aufl., Opladen 1971.

SCHOELLER, P. (1996), Strategien bei standortbedingten Kostennachteilen gegenüber Entwicklungs- und Schwellenländern: Eine Analyse anhand der deutschen Textilindustrie unter besonderer Berücksichtigung der Baumwoll-Spinnereien und -Webereien, Renningen-Malmsheim 1996. Zugl.: Stuttgart, Univ., Diss., 1995.

SCHRÖDER, C. (1996a), Produktivität und Lohnstückkosten im internationalen Vergleich, in: iw-trends, 1996, Heft 2, S. 5-17.

SCHRÖDER, C. (1996b), Industrielle Arbeitskosten im internationalen Vergleich 1970 - 1995, in: iw-trends, 1996, Heft 2, S. 44-56.

SCHÜER, H.U. (1994), Umweltpolitik - Umweg über Europa?, in: GESAMTTEXTIL (Hrsg.), Jahrbuch der Textilindustrie, Eschborn 1994, S. 46-49.

SEELBACH, H. (1978), Investitionsplanung, in: W. ALBERS u.a. (Hrsg.), HdWW, Bd. 4, Stuttgart u.a. 1978, S. 293-309.

SELCHERT, F.W. (1973), Wirkungen der Ausgliederung von Leistungsfunktionen auf die Selbständigkeit der ausgliedernden Betriebswirtschaft, in: W. MÄNNEL (Hrsg.), Entscheidungen zwischen Eigenfertigung und Fremdbezug in der Praxis, Herne, Berlin 1973, S. 39-62.

SEYFFERT, R. (1956), Betrieb, in: H. SEISCHAB, K. SCHWANTAG (Hrsg.), HWB, Bd. 1, 3. Aufl., Stuttgart 1956, Sp. 736-740.

SIEGEL, T. (1991), Grundlagen der Unternehmensbewertung, in: WiSt, 20. Jg., 1991, Heft 5, S. 231-237.

SIEGERT, T. (1995), Shareholder-Value als Lenkungsinstrument, in: zfbf, 47. Jg., 1995, Heft 6, S. 580-607.

SIMON, H./HOMBURG, C. (1995), Marktbarrieren, in: B. TIETZ (Hrsg.), Handwörterbuch des Marketing, 2. Aufl., Stuttgart, 1995, Sp. 1744-1768.

SPREMANN, K. (1996), Wirtschaft, Investition und Finanzierung, 5. Aufl., München 1996.

SPRENGER, R. (1996): Brauchen wir das deutsche Kündigungsschutzgesetz noch?, in: Wirtschaftswoche, Heft 22/1996, S. 29.

STAEHLE, W.H. (1973), Kennzahlensysteme als Instrument der Unternehmensführung, in: WiSt, 2. Jg., 1973, S. 222-228.

STATISTISCHES BUNDESAMT (o.J.), Statistisches Jahrbuch für die Bundesrepublik Deutschland, Wiesbaden, diverse Jahrgänge.

STATISTISCHES BUNDESAMT, Fachserie 4, Reihe 4.3.3, Produzierendes Gewerbe, Wiesbaden, diverse Jahrgänge.

STEWART, G.B. (1991), The Quest for Value - A Guide for Senior Management, New York 1991.

STOCKERT, A.M. (1988), Wirkungen von Rechtsnormen auf Personalanpassungen, in: ZfB-Ergänzungsheft 2/1988, S. 41-58.

STUDER, T. (1998), Die Eigenkapitalkosten - Schwachstelle aller Führungsinstrumente der Wertorientierten Unternehmensführung, in: M. BRUHN u.a. (Hrsg.), Wertorientierte Unternehmensführung: Perspektiven und Handlungsfelder für die Wertsteigerung von Unternehmen, Stuttgart 1998, S. 365-390.

THESING, A. (1995), Innovative Logistik-Dienstleistungskonzepte in der Textilwirtschaft: Ein Beitrag zur koordinationsorientierten Gestaltung der Textil-Logistik, in: D. AHLERT (Hrsg.), Schriften zu Distribution und Handel, Bd. 20, Frankfurt/M. u.a. 1995. Zugl.: Münster/Westf., Univ., Diss., 1995.

THIELE, W. (1937), Die Stillegung von Betrieben, Würzburg-Aumühle 1937. Zugl.: Köln, Univ., Diss., 1936.

THIÉTART, R.A./ VIVAS, R. (1980), Success Strategies for Declining Activities, Working Paper, Brüssel 1980.

TÜCKING, E. (1999), Die deutsche Bekleidungsindustrie im Zeitalter der Globalisierung. Eine Marktanalyse unter besonderer Berücksichtigung außenwirtschaftlicher Rahmenbedingungen, in: D. AHLERT, G. DIECKHEUER (Hrsg.), Schriften zur Textilwirtschaft, Bd. 52, Münster/Westf. 1999. Zugl.: Münster/Westf., Univ., Diss., 1998.

TVI-VERBAND (1995) (Hrsg.), Jahresbericht 1995 des Gesamtverbandes der deutschen Textilindustrie, Frankfurt/M. 1995.

ULRICH, H. (1984), Management, Bern u.a. 1984.

UPHUES, P. (1979), Unternehmerische Anpassung in der Rezession, Wiesbaden 1979.

VERBAND DER NORD-WESTDEUTSCHEN TEXTILINDUSTRIE (1995), Jahresbericht 1994/95, Münster/Westf. 1995.

VERBAND DER NORD-WESTDEUTSCHEN TEXTILINDUSTRIE, (1996a), Protokollnotiz zum Lohntarifvertrag zwischen dem Verband der Nord-Westdeutschen Textilindustrie, Münster/Westf., und der Gewerkschaft Textil-Bekleidung, Düsseldorf, vom 4.4.1996.

VERBAND DER NORD-WESTDEUTSCHEN TEXTILINDUSTRIE (1996b), Arbeitszeitabkommen zwischen dem Verband der Nord-Westdeutschen Textilindustrie, Münster/Westf. und der Gewerkschaft Textil-Bekleidung, Düsseldorf, sowie der deutschen Angestellten-Gewerkschaft, Düsseldorf 1996.

VESTER, F. (1993), Leitmotiv vernetztes Denken - Für einen besseren Umgang mit der Welt, 4. Aufl., München 1993.

VIERECK, H. (1994), Die deutsche Bekleidungsindustrie, in: GESAMTTEXTIL (Hrsg.), Jahrbuch der Textilindustrie 1994, Eschborn 1994, S. 30.

WEBER, B. (1990), Unternehmensbewertung heißt heute Wertsteigerungsanalyse, in: io Management Zeitschrift, 59. Jg., 1990, Heft 11, S. 31ff.

WEBER, J. (1998), Einführung in das Controlling, 7. Aufl., Stuttgart 1998.

WEIDNER-BOHNENBERGER, ST. (1994), Analyse und Gestaltung des Materialflusses in Textilbetrieben, Renningen-Malmsheim 1994. Zugl.: Stuttgart, Univ., Diss., 1993.

WEIHER, G.C. (1996), Das situative Desinvestitionsmodell. Entwicklung eines Instrumentariums zur Entflechtung diversifizierter Unternehmen, Hallstadt 1996. Zugl.: St. Gallen, Univ., Diss., 1996.

WELGE, M.K./HÜTTEMANN, H.H. (1993), Erfolgreiche Unternehmensführung in schrumpfenden Branchen, Stuttgart 1993.

WITTMANN, E. (1998), Wertorientierte Unternehmensführung durch Verbindung von Strategieentwicklung mit operativer Steuerung, in: M. BRUHN u.a. (Hrsg.), Wertorientierte Unternehmensführung: Perspektiven und Handlungsfelder für die Wertsteigerung von Unternehmen, Stuttgart 1998, S. 81-96.

WÖHE, G. (1990), Einführung in die Allgemeine Betriebswirtschaftslehre, 17. Aufl., München 1990.

WÖHLER, H. (1981), Betriebliche Desinvestitionsplanung. Untersuchung zum Ablauf desinvestitionsorientierter Entscheidungsprozesse, Düsseldorf 1981.

WOJACZEK, B. (1996), Koordinationsorientiertes Logistik-Management in der Textilwirtschaft: Ein Beitrag zur ganzheitlichen Optimierung der Logistik aus Sicht der Bekleidungsindustrie, in: D. AHLERT (Hrsg.), Schriften zu Distribution und Handel, Bd. 19, Frankfurt/M. u.a. 1996. Zugl.: Münster/Westf., Univ., Diss., 1995.

WOLF, M. (1979), Die Leistungsfähigkeit des systemorientierten Ansatzes für die Modellbildung, in: X. BEA, A. BOHNET, H. KLIMESCH (Hrsg.), Systemmodelle, München u.a. 1979, S. 11-37.

WOMACK, J./ JONES, D./ ROOS, D. (1991), Die zweite Revolution in der Autoindustrie, Konsequenzen aus der weltweiten Studie des Massachusetts Institute of Technology, Frankfurt/M. 1991.

WYSOCKI, K. v. (1990), Direkte Cash-Flow-Rechnung als unterjähriger Informationsträger für kleine und mittlere Unternehmen, in: D. AHLERT, K.-P. FRANZ, H. GÖPPL (Hrsg.), Finanz- und Rechnungswesen als Führungsinstrumente: Herbert Vormbaum zum 65. Geburtstag, Wiesbaden 1990, S. 317-339.

SCHRIFTEN ZU DISTRIBUTION UND HANDEL

herausgegeben von Prof. Dr. Dieter Ahlert
Lehrstuhl für Betriebswirtschaftslehre, insbes. Distribution und Handel
Westfälische Wilhelms-Universität Münster

Band 1 Kurt Ebert: Warenwirtschaftssysteme und Warenwirtschafts-Controlling. 1986.

Band 2 Julius Schröder: Marketing-Schutzrechts-Management. Absatzwirtschaftliche und rechtliche Probleme der Erlangung und Bewirtschaftung rechtlicher Schutzpositionen für absatzprogrammpolitische Strategien. 1987.

Band 3 Günter Buerke: Planung und Durchsetzung von Vertriebsinnovationen - dargestellt am Beispiel der Lieferantenabteilung. 1988.

Band 4 Gustav Bergmann: Strategisches Absatzkanalmanagement in Märkten mit hoher Nachfragemacht des Handels. Eine Bestandsaufnahme mit Beispielen aus der Möbelindustrie. 1988.

Band 5 Johannes Günther: Handelscontrolling. Allgemeine Grundlagen des Controllingbegriffs und die Funktionen des Controlling im Steuerungssystem des stationären Einzelhandels. 1989.

Band 6 Hendrik Schröder: Vertikaler Markenschutz als Problem der Markenartikelindustrie. Der Schutz des Markenartikels vor rufschädigenden Kommunikationsmaßnahmen des Einzelhandels als Gegenstand werbewirkungstheoretischer, rechtlicher und wettbewerbspolitischer Überlegungen. 1990.

Band 7 Heinz Siebenbrock: Abteilungen mit Unternehmersinn (AmU) im Handel. Konzeptionelle Grundlagen einer dezentralen Verkaufsorganisation in Handelsunternehmungen. 1992.

Band 8 Rainer Olbrich: Informationsmanagement in mehrstufigen Handelssystemen. Grundzüge organisatorischer Gestaltungsmaßnahmen unter Berücksichtigung einer repräsentativen Umfrage zur Einführung dezentraler computergestützter Warenwirtschaftssysteme im Lebensmittelhandel. 1992.

Band 9 Jan-Peter Horst: Das Verbot der vertikalen Preisbindung. Interdisziplinäre Analyse eines Tabus auf marketingwissenschaftlicher und wettbewerbspolitischer Grundlage. 1992.

Band 10 Joachim Mohme: Der Einsatz von Kundenkarten im Einzelhandel. Konzeptionelle und praktische Probleme kartengestützter Kundeninformationssysteme und Kundenbindungsstrategien im stationären Einzelhandel. 1993.

Band 11 Thomas Fischer: Computergestützte Warenkorbanalyse – dargestellt auf der Grundlage von Scanningdaten des Lebensmitteleinzelhandels unter besonderer Berücksichtigung einer selbsterstellten Analysesoftware. 1993.

Band 12 Bernhard Dyckhoff: Diversifikation von Handelsunternehmen in den Finanzdienstleistungsbereich. Dargestellt am Beispiel des Automobilhandels. 1993.

Band 13 Bodo Krönfeld: Erfolgsforschung in kooperierenden Handelssystemen – eine empirische Analyse des organisationalen Lernens von erfolgreichen Vorbildern. 1995.

Band 14 Christoph Grote: Die Großhandelsgestützte Handwerkerkooperation (GHK). Grundlagen der inhaltlichen und organisatorischen Gestaltung am Beispiel von Holzfachgroßhändlern. 1995.

Band 15 Christian Korte: Customer Satisfaction Measurement. Kundenzufriedenheitsmessung als Informationsgrundlage des Hersteller- und Handelsmarketing am Beispiel der Automobilwirtschaft. 1995.

Band 16 Stephan Kollenbach: Positionierungsmanagement in Vertragshändlersystemen. Konzeptionelle Grundlagen und empirische Befunde am Beispiel der Automobilbranche. 1995.

Band 17 Monika Burg: Der Einfluß des Dezentralisationsgrades auf die Ausgestaltung des Controlling. Dargestellt am Beispiel des filialisierten Bekleidungseinzelhandels unter besonderer Berücksichtigung der Sortimentssteuerung. 1995.

Band 18 Michael Ottenjann: Lernende Unternehmungen im Handel. Konzeptionelle Grundlagen und empirische Befunde am Beispiel des Lernens von erfolgreichen Vorbildern im filialisierenden Bekleidungshandel. 1996.

Band 19 Beate Wojaczek: Koordinationsorientiertes Logistik-Management in der Textilwirtschaft. Ein Beitrag zur ganzheitlichen Optimierung der Logistik aus Sicht der Bekleidungsindustrie. 1996.

Band 20 Andreas Thesing: Innovative Logistik - Dienstleistungskonzepte in der Textilwirtschaft. Ein Beitrag zur koordinationsorientierten Gestaltung der Textil-Logistik. 1996.

Band 21 Bodo Reinke: Synergiemanagement im Handel. Grundzüge einer handelsbetrieblichen Synergiekonzeption unter Berücksichtigung empirischer Untersuchungen im deutschen Konsumgüterhandel. 1996.

Band 22 Rudolf Alves: Integrierte Führung und Imitationsmanagement in Filialsystemen des Handels. Ein Beitrag zur Anwendung der Ergebnisse empirischer Erfolgsforschung. 1996.

Band 23 Markus Eickhoff: Erfolgsforschung im Bekleidungseinzelhandel. Eine empirische Analyse erfolgreicher Unternehmen im deutschen und US-amerikanischen Facheinzelhandel mit Oberbekleidung. 1997.

Band 24 Dirk Battenfeld: Kostenmanagement und prozeßorientierte Kostenrechnung im Handel. Konzeptionelle Grundlagen einer internen Marktorientierung durch Verrechnungspreise. 1997.

Band 25 Susanne Horstmann: Vertikale Vertriebskooperationen in der Bekleidungswirtschaft. Eine Analyse innovativer Distributionskonzepte US-amerikanischer und deutscher Bekleidungshersteller. 1997.

Band 26 Oliver Mihm: Positionierungsmanagement im Retail Banking. Ansätze zur Entwicklung innovativer Profilierungsstrategien. 1999.

Band 27 Sybille Katharina Breitkopf: Externes Controlling. Eine konzeptionelle und empirische Analyse am Beispiel des marktorientierten Kostenmanagements in der Bekleidungsindustrie. 1999.

Band 28 Oliver Altenhövel: Nachkaufmarketing im Bekleidungseinzelhandel. Eine Analyse unter besonderer Berücksichtigung des Redistributionsverhaltens der Konsumenten und des Redistributions-Mixes des Einzelhandels. 1999.

Band 29 Bernd Becker: Zertifizierung von Qualitätsmanagement-Systemen im Einzelhandel. Eine institutionenökonomische Analyse der ISO 9000-Normenfamilie und Ableitung von Gestaltungsempfehlungen für ihre Revision. 1999.

Band 30 Guido Brettschneider: Beschaffung im Handel unter besonderer Berücksichtigung der Auswirkungen von Efficient Consumer Response. 2000.

Band 31 Marc Heußinger: Koordinationsdefizite in der Bekleidungswirtschaft. Eine konzeptionelle und empirische Analyse mit Hilfe des Koordinationsmängel-Diagnose-Konzeptes. 2000.

Band 32 Inga Langenhorst: Shop-Logistik in der Bekleidungswirtschaft. Eine Analyse der Anforderungen herstellerinitiierter Shop-Systeme an die Logistikprozesse der Bekleidungsindustrie. 2001.

Band 33 Bettina Lehmkühler: Kundenorientierte Anreizsysteme im beratungsintensiven Facheinzelhandel. 2001.

Band 34 Marion Steffen: Strategische Netzwerke für komplexe Konsumgüter am Beispiel der Industriellen Maßkonfektion. 2001.

Band 35 Bernhard Jäger: Desinvestitionsentscheidungen auf der Basis Vollständiger Finanzpläne. Ein Modell für mittelständische Unternehmungen – dargestellt am Beispiel der Textil- und Bekleidungsindustrie. 2002.

Peter Lang · Europäischer Verlag der Wissenschaften

Thissen, Susanne

Strategisches Desinvestitionsmanagement

Entwicklung eines Instrumentariums zur Bewertung ausgewählter Desinvestitionsformen

Frankfurt/M., Berlin, Bern, Bruxelles, New York, Oxford, Wien, 2000. XVI, 363 S., 26 Abb., 28 Tab.
Schriften zur Unternehmensplanung. Bd. 57
Herausgegeben von Franz Xaver Bea, Alfred Kötzle und Erich Zahn
ISBN 3-631-35801-6 br. € 60.30*

Der Desinvestition kommt in der Theorie noch nicht dieselbe Bedeutung zu, die sie in der unternehmerischen Praxis hat: Großkonzerne konzentrieren sich in ihrem Bestreben, Shareholder Value für ihre Eigentümer zu schaffen, zunehmend auf ihre Kernkompetenzen. Teil dieser Strategie ist die Desinvestition von Unternehmensteilen, beispielsweise über die Realisierung von Spin-offs und von Management Buyouts. Die Untersuchung zeigt, welche Wirkungen alternative Desinvestitionsformen auf den Shareholder Value der desinvestierenden Unternehmung erwarten lassen. Weiterhin werden die durch die Desinvestition geschaffenen Organisationsformen des Spin-off und des Management Buyout im Hinblick auf ihr Potential, Unternehmenswert für ihre (neuen) Eigentümer zu generieren, untersucht. Die Analyse mündet in den Entwurf eines Entscheidungsmodells zur Unterstützung der Wahl der optimalen Desinvestitionsform.

Aus dem Inhalt: Desinvestition als Erkenntnisobjekt und Abgrenzung von Desinvestitionsformen (Spin-off, Management Buyout, Sell-off) · Shareholder Value als Gütemaß für die Vorteilhaftigkeit der Desinvestitionsentscheidung · Analyse des Wertsteigerungspotentials von Desinvestitionsformen · Entscheidungsmodell zur Unterstützung der Wahl der optimalen Desinvestitionsform.

Frankfurt/M · Berlin · Bern · Bruxelles · New York · Oxford · Wien
Auslieferung: Verlag Peter Lang AG
Jupiterstr. 15, CH-3000 Bern 15
Telefax (004131) 9402131

*inklusive der in Deutschland gültigen Mehrwertsteuer
Preisänderungen vorbehalten

Homepage http://www.peterlang.de

FSC
www.fsc.org
MIX
Papier | Fördert
gute Waldnutzung
FSC® C083411

Kolibri 360 GmbH
Ferdinand-Jühlke-Straße 7
99095 Erfurt, Deutschland
produktsicherheit@kolibri360.de

Druck:
CPI Druckdienstleistungen GmbH
im Auftrag der
Kolibri 360 GmbH
Ferdinand-Jühlke-Str. 7
99095 Erfurt